鳥瞰図で楽しむ

オールカラー

日本百名山

成美堂出版

深田久弥と百名山

ふかだきゅうやとひゃくめいざん

『日本百名山』は山岳文学として多くの読者をもつ。読むだけではなく「百名山」すべてに登ることを目標としている登山愛好家も少なくない。「百名山」と名づけられた刊行物は無数にある。「百名山」を冠した登山ツアーも多い。『日本百名山』は山好きの者たちの登山熱をいっそう熱くかきたててきたといえるであろう。

『日本百名山』の著者、深田久弥は１９０３（明治36）年、石川県に生まれた。山登りを始めたのは少年時代だったという。第一高等学校から東京帝国大学文学部哲学科に進んだ。一高時代も東大時代も文学に勤しむ一方、山に親しんだ。東大在学中に出版社の編集部員となった。この間、いくつかの文芸作品を発表し、文壇の注目を集めている。やがて大学を中退し、出版社も退社して作家生活に入った。日本山岳会に入会したのは32歳のときである。

深田が日本の山から百名山を選ぼうと考えたのは戦前のことである。その試みは「日本百名山」として『山小屋』という山岳雑誌に連載されたが、途中で中断してしまう（１９４０〈昭和

15〉年3月号～同12月号〉。それが戦後になって、改めて「日本百名山」が山岳雑誌『山と高原』に連載された。1号につき2山が掲載され、50回にわたって連載が続いた。１００山の連載が終わったのは深田が還暦のときであった（１９５９〈昭和34〉年3月号～１９６３〈昭和38〉年４月号）。

先述の簡単な経歴からわかるように、深田は「文人」であるとともに「岳人」であった。『日本百名山』は山に対する愛情を達意の文章で表現した山岳随想であり、「文人」と「岳人」の2つの資質が見事に結晶した作品である。１９６４（昭和39）年には単行本として刊行され、翌年第16回読売文学賞を受賞している。

深田は「百名山」に選んだすべての山の頂に立っている。そして選定にあたっては「百を選ぶ以上、その数倍の山に登ってみなければならない」（『日本百名山』「後記」）というある種の覚悟があった。

深田が「百名山」選定の基準としたのは、「山の品格」「山の歴史」「個性のある山」の3つであると「後記」に記している。「山の品格」とは「誰が見ても立派な山だと感歎するもの」「何か人を打ってくるもの」ということである。「山の歴史」を基準にしたのは「昔から人間と深いかかわりを持った山を除外するわけにはいかない」からであった。また「山の個性」とは「その山だけが具《そな》えている独自のもの」である。この3つの基準のほか、「ある程度の高さ」が必要だとして１５００ｍ以上という条件を加えた。筑波山と開聞岳は１５００ｍに及ばないが、これは例外であると自身が述べている（実際には１５００ｍ以下は5座）。

選定のため百名山候補のリストをつくり、「七十パーセントくらいは問題なく通過した」という。しかし残りの山を「篩《ふるい》にかけねばならぬのは、愛する教え子を落第させる試験官の辛《つら》さに似ていた」と記している。

深田は１９７１（昭和46）年、68歳のとき茅《かや》ケ岳を登山中に脳卒中に襲われ、帰らぬ人となった。深田の死後、日本山岳会は「日本三百名山」を選定している。また彼を敬愛する人たちによって結成された深田クラブは「百名山」にさらに１００の山を加えた「日本二百名山」を選定している。「百名山」の伝統は、山を愛する後輩たちに引き継がれているといえよう。

現在、茅ケ岳登山道入り口には深田記念公園があり、園内には「百の頂に百の喜びあり」と刻まれた石碑がある。碑文は深田の自筆である。「百の頂に百の喜びあり」とは、『日本百名山』の真髄を表した言葉でもある。

●目次

［鳥瞰図で楽しむ］日本百名山

●はじめに
巻頭特集 ●富士山に登る—8

北海道

01 利尻山—16
02 羅臼岳—18
03 斜里岳—20
04 阿寒岳—22
05 大雪山—24
06 トムラウシ山—26
07 十勝岳—28
08 幌尻岳—30
09 羊蹄山—32

東北

10 岩木山—36
11 八甲田山—38
12 八幡平—40
13 岩手山—42
14 早池峰山—44
15 鳥海山—46
16 月山—48
17 朝日岳—50
18 蔵王山—52
19 飯豊山—54
20 吾妻山—56
21 安達太良山—58
22 磐梯山—60
23 会津駒ヶ岳—62

上信越・尾瀬・日光・北関東

24 那須岳—66
25 越後駒ヶ岳—68
26 平ヶ岳—70
27 巻機山—72
28 燧ヶ岳—74
29 至仏山—76
30 谷川岳—78
31 雨飾山—80
32 苗場山—82
33 妙高山—84
34 火打山—84
35 高妻山—86
36 男体山—88
37 日光白根山—90
38 皇海山—92
39 武尊山—94
40 赤城山—96
41 草津白根山—98
42 四阿山—100
43 浅間山—102
44 筑波山—104

北アルプス

45 白馬岳—108
46 五竜岳—110
47 鹿島槍ヶ岳—112
48 剱岳—114
49 立山—116
50 薬師岳—118
51 黒部五郎岳—120
52 水晶岳—120
53 鷲羽岳—120
54 槍ヶ岳—124
55 穂高岳—126
56 常念岳—128
57 笠ヶ岳—130
58 焼岳—132
59 乗鞍岳—134
60 御嶽山—136

美ヶ原・八ヶ岳・秩父・多摩・南関東

61 美ヶ原—140
62 霧ヶ峰—142
63 蓼科山—144
64 八ヶ岳—146
65 両神山—148
66 雲取山—150
67 甲武信ヶ岳—152
68 金峰山—154
69 瑞牆山—154
70 大菩薩嶺—156
71 丹沢山—158
72 富士山—160
73 天城山—162

中央アルプス・南アルプス

74 木曽駒ヶ岳—166
75 空木岳—168
76 恵那山—170
77 甲斐駒ヶ岳—172
78 仙丈ヶ岳—174
79 鳳凰山—176
80 北岳—178
81 間ノ岳—180
82 塩見岳—182
83 東岳—184
84 赤石岳—184
85 聖岳—184
86 光岳—188

北陸・近畿・中国・四国

87 白山—192
88 荒島岳—194
89 伊吹山—196
90 大台ヶ原山—198
91 大峰山—200
92 大山—202
93 剣山—204
94 石鎚山—206

九州

95 九重山—210
96 祖母山—212
97 阿蘇山—214
98 霧島山—216
99 開聞岳—218
100 宮之浦岳—220

●山名索引—223

本文の見方・使い方

凡例

- 山小屋※
- リフト、ゴンドラ
- 観光名所
- キャンプ場
- バス停
- 駐車場
- 水場
- 温泉
- 鉄道
- トイレ
- 紅葉の名所
- バス
- 危険箇所
- 花の名所
- タクシー
- ロープウェイ
- 好展望
- 船
- 登山口
- 山頂

※＝中の数字は収容人数。未記入は宿泊施設が多い地域。

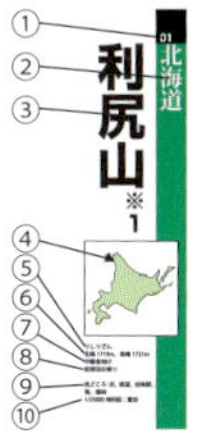

❶タイトル部分

①掲載順：深田久弥『日本百名山』と同じ順番で掲載しています。
②区分：探しやすいように百名山を8つの地域にわけています。
③山名：一般的な表記で記してあり、『日本百名山』にある山名とは異なるものがあります。異なる場合は、それぞれに注意書きを入れています。
④地図：紹介する山のおおよその位置を地図上で示しています。
⑤山名の読み方：山名の一般的な読み方を示しています。
⑥標高：標高（小数点以下は四捨五入）は最高点とは限りません。また、国土地理院の2014年の改定に準拠しています。
⑦登山の難易度：「初級者向け」「中級者向け」「上級者向け」の3段階で表示しています。いずれも健康な成人が晴天無雪期に一般的なコースを使い、山小屋に宿泊する場合のおおよその目安となる難易度です。「初級者向け」とは、1日あたりの歩行時間3〜5時間。「中級者向け」とは、1日あたりの歩行時間5〜8時間。アップダウンが多く、岩場などがある一般的な登山コース。「上級者向け」とは、1日あたりの歩行時間8〜10時間以上の健脚者向きのコース（いずれも休憩時間を除く）。「上級者向け」ではコースによって岩場が連続したり徒渉が必要だったりする場合があります。
⑧日程：晴天無雪期に一般的なコースを使った場合の登山口から下山口までの日程
⑨紹介している山の見どころ（時期、天候、コースによっては見ることができません）
⑩紹介している山が掲載されている国土地理院発行の2万5000分の1地形図の図名（名称）

❷鳥瞰図

①当該山域の山容を最も把握しやすい方向から見た鳥瞰図です。
②登山の参考となる情報を記載しています。各情報とも調査時点でのものです。
※交通機関や山小屋などの施設概要、水場の有無は大きく変わる場合があります。
※交通機関関連の名称や山小屋などの施設の名称は変わる可能性があります。
※示されている標高は最高点とは限りません。
③鳥瞰図に記載できる主な登山道を示しています。主要な登山道でも、鳥瞰図の方向の関係から記載されていない場合があります。
④当該山域にある名所旧跡などを紹介しています。
※場所によっては鳥瞰図に示されていないところもあります（記載されていない場合は、その旨を明示しています）。

❸モデルコースタイム図

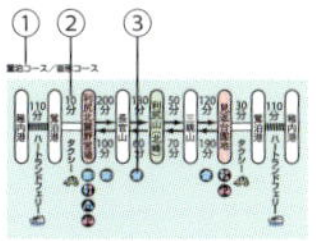

①代表的なコースを示しています。主として鳥瞰図に掲載されたコースを紹介していますが、コースによっては鳥瞰図に示されていない場合もあります。また、登山道やコース名には俗称も含まれます。
②無雪期における最寄駅・停留所もしくは登山口から山頂および下山口までのコースタイムを示しています。所要時間はおおよその時間です。また利用交通機関や所要時間は大幅に変わることがあります。ご注意ください。
※コースタイムは健康な成人が晴天無雪期に山小屋に宿泊する場合のおおよその目安です。
※コースタイムは天候や時期、パーティ構成、体力や体調によって大きく異なります。
※交通機関や山小屋などの施設概要、水場の有無は大きく変わる場合があります。また交通機関や施設の名称も変わる可能性があります。
③コースのポイントには山小屋やトイレ、バス停留所などの施設を示しています。ポイントとポイントの間隔は、距離や所要時間とは比例していません。

❹DATA

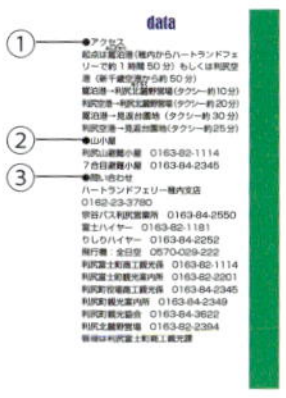

①アクセス：最寄の駅や港湾などから代表的な一般的コースの登山口までの交通機関およびその乗車時間を示しています。
※乗車時間：おおよその目安で季節や交通状況によって大きく変わることがあります。
※運行期間：示されていなくとも期間が限られる場合があります。
※バス・鉄道路線やバス停留所、駅などは改称されたり廃止されたりする場合があります。
②山小屋：当該山域の主要コースのおもな山小屋・避難小屋、登山に便利な旅館などの連絡先を示しています。
※冬季閉鎖時は連絡先が違うことがあります。また、現地ではなく、管理団体の連絡先を示していることがあります。
※全ての山小屋を示しているわけではありません。
※山小屋・旅館とも予約が必要な場合があります。
※山小屋・避難小屋・旅館は廃業したり利用ができなくなったりしている場合があります。
③問い合わせ：当該山域へアクセスするための主な交通機関と山の状況を確認するための公的機関・観光協会などの連絡先を示しています。

※情報は 2019 年 4 月現在のものです。自然災害などによって山容や登山道の状況、山小屋の開設の有無など大きく変わる可能性があります。詳しくは地元にお問い合わせください。

●目次

［鳥瞰図で楽しむ］日本百名山 地図目次

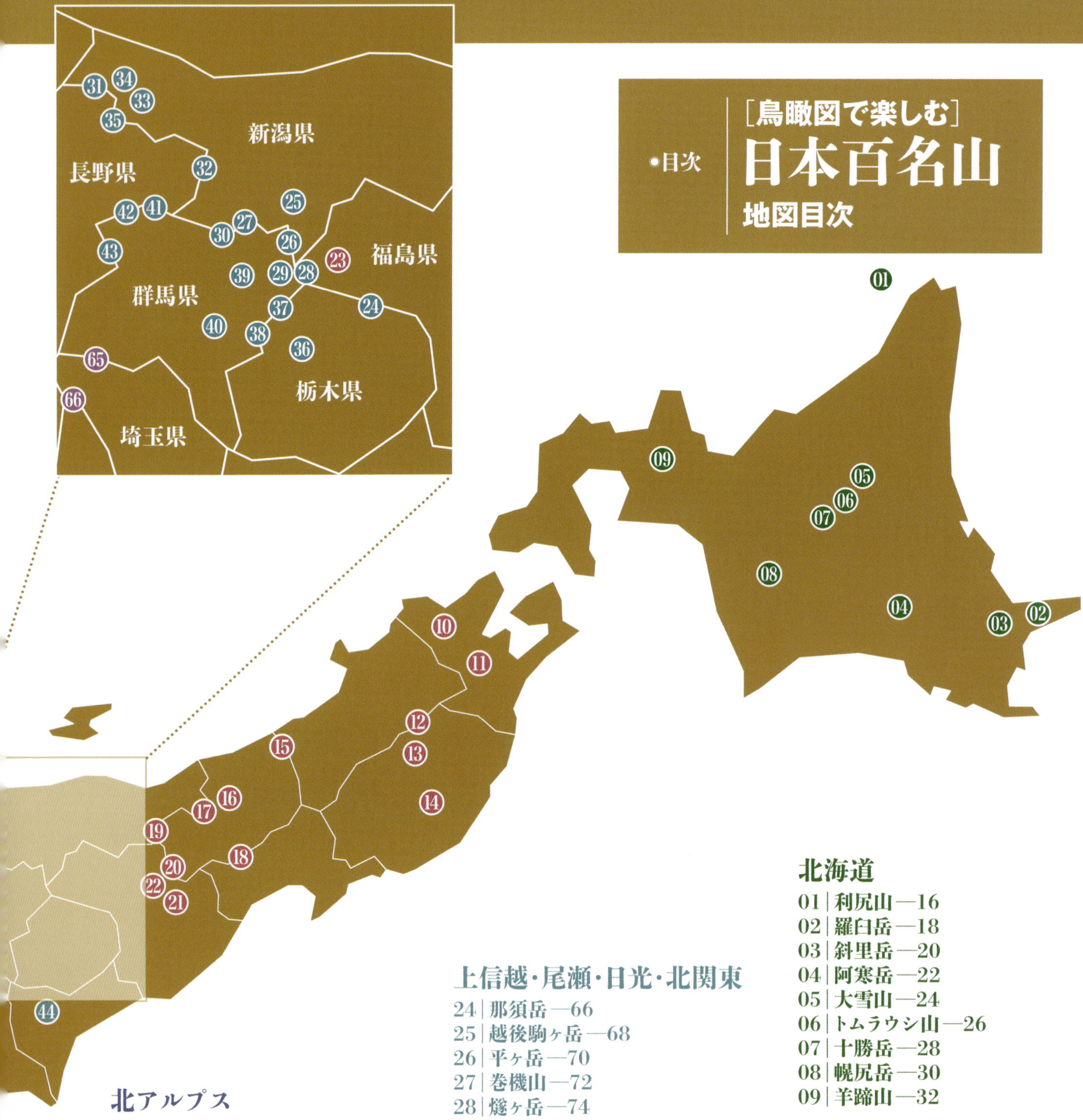

北海道

01｜利尻山—16
02｜羅臼岳—18
03｜斜里岳—20
04｜阿寒岳—22
05｜大雪山—24
06｜トムラウシ山—26
07｜十勝岳—28
08｜幌尻岳—30
09｜羊蹄山—32

東北

10｜岩木山—36
11｜八甲田山—38
12｜八幡平—40
13｜岩手山—42
14｜早池峰山—44
15｜鳥海山—46
16｜月山—48
17｜朝日岳—50
18｜蔵王山—52
19｜飯豊山—54
20｜吾妻山—56
21｜安達太良山—58
22｜磐梯山—60
23｜会津駒ヶ岳—62

上信越・尾瀬・日光・北関東

24｜那須岳—66
25｜越後駒ヶ岳—68
26｜平ヶ岳—70
27｜巻機山—72
28｜燧ヶ岳—74
29｜至仏山—76
30｜谷川岳—78
31｜雨飾山—80
32｜苗場山—82
33｜妙高山—84
34｜火打山—84
35｜高妻山—86
36｜男体山—88
37｜日光白根山—90
38｜皇海山—92
39｜武尊山—94
40｜赤城山—96
41｜草津白根山—98
42｜四阿山—100
43｜浅間山—102
44｜筑波山—104

北アルプス

45｜白馬岳—108
46｜五竜岳—110
47｜鹿島槍ヶ岳—112
48｜剱岳—114
49｜立山—116
50｜薬師岳—118
51｜黒部五郎岳—120
52｜水晶岳—120
53｜鷲羽岳—120
54｜槍ヶ岳—124
55｜穂高岳—126
56｜常念岳—128
57｜笠ヶ岳—130
58｜焼岳—132
59｜乗鞍岳—134
60｜御嶽山—136

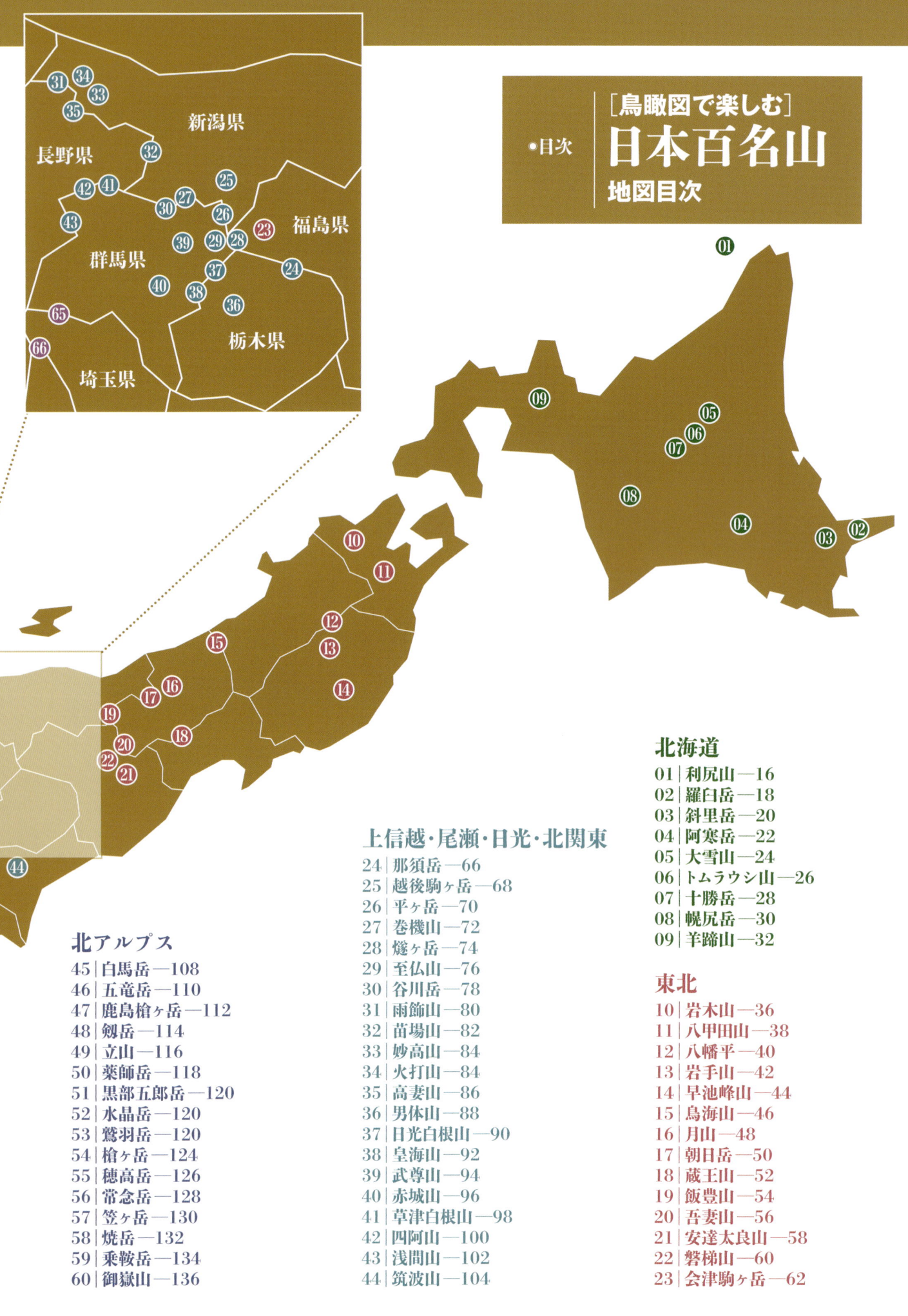

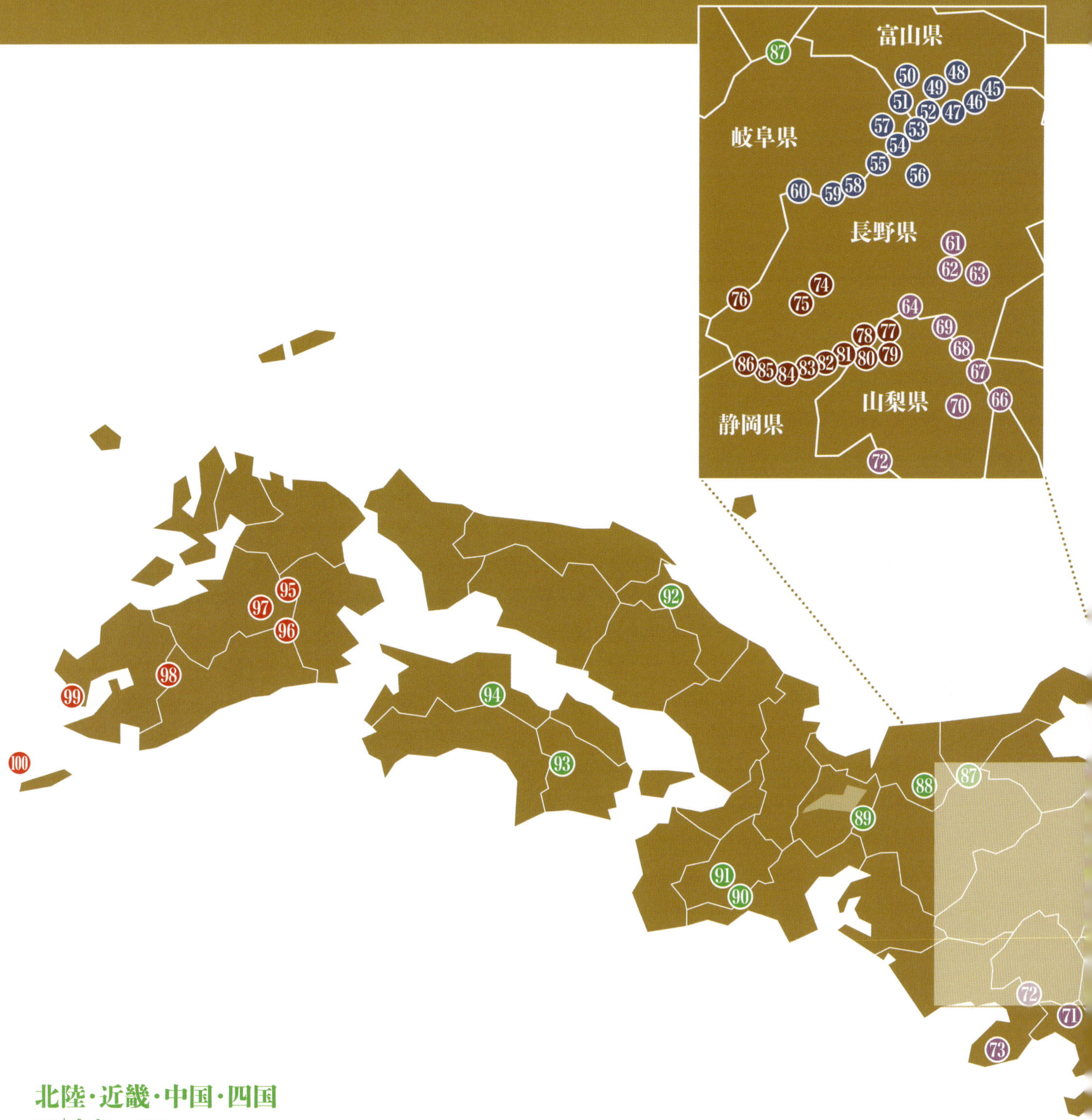

北陸・近畿・中国・四国
87 | 白山 —192
88 | 荒島岳 —194
89 | 伊吹山 —196
90 | 大台ヶ原山 —198
91 | 大峰山 —200
92 | 大山 —202
93 | 剣山 —204
94 | 石鎚山 —206

九州
95 | 九重山 —210
96 | 祖母山 —212
97 | 阿蘇山 —214
98 | 霧島山 —216
99 | 開聞岳 —218
100 | 宮之浦岳 —220

中央アルプス・南アルプス
74 | 木曽駒ヶ岳 —166
75 | 空木岳 —168
76 | 恵那山 —170
77 | 甲斐駒ヶ岳 —172
78 | 仙丈ヶ岳 —174
79 | 鳳凰山 —176
80 | 北岳 —178
81 | 間ノ岳 —180
82 | 塩見岳 —182
83 | 東岳 —184
84 | 赤石岳 —184
85 | 聖岳 —184
86 | 光岳 —188

美ヶ原・八ヶ岳・秩父・多摩・南関東
61 | 美ヶ原 —140
62 | 霧ヶ峰 —142
63 | 蓼科山 —144
64 | 八ヶ岳 —146
65 | 両神山 —148
66 | 雲取山 —150
67 | 甲武信ヶ岳 —152
68 | 金峰山 —154
69 | 瑞牆山 —154
70 | 大菩薩嶺 —156
71 | 丹沢山 —158
72 | 富士山 —160
73 | 天城山 —162

巻頭特集

世界文化遺産
富士山に登る

文・写真＝高取剛充

日本体育協会上級山岳指導員・日本山岳会会員

富士山ほど日本人に愛されている山はない。登山者も多く、2005年に4つのコースのそれぞれにカウンターを設置以来、20万人からときには30万人を超える人びとが登っている。ではどのコースを登ればいいのだろう。実際にコースを歩いてみて、それぞれの魅力を確かめてみた。

富士山のおもな登山ルート

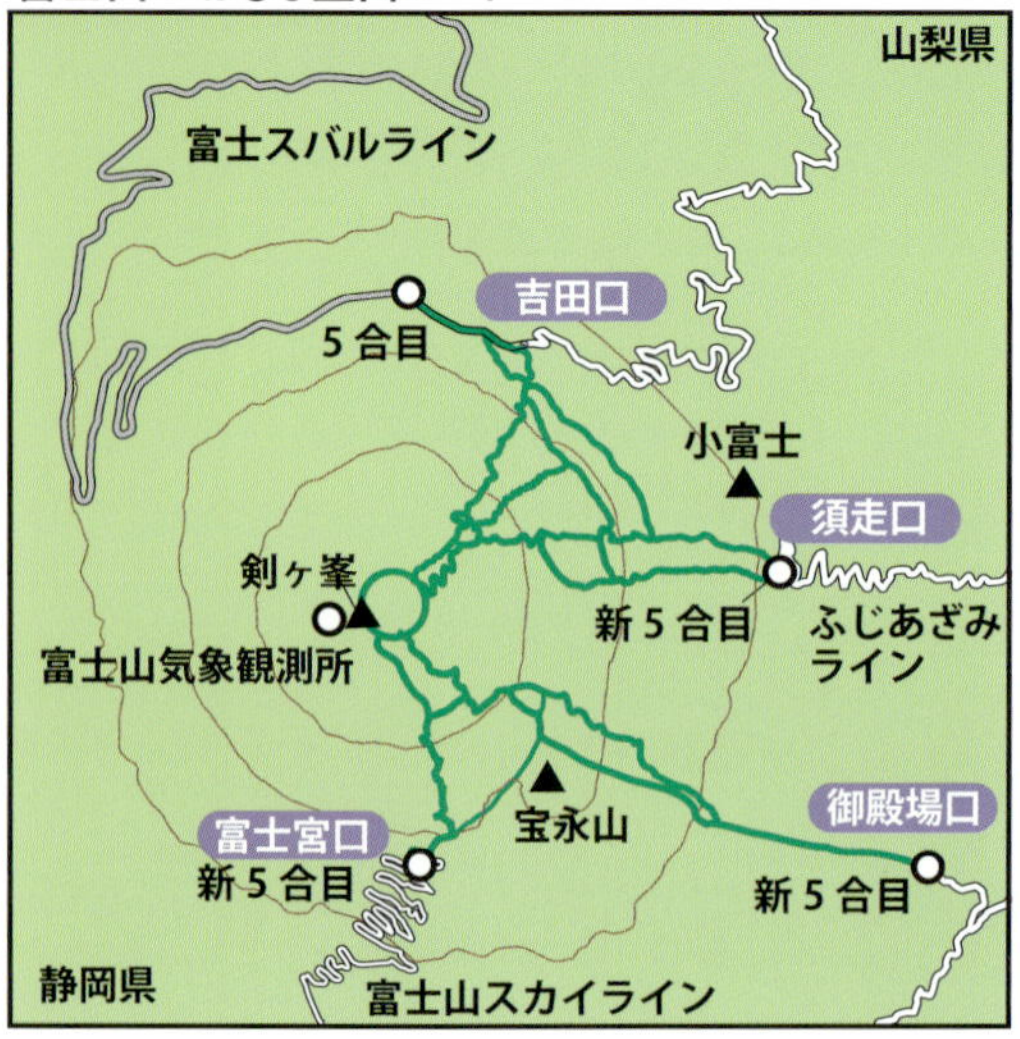

山梨県
富士スバルライン
吉田口
5合目
小富士
須走口
剣ヶ峯
新5合目
ふじあざみ
ライン
富士山気象観測所
宝永山
富士宮口
新5合目
御殿場口
新5合目
静岡県
富士山スカイライン

富士山には北東から吉田《よしだ》口、東から須走《すばしり》口、南東から御殿場《ごてんば》口、南から富士宮《ふじのみや》口という4つの登山口がある。いずれもバス、タクシー、マイカーなどで5合目まで上がれるが、マイカーの場合、乗り入れが規制される区間もあるので、事前に調べておく必要がある。もちろん、車で来たついでに、と、軽装のまま登るのはお勧めできない。山は天候の変化が激しく、晴れていた空があっという間に雷雲に包まれることも珍しくないからだ。

富士山の登山時期は7月と8月。山開きは毎年7月1日に行われる。積雪が多い年は、山開きされても除雪が追いつかず、山頂まで登れないこともある。また、9月に入ると閉まる山小屋も多いので、かならず確認してから出かけること。9月下旬には雪が降り、本格的な冬山登山にチャレンジするエキスパートたちの世界になる。

なお、ここに表記したコースタイムは、小学生や中高年を含むグループの実測値である**(小休止も含んだ歩行時間。小屋の前での休憩時間は別途加算)**。

はじめは細かい火山礫の平坦な道が続く。緩い下りをしばらく進む。

9合目付近。登山道はロープでわかりやすく示されている。

山頂手前にある鳥居。

仮眠した8合目の山小屋を出た直後の写真。まだ表情に余裕がある。

吉田口コース

8合目合流点まで5時間30分（歩行4時間35分＋休憩1時間）

富士吉田市の浅間《せんげん》神社（860m）から登っていくのが、ほんとうの吉田口コースだが、河口湖から車で富士スバルラインを通って5合目（2300m）まで上がってしまい、水平移動して吉田口に合流するのが、最もポピュラーな登り方だ。富士スバルライン5合目には大きな駐車場があり、たくさんのレストハウスが並んでいて、馬に乗ることもできる。馬は7合目まで上がれるそうだ。

駐車場からの登山道は細かい火山礫《れき》の平坦《へいたん》な道が続く。緩い下りをしばらく進む。

ここであまりスピードを出さずにゆっくり歩くのが、高所に体を慣らしていくコツだ。

泉《いずみ》ヶ滝《たき》という分岐点で、右斜めに上がっていく坂に入る。30分で6合目「富士山安全指導センター」（2390m）着、5分歩いて穴《あな》小屋（休業中）を越したところで吉田口登山道に合流。要塞《ようさい》のような防護柵に守られたジグザグ道を歩く。傾斜も緩く、しっかり整備されている歩きやすい道だ。

1時間10分で7合目の花《はな》小屋に到着。ここから急な岩場の登りになる。大股《おおまた》で体をヨイショと持ち上げるような動きは疲労のもと。消耗を防ぐために、小股でリズムよく歩こう。同じペースでゆっくり長時間続けて歩くように心がけると、速く歩いて頻繁に休むより疲れない。

これからしばらくは次から次へと「7合目」の山小屋が出てくる。どうやら7合目、8合目は1か所ではないようだ。1時間後に東洋館《とうようかん》（3000m）を過ぎると、その後30分でようやく最初の8合目、太子館《たいしかん》（3100m）に着く。さらに4つ小屋を通過して、1時間20分で着くトモエ館（3400m）が、須走口との合流点になる。

須走口コース

8合目合流点まで5時間10分
（歩行4時間10分＋休憩1時間）

登り始めは森の中。4つの登山口のうち、もっとも緑の中を歩けるのがこのコースだ。

岩場歩きが少ないのも、このコースの特徴。なだらかな砂道が多いので、疲労を抑えるには有利だといえる。

ふじあざみライン新5合目の須走口は標高2000m。山小屋が2軒並ぶ道を入り、石段を上がると、小さな鳥居をくぐり古御岳《こみたけ》神社の前に出る。小さな祠《ほこら》だが、これからの登山の安全をつい願わずにはいられない。

登山道はすぐに右手奥へと伸びている。ここからは緑に囲まれた幅広い登山道を歩くことになる。歩き始めは普段よりも意識的にペースを落としたほうがいい。

1時間ほどで樹林帯を抜け、再び森に入って30分、新6合目長田山荘《おさださんそう》に着く。

新6合を過ぎると日照を遮るものがなくなってくるので、帽子やサングラスは欠かせない。6合目の瀬戸館《せとかん》（2620m）までは30分。登山道から左手に見えるのは、下りに通る砂走りだ。晴れていれば山頂も見える。山腹から見る頂上は、下界から見る形と違って平たく、富士山のイメージとはかなり違う。

そこから7合目の大陽館《たいようかん》（2920m）まで50分。3000mのラインを越えるため、そろそろ息切れも激しくなってくる。天気がよくても半袖はここまで。風が冷たくなってくるので、長袖の上に風よけの上着も着ておこう。

7合5勺の見晴館《みはらしかん》（3140m）まで30分。さらに8合目下の江戸屋《えどや》（3350m）まで30分。ここは吉田口との合流点だ。本8合の胸突《むなつき》江戸屋（3400m）まで20分。小屋ごとに10分休んだとしたら、5時間以上経っている。明るいうちにこの前後で1泊し、翌日の深夜に出発して山頂でご来光を見るというのが、私がよく立てる計画だ。

仲間の無事を祝いつつ食べる小屋の食事は格別。アルコールは下界よりはるかに回りが早いので、翌日の頂上アタックを期して、控えめにしておきたい。小屋の食堂は入れ替え制で、次の登山者のために場所を空け、早めに布団に入ろう。小屋は意外と暖かいので、寝る前に着込まなくても大丈夫だ。

仲間の無事を祝いつつ食べる
小屋の食事は格別。

8合目の山小屋、江戸屋の夕食風景。定番のカレーがうまい。

5合目の樹林帯。

8合目の小屋の前で見かけたチベットのタルチョー。

6合目の手前、ここから森林限界になる。オンタテなどの高山帯の植物が見られる。

フリースやセーターの上に防風ジャケットを着込み、毛糸の帽子に手袋と、真冬並みの服装にヘッドランプをつけたら、準備完了。日の出は7月なら午前4時半ごろ、9月なら5時ごろがおおかな目安。出発前に正確な時間を調べておくと行動に余裕が出る。東に面していてどこからでもご来光を見ることができるので、急いで登る必要はない。

午前2時には小屋を出発、8合5勺の御来《ごらい》光館《こうかん》（3450m）まで30分、ここで山小屋は終わり。下からよく見えていた9合目の鳥居（3560m）までは50分（渋滞がなければ30分）。ここからは道も細くなって大渋滞だが、その

ご来光を見た後、お鉢巡りの途中で撮影した雲海。「頭を雲の上に出し」た富士山ならではの光景。

8合目から山頂まで

山頂でご来光を見る場合2時間40分
日の出後に登る場合1時間40分
（歩行100分＋休憩10分）

スローペースのおかげで高度順化に時間をかけることができる側面もある。流れに逆らわずゆっくり進んでいこう。

さらにそこから1時間20分でようやく山頂。日の出の後に渋滞を避けて登れば、40分で着く距離だ。山頂ではご来光がよく見えるように場所を探して座る。カメラを構えてしばらく、地平の向こうからオレンジの光が放たれ、まあるい太陽が顔を出す。「おおーっ」という歓声、拍手、そしてシャッターの音。下界で見る太陽と変わらないはずなのに、山頂で見る日の出にはどうして感動してしまうのだろう。ひとしきりご来光を楽しんだら、すぐに下る人、小屋に寄る人、神社でお札を買う人、お鉢巡りに行く人と、人々は散っていく。小屋では豚汁やラーメンなど温かいものが人気のようだ。

お鉢巡りは距離約3㎞、1周約1時間半だ。噴火口の深さは約400m。危険なため、降りることはできない。噴火の後が偲《しの》ばれる断崖《だんがい》を見ながら、火口の尾根を周回する。剣《けん》ヶ峯《みね》から時計回りに、白山岳《はくさんだけ》、久須志岳《くすしだけ》、大日岳《だいにちだけ》、伊豆《いず》ヶ岳、成就《じょうじゅ》ヶ岳《だけ》、駒《こま》ヶ岳《たけ》、三島岳《みしまだけ》と8つ数えることができる。

登山道から到達した山頂は、じつはまだ3720m。ひときわきつい馬の背の急坂を登り切ったところが、ほんとうの最高地点、剣ヶ峯（3776m）。富士山測候所が、その役割を終えた今も残されている。ドームは撤去され、麓《ふもと》に展示されているが、建物は風雪に耐えながら山頂に留まり、観測に命を懸けた人たちの情熱を伝え続けてくれている（今は無人の気象観測所）。

山頂で見る日の出にはどうして感動してしまうのだろう。

ここにある最高地点の石碑で記念写真を撮ろうと行列ができてしまうのも、むりからぬことだ。

山頂からの下りは下山道を使う。登りと下りを分けることで流れをスムーズにしているので、逆行はしないように。

吉田口と須走口が分岐する8合目を見逃さないよう注意。後で登り返すのはたいへんだ。須走口の下りには砂走りがある。細かい火山礫が積もっていて、足裏が玉に乗ったように勢いがついてしまう。スピードを出しすぎると危険。一歩一歩着実に歩いてほしい。吉田口の下りは岩の上を歩くことが多いので、膝に負担をかけないように歩幅を小さくして歩こう。どちらの下山道でも、疲れた体に金剛杖やストックはありがたい助けになる。

須走口コースから上がった山頂から見た剣ヶ峯（左のピーク）。

コースの歩きやすさは吉田口と須走口との中間くらい。
（富士宮口コース）

影富士。気象観測所の展望台から西側を撮影。

御殿場口コースと富士宮口コース

御殿場口から山頂までは7時間50分／富士宮口から山頂までは6時間15分

ご来光をカメラに収める。気温が下がるため防寒具は必携。

御殿場口と富士宮口についても、それぞれ特徴を述べておきたい。

出発点となる御殿場口の新5合目駐車場は標高１４４０ｍ。いちばん歩きの長いコースだ。そのため比較的登山者が少なく、混雑を避けたい人に向いている。小屋の数が少なく、水の購入とトイレには不便だが、視界を遮る障害物がないので、駐車場から山頂まで展望に恵まれている。

富士宮口は御殿場口と対照的に、富士山スカイラインの新5合目駐車場が２３８０ｍと、全登山口で最も高い位置にある。コースの歩きやすさは吉田口と須走口との中間くらい。このコースの魅力は駿河《するが》湾が目の前に広がることだ。山頂近くでは、日の出が隠れてしまう場所があるので、9合目でご来光を迎えるか、早めに出て山頂まで登ってしまおう。

富士宮口を上り詰めると、山頂神社が正面に、御殿場口の終点はそのすぐ横に見える。神社の横には郵便局があって、山頂の日付印を押してもら

富士山に登る

感動的なご来光。これを拝むために多くの人が夜を徹して登ってくる。

い投函することができる。剣ヶ峯に近いのも、この二つのコースの魅力のひとつだ。二つのコースをつないで、御殿場口7合目から宝永《ほうえい》火口を回って富士宮口に下りる道もある。下山時に利用すれば1時間ほどで通過できる。

富士宮口コースの途中、7合目あたり。疲労がピークを迎える。

※山梨県と静岡県は「富士山保全協力金」やヘルメットの着用を呼びかけている。

登山のルールとマナー

登山道からそれないこと。落石を起こす危険があることと、道迷いを防ぐ意味がある。見晴らしがよいようでも、雲に覆われたとたん、視界が閉ざされてしまうこともよくある。混み合ったら上りを優先しよう。

気温が低く、自然分解しないため、ゴミを捨てたらずっと残ってしまう。ゴミを捨てずに持ち帰ることは常識。トイレは近年微生物やおがくずなどを用いたバイオトイレが導入されて、環境面での改善が進んだ。トイレの維持に費用がかかるために、200円程度の有料となっている。

小屋では夕方5時ごろから夕食が始まり、9時には消灯してしまう。朝はご来光を山頂で迎える人たちが、深夜1時過ぎから動き始める。食事はカレーが一般的だが、なかにはハンバーグが出る小屋もある。富士山は高所であるため水の沸点が低く、米を炊くにも圧力釜が必要。水道もなく、食材もすべて下界から持ち上げている。その厳しい条件から考えると、グルメな食事は期待できない。だが、山の空気としっかり歩いた充実感のおかげで、とてもおいしく感じるのが不思議なところ。空腹は最高の料理人だ。

高山病の予防には、ゆっくり歩くこと、風邪や寝不足を避けて体調を整えておくこと、適度な水分補給、こまめな衣類の着脱などを心がけよう。防寒性や防風性のよい衣類を選び、軽登山靴を履きならしてから使おう。山頂は夏でも氷点下になる可能性がある。十分な装備で挑んでほしい。

北海道

深田は『日本百名山』の中で、北海道の山はどの山も登山の歴史が新しいと書いている。
登山に限らず、ここには人の手が及ばぬところが残されている。野生の動植物が身近に顔を出す。大自然がまるごと残されている。

大雪山（撮影：川井靖元）

利尻山※1

多彩な高山植物が咲き競う海に浮かぶ霊峰

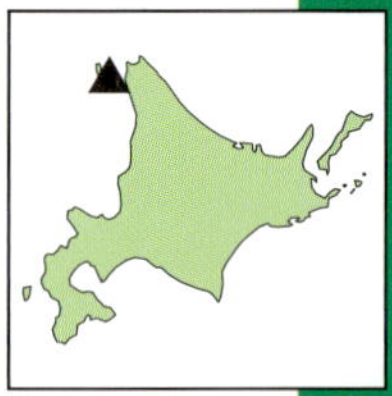

りしりざん
北峰1719m、南峰1721m
中級者向け
前夜泊日帰り

見どころ：花、眺望、岩峰群、海、樹林
1/25000地形図：鴛泊、雄忠志内、鬼脇、仙法志

長官山より利尻山山頂を望む　（撮影：川井靖元）

百名山最北の山

利尻山は北海道の北部、稚内《わっかない》西方の日本海に浮かぶ利尻島にある独立峰で、百名山最北の山である。深田久弥《ふかだきゅうや》の『日本百名山』の最初に「利尻岳」として登場するのが、この山だ。「利尻」はアイヌ語の「リイ・シリ」に由来し、「高い島」という意味である。利尻島は島全体が山のように見え、「海に浮かぶ山」のようだ。その山容の美しさから「利尻富士」ともよばれている。

海の安全と豊漁を祈る

利尻山は古くから信仰の対象であり、「霊峰」として敬われてきた。人々はこの山に航海の安全と豊漁を祈った。登山道には「薬師如来《やくしにょらい》」と刻まれた石碑もある。北峰山頂に利尻山神社の奥宮《おくみや》として、祠《ほこら》が設けられている。

火山島の絶景

成層火山であるが、はるか昔に活動が止まっており、今では噴気もなく、火口も失われている。方々で浸食や崩壊が進み、息を呑《の》むほどの絶壁が見られる。

頂上からのパノラマ

5合目付近までは針葉樹林に覆われ、見事なエゾマツやトドマツが続く。北峰と南峰の2つのピーク（※2）があるが、南峰頂上付近はとくに崩落が激しく危険であるため、南峰へのルートは現在立ち入り禁止（このため北峰を山頂としている）。山頂からの眺めはすばらしい。南に伸びる稜線《りょうせん》には剣のように切り立つ岩峰群がある。これらの岩峰群から離れ、孤立して頂上近くに垂直にそびえる「ローソク岩」は、迫力がある。

高山植物の宝庫

また、利尻山は高山植物の宝庫としても知られている。7月から8月の夏山シーズンには、8合目から頂上にかけてボタンキンバイの群生やリシリヒナゲシなど多くの花々が色とりどりに咲く。リシリヒナゲシはこの地の固有種で、黄色い可《か》憐《れん》な花を咲かせる。

ボタンキンバイが咲き誇る利尻山山腹（撮影：清水隆雄）

data

●アクセス
起点は鴛泊港《おしどまりこう》（稚内からハートランドフェリーで約1時間40分）もしくは利尻空港（新千歳空港から約50分）
鴛泊港→利尻北麓《ほくろく》野営場（タクシー約10分）
利尻空港→利尻北麓野営場（タクシー約20分）
鴛泊港→見返台園地（タクシー約30分）
利尻空港→見返台園地（タクシー約25分）

●山小屋
利尻山避難小屋　0163-82-1114
7合目避難小屋　0163-84-2345

●問い合わせ
ハートランドフェリー稚内支店
0162-23-3780
宗谷バス利尻営業所　0163-84-2550
富士ハイヤー　0163-82-1181
りしりハイヤー　0163-84-2252
飛行機：全日空　0570-029-222
利尻富士町商工観光係　0163-82-1114
利尻富士町観光案内所　0163-82-2201
利尻町商工観光係　0163-84-2345
利尻町観光案内所　0163-84-2349
利尻町観光協会　0163-84-3622
利尻北麓野営場　0163-82-2394
管理は利尻富士町商工観光係

鴛泊コース／沓形コース

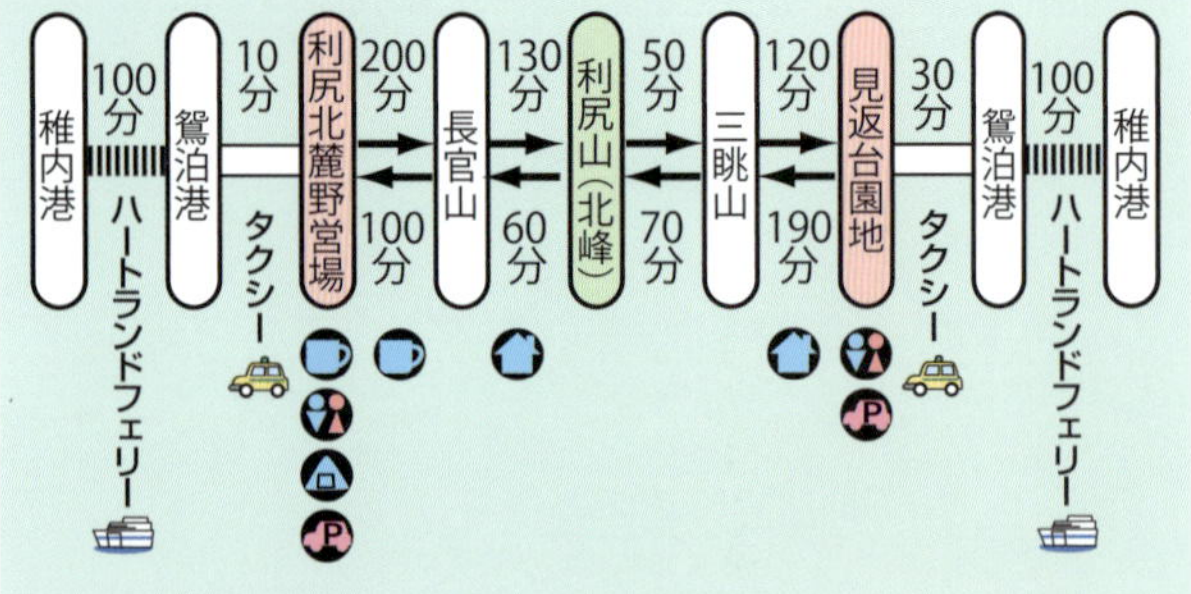
稚内港
100分
ハートランドフェリー
鴛泊港
10分
タクシー
利尻北麓野営場
200分
100分
長官山
130分
60分
利尻山（北峰）
50分
70分
三眺山
120分
190分
見返台園地
30分
タクシー
鴛泊港
100分
ハートランドフェリー
稚内港

※1＝深田久弥『日本百名山』では「利尻岳」と表記。
※2＝正確には北峰、本峰、南峰の3つのピークがある。一般的なガイドブックでは本峰にはほとんどふれていない。バリエーションルートのクライミングの記録では3つのピークに触れているものがある。

北峰に利尻山神社の奥宮がある。北峰から
南峰へのルートは崩岩のため立ち入り禁止。
南側にローソク岩が見える
利尻山(利尻岳)
南峰
1721m
北峰
1719m
親不知子不知
ガレ場のトラバースは危険。
転落・落石に注意
登山道は火山礫で
滑りやすい
三眺山
1461m
南稜と仙法師稜の
岩峰群が見える
日本海
固有種リシリヒナゲシが見られる。他の高山植物も、本州以南のものより花が大ぶりで色が濃く、美しい
南浜湿原
オタトマリ沼
鬼脇
鬼脇からの登山道は7合目
から上は通行禁止
利尻山避難小屋
通年(無人)
1218m
長官山
第二見晴台
馬ノ背
ヤセ尾根の道。
眺望よい
沓形コース
906m
7合目避難小屋
通年
駒犬ノ坂
人面岩、寝熊の岩、竜神岩
北のいつくしま弁天宮
ハイマツが出現
利尻町
疎林地帯
ハイマツ帯。
時折ササ原が混じる
急坂
七曲
鴛泊コース
見返台園地 440m
沓形から徒歩約1時間45分
ダケカンバの林
第一見晴台
エゾマツなど針葉樹の
大木がすばらしい
北海道
利尻島
利尻富士町
甘露泉水
利尻山唯一の水郷。
最北の百名水
413m
444m
ポン山
利尻山の展望良好
利尻北麓野営場 230m
鴛泊港からタクシーで約10分
姫沼
姫沼探勝路
自然観察によい。姫沼に映える「逆さ利尻」が見られることもある
利尻北麓野営場
5月中旬～10月中旬
ケビン、オートサイトあり
鬼脇へ
サイクリングロード
利尻富士町ふれあい公園
・カルチャーセンター・りっぷ館
・利尻富士温泉
利尻山神社
高山植物展示園
・フェリーターミナル
・利尻富士町役場
鴛泊港
鴛泊
・郵便局
93m
・ペシ岬展望台
利尻空港、沓形へ
夕日ヶ丘展望台
※図は北からの鳥瞰

島の西岸には奇岩が点在し、その形から名づけられた人面岩《じんめん》、寝熊《ねくま》の岩は有名。また海岸に突き出た竜神《りゅうじん》岩の上には「北のいつくしま弁天宮」があり、真っ赤な祠が建つ。鴛泊コース３合目の甘露泉水《かんろせんすい》は名水百選のひとつで、百名水の日本最北端にある。利尻山神社や北見《きたみ》神社など島内の神社では、その平穏を願って山の神、海の神を祭神とする。オタトマリ沼は島内最大の湖沼で、利尻山の絶好のビューポイントである。

宿泊施設(数字は収容人数)　キャンプ場　水場　トイレ　危険箇所　ロープウェイ　リフト　おもなバス停　温泉　紅葉の名所　花の名所　好展望　観光ポイント　駐車場

02 北海道

羅臼岳

抜群の眺望が期待できる知床の最高峰

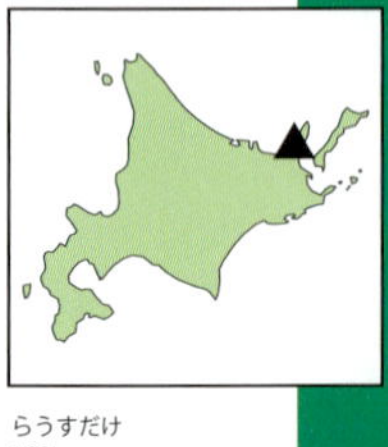

らうすだけ
1661m
中級者向け
(前夜泊) 日帰り

見どころ：花、眺望、海、岩壁、紅葉
1/25000 地形図：知床峠、羅臼、知床五湖、硫黄山

知床のシンボル

太平洋とオホーツク海を分けるように海に突き出た知床《しれとこ》半島の中央を貫く知床連山。その最高峰が羅臼岳だ。「知床富士」ともよばれ、麓《ふもと》から見上げる姿も美しい。世界遺産に登録された知床のシンボルといってもよいだろう。

麓から見るとおわんをかぶせたような形の山頂部は、溶岩ドームだ。羅臼岳は成層火山で、専門家によれば500年以上前から活発な火山活動はないという。

カムイが住む山

知床や羅臼という地名は、アイヌ語に由来する。知床の語源は「シル・エトク」といわれ、「地の涯《はて》」を意味する。アイヌの人々にとって、羅臼岳はカムイ(神)が住む山であり、かつて敬愛を込めて「チャチャヌプリ」(おじいさんの山)とよんだ。羅臼は「ラ・ウス」に由来するが、「ウス」とは「~する所」という意味である。「ラ」の意味には諸説がある。

知床を一望

岩尾別《いわおべつ》温泉からの登山路は知床五湖やオホーツク海を見下ろすすばらしいビューポイントがある。羅臼からのコースには第一ノ壁、第二ノ壁、屛風岩《びょうぶいわ》という岩壁があり、その迫力に圧倒される。このコースを登ると羅臼平の直前にすばらしいお花畑が広がる。いずれのコースも上部では夏でも雪渓が残ることが多い。

羅臼平は2つのコースと硫黄山への縦走路との分岐点だ。ここから見る頂上は緑のハイマツ帯からはい出た岩の塊のようだ。意外と狭い頂上からの眺めは期待以上で、知床を一望し、オホーツク海と太平洋を同時に見下ろすことができる。

連山の稜線《りょうせん》の向こうには根室《ねむろ》海峡を越えて国後《くなしり》島が見える。

魅力の高山植物

知床連山の夏は、シレトコスミレ、エゾコザクラ、チングルマなどさまざまな高山植物が咲く。また紅葉の時期も魅力だ。

新緑の羅臼岳(知床峠より) (撮影：川井靖元)

シレトコジカと羅臼岳 (撮影：川井靖元)

data

●アクセス
起点は知床斜里駅(JR 釧網本線)
知床斜里駅→岩尾別(斜里バス約 1 時間 15 分)(※)
釧路駅→羅臼(阿寒バス約 3 時間 35 分)
●山小屋
木下小屋 0152-24-2824
ホテル地の涯 0152-24-2331
●問い合わせ
斜里バス 0152-23-3145
阿寒バス 0154-37-2224
斜里ハイヤー 0152-23-2100
知床ハイヤー 0152-23-2010
ウトロ観光ハイヤー 0152-24-2121
斜里町役場 0152-23-3131
知床斜里町観光協会 0152-22-2125
羅臼町役場 0153-87-2111
知床羅臼町観光協会 0153-87-3360
環境省羅臼自然保護官事務所 0153-87-2402
環境省ウトロ自然保護官事務所 0152-24-2297

岩尾別温泉コース／羅臼温泉コース

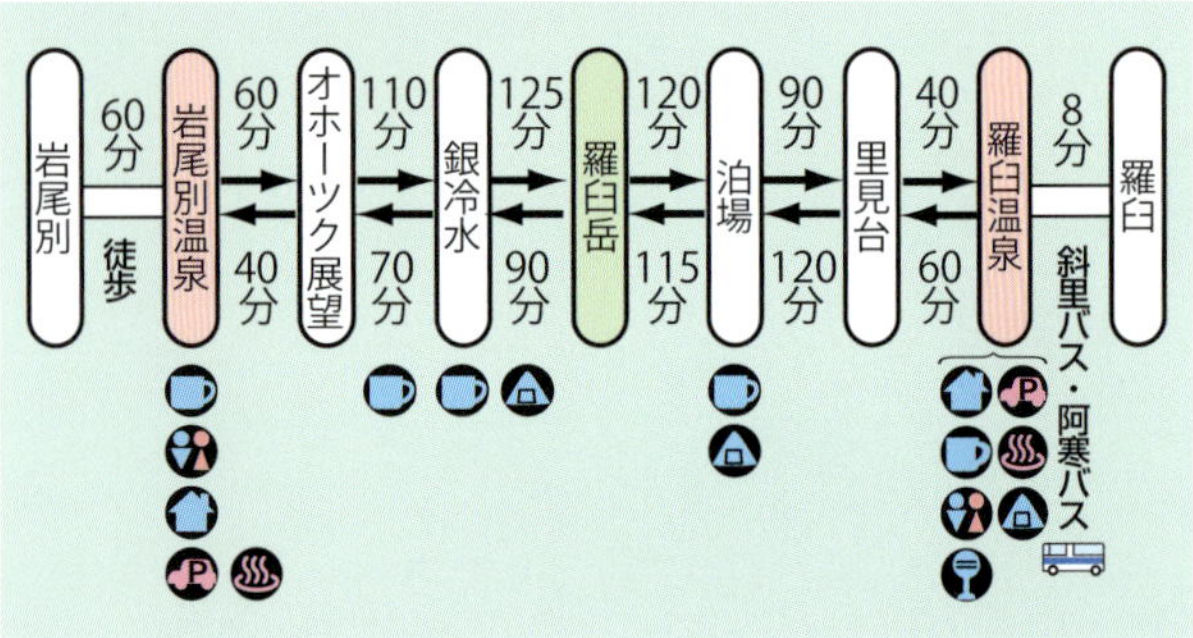

岩尾別
60分
徒歩
岩尾別温泉
60分
40分
オホーツク展望
110分
70分
銀冷水
125分
90分
羅臼岳
120分
115分
泊場
90分
120分
里見台
40分
60分
羅臼温泉
8分
斜里バス・阿寒バス
羅臼

※＝岩尾別温泉までのシャトルバスは運行されていない。岩尾別～岩尾別温泉間は徒歩約 1 時間。

硫黄山《いおうざん》の麓《ふもと》にカムイワッカ湯の滝がある。カムイワッカは「神の水」という意味。硫黄分が強いため、「魔の水」とも解される。フレペの滝は知床連山からの水が約100mの断崖《だんがい》を落下し、「乙女の涙」とよばれる。プユニ岬はオホーツクの海岸線を一望できるビューポイントで、夕陽に染まる光景は絶景である。原生林に囲まれた知床五湖は幽玄な雰囲気を醸し出し、知床らしい場所だ。

知床岬
ウイーヌプリ 652m
ポロモイ岳 992m
知床岳 1254m
カムイワッカ湯の滝 200m
知床五湖からカムイワッカ方面は落石防止工事が終了した。ただし、繁忙期等はシャトルバスの通行のみ。なお、湯の滝は四ノ滝まであるが落石で危険なため一ノ滝までしか入れない。
相泊温泉
セセキ温泉
ルサ乗越
561m
トッカリムイ岳
ルシャ山 849m
カムイワッカから硫黄山登山口までは落石の危険を理解し、「通行止区間の特例使用申請」をした登山者については夏季に、徒歩による通行が認められた（毎年見直し）
硫黄山 1563m
知円別岳 1544m
羅臼岳～硫黄山間の稜線はお花畑が多い
根室海峡
999m
新噴火口
硫黄川
カムイワッカ川
南岳 1459m
二ツ池
1351m
1450m
オッカバケ岳
1564m
サシルイ岳
1319m
サシルイ岬
知床大橋
湯の滝
オホーツク海
羅臼平直下のお花畑はすばらしい
屏風岩
下山時に道を間違えやすい
三ツ峰 1509m
知床五湖
ヒグマの生息地であるため、遊歩道が設置され、一湖の湖畔まで行く高架木道と五湖を巡る地上遊歩道がある。自由利用期以外、地上遊歩道は事前のレクチャーが必要で、ヒグマ活動期にはツアー料が、植生保護期には立入認定手数料が必要。入場制限もある
羅臼平
1661m
965m
第二ノ壁
マッカウス洞窟
1005m
泊場
第一ノ壁
銀冷水 1035m
羅臼岳
羅臼市街
羅臼神社
羅臼町役場
ハイマツ原
465m
里見台
四湖
五湖
三湖
二湖
一湖
弥三吉水
842m
極楽平
羅臼町
一息峠
間歇泉
道の駅知床・らうす
知床らうす交流センター
335
559m
知床五湖
オホーツク展望
北海道
熊の湯
羅臼温泉
標津へ
岩尾別温泉
岩尾別温泉 210m
知床斜里駅から知床五湖行きバスで約1時間15分、岩尾別下車。岩尾別からは徒歩約1時間、あるいはウトロ温泉からタクシーで約20分
熊越の滝
羅臼温泉 80m
羅臼からバスで約2～8分。宿泊施設多数
知床峠 738m
羅臼川
知床国立公園羅臼温泉野営場
6月中旬～10月中旬
羅臼ビジターセンター
木下小屋
6月中旬～9月下旬
ホテル地の涯
4月下旬～10月下旬
イワウベツ川
見返り峠
天頂山 1046m
二ノ沼
一ノ沼
三ノ沼
岩尾別
四ノ沼
五ノ沼
334
知床横断道路
羅臼湖
767m
知西別川
知床自然センター
斜里町
フレペの滝
知西別岳 1317m
プユニ岬
ウトロ、斜里、網走へ
※図は南西からの鳥瞰

宿泊施設（数字は収容人数） キャンプ場 水場 トイレ 危険箇所 ロープウェイ リフト おもなバス停 温泉 紅葉の名所 花の名所 好展望 観光ポイント 駐車場

斜里岳

知床の基部にそびえ、いくつもの滝を抱える雄峰

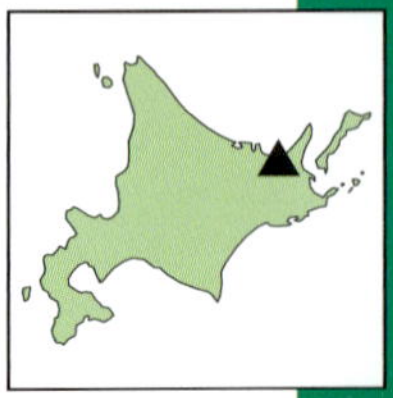

しゃりだけ
1547m（※）
中級者向け
日帰り

見どころ：花、滝、眺望
1/25000 地形図：斜里岳、サマッケヌプリ山

斜里岳遠望　（撮影：川井靖元）

神の山オンネヌプリ

斜里岳は知床《しれとこ》半島の付け根に位置し、広大な裾野《すその》をもった山だ。シャリはアイヌ語のサリ（葦の生える土地）のことで、斜里川の水源地だったからよばれるようになったという。アイヌの人々は斜里岳を「オンネヌプリ」（大きい山、年寄りの山）とよび、昔から神の山として崇《あが》めてきた。清里町には斜里岳を拝むための場所がある。

オホーツク海側から眺めると独立峰のように見えるが、阿寒《あかん》側から見れば複数の頂をもっていることがわかる。本峰とは別に南斜里岳、西峰のピークがあるのだ。斜里岳ははるか昔に火山活動を停止した成層火山であり、頂上部には溶岩ドームが形成されている。

多数の滝と神秘の池

旧道とよばれる沢沿いのコースにはダイモンジソウ、チシマノキンバイソウなどの花々が咲く。また多くの滝があり、それぞれの特性に応じて、「水蓮《すいれん》ノ滝」「羽衣《はごろも》ノ滝」「万丈《ばんじょう》ノ滝」「見晴《みは》らしノ滝」「竜神《りゅうじん》ノ滝」「七重《ななえ》ノ滝」「霊華《れいか》ノ滝」という名前がつけられている。

竜神ノ滝　（撮影：川井靖元）

すばらしい展望

稜線《りょうせん》上の馬ノ背に立つと一気に展望が開ける。ここから頂上をたどると、お花畑が広がり、イワブクロ、ミヤマキンバイ、チシマノキンバイソウ、チングルマなどの花が見られる。斜里岳に花が見られるのは、雪解けがすむ7月になってからだ。

頂上直下に金属で作られた鳥居と祠《ほこら》が建つ。これが斜里岳神社である。鳥居にはきちんと注連縄《しめなわ》が張られている。

山頂にはケルンが立ち、その展望は特筆ものだ。北は斜里平野の向こうに広がるオホーツク海、東は知床連山の山々と太平洋、西はサロマ湖と屈斜路《くっしゃろ》湖、そして南は摩周《ましゅう》湖、阿寒山系が見渡せる。

data

●アクセス
起点は清里町駅（JR釧網本線）
JR清里町駅→清岳荘（タクシー約40分）
●山小屋
清岳荘　0152-25-4111
●問い合わせ
清里ハイヤー　0152-25-2538
清里町役場　0152-25-2131
きよさと観光協会　0152-25-4111

旧道コース（上）／新道コース（下）

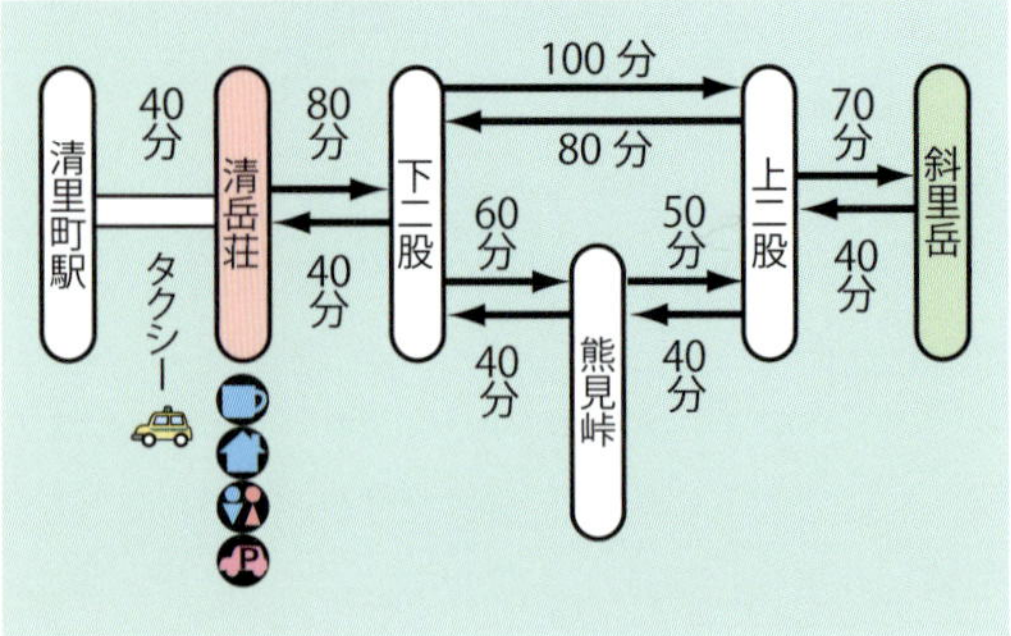
清里町駅
40分
清岳荘
タクシー
80分
40分
下二股
100分
80分
60分
40分
熊見峠
50分
40分
上二股
70分
40分
斜里岳

※＝山頂の掲示は1545mだが、国土地理院の山岳標高では1547m。

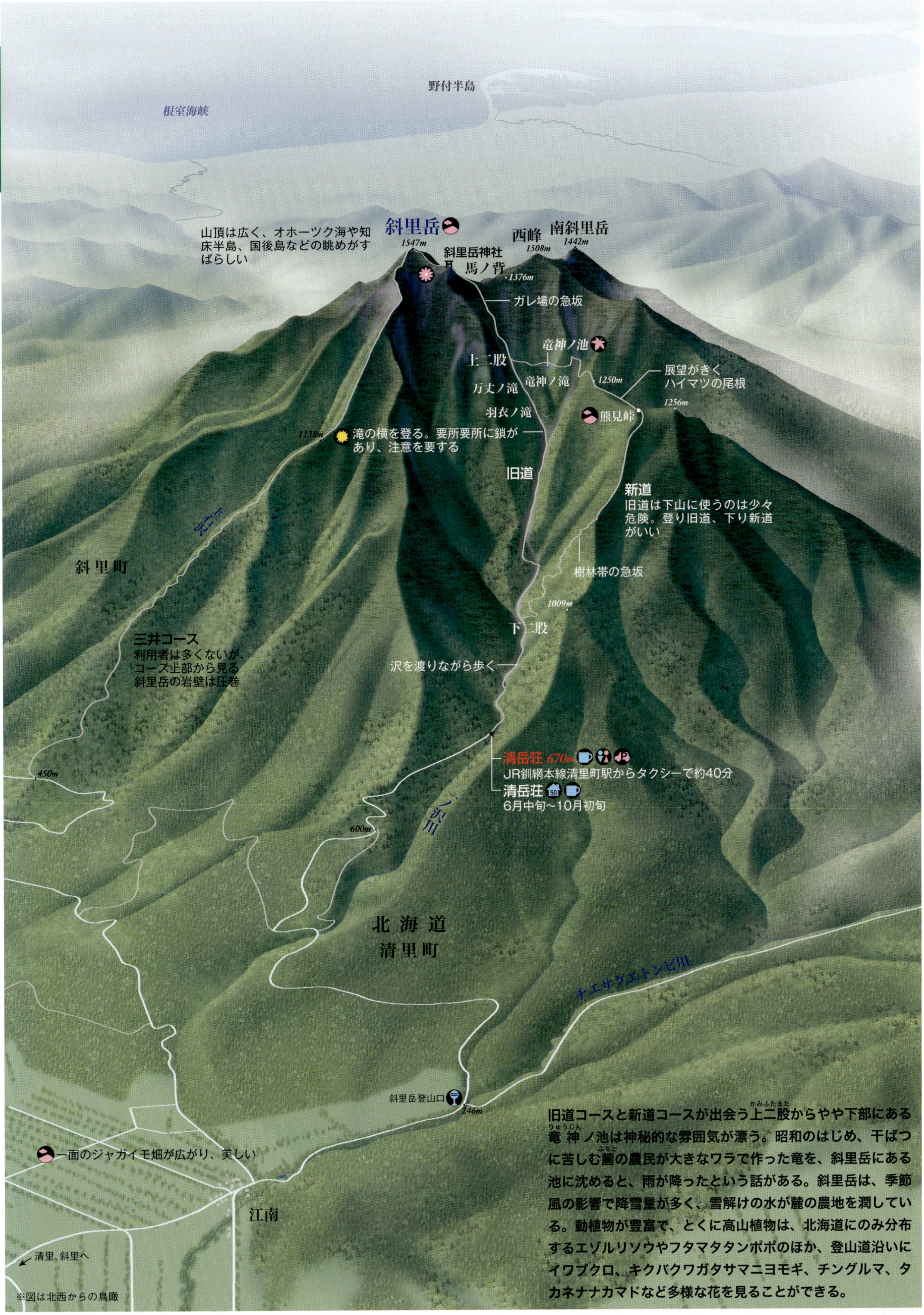
野付半島
根室海峡
斜里岳
1547m
山頂は広く、オホーツク海や知床半島、国後島などの眺めがすばらしい
斜里岳神社
馬ノ背
1376m
西峰
1508m
南斜里岳
1442m
ガレ場の急坂
竜神ノ池
上二股
竜神ノ滝
1250m
展望がきくハイマツの尾根
1256m
万丈ノ滝
羽衣ノ滝
熊見峠
1138m
滝の横を登る。要所要所に鎖があり、注意を要する
旧道
新道
旧道は下山に使うのは少々危険。登り旧道、下り新道がいい
斜里町
樹林帯の急坂
1009m
下二股
三井コース
利用者は多くないが、コース上部から見る斜里岳の岩壁は圧巻
沢を渡りながら歩く
清岳荘 670m
JR釧網本線清里町駅からタクシーで約40分
清岳荘 50
6月中旬〜10月初旬
450m
600m
一ノ沢川
北海道
清里町
チエサクエトンビ川
斜里岳登山口
246m
一面のジャガイモ畑が広がり、美しい
江南
清里、斜里へ
※図は北西からの鳥瞰

旧道コースと新道コースが出会う上二股《かみふたまた》からやや下部にある竜神《りゅうじん》ノ池は神秘的な雰囲気が漂う。昭和のはじめ、干ばつに苦しむ麓《ふもと》の農民が大きなワラで作った竜を、斜里岳にある池に沈めると、雨が降ったという話がある。斜里岳は、季節風の影響で降雪量が多く、雪解けの水が麓の農地を潤している。動植物が豊富で、とくに高山植物は、北海道にのみ分布するエゾルリソウやフタマタタンポポのほか、登山道沿いにイワブクロ、キクバクワガタサマニヨモギ、チングルマ、タカネナナカマドなど多様な花を見ることができる。

宿泊施設（数字は収容人数） キャンプ場 水場 トイレ 危険箇所 ロープウェイ リフト おもなバス停 温泉 紅葉の名所 花の名所 好展望 観光ポイント 駐車場

阿寒岳

神秘あふれる湖を眼下に望む男山と女山

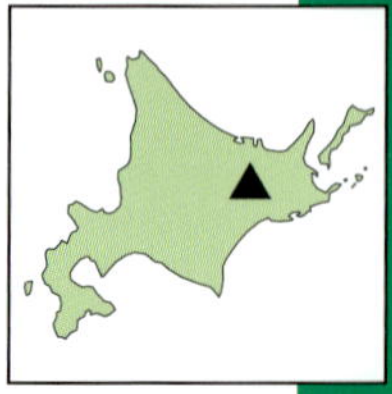

あかんだけ
雄阿寒岳　1370m
雌阿寒岳　1499m
雄阿寒岳　中級者向け
雌阿寒岳　初級者向け
（前夜泊）日帰り

見どころ：眺望、火口、湖沼、花、樹林
1/25000 地形図：雌阿寒岳、雄阿寒岳、オンネトー

オンネトーから望む雌阿寒岳（左）と阿寒富士　（撮影：長谷川雄助）

伝説に彩られた両山

阿寒湖を挟んで、夫婦が見詰め合うように雄阿寒《おあかん》岳《だけ》と雌阿寒岳《めあかんだけ》はそびえている。深田久弥《ふかだきゅうや》『日本百名山』にある「阿寒岳」とは、この2つの山をさす（※1）。

この地域はさまざまな伝説に彩られている。そのひとつによれば、大昔、カムイ（アイヌの神）たちが荒れ狂う海を見て話し合い、阿寒湖と雄阿寒岳・雌阿寒岳をつくったという。

雄阿寒岳はアイヌ語で「ピンネシリ」（男山）、雌阿寒岳は「マチネシリ」（女山）とよばれる。その名のとおり、雌阿寒岳はなだらかな山容をもち、雄阿寒岳はどっしりとした円錐《えんすい》状で力強い印象を与える。いずれも火山だが雄阿寒岳がすでに活動を停止しているのに対し、雌阿寒岳は今なお噴煙を上げている。

秘湖オンネトー

雄阿寒岳は阿寒湖やペンケトー（上沼の意）、パンケトー（下沼の意）という湖沼に囲まれるようにそびえ、登山口から間もなくのところには太郎湖、次郎湖もある。山の下部は針葉樹林帯で、とくに2合目から3合目にかけてのトドマツの純林がすばらしい。8合目付近からは美しい雌阿寒岳が間近に見え、眼下には阿寒湖が広がる。

雌阿寒岳は円錐状の山容をもつ阿寒富士に連なり、西側の山裾《すそ》には噴火で堰《せ》き止められたオンネトー（大きい沼あるいは年老いた沼の意）がある。オンネトーは北海道三大秘湖のひとつだが、雌阿寒岳を登りながら見るといっそう神秘的だ。

ダイナミックな光景

雌阿寒岳の下部はアカエゾマツを中心とする樹林帯である。この山で発見されたメアカンフスマやメアカンキンバイなどの高山植物が可憐《かれん》な花を見せる。

火口壁の上からは阿寒富士を背景に噴煙が上がるダイナミックな光景が展開する。火口壁の最高地点である頂上からは火口内の青沼、赤沼、そして阿寒湖の向こうに雄阿寒岳が見える。

雌阿寒岳噴火口　（撮影：川井靖元）

雌阿寒温泉コース／オンネトーコース（雄阿寒岳のコースは省略）

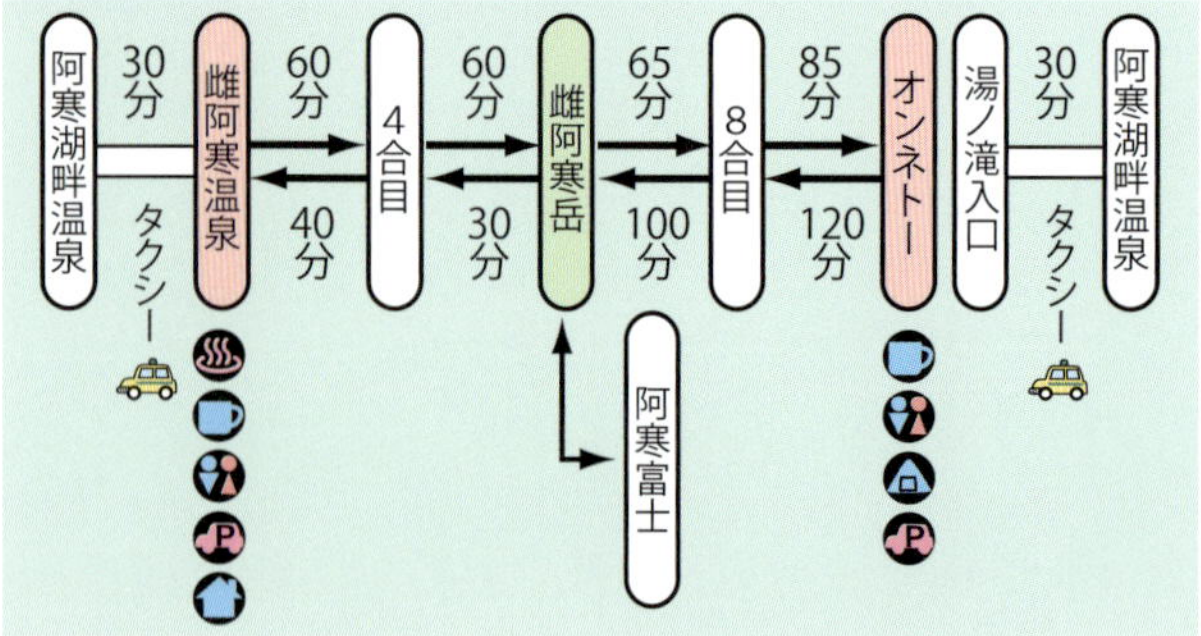

阿寒湖畔温泉
30分
タクシー
雌阿寒温泉
60分
40分
4合目
60分
30分
雌阿寒岳
阿寒富士
65分
100分
8合目
85分
120分
オンネトー
湯ノ滝入口
30分
タクシー
阿寒湖畔温泉

※ 1＝深田は、当時登山禁止であったため雌阿寒岳には登っていない。

data

●アクセス
起点は釧路駅（JR 根室本線）
雄阿寒岳
釧路駅→滝口（阿寒バス約 1 時間 50 分）
雌阿寒岳
阿寒湖畔温泉→雌阿寒温泉（タクシー約 30 分）
阿寒湖畔温泉→阿寒湖畔登山口（タクシー約 20 分）
阿寒湖畔温泉→オンネトー（タクシー約 30 分）
●問い合わせ
阿寒バス本社営業所　0154-37-2224
　阿寒湖営業所　0154-67-2205
阿寒ハイヤー　0154-67-3311
足寄町商工観光振興室　0156-25-2141
あしょろ観光協会　0156-25-6131
阿寒観光協会まちづくり推進機構　0154-67-3200

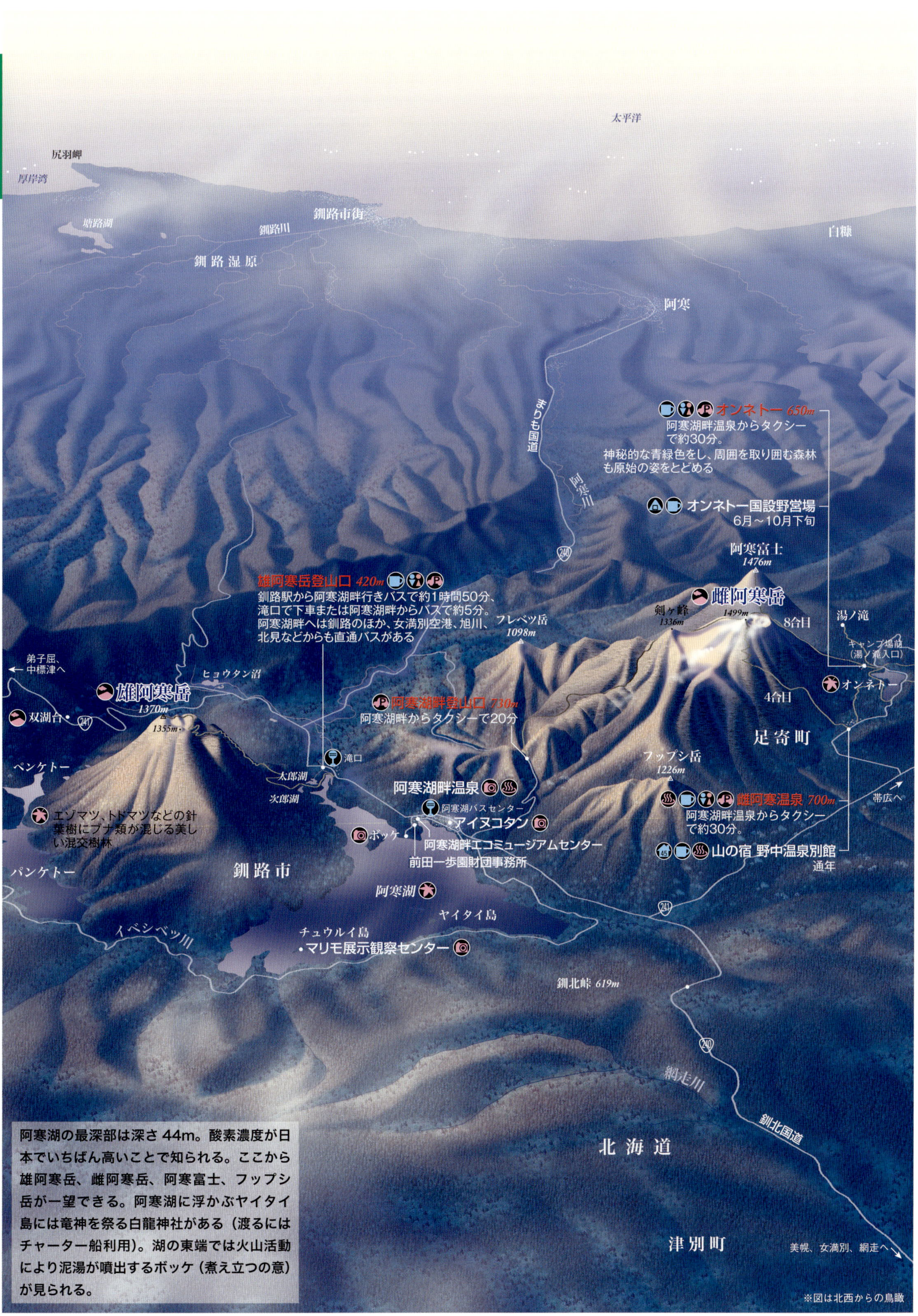
太平洋
尻羽岬
厚岸湾
塘路湖
釧路川
釧路市街
釧路湿原
白糠
阿寒
まりも国道
阿寒川
240
オンネトー 650m
阿寒湖畔温泉からタクシーで約30分。
神秘的な青緑色をし、周囲を取り囲む森林も原始の姿をとどめる
オンネトー国設野営場
6月～10月下旬
阿寒富士
1476m
雌阿寒岳
剣ヶ峰
1336m
1499m
8合目
4合目
湯ノ滝
キャンプ場前（湯ノ滝入口）
オンネトー
足寄町
雄阿寒岳登山口 420m
釧路駅から阿寒湖畔行きバスで約1時間50分、滝口で下車または阿寒湖畔からバスで約5分。阿寒湖畔へは釧路のほか、女満別空港、旭川、北見などからも直通バスがある
フレベツ岳
1098m
弟子屈、中標津へ
ヒョウタン沼
雄阿寒岳
1370m
1355m
双湖台
241
阿寒湖畔登山口 730m
阿寒湖畔からタクシーで20分
滝口
ペンケトー
太郎湖
次郎湖
阿寒湖畔温泉
阿寒湖バスセンター
アイヌコタン
フップシ岳
1226m
雌阿寒温泉 700m
阿寒湖畔温泉からタクシーで約30分。
山の宿 野中温泉別館
45
通年
帯広へ
エゾマツ、トドマツなどの針葉樹にブナ類が混じる美しい混交樹林
ボッケ
阿寒湖畔エコミュージアムセンター
前田一歩園財団事務所
パンケトー
釧路市
阿寒湖
ヤイタイ島
チュウルイ島
マリモ展示観察センター
イベシベツ川
241
釧北峠 619m
240
網走川
釧北国道
北海道
津別町
美幌、女満別、網走へ

阿寒湖の最深部は深さ44m。酸素濃度が日本でいちばん高いことで知られる。ここから雄阿寒岳、雌阿寒岳、阿寒富士、フップシ岳が一望できる。阿寒湖に浮かぶヤイタイ島には竜神を祭る白龍神社がある（渡るにはチャーター船利用）。湖の東端では火山活動により泥湯が噴出するボッケ（煮え立つの意）が見られる。

※図は北西からの鳥瞰

宿泊施設（数字は収容人数） キャンプ場 水場 トイレ 危険箇所 ロープウェイ リフト おもなバス停 温泉 紅葉の名所 花の名所 好展望 観光ポイント 駐車場

05
北海道

大雪山

魅力あふれる「神々の遊ぶ庭」

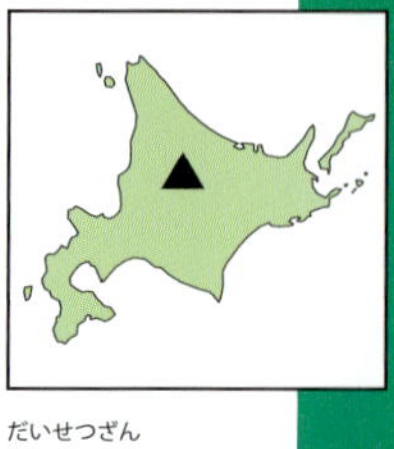

だいせつざん
旭岳 2291m
中級者向け
前夜泊日帰りあるいは1泊2日（旭岳・黒岳を縦走する場合／旭岳のみなら日帰り）

見どころ：眺望、火山風景、花、池塘、紅葉、樹林、雪渓、動物・昆虫
1/25000地形図：層雲峡、愛山渓温泉、旭岳、白雲岳、五色ケ原

旭岳の紅葉と新雪 （撮影：飯田信義）

北海道の屋根

大雪山とは、特定の山の名称ではなく北海道中央部に広がる20あまりの峰が連なっている広大な山系をさす。かつてはアイヌ語で「ヌタクカムウシュペ」（川の湾曲部の上にいるものの意）とよばれていた。また「カムイミンタラ」（神々の遊ぶ庭）ともよばれた。北海道の最高峰旭岳《あさひだけ》をはじめ2000m級の高峰が並び立ち、「北海道の屋根」とも称される。

雄大な火山風景

大雪山は、ふつう表大雪、北大雪、東大雪、十勝《とかち》連峰の4つの山塊に分けられる。このうちもっとも知られているのは、旭岳を中心とする表大雪の火山群だ。

その雄大な風景は一度見たら忘れることはできない。なかでも御鉢平《おはちだいら》は周囲を北海《ほっかい》岳、間宮《まみや》岳、北鎮《ほくちん》岳、凌雲《りょううん》岳などに囲まれた広大な火口原で、そのほぼ中央部に「有毒温泉」と名づけられた強力な硫化水素が噴き出る温泉がある。また旭岳西側の大きくえぐられた爆裂火口「地獄谷」は、白い噴煙を上げている。

見どころ満載の山域

この山域は美しいトドマツやアカマツの原生林、豊富な種類の高山植物が咲き誇る広大なお花畑、夏でも残る雪渓、大小の沼や池塘《ちとう》など見どころ満載だ。

エゾオヤマリンドウ群生（姿見平）
（撮影：花香勇）

6月中旬から下旬に咲くチシマザクラは、日本でもっとも遅く咲くサクラといわれる。また8月下旬からは木々が赤や黄色に色づき始め、9月中旬には盛りを迎える。日本一早い紅葉である。沼ノ平付近では、紅葉したウラジロナナカマドの赤と池塘のコバルトブルーが見事な自然美をつくりだす。

「生きた化石」ともいわれるナキウサギなどの動物、クマゲラ、シマフクロウなどの鳥類、天然記念物のウスバキチョウやダイセツタカネヒカゲなどの昆虫も姿を見せる。

旭岳や黒岳《くろだけ》の山頂からは大雪の山々の美しい姿が見える。黒岳山頂付近には「マネキ岩」、旭岳山頂間近には「金庫岩」、「ニセ金庫岩」とおもしろい名前でよばれる巨岩があり、登山中の目印となる。

旭岳縦走コース

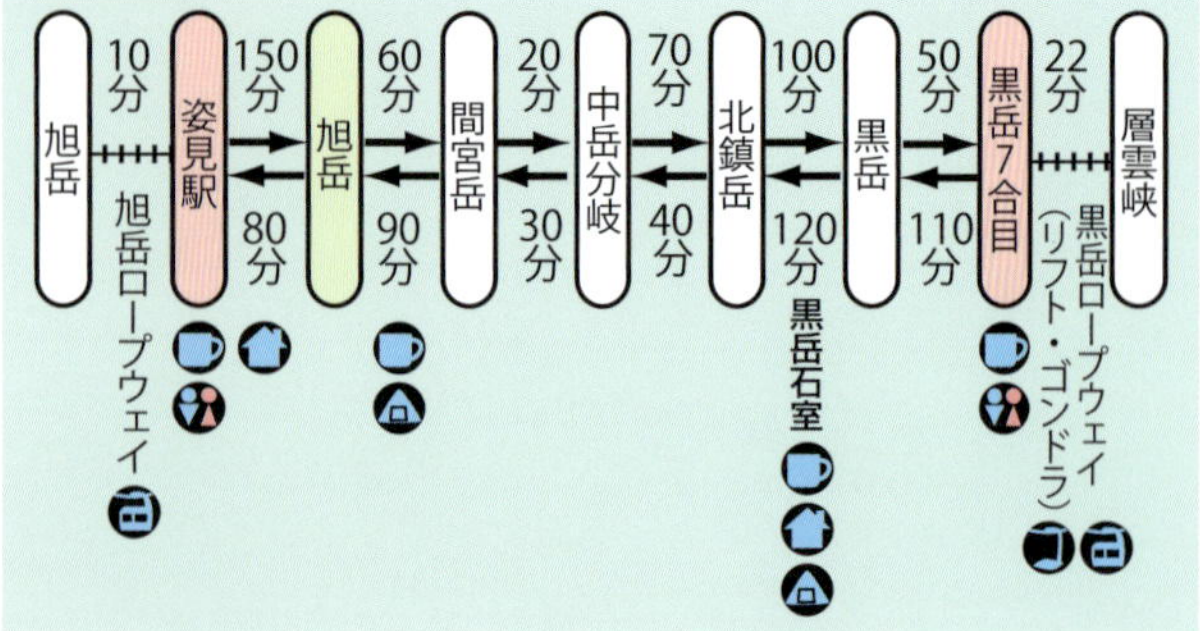

旭岳
10分
旭岳ロープウェイ
姿見駅
150分
80分
旭岳
60分
90分
間宮岳
20分
30分
中岳分岐
70分
40分
北鎮岳
100分
120分
黒岳石室
黒岳
50分
110分
黒岳7合目
22分
黒岳ロープウェイ（リフト・ゴンドラ）
層雲峡

※＝大雪山系赤岳登山口にあった銀泉台ヒュッテは閉鎖。

data

●アクセス
起点は旭川駅
旭川駅→旭岳ロープウェイ（旭川電気軌道バスいで湯号　約1時間30分
旭川駅→層雲峡（道北バス約1時間55分）
●山小屋（※）
旭岳石室　0166-46-5922
黒岳石室　01658-5-3031
白雲岳避難小屋　01658-2-1211
●問い合わせ
道北バス旭川営業所　0166-51-0111
北海道北見バス北見BT　0157-23-2185
旭川電気軌道バス総合案内 0166-23-3355
旭タクシー　0166-48-1151
層雲峡観光ハイヤー上川町本社　01658-2-1181
　層雲峡営業所 01658-5-3221
東交ハイヤー　0166-82-2530
層雲峡・黒岳ロープウェイ／黒岳ペアリフト　01658-5-3031
旭岳ロープウェイ　0166-68-9111
上川町商工観光グループ　01658-2-4058
東川町産業振興課商工観光振興室　0166-82-2111
層雲峡観光協会　01658-2-1811
層雲峡観光案内所　01658-5-3350
環境省北海道地方環境事務所上川自然保護官事務所　01658-2-2574

黒岳7合目 1500m
旭川駅（一部上川駅）から
層雲峡行きバスで約1時間55分、
終点下車。そこからロープウェイと
リフトを乗り継いで約22分
黒岳石室
6月下旬～9月下旬
銀泉台 1500m
層雲峡からバスで約1時間（夏季のみ）
大雪高原温泉 1260m
層雲峡からタクシーで約40分
ヒグマ出没のため大雪高原温泉から高原沼を経て高根ヶ原分岐に至る道は閉鎖されていることが多い
大雪高原山荘
6月中旬～10月中旬
大雪山
大雪湖
白雲分岐
小泉岳
2158m
緑岳
（松浦岳）
2020m
白雲岳
2230m
白雲岳避難小屋
通年
水場は時期によって涸れることもあり
桂月岳
1938m
凌雲岳
2125m
黒岳
1984m
烏帽子岳
2072m
五色岳
2038m
北海平
小白雲岳
1966m
スレート平
高根ヶ原分岐
トムラウシへ
平ヶ岳
1752m
1714m
高根ヶ原
忠別川
石狩川
銀河の滝
流星の滝
層雲峡
旭川へ
黒岳7合目
黒岳5合目
大雪山層雲峡ロープウェイ
層雲峡
美ヶ原
雲ノ平
北鎮岳
2244m
北海岳
2149m
松田岳
2136m
間宮岳
2185m
旭岳
2291m
御鉢平
比布岳
2197m
中岳
2113m
2108m
愛別岳
2112m
安足間岳
2194m
中岳分岐
熊ヶ岳
金庫岩
ニセ金庫岩
地獄谷
1654m
小旭岳
裾平
永山岳
当麻岳
当麻乗越
1690m
裾合平
姿見ノ池
旭岳石室
通年（無人）、緊急時のみ使用可
村雨ノ滝
上川町
八島分岐
沼ノ平
旭平
旭岳ロープウェイ姿見駅 1600m
旭川駅からバス「いで湯号」で約1時間30分、
旭岳下車。そこからロープウェイで約10分
ユウセツ沢川
夫婦池
姿見
1591m
半月ノ沼
五ノ沼
六ノ沼
四ノ沼
愛山渓温泉
上川
旭川へ
大雪山旭岳ロープウェイ
御田ノ原
天女ヶ原
旭岳青少年野営場
6月中旬～9月下旬
羽衣ノ滝
湯ノ沼
1069m
ヒョウタン沼
敷島ノ滝
天人峡温泉へ
小沼
大沼
松仙園
旭岳
旭岳ビジターセンター
旭岳温泉
愛山渓温泉 1000m
本安足山
1142m
愛山渓ヒュッテ
4月下旬～10月中旬
愛山渓倶楽部
4月下旬～10月中旬
※両施設とも、2018年の災害で道路消失のため休業中（2019年4月現在）。要確認
ピウケナイ川
忠別川
北海道
東川、美瑛、旭川へ
東川町
※図は西からの鳥瞰
この図はp.27「トムラウシ山」、p.29「十勝岳」鳥瞰図と1枚につながります

大雪山国立公園ではし尿散乱や高山植生の消失が問題となり、登山客に携帯トイレを持参するよう、普及運動を展開している。
大雪山旭岳ロープウェイ旭岳駅から歩いて40分ばかりの天女《てんにょ》ヶ原は高層湿原でハクサンチドリ、タチギボウシ、エゾキスゲなどが見られる。森の中では野鳥の声も聞こえる。旭岳石室近くの姿見《すがたみ》ノ池は、旭岳の姿を湖面に映して心休まる場所である。層雲峡《そううんきょう》は柱状節理の断崖《だんがい》が20km以上にわたって続く峡谷で、見事な景観を見せる。この渓谷にある銀河《ぎんが》の滝は高さ120m、流星《りゅうせい》の滝は高さ90mにもなり、水が落下するようすは壮観である。

宿泊施設（数字は収容人数） キャンプ場 水場 トイレ 危険箇所 ロープウェイ リフト おもなバス停 温泉 紅葉の名所 花の名所 好展望 観光ポイント 駐車場

トムラウシ山※1

花、水、岩が織り成す美しさが見事な奥大雪の主峰

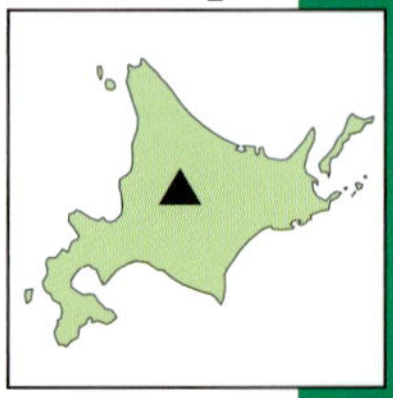

とむらうしやま
2141m
上級者向け
（前夜泊）1泊2日

見どころ：眺望、火山風景、花、紅葉、池塘、動物・昆虫
1/25000 地形図：五色ケ原、トムラウシ川、トムラウシ山、オプタテシケ山、旭岳、白雲岳

朝のトムラウシ山　（撮影：川井靖元）

大雪の奥座敷

トムラウシ山は大雪《だいせつ》山系のほぼ中央、表大雪《だいせつ》の西端にある。巨岩を重ね合わせたようなどっしりとした山容をもち、王冠のような頂上部に特色がある。

百名山のなかでカタカナで表記される唯一の山で、現在もアイヌ語のままよばれている。トムラウシとは「水垢《みずあか》が多い所」、あるいは「花の多い所」という意味だという。

トムラウシ山は遠く内陸部に位置し、登山口までのアプローチは容易ではない。それだけに自然本来の風景が残され、「大雪の奥座敷」ともよばれている。

巨岩が点在

成層火山であるが、現在はその活動は完全に停止している。かつて火山であったことを物語るのは頂上部にある溶岩ドームだ。

この山域には巨岩が多い。化雲岳《かうんだけ》山頂に鎮座するように立つ巨岩は「大雪山のへそ」とよばれている。

天上の公園の趣

山全体が複雑な地形で、多くの池塘《ちとう》、広大なお花畑もこの山の魅力のひとつだ。エゾノハクサンイチゲ、チシマキンバイソウ、ホソバウルップソウなど高山植物の種類も豊富だ。これらが織り成す風景は、天上の公園とでもよびたくなるほどの自然美をつくりだしている。とくにトムラウシ山の南側に広がるトムラウシ公園や北側の日本庭園、西側の黄金《こがね》ヶ原（銀杏《いちょう》ヶ原）の風景には見とれずにはいられない。化雲岳頂上付近の化雲平は「神遊びの庭」とよばれ、山中のパラダイス的な趣がある。五色岳《ごしきだけ》下方の五色ヶ原もビューポイントだ。

また北海道だけに生息するナキウサギも多く、出会う確率も高そうだ。

得がたい山頂からの展望

トムラウシ山頂からは大雪山系のほか十勝《とかち》連峰、日《ひ》高《だか》山脈の山々を望み、眼下には南沼や北沼などの湖沼が点在する見事な風景が広がる。

トムラウシ北沼　（撮影：川井靖元）

天人峡温泉コース／トムラウシ温泉コース

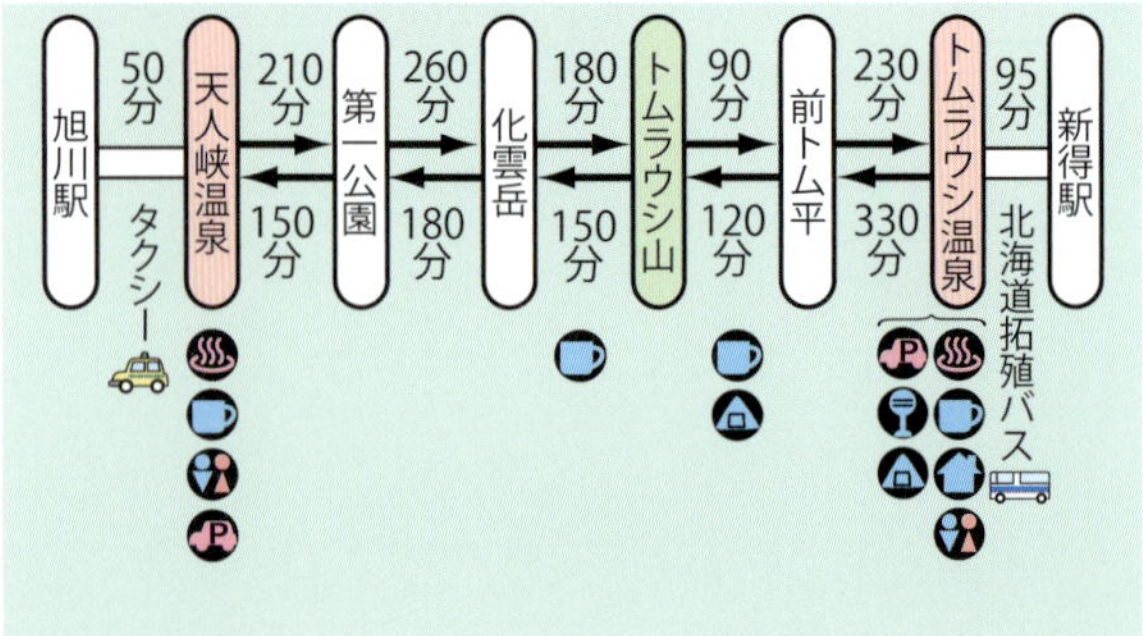

旭川駅
50分
タクシー
天人峡温泉
210分
150分
第一公園
260分
180分
化雲岳
180分
150分
トムラウシ山
90分
120分
前トム平
230分
330分
トムラウシ温泉
95分
北海道拓殖バス
新得駅

data

●アクセス（※2）
起点は新得駅（JR根室本線、石勝線）もしくは旭川駅（JR函館本線、宗谷本線、石北本線、富良野線）
新得駅→トムラウシ温泉（北海道拓殖バス約1時間35分／運行期間限定）
旭川駅→天人峡温泉（タクシー約50分）

●山小屋
忠別岳《ちゅうべつだけ》避難小屋　01658-2-4058
ヒサゴ沼避難小屋　0155-26-9028

●問い合わせ
北海道拓殖バス本社　0155-31-8811
　新得営業所　0156-64-5202
旭川電気軌道バス総合案内
0166-23-3355
新得ハイヤー　0156-64-5155
東交ハイヤー　0166-82-2530
層雲峡観光ハイヤー上川町本社
01658-2-1181
　層雲峡営業所　01658-5-3221
新得町産業課商工観光係　0156-64-0522
新得町観光協会　0156-64-0522

※1＝深田久弥は『日本百名山』では「トムラウシ」と表記。一般的には「トムラウシ山」という表記を使うことが多い。
※2＝バス「いで湯号」（旭川電気軌道）は、国立公園入口～天人峡温泉間が廃止となった。

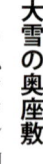

ヌプントムラウシ温泉 700m
新得駅から車で約1時間30分（冬季通行止め）
林道崩壊により通行止めのため、復旧未定（2019年4月現在）
ヌプントムラウシ避難小屋
通年
ニペソツ山
石狩岳
トムラウシ温泉 650m
新得駅からバス（夏季のみ運行）で約1時間35分
国民宿舎東大雪荘
通年
トムラウシ自然休養林
野営場
7月上旬～9月下旬
沼ノ原登山口 1100m
層雲峡から車で約1時間
石狩岳へ
1501m
沼ノ原
大沼
トムラウシ山
山頂からの360度の眺めは圧巻。その山群は「日本百名山」のなかでも屈指の見ごたえ
忠別岳避難小屋
通年（無人）
ヒサゴ沼避難小屋
通年（無人）
トムラウシ公園
前トム平
新得へ
新得町
忠別岳
1963m
忠別沼
1833m
五色ヶ原
五色岳
1868m
化雲平
化雲岳
1954m
ヒサゴ沼
天沼
日本庭園
北沼
2141m
南沼
ツリガネ山
1708m
コスマヌプリ
1626m
大雪山へ
1745m
神遊びの庭
1749m
ユウトムラウシ公園
1507m
十勝岳へ
三川台
黄金ヶ原
（銀杏ヶ原）
凡忠別岳
1821m
小化雲岳
1925m
トムラウシ山～美瑛富士間の縦走路にはエスケープルートがない。上級者向き
化雲川
第二公園
化雲岳～天人峡温泉間は8月以降水場なし
三川台～白金温泉間の登山道は閉鎖中。通行不可
1360m
第一公園
中尾山
1474m
上忠別山
1122m
クワウンナイ川
919m
滝見台
天人峡温泉
天人峡温泉 620m
旭川駅からタクシーで約50分
旭岳温泉へ
辺別川
北海道
忠別川
旭岳温泉へ
宇莫別川
美瑛町
聖台貯水池
美瑛、旭川へ
美瑛、旭川へ
※図は西からの鳥瞰
この図はp.25「大雪山」、p.29「十勝岳」鳥瞰図と1枚につながります

天人峡地区には名瀑《めいばく》がある（25ページの鳥瞰図から続いている）。羽衣《はごろも》ノ滝は「日本の滝百選」にも選ばれた名瀑。左右に屈曲しながら7段にわたって流れる、高さ270mは北海道一である。その先にある敷島《しきしま》ノ滝は幅50m、高さ20mあまりで「東洋のナイアガラ」ともよばれる。

宿泊施設（数字は収容人数）　キャンプ場　水場　トイレ　危険箇所　ロープウェイ　リフト　おもなバス停　温泉　紅葉の名所　花の名所　好展望　観光ポイント　駐車場

十勝岳

魅力的な山が連なる十勝連峰の最高峰

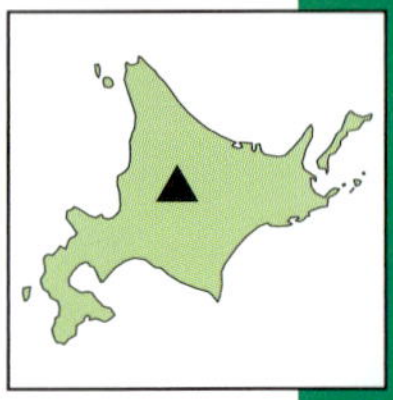

とかちだけ
2077m
上級者向け
日帰り（十勝岳往復）
1泊2日（美瑛岳～十勝岳縦走）

見どころ：眺望、火山風景、花、紅葉、樹林帯
1/25000 地形図：白金温泉、十勝岳、トムラウシ山、オプタテシケ山

十勝岳　（撮影：飯田信義）

火山活動が続く山

大雪《だいせつ》山系の西南部を走る十勝連峰の主峰が十勝岳である。十勝連峰の山々は火山が多く、十勝岳も今なお活動を続けている。

「十勝」とはアイヌ語の「トカプチ」に由来するが、その意味については「乳房がある所」「沼の枯れる所」「幽霊」など諸説があり、十勝川を指していた。

源流が流れる分水嶺

十勝連峰はオプタテシケ山、美瑛《びえい》富士、美瑛岳、十勝岳、上《かみ》富良野《ふらの》岳、富良野岳などの山々がほぼ一直線上に連なり、分《ぶん》水嶺《すいれい》でもある。

東側の斜面からは十勝川の源流が流れ、太平洋に至る。西側の斜面からは、石狩《いしかり》川の支流美瑛川、空知《そらち》川の支流富《ふ》良野《らの》川と布部《ぬのべ》川の源流があり、日本海へ注いでいる。

見事な針葉樹林

この山系の魅力のひとつが、中腹までに及ぶ針葉樹林帯だ。美瑛富士の登山道にある天然庭園では、アカマツやエゾマツが見事な枝ぶりを見せる。

美瑛富士山頂からはオプタテシケ山や石狩連峰の山々が美しく展望できる。美瑛岳までの登山路は十勝岳の展望コースだ。山頂から火口の向こうにそびえる十勝岳は、いっそう魅力的だ。

雄大な展望

十勝岳の山頂周辺は、火山活動のために荒涼とした雰囲気が漂う。しかし頂上からの展望は十勝連峰最高峰の名に恥じず、雄大そのもの。遠くに旭岳《あさひだけ》が望める。

富良野岳の山頂付近は十勝岳の荒涼とした雰囲気から一転、エゾルリソウやチングルマなどの高山植物が咲く。頂上からの展望も見事だ。

初雪の上ホロカメットク山（撮影：花香勇）

望岳台コース／十勝岳温泉コース

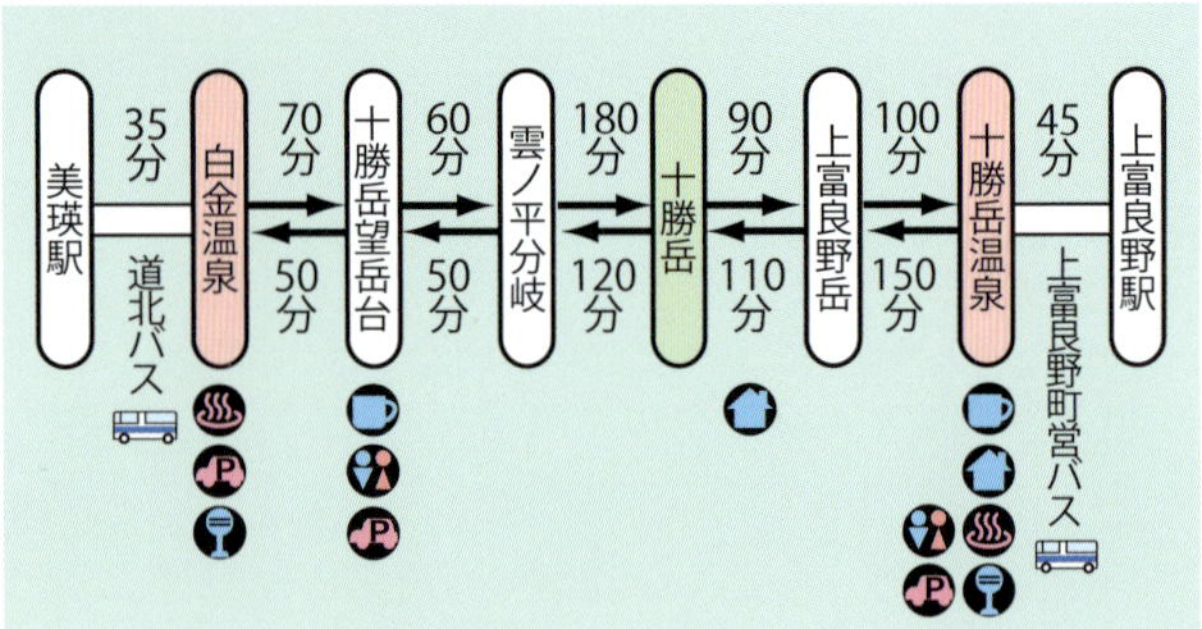
美瑛駅
35分
道北バス
白金温泉
70分
50分
十勝岳望岳台
60分
50分
雲ノ平分岐
180分
120分
十勝岳
90分
110分
上富良野岳
100分
150分
十勝岳温泉
45分
上富良野町営バス
上富良野駅

data

●アクセス
起点は美瑛《びえい》駅（JR富良野線）もしくは上富良野駅（JR富良野線）
美瑛駅→白金《しろがね》温泉（道北バス約35分）
上富良野駅→十勝岳温泉（上富良野町営バス約45分）
●山小屋
美瑛富士避難小屋　0166-92-4316
十勝岳避難小屋　0166-92-4316
●問い合わせ
道北バス旭川駅前営業所
0166-23-4161
上富良野町営バス　0167-45-6400
美瑛ハイヤー　0166-92-1181
大雪ハイヤー　0166-92-1730
上富良野ハイヤー　0167-45-3145
上川中部森林管理署美瑛森林事務所
0166-92-2063
美瑛町経済文化振興課　0166-92-4321
美瑛町観光協会　0166-92-4378
上富良野町企画商工観光課商工観光班
0167-45-6983
かみふらの十勝岳観光協会
0167-45-3150

上ホロカメットク避難小屋
通年（無人）、
水場は8月以降枯渇
原始ヶ原登山口 590m
富良野駅からタクシーで約50分
ニングルの森管理棟
通年（無人）
十勝岳
トムラウシ山や大雪山、富良野岳をはじめ、遠く日高山脈の山々などの眺めがすばらしい
上ホロカメットク山
1920m
上富良野岳
1893m
三峰山
1866m
富良野岳
1912m
1625m
前富良野岳
美瑛岳
2052m
1824m
2008m
2077m
オプタテシケ山
2013m
亀坂
ベベツ岳
1860m
石垣山
1822m
美瑛富士
1888m
トムラウシ山へ
美瑛富士避難小屋
通年（無人）
三段山
1748m
安政火口
62−II噴火口
1502m
前十勝
上ホロカメットク山分岐
三段山分岐
十勝岳温泉 1280m
上富良野駅からバスで約45分
十勝岳避難小屋
通年（無人）
十勝岳温泉
カミホロ荘
通年
勝鬘ノ滝
維摩ノ滝
法華ノ滝
ポンピ沢
雲ノ平
1430m
1258m
天然庭園
1141m
水無川
878m
吹上温泉 1020m
美瑛駅、上富良野駅からタクシーで30〜35分
吹上温泉
吹上温泉保養センター白銀荘
通年
吹上ふれあいキャンプ場
6月〜9月
国設白金野営場
6月上旬〜9月下旬
ケビンを利用したい場合は要予約
白金野鳥の森
大雪青年の家
十勝岳望岳台 930m
旭川駅から大雪青年の家行きバスで約1時間20分、同じく美瑛駅から約35分、白金温泉バス停下車、徒歩約1時間10分。または美瑛駅からタクシーで約30分。
望岳台〜十勝岳避難小屋間のリフトは1999年に撤去
自然の村キャンプ場
7月上旬〜8月下旬
ケビンを利用したい場合は要予約
白金温泉
白金模範牧場
白金温泉
白金不動の滝
不動の滝霊場
白金インフォメーションセンター
白金ダム
上富良野町
白樺街道
上富良野へ
北海道
置杵牛川
美瑛町
四季の交流館
拓真館
たおやかな丘にポプラやカラマツ林の、異国情緒な風景
水沢ダム
三愛の丘展望公園
富良野へ
新栄の丘展望公園
美瑛川
JR富良野線
富良野へ
美瑛町役場・四季の塔
四季の情報館
美瑛駅
旭川、
富良野へ
旭川へ
237
※図は北西からの鳥瞰
この図はp.25「大雪山」、p.27「トムラウシ山」鳥瞰図と1枚につながります

美瑛町は丘の町である。三愛《さんあい》の丘展望公園や新栄《しんえい》の丘展望公園などは名前のとおり展望に優れている。町内のラベンダーやチューリップ、ポピーなどの花畑は見事。白金《しろがね》温泉へ向かう途中にある白金不動の滝は十勝岳の地下水が数段にわたって高さ25mを落下する。付近は白金新四国八十八か所の石仏群が並び、不動《ふどう》の滝霊場《たきれいじょう》とよばれる。十勝岳望岳台は十勝連峰の絶好のビューポイント。ここから見る美瑛・富良野の景色も美しい。

宿泊施設（数字は収容人数） キャンプ場 水場 トイレ 危険箇所 ロープウェイ リフト おもなバス停 温泉 紅葉の名所 花の名所 好展望 観光ポイント 駐車場

幌尻岳

美しいカールが広がる日高山脈の最高峰

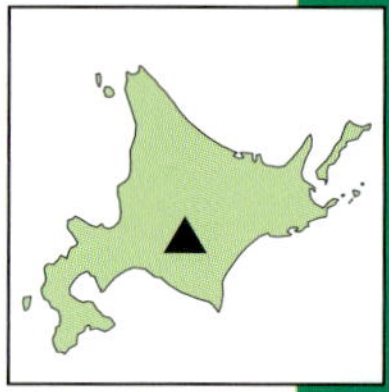

ぽろしりだけ
2052m
上級者向け
2泊3日/1泊2日（幌尻岳〜戸蔦別岳縦走）

見どころ：眺望、沢筋、滝、カール、花、紅葉、樹林帯
1/25000地形図：幌尻岳、ヌカンライ岳、二岐岳

幌尻岳（TSUKIOKA YOUICHI/JTB Photo）

神が住む霊山

北海道中央部の狩勝峠《かりかち》から襟裳《えりも》岬までを南北に走る日高《ひだか》山脈は、150kmにも及ぶ。この長大な山脈の最高峰が幌尻岳である。日高山脈のなかで、標高2000mを超える唯一の山である。

幌尻はアイヌ語の「ポロ・シリ」に由来し、「大きい山」という意味だ。アイヌの人々はこの山を神が住む霊山として、信仰の対象としてきた。

命ノ水

額平《ぬかびら》川沿いのコースをたどると、四ノ沢の洗心ノ滝があり、水が豪快に落下している。幌尻山荘から幌尻岳に向かうと、登山道から少し離れた所に「命ノ水」と名づけられた水場がある。水量は多くはないが、登山者にとっては名前どおり「命の水」である。

カールが見せる自然美

幌尻岳には北カール、東カール、七ツ沼カールの3つのカールがある。カールとは、氷河の侵食によってつくられた大きな窪地のこと。なかでも戸蔦別《とったべつ》岳との間の七ツ沼カールは、沼と高山植物、それに雪田が加わり、見事な自然美を見せてくれる。

北カールの稜線《りょうせん》上を幌尻岳の頂上へたどる登山道は、アオノツガザクラ、エゾコザクラ、ムシトリスミレ、エゾハクサンイチゲなどが咲くお花畑の中のルートだ。新冠《にいかっぷ》コースと合流する地点あたりからは、眼下に幌尻湖が見える。

幌尻岳は日高山脈の主稜線から離れているので、その頂上からは日高の山々が一望できる。

珍しい高山植物が咲く

幌尻岳と対座するようにそびえる戸蔦別岳の頂上に立つと、幌尻岳の雄大さがよくわかる。戸蔦別岳の頂上付近はカンラン岩帯となっていて、ナンブイヌナズナ、ユキバヒゴタイなどこの岩帯特有の花が咲く。

七ツ沼カールと戸蔦別岳
（撮影：川井靖元）

額平川コース

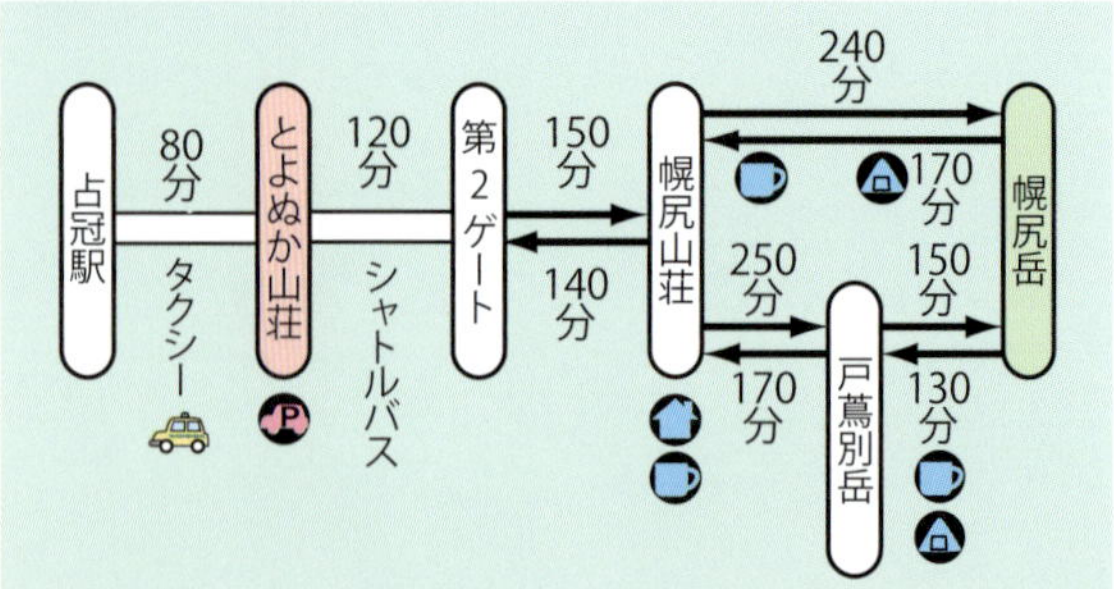

※＝とよぬか山荘から第2ゲートまでは車両規制。

data

●アクセス
起点は占冠《しむかっぷ》駅（JR石勝線）
占冠駅→とよぬか山荘（タクシー約1時間20分）
●山小屋
とよぬか山荘　01457-3-3568
幌尻山荘　01457-3-3838
●問い合わせ
日高町役場日高総合支所地域経済課（日高町営バス）　01457-6-2084
振内交通（ハイヤー）　01457-3-3021
平取ハイヤー　01457-2-3181
新冠ハイヤー　0146-47-2141
平取《びらとり》町観光協会
01457-3-7703
平取町山岳会事務所　01457-3-3838
北海道森林管理局日高南部森林管理署
0146-42-1615
北海道森林管理局日高北部森林管理署
01457-6-3151
新冠町産業課水産林務・商工観光グループ
0146-47-2110
新冠山岳会　0146-49-5540

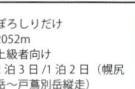

※図は北西からの鳥瞰

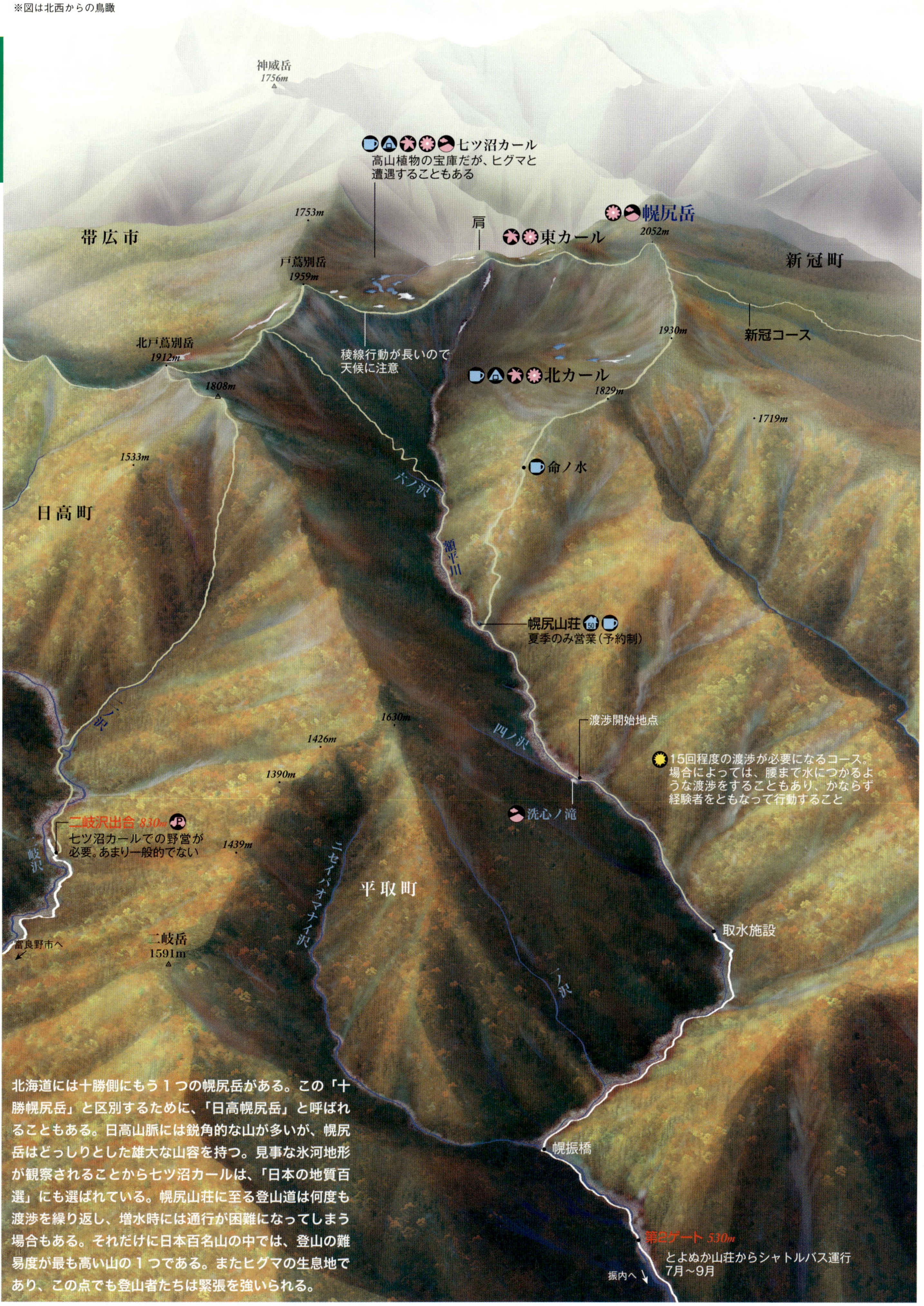
神威岳
1756m
七ツ沼カール
高山植物の宝庫だが、ヒグマと遭遇することもある
1753m
帯広市
肩
東カール
幌尻岳
2052m
新冠町
戸蔦別岳
1959m
新冠コース
1930m
北戸蔦別岳
1912m
稜線行動が長いので天候に注意
北カール
1808m
1829m
1719m
1533m
命ノ水
六ノ沢
日高町
額平川
幌尻山荘
夏季のみ営業（予約制）
1630m
四ノ沢
渡渉開始地点
1426m
1390m
15回程度の渡渉が必要になるコース。場合によっては、腰まで水につかるような渡渉をすることもあり、かならず経験者をともなって行動すること
二岐沢出合 830m
七ツ沼カールでの野営が必要。あまり一般的でない
洗心ノ滝
1439m
二岐沢
ニセイパオマナイ沢
平取町
取水施設
富良野市へ
二岐岳
1591m
幌振橋
第2ゲート 530m
とよぬか山荘からシャトルバス運行
7月〜9月
振内へ

北海道には十勝側にもう１つの幌尻岳がある。この「十勝幌尻岳」と区別するために、「日高幌尻岳」と呼ばれることもある。日高山脈には鋭角的な山が多いが、幌尻岳はどっしりとした雄大な山容を持つ。見事な氷河地形が観察されることから七ツ沼カールは、「日本の地質百選」にも選ばれている。幌尻山荘に至る登山道は何度も渡渉を繰り返し、増水時には通行が困難になってしまう場合もある。それだけに日本百名山の中では、登山の難易度が最も高い山の１つである。またヒグマの生息地であり、この点でも登山者たちは緊張を強いられる。

宿泊施設（数字は収容人数） キャンプ場 水場 トイレ 危険箇所 ロープウェイ リフト おもなバス停 温泉 紅葉の名所 花の名所 好展望 観光ポイント 駐車場

羊蹄山※

高山植物に彩られた道央の最高峰

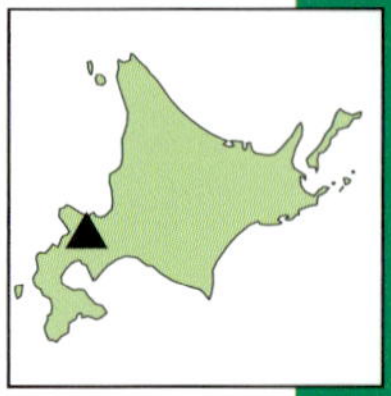

ようていざん
1898m
中級者向け
1泊2日もしくは日帰り

見どころ：眺望、火山風景、樹林帯、花、紅葉
1/25000 地形図：羊蹄山、倶知安、ニセコアンヌプリ

羊蹄山遠望　（撮影：長谷川雄助）

蝦夷富士とよばれる

羊蹄山は道央にそびえる独立峰で、道央最高の標高を誇り、富士山《ふじさん》に似ている円錐《えんすい》形の山容から、蝦夷《えぞ》富士ともよばれてきた。この端正な山をアイヌの人々は、「マチネシリ」（女山の意）とよんできた。これと対をなす「ピンネシリ」（男山の意）は、尻別《しりべつ》岳である。

降臨伝説のある霊峰

羊蹄山という名は一般的だが、深田久弥《ふかだきゅうや》は『日本百名山』のなかでそのよび方に強く反対し、後方羊蹄《しりべし》山《やま》こそ『日本書紀』にも記載されている歴史的な名前であると主張している。

アイヌの伝説によれば、まだ世界が海に覆われていたころ、海面から頂上を出している羊蹄山にコタンカラカムイ（アイヌの地上創造神）が降臨し、陸地をつくったという。

父釜の雄大な火口

羊蹄山は成層火山であるが、その活動はすでに停止している。頂上付近には3つの火口が見られ、それぞれの特徴に応じて父釜、母釜、子釜と名づけられている。とくに大きくえぐられた父釜は、その迫力で訪れた者を圧倒する。

火口壁の上からはすばらしい展望が開ける。山頂は360度の展望があり、南には洞爺《とうや》湖、北にはニセコ連峰の山々が見える。

高山植物の宝庫

この山は高山植物の宝庫でもあり、その種類は200種にも及ぶ。とくに羊蹄山避難小屋から火口壁に向かう斜面一面に広がる花畑は見事で、キバナシャクナゲ、ハイオトギリ、ハクサンチドリなどの花が咲く。また植物の垂直分布が顕著な山としても知られている。

こうした特性から山頂部と倶知安《くっちゃん》コースに沿った斜面は「後方羊蹄山の高山植物帯」として国の天然記念物に指定されている。

冬の羊蹄山　（撮影：鈴木貞信）

羊蹄山登山口コース／羊蹄山自然公園コース

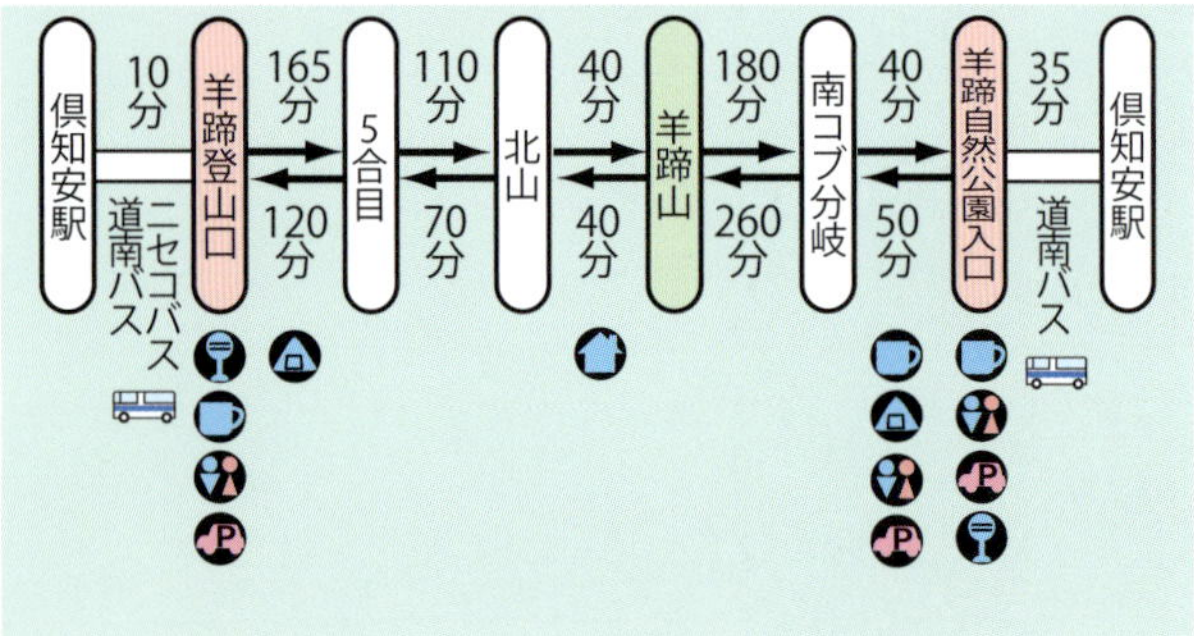

倶知安駅
10分
ニセコバス
道南バス
羊蹄登山口
165分
120分
5合目
110分
70分
北山
40分
40分
羊蹄山
180分
260分
南コブ分岐
40分
50分
羊蹄自然公園入口
35分
道南バス
倶知安駅

※＝深田久弥『日本百名山』では「後方羊蹄山」と表記。

data

●アクセス
起点は倶知安駅（JR函館本線）もしくはニセコ駅（JR函館本線）
倶知安駅→羊蹄登山口（道南バス・ニセコバス約10分）
ニセコ駅→羊蹄登山口（ニセコバス約15分）
倶知安駅→羊蹄自然公園入口（道南バス約35分）
ニセコ本通→羊蹄自然公園入口（道南バス約15分）

●山小屋
羊蹄山避難小屋　0136-23-3388

●問い合わせ
道南バス洞爺営業所　0142-75-2351
　倶知安営業所　0136-22-1558
ニセコバス本社営業所　0136-44-2001
倶知安ハイヤー　0136-22-1212
美空ハイヤー　0136-22-1171
ニセコハイヤー　0136-44-2635
羊蹄ハイヤー　0136-45-2740
真狩村総務企画課商工観光係
0136-45-3613
倶知安町観光課　0136-23-3388
倶知安観光協会　0136-22-3344
真狩村観光協会　0136-45-2243

※図は南西からの鳥瞰

羊蹄山
北山 1844m
1893m
1898m
旧小屋跡
羊蹄山避難小屋
6月中旬～10月上旬
5合目
785m
1321m
高山植物帯
天然記念物に指定されている
京極登山口 420m
倶知安駅から京極バスターミナルまでバスで約30分。京極バスターミナル下車徒歩約1時間。または、京極バスターミナルからタクシーで約7分
ふきだし公園
園内の「羊蹄山ふきだし湧水」は、日本名水百選
京極温泉
京極バスターミナル
喜茂別登山口 550m
倶知安駅からバスで約45分、喜茂別下車、さらにタクシーで約15分
京極町
川上温泉
中山峠へ
倶知安町
276
小樽へ
小川原脩記念美術館
倶知安駅
レルヒ記念公園
倶知安（比羅夫）登山口 350m
倶知安駅からバスで約10分、羊蹄登山口下車徒歩約25分
半月湖
羊蹄登山口
半月湖畔自然公園
半月湖は火山活動によって生じた火口湖。原生林が密生しており、神秘的な美しさを保っている
喜茂別町
中山峠へ
南コブ分岐
真狩登山口 399m
倶知安駅からバスで約35分、羊蹄自然公園入口下車、徒歩約20分
比羅夫駅
5
函館本線
尻別川
羊蹄山自然公園
テニスコート、アスレチックなどの設備あり
羊蹄自然公園入口
羊蹄山の湧き水
真狩村役場
洞爺湖へ
世界のユリ園
まっかり温泉
洞爺湖へ
有島記念館
ニセコ駅
ニセコ昆布温泉へ
ニセコ町役場
真狩川
真狩村
函館へ
ニセコ町
ルベシベ川
洞爺湖へ

羊蹄山は典型的な独立峰であり、周囲の山々の影響をほとんど受けない。羊蹄山の見事なお花畑は、そうした環境が作り出した雲上の庭園である。また融雪の時期には火口には雪解け水が溜まり、湖となる。限られた期間だけに現れる「幻の湖」である。真狩村の「羊蹄山の湧き水」は、雪解け水が数十年かけて地下で濾過され、湧き出ている場所。「カムイワッカ（神の水）」とも呼ばれる。北西山麓にある半月湖は、羊蹄山の火口湖である。周囲は樹木に覆われ、神秘的な雰囲気が漂う。

宿泊施設（数字は収容人数）　キャンプ場　水場　トイレ　危険箇所　ロープウェイ　リフト　おもなバス停　温泉　紅葉の名所　花の名所　好展望　観光ポイント　駐車場

東北

標高1500mの低めの山が中心である。その多くが信仰の山であり、人々に崇め親しまれてきた。「東北人の気質のようにガッシリと重厚、時には鈍重という感じさえ受ける」(『日本百名山』)とあるが、むしろ優しくたおやかな山容を広げ、ブナ林が心を癒してくれる。

鳥海山（撮影：花香勇）

岩木山

津軽平野にそびえる信仰の山

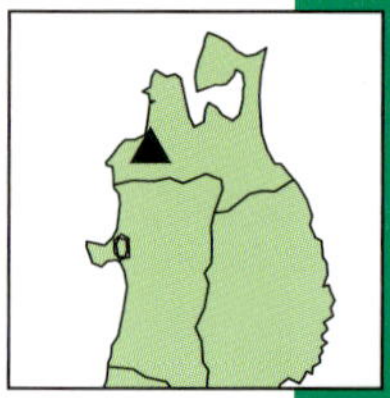

いわきさん
1625m
中級者向け
日帰り

見どころ：眺望、花、火山風景、樹林帯、紅葉
1/25000 地形図：岩木山、十面沢《とづらさわ》

早春の岩木山（撮影：花香勇）

秀峰「津軽富士」

岩木山は津軽《つがる》平野のどこからでもその姿を見ることができる独立峰で、青森県でもっとも標高が高い山である。山裾《すそ》が広く、その秀麗さから「津軽富士《つがるふじ》」ともよばれ人々に親しまれてきた。

「岩木」という山名は、一説によれば石の城を意味する「岩城《いわき》」から転じたものだという。ほかにもアイヌ語の「イワーケ」（岩の多い所）や「カムイイワキ」（神の住む所）に由来するという説もある。

三峰三位一体の山

岩木山は信仰の山である。頂上付近は岩木山のほか、外輪山の一部である鳥《ちょう》海山《かいさん》、岩鬼山《がんきさん》（巌鬼山）の3つの峰からなる。それぞれ阿弥陀如来《あみだにょらい》、薬師如来《やくしにょらい》、十一面観音《じゅういちめんかんのん》を祀《まつ》り、三峰三位一体の山として知られる。百沢《ひゃくざわ》登山道の登山口には岩木山《いわきやま》神社があり、頂上にはその奥宮《おくみや》が鎮座する。

大石赤倉《おおいしあかくら》登山道へは大石神社、赤倉神社を経る。この登山道は赤倉講を信仰する人々によって整備され、登山道には一番から三十三番までの観音像が置かれている。

多数の爆裂火口

岩木山は見る方向によって形が違い、麓《ふもと》の人々は自分たちが望む姿がいちばんと自慢する。見る方向によって形が違うのは、岩木山が成層火山であり、多くの爆裂火口があるためだ。火山活動は、現在も続いている。

嶽《だけ》登山道の上部は、鳥ノ海噴火口を見ながらのルートだ。ごつごつした岩が荒々しい印象を与える。火口のうち最大のものは赤沢火口で、直径は最長600m、深さは100mにもなる。岩木山頂上部には中央火口丘がある。

360度の展望

頂上にはピラミッド状のモニュメントに鐘が備え付けられており、鳴らすとよく響く。展望もよく、八甲《はっこう》田《だ》山や白神岳《しらかみだけ》、日本海が見渡せる。

ミチノクコザクラは岩木山の特産種で、百沢登山道の錫杖《しゃくじょう》清水から種蒔苗代《たねまきなわしろ》にかけてその群生が見られる。花期は6月中旬から8月中旬にかけて。

岩木山山頂（撮影：紺野研一）

嶽登山道コース／百沢登山道コース

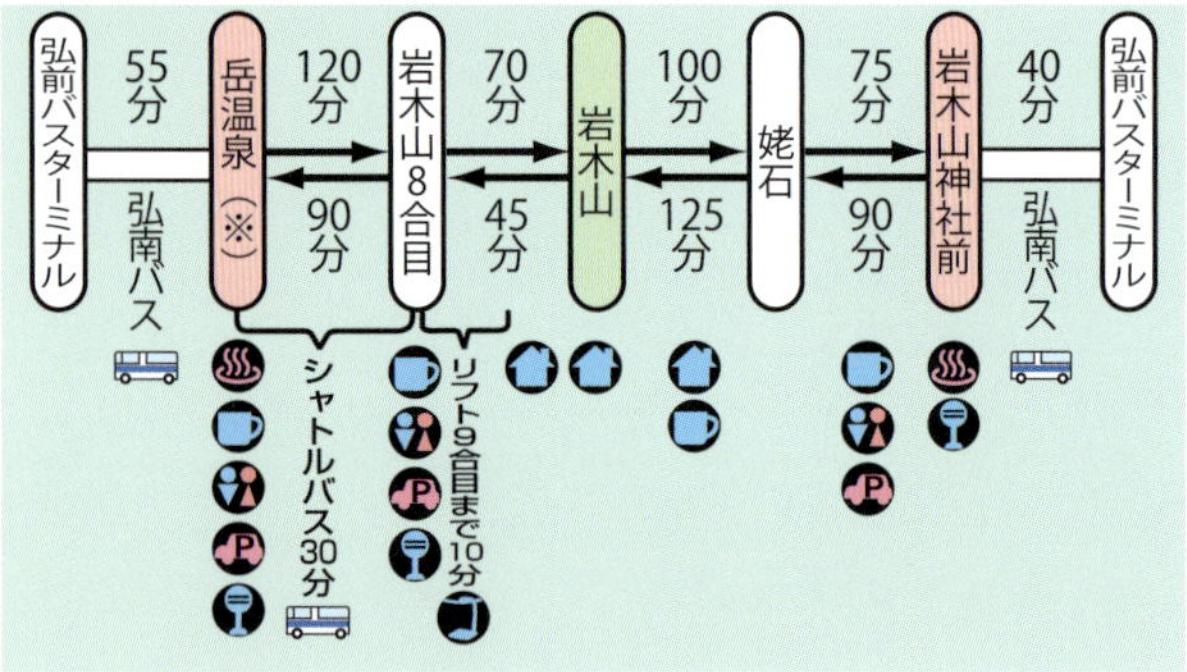
弘前バスターミナル
55分
弘南バス
岳温泉（※）
120分
90分
シャトルバス30分
岩木山8合目
リフト9合目まで10分
70分
45分
岩木山
100分
125分
姥石
75分
90分
岩木山神社前
40分
弘南バス
弘前バスターミナル

※＝バス停は「嶽温泉」を「岳温泉」と表記。

data

●アクセス
起点は弘前駅（JR 奥羽本線ほか）
弘前駅→弘前バスターミナル（徒歩約５分）
弘前バスターミナル→岩木山神社前（弘南バス約 40 分）
弘前バスターミナル→岳温泉（※）（弘南バス約 55 分）→岩木山８合目（シャトルバス約 30 分　期間限定）

●山小屋
焼止りヒュッテ　0172-83-3000
岩木山頂避難小屋　0172-83-3000
鳳鳴ヒュッテ　0172-83-3000

●問い合わせ
弘前バスターミナル　0172-36-5061
さくら交通　0172-34-5505
グリーン交通　0172-28-8080
三ツ矢交通　0172-32-2281
岩木スカイライン（リフト）　0172-83-2314
（リフトの運行は期間限定）
弘前市役所岩木庁舎　0172-82-3111
岩木山観光協会　0172-83-3000

岩木山神社は楼門《ろうもん》など６棟が国重要文化財に指定され、岩木山三所大権現を祀る。ほかにも周辺には求《く》聞寺《もんじ》や高照《たかてる》神社など由緒ある神社・仏閣がある。東北自然歩道は岩木山を眺望しながら散歩ができる。歩道沿いの桜並木の長さは20㎞に及び、世界一といわれる。桜の季節には山麓《さんろく》の木々の緑とのコントラストが美しい。嶽登山口の近くにある湯段《ゆだん》温泉にはミズバショウ沼や黒滝《くろたき》渓流など心休まる場所がある。

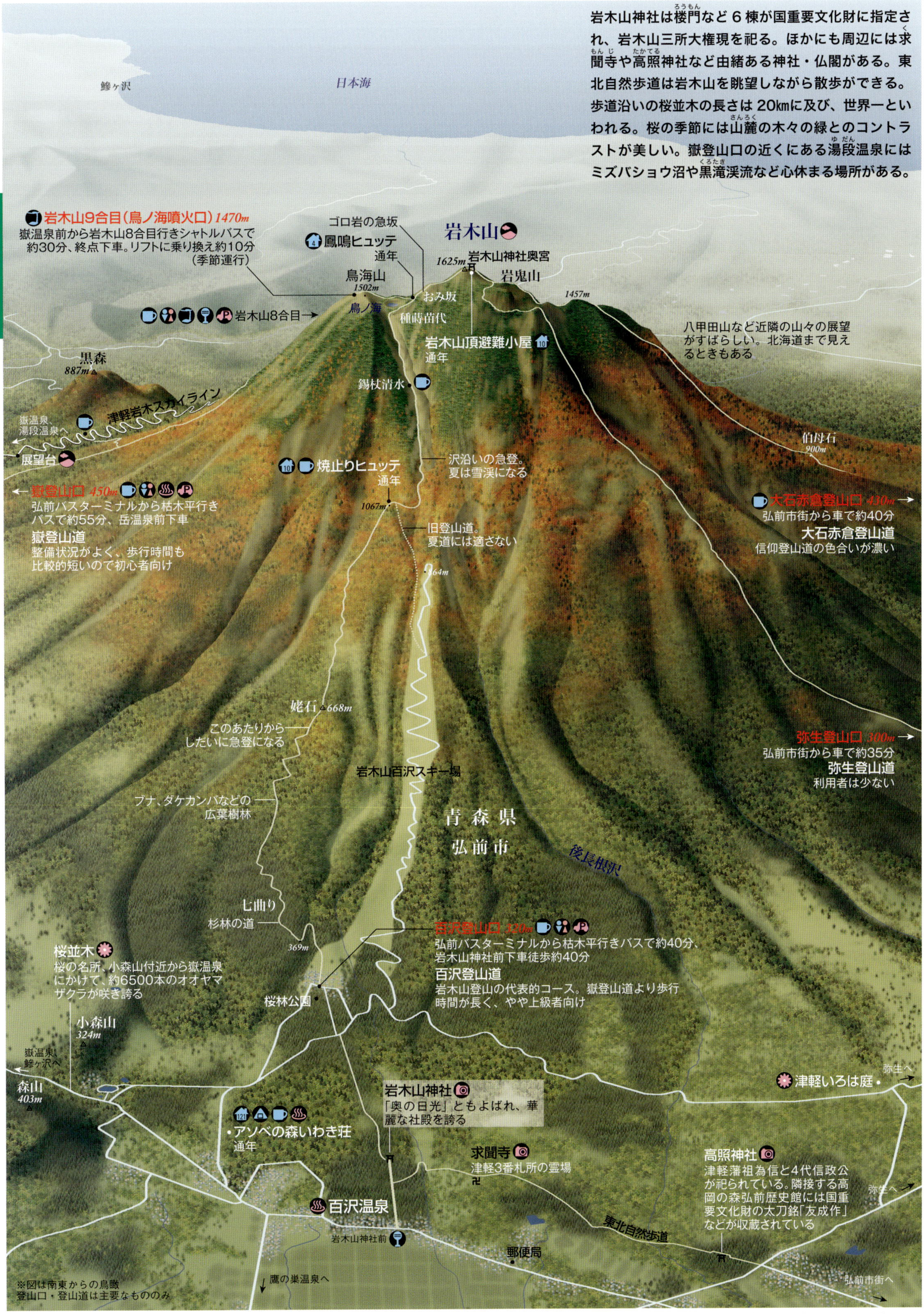

鰺ヶ沢
日本海
岩木山9合目（鳥ノ海噴火口）1470m
嶽温泉前から岩木山8合目行きシャトルバスで約30分、終点下車。リフトに乗り換え約10分（季節運行）
ゴロ岩の急坂
鳳鳴ヒュッテ
通年
岩木山
1625m 岩木山神社奥宮
岩鬼山
1457m
鳥海山
1502m
おみ坂
鳥ノ海
種蒔苗代
岩木山8合目→
岩木山頂避難小屋
通年
八甲田山など近隣の山々の展望がすばらしい。北海道まで見えるときもある
黒森
887m
錫杖清水
津軽岩木スカイライン
嶽温泉、湯段温泉へ
展望台
伯母石
900m
焼止りヒュッテ
通年
沢沿いの急登。夏は雪渓になる
嶽登山口 450m
弘前バスターミナルから枯木平行きバスで約55分、岳温泉前下車
嶽登山道
整備状況がよく、歩行時間も比較的短いので初心者向け
1067m
旧登山道。夏道には適さない
864m
大石赤倉登山口 410m
弘前市街から車で約40分
大石赤倉登山道
信仰登山道の色合いが濃い
姥石 668m
このあたりからしだいに急登になる
弥生登山口 300m
弘前市街から車で約35分
弥生登山道
利用者は少ない
岩木山百沢スキー場
ブナ、ダケカンバなどの広葉樹林
青森県
弘前市
後長根沢
七曲り
杉林の道
369m
百沢登山口 320m
弘前バスターミナルから枯木平行きバスで約40分、岩木山神社前下車徒歩約40分
百沢登山道
岩木山登山の代表的コース。嶽登山道より歩行時間が長く、やや上級者向け
桜並木
桜の名所、小森山付近から嶽温泉にかけて、約6500本のオオヤマザクラが咲き誇る
桜林公園
小森山
324m
嶽温泉、鰺ヶ沢へ
森山
403m
弥生へ
津軽いろは庭
岩木山神社
「奥の日光」ともよばれ、華麗な社殿を誇る
アソベの森いわき荘
通年
求聞寺
津軽3番札所の霊場
高照神社
津軽藩祖為信と4代信政公が祀られている。隣接する高岡の森弘前歴史館には国重要文化財の太刀銘「友成作」などが収蔵されている
弥生へ
百沢温泉
東北自然歩道
岩木山神社前
郵便局
鷹の巣温泉へ
弘前市街へ
※図は南東からの鳥瞰
登山口・登山道は主要なもののみ

宿泊施設（数字は収容人数） キャンプ場 水場 トイレ 危険箇所 ロープウェイ リフト おもなバス停 温泉 紅葉の名所 花の名所 好展望 観光ポイント 駐車場

11 東北

八甲田山

山の魅力があふれる本州最北の火山群

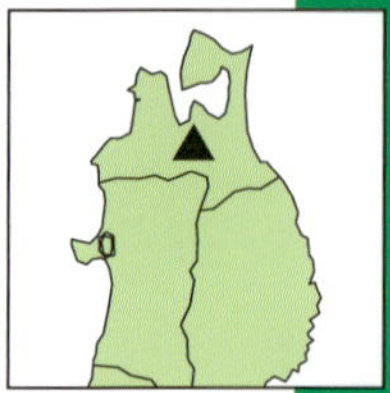

はっこうださん
八甲田山大岳　1585m
中級者向け
日帰り

見どころ：眺望、花、火山風景、樹林帯、紅葉、湿原、池塘
1/25000 地形図：雲谷《もや》、田代平、八甲田山、酸ヶ湯

大岳を行く　(撮影：川井靖元)

さまざまな山が連なる連峰

八甲田山とは、八甲田大《おお》岳《だけ》を最高峰とする山域で、八甲田連峰とよぶ場合もある。八甲田という名称は、多くの峰が連なり、湿原や池塘《ちとう》を意味する神田《こうだ》が多いことに由来するといわれる。

八甲田山は国道103号を挟んで、北八甲田と南八甲田に分けられる。北八甲田は八甲田大岳や高田大岳《たかだおおだけ》、硫黄《いおう》岳、井戸《いど》岳、赤倉《あかくら》岳などの峰があり、急峻《きゅうしゅん》で火山活動による地形が見られる。これに比べ南八甲田は、櫛《くし》ケ峯《みね》、乗鞍《のりくら》岳など比較的ゆるやかな山が連なる。

雄大な火口と抜群な眺望

八甲田山は本州最北の火山群であり、今なお活動を続けている。火山としては北八甲田のほうが南八甲田より新しい。八甲田山ではときどき火山ガスの噴出による事故があり、登山者は注意が必要だ。

1521ｍのピークから赤倉岳への登山道をたどると五色岩が見えてくる。これは赤倉岳の火山活動によってつくられた断崖《だんがい》絶壁で、赤褐色と橙《だいだい》色が互いに層をつくっている。赤倉岳山頂には祠《ほこら》がある。

井戸岳山頂付近は迫力ある火口壁の上を歩く。大岳頂上からの眺望はすばらしい。眼下に爆裂火口を望み、八甲田山系の山々、陸《む》奥《つ》湾、遠くには津軽《つがる》海峡まで見渡せる。頂上直下には小さな祠がある。鏡沼は澄んだ水をたたえる神秘的な場所だ。

多くの池塘と広大な湿原

八甲田山にはその名前のいわれともされる広大な高層湿原やコバルトブルーに輝く多くの池塘がある。とくに下毛無岱《しもけなしたい》から上毛無岱《かみけなしたい》にかけての広大な湿原は見事だ。この一帯は紅葉もすばらしい。

また下部のブナ、中腹より上部にかけてのオオシラビソなどの広葉樹林もとりわけ美しい。

さまざまな高山植物も見られる。とくに井戸岳山頂付近のイワブクロの群生や毛無岱付近の湿原植物が咲かせる花々は登山者の目を楽しませてくれる。

田茂萢《たもやち》岳　(撮影：神田道雄)

大岳登山コース

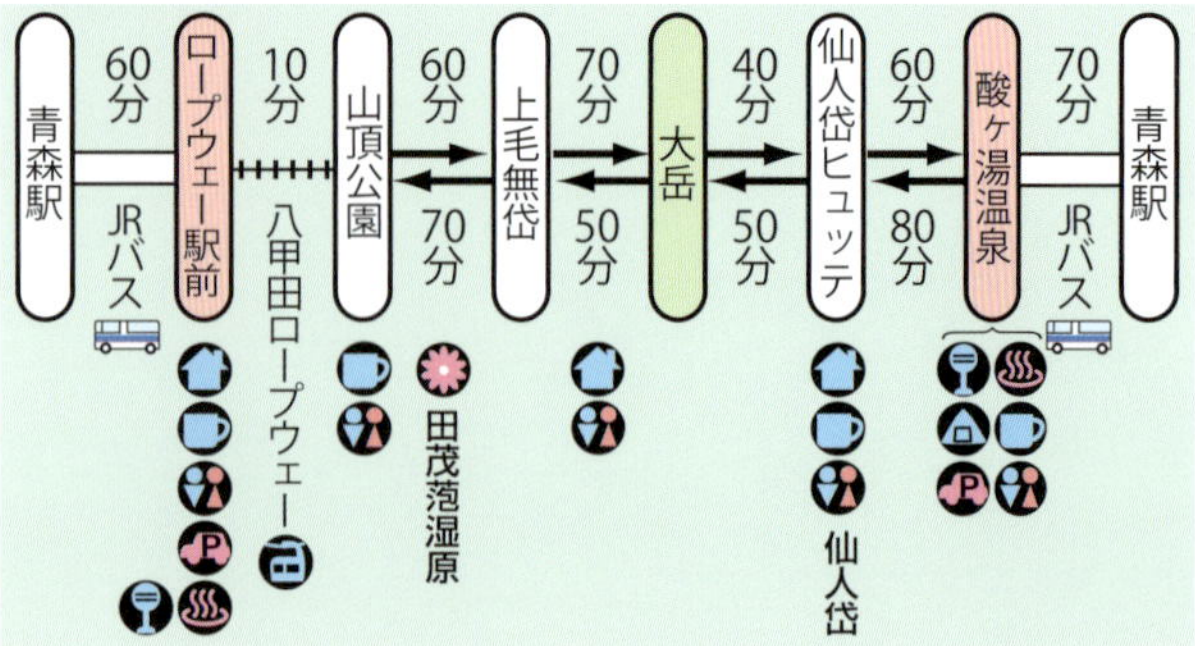
青森駅
70分
JRバス
酸ヶ湯温泉
60分
80分
仙人岱ヒュッテ
仙人岱
40分
50分
大岳
70分
50分
上毛無岱
60分
70分
山頂公園
田茂萢湿原
10分
八甲田ロープウェー
ロープウェー駅前
60分
JRバス
青森駅

data

●アクセス
起点は青森駅（JR 奥羽本線ほか）
青森駅→八甲田ロープウェー駅前（JR バス約 1 時間）
青森駅→酸ヶ湯温泉(JR バス約1時間 10 分)
青森駅→谷地温泉(JR バス約1時間 30 分)
●山小屋
大岳ヒュッテ　017-734-9387
仙人岱ヒュッテ　017-734-9387
●問い合わせ
JR バス東北青森支店　017-723-1621
大栄タクシー　017-739-6000
三八五観光タクシー　017-742-2211
青森中央タクシー　017-781-5311
八甲田ロープウェー　017-738-0343
青森県庁まるごとあおもり情報発信グループ　017-734-9389
青森市役所経済部観光課　017-734-5179
青森県観光情報センター　017-734-2500

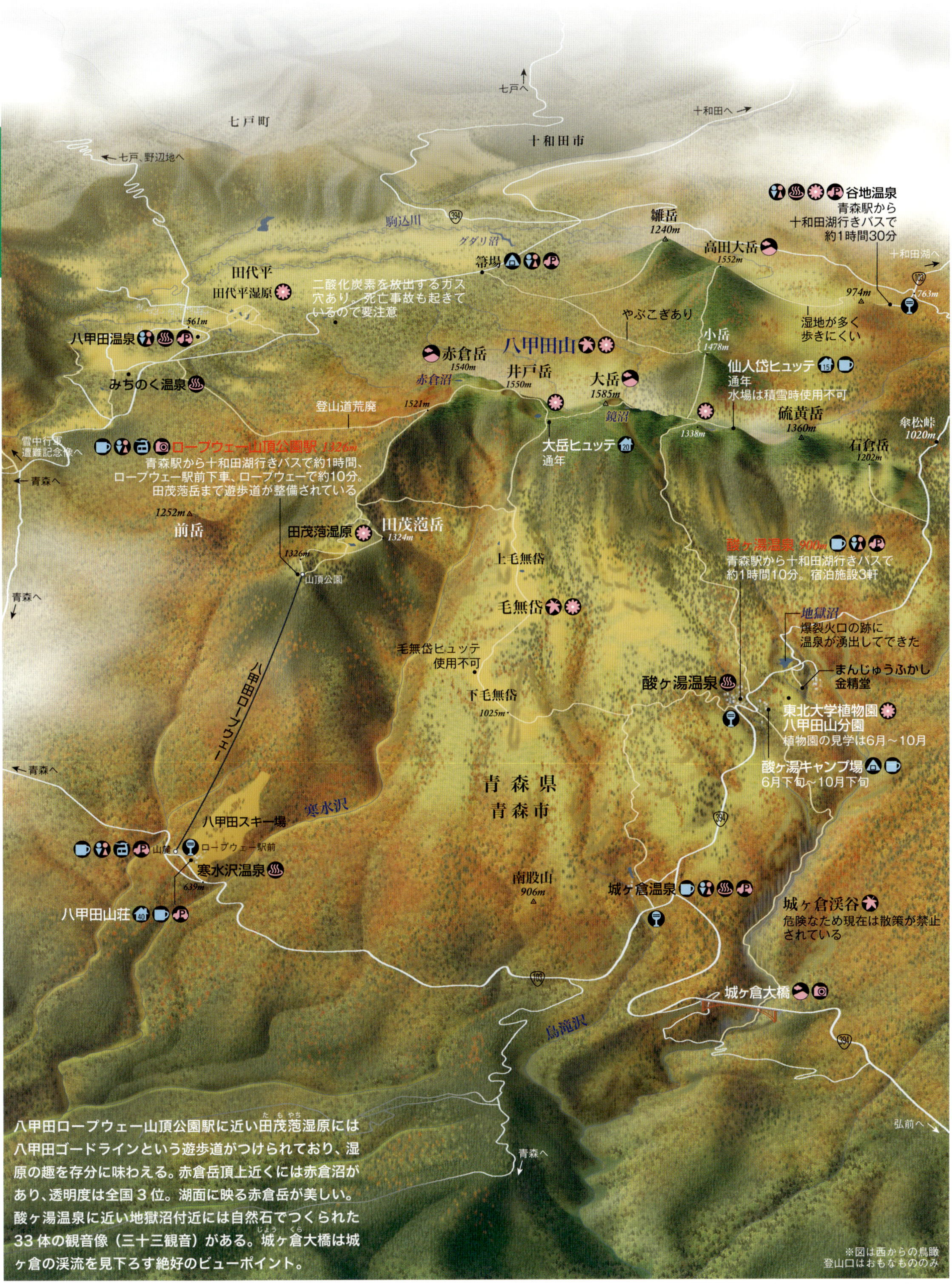

七戸へ
十和田へ
七戸町
十和田市
七戸、野辺地へ
駒込川
394
グダリ沼
雛岳
1240m
高田大岳
1552m
谷地温泉
青森駅から
十和田湖行きバスで
約1時間30分
十和田湖へ
103
974m
763m
湿地が多く
歩きにくい
田代平
田代平湿原
二酸化炭素を放出するガス
穴あり。死亡事故も起きて
いるので要注意
箒場
やぶこぎあり
561m
八甲田温泉
みちのく温泉
赤倉岳
1540m
赤倉沼
八甲田山
井戸岳
1550m
大岳
1585m
鏡沼
小岳
1478m
仙人岱ヒュッテ
15
通年
水場は積雪時使用不可
硫黄岳
1360m
1338m
石倉岳
1202m
傘松峠
1020m
登山道荒廃
1521m
大岳ヒュッテ
20
通年
雪中行軍
遭難記念像へ
青森へ
ロープウェー山頂公園駅 1326m
青森駅から十和田湖行きバスで約1時間、
ロープウェー駅前下車、ロープウェーで約10分。
田茂萢岳まで遊歩道が整備されている
1252m
前岳
田茂萢湿原
田茂萢岳
1324m
1326m
山頂公園
上毛無岱
酸ヶ湯温泉 900m
青森駅から十和田湖行きバスで
約1時間10分。宿泊施設3軒
青森へ
毛無岱
地獄沼
爆裂火口の跡に
温泉が湧出してできた
毛無岱ヒュッテ
使用不可
まんじゅうふかし
金精堂
八甲田ロープウェー
下毛無岱
1025m
酸ヶ湯温泉
東北大学植物園
八甲田山分園
植物園の見学は6月～10月
青森へ
酸ヶ湯キャンプ場
6月下旬～10月下旬
青森県
青森市
寒水沢
八甲田スキー場
394
山麓
ロープウェー駅前
寒水沢温泉
639m
南股山
906m
城ヶ倉温泉
八甲田山荘
40
城ヶ倉渓谷
危険なため現在は散策が禁止
されている
103
城ヶ倉大橋
鳥滝沢
394
弘前へ
青森へ
※図は西からの鳥瞰
登山口はおもなもののみ

八甲田ロープウェー山頂公園駅に近い田茂萢《たもやち》湿原には八甲田ゴードラインという遊歩道がつけられており、湿原の趣を存分に味わえる。赤倉岳頂上近くには赤倉沼があり、透明度は全国３位。湖面に映る赤倉岳が美しい。酸ヶ湯温泉に近い地獄沼付近には自然石でつくられた33体の観音像（三十三観音）がある。城《じょう》ヶ倉《くら》大橋は城ヶ倉の渓流を見下ろす絶好のビューポイント。

宿泊施設（数字は収容人数）　キャンプ場　水場　トイレ　危険箇所　ロープウェイ　リフト　おもなバス停　温泉　紅葉の名所　花の名所　好展望　観光ポイント　駐車場

12 東北

八幡平

火山帯に広がる天上の楽園

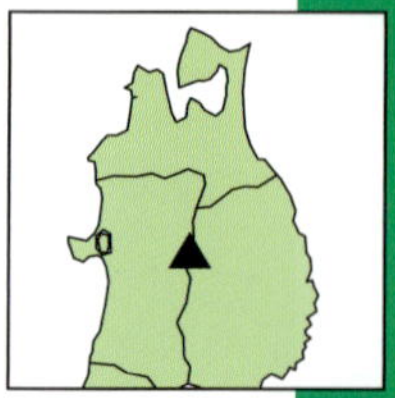

はちまんたい
八幡平最高点 1613m
初級者向け
日帰り

見どころ：眺望、花、火山風景、樹林帯、紅葉、湿原、池塘
1/25000 地形図：八幡平、茶臼岳、松川温泉、篠崎

落日の八幡平　（撮影：川井靖元）

火山の博物館

八幡平は秋田県と岩手県との県境に広がる高原状の台地で、40あまりの火山が連なる火山帯である。火山活動によってできたさまざまな地形が見られ「火山の博物館」ともよばれている。

現在は頂上直下まで車道が通り、とくに紅葉のシーズンには行楽客で賑《にぎ》わう。

それでも山頂付近を離れれば、静かな山旅を満喫できる。麓《ふもと》には特色のある温泉も多い。

「八幡平」の由来

一説によれば、八幡平という地名は坂上田村麻呂《さかのうえのたむらまろ》がこの地で賊を破り、戦勝を感謝して八つの旗を立てたことに由来するという。「幡」は「旗」のことであり、神が寄る場所とされた。また、軟らかい地を意味する「ヤワ・タ」と湿原を意味する「タイ」の合成語であるという説もある。

絵のような風景

八幡平の最高地点は1613mのピークだが、周囲と比べ目立って高いというわけではない。八幡平の魅力は「高さ」ではなく、むしろ池塘《ちとう》や湿原、花々などがつくりだしたこの山系ならではの自然美だ。

八幡沼とガマ沼の間にある展望台からは、八幡平一帯が見渡せる。その風景はまるで絵に描いたようであり、天上の楽園とよびたくなる見事さだ。

花々が咲き競う

山麓《さんろく》部のブナ林が標高1000m付近からはシラビソに変わり、さらに上部にはオオシラビソの樹林帯が広がる。山頂部には沼や池塘が点在する。これらは火口に水がたまってできたものという。

黒谷地《くろやち》湿原ではミズバショウやシラネアオイなどの湿原植物、八幡沼の周辺ではヒナザクラやイワイチョウ、ニッコウキスゲなどの高山植物が咲き誇る。

八幡沼　（撮影：川井靖元）

蒸《ふけ》ノ湯《ゆ》温泉コース／茶臼岳コース

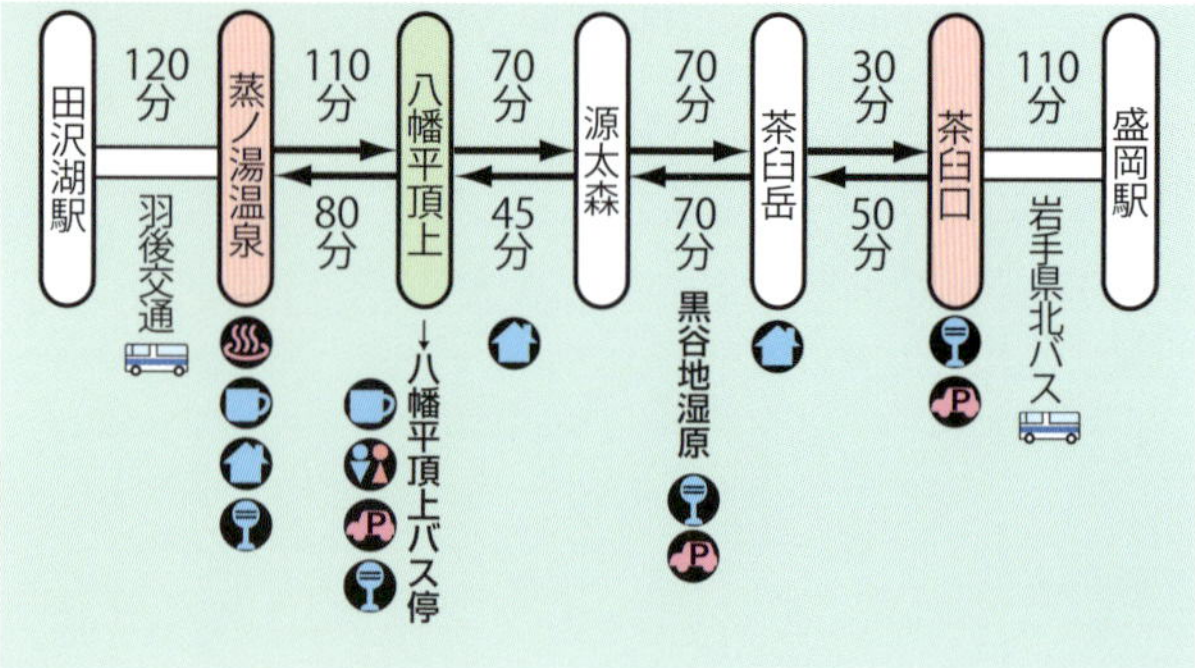

田沢湖駅
120分
羽後交通
蒸ノ湯温泉
110分
80分
八幡平頂上
↓八幡平頂上バス停
70分
45分
源太森
70分
70分
黒谷地湿原
茶臼岳
30分
50分
茶臼口
110分
岩手県北バス
盛岡駅

data

●アクセス
起点は盛岡駅（JR 東北新幹線ほか）、もしくは田沢湖駅（JR 秋田新幹線ほか）
盛岡駅→八幡平頂上（岩手県北バス約 2 時間、季節運行。八幡平自然散策バスもあり）
田沢湖駅→八幡平頂上（羽後交通約 2 時間 15 分、季節運行）
盛岡駅→茶臼口（岩手県北バス約 1 時間 50 分、季節運行。八幡平自然散策バスもあり）
●山小屋
陵雲荘　0195-74-2111
茶臼山荘　0195-74-2111
三ツ石山荘　0195-74-2111
大深山荘　0195-74-2111
●問い合わせ
岩手県北バス　019-641-1212
秋北バス　0186-42-3535
盛岡駅タクシー案内所　019-622-5240
鹿角観光タクシー　0186-23-3030
八幡平タクシー　0186-32-2167
鹿角市役所観光交流班 0186-30-0248
八幡平市観光協会　0195-78-3500
十和田八幡平観光物産協会　0186-23-2019
八幡平ビジターセンター　0186-31-2714
松尾八幡平ビジターセンター 0195-78-3500

早池峰
岩手山
北上盆地
姥倉山
1517m
犬倉山
1408m
犬倉分岐
三ツ石山荘
通年
三ツ石山
1466m
1467m
小畚岳
← 西根、盛岡へ
松川温泉 850m
盛岡駅からバスで約2時間
松川温泉へ
源太ヶ岳
1545m
大深岳
1541m
滝ノ上温泉、乳頭山へ
曲崎山、乳頭温泉へ →
松川
茶臼口
盛岡駅からバスで約1時間50分
(便により所要時間が大幅に変わるので注意)。
季節運行。
八幡平自然散策バスも季節運行している
八幡平樹海ライン
大深山荘
通年
岩手県
嶮岨森
1448m
御在所園地
赤沼
御在所沼
御在所
松尾鉱山跡
源太岩
鏡沼
屋棟岳
1397m
大黒森
1446m
1496m
恵比須森
茶臼岳
1578m
茶臼口
大揚沼
北ノ又川
1481m
展望がよく、アップダウンが少ない稜線
1438m
八幡平市
茶臼山荘
通年
熊ノ泉
黒谷地
八幡平アスピーテライン
蓬莱境
奇岩・奇石による天然の庭園
藤七温泉彩雲荘
4月下旬～10月下旬
蓬莱沼
蓬莱境
安比岳
1493m
黒谷地湿原
1516m
諸桧岳
畚岳
1578m
藤七温泉
源太森
1595m
八幡平
見返峠
八幡平頂上
八幡沼
陵雲荘
通年
八幡沼展望台
ガマ沼
八幡平頂上 1540m
盛岡駅からバスで約2時間
(便により所要時間が大幅に変わるので注意)。
田沢湖駅からバスで約2時間15分。
いずれも季節運行。
八幡平自然散策バスも季節運行している
1613m
八幡平最高点
1604m
玉川
1495m
柚角山
1530m
仙北市
1493m
鹿角市
秋田県
大深温泉
6月上旬～10月中旬
後生掛自然研究路
噴気、噴湯、噴泥など、火山活動のさまざまな現象を見ることができる
蒸ノ湯温泉
4月下旬～11月上旬
後生掛温泉
通年
大深温泉
1206m
山毛森
1078m
大湯沼
蒸ノ湯温泉
後生掛温泉
焼山へ →
長沼
大谷地
赤川
八幡平ビジターセンター
968m
澄川
焼山へ →
大沼温泉
955m
大沼キャンプ場
6月上旬～10月下旬
大沼地熱発電所
大沼
澄川温泉は1997年の地滑りで廃湯
← 鹿角へ
※図は北西からの鳥瞰
登山口は主要なもののみ

御在所園地《ございしょえんち》には御在所沼と赤沼の２つの沼がある。沼の周囲にはギンリョウソウ、ワタスゲ、ミズバショウなどの湿生植物のほか、さまざまな高山植物が見られる。赤沼は五色沼ともよばれ、酸化鉄を含んでいるため湖面の色を変える。山頂部の八幡沼は湿原の中にあり、周囲をアオモリトドマツの原生林が囲む。近くのガマ沼の湖水の中には３つの火口がある。源太森《げんたもり》は八幡平のビューポイント。岩手山も望める。

宿泊施設(数字は収容人数)　キャンプ場　水場　トイレ　危険箇所　ロープウェイ　リフト　おもなバス停　温泉　紅葉の名所　花の名所　好展望　観光ポイント　駐車場

岩手山

荒々しいなかにお花畑が広がる名山

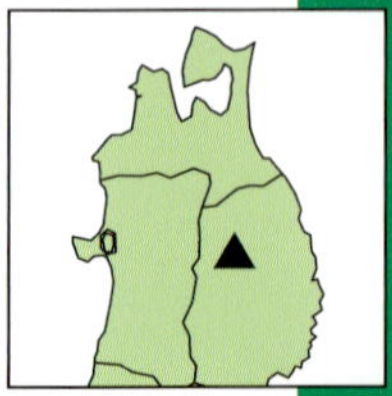

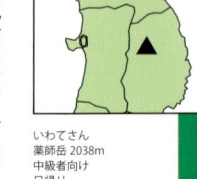

いわてさん
薬師岳 2038m
中級者向け
日帰り

見どころ：眺望、花、火山風景、樹林帯、紅葉、湿原
1/25000 地形図：大更《おおぶけ》、姥屋敷、松川温泉、篠崎

南部富士とよばれる

岩手山は、岩手県の最高峰でその山容から「奥《おく》の富士《ふじ》」「南部《なんぶ》富士」ともよばれる。また、一方の裾野《すその》が長く、他方が短い姿から「南部片富士」という呼称もある。ほかにも雪解けの形が鷲《わし》の姿に似ていることに由来する巌鷲山《がんじゅさん》《いわわしやま》という別名もある。

2つの火山が合体

岩手山は、西岩手火山と東岩手火山の2つの火山が重ね合わさってできた複式の成層火山であり、上部は複雑な地形となっている。西岩手火山の南側は鬼《おに》ヶ城《じょう》、北側は屏風《びょうぶ》尾根と名づけられ大地獄谷というカルデラを形成する。ここには火口湖である御《お》苗代《なわしろ》湖と御《お》釜《かま》湖があり、神秘的な雰囲気を醸し出している。

東岩手火山には最高峰の薬師《やくし》岳《だけ》や妙高《みょうこう》岳があり、火口は御《お》室《むろ》とよばれる。

火口壁　（撮影：川井靖元）

信仰の対象

岩手山は古くからの信仰の山である。「お山がけ」という信仰登山も行われてきており、近辺には岩手山神社という名の神社も数か所ある。御《お》鉢《はち》とよばれる頂上部の登山道に道しるべのように点々と置いてある石仏は、この山に対する人々の信仰の深さを表しているかのようだ。

薬師岳から妙高岳を挟んで東側に岩手山神社奥宮《おくみや》の祠《ほこら》が建ち、近くには剣が突き刺さった剣岩がある。

豊富な高山植物

薬師岳からの眺望は隔てるものがなく、すばらしい。

高山植物が豊かなことも岩手山の魅力である。不動《ふどう》平《だいら》から頂上に向かう砂礫《されき》地に見られるコマクサの群生や鬼ヶ城をたどるときに見られるイワギキョウやエゾツツジなどは、周囲が荒々しい火山風景のなかでいっそうきわだつ。カルデラの中にある八ツ目湿原のお花畑や紅葉もすばらしい。

岩手山　（撮影：羽田栄治）

網張コース

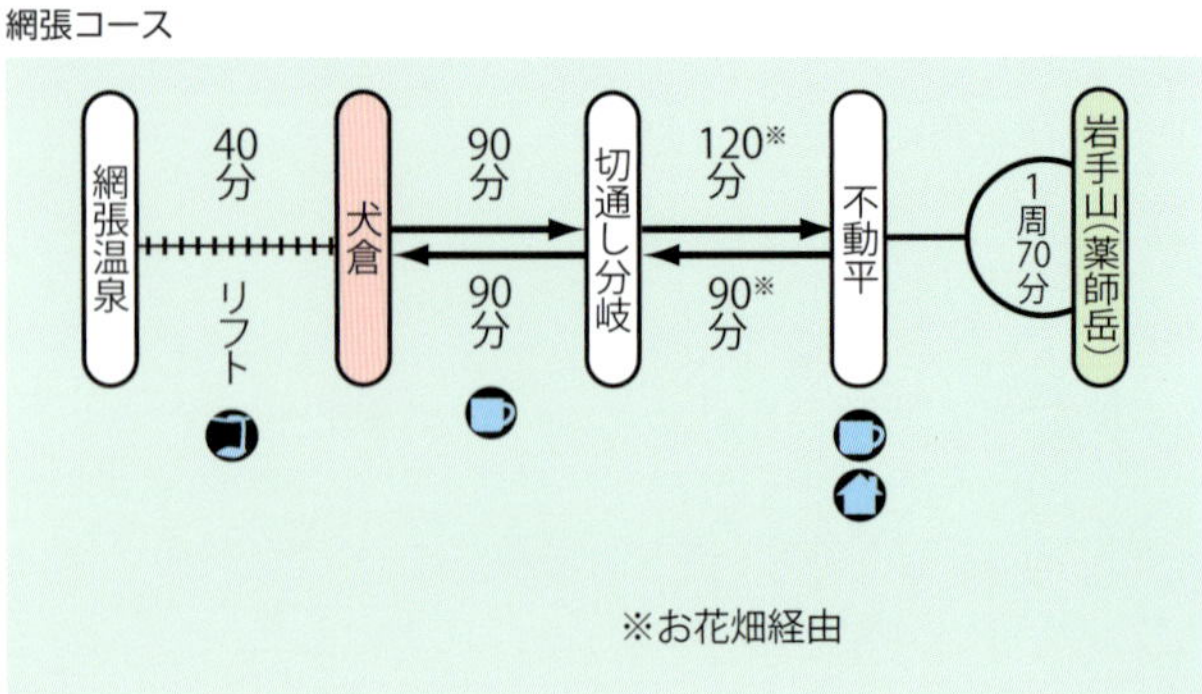

網張温泉
40分
リフト
犬倉
90分
90分
切通し分岐
120※分
90※分
不動平
1周70分
岩手山(薬師岳)
※お花畑経由

data

●アクセス
起点は JR 盛岡駅（JR 東北新幹線ほか）、もしくは JR 大更駅（花輪線）、IGR いわて銀河鉄道滝沢駅
盛岡駅→馬返し登山口（タクシー約 35 分）
盛岡駅→松川温泉（岩手県北バス約 2 時間）
盛岡駅→網張温泉（岩手県交通バス約 1 時間 5 分）

●山小屋
岩手山 8 合目避難小屋　019-656-6534
平笠不動避難小屋　0195-74-2111

●問い合わせ
岩手県北バス　019-641-1212
岩手県交通雫石営業所　019-692-3212
盛岡駅タクシー案内所　019-622-5240
平舘タクシー大更営業所　0195-76-2525
西根観光タクシー　0195-76-3131
滝沢交通　019-694-3277
みたけタクシー巣子営業所　019-688-1335
滝沢市役所　019-684-2111
滝沢市観光協会　019-601-6327
雫石町役場　019-692-2111
しずくいし観光協会　019-692-5138
網張ビジターセンター　019-693-3777

岩手山
頂上は360度の大展望。コマクサの群落もすばらしい
『日本百名山』が書かれた当時は標高2041mとされていた
薬師岳
2038m
妙高岳
岩手山神社奥宮
岩手山8合目避難小屋 100
6月中旬〜10月中旬
不動平
1828m
御成清水
鉾立
鬼ヶ城分岐
駒鳥清水
標高1070m付近で新道と旧道に分かれるが、1730m（鉾立）で再び合流する。途中の駒鳥清水はどちらの道からも利用できる
平笠不動避難小屋 151
通年
焼走りコース
岩手山焼走り国際交流村 570m
盛岡駅からタクシーで約40分
焼走り
屏風尾根
この道荒廃
赤倉岳
鬼ヶ城
不動平避難小屋 151
通年
八ツ目湿原
紅葉が見事
御釜湖
御苗代湖
1480m
柳沢コース
柳沢登山道馬返し 630m
盛岡駅からタクシーで約35分
八幡平市
県民の森 620m
盛岡駅からバスで約1時間30分
黒倉山
1570m
大地獄谷
大地獄谷周辺は火山性ガスが発生しているため十分注意すること
切通し
笹小屋跡分岐
（大地獄谷、八ツ目湿原方面への分岐）
姥倉山
1517m
七滝コース
897m
鞍掛山
滝沢市
大滝
ワラジ脱ぎ場
御神坂コース
御神坂沢
松川コース
網張コース
犬倉山
1408m
松川温泉 830m
盛岡駅からバスで約2時間
御神坂駐車場 607m
盛岡駅からバスで約50分
1317m
犬倉分岐
1343m
1318m
三ツ石山、八幡平へ
岩手県
雫石町
網張元湯
犬倉
第3リフト
岩手高原スノーパーク
有根沢
御神坂駐車場、小岩井農場、盛岡へ
網張温泉（犬倉山）1300m
盛岡駅からバスで約1時間5分、網張温泉下車。そこからリフトで約40分
湯ノ沢
休暇村岩手網張温泉 216
通年
第2リフト
917m
網張薬師社
温泉館前
第1リフト
網張温泉
網張温泉
大松倉沢
玄武洞（葛根田の大岩屋）
柱状節理の絶壁を、川が浸食して洞窟になっていた。地震により崩落
玄武温泉、雫石市街へ
葛根田川
滝ノ上温泉へ
葛根田渓谷

馬返し登山口には岩手山神社があり、坂上《さかのうえの》田村麻呂《たむらまろ》の創建と伝えられる。宮沢賢治《みやざわけんじ》はここから岩手山に登ったという。網張《あみはり》温泉の名称は、江戸時代に信仰によって入浴が禁じられた際に網を張ったことに由来するとされる。日帰り温泉館の近くに岩手山の信仰にちなむ網張薬師堂がある。岩手山北東山麓には冷えて固まった溶岩流が広がり、「焼《やけ》走《はし》り」とよばれ、国の天然記念物に指定されている。

かつて岩手山はコースによって入山規制されていた。現在入山規制はないが、登山中、噴煙が急に多くなったり、山鳴りなどの異常を感じた場合は、ただちに下山する

※図は南西からの鳥瞰

宿泊施設（数字は収容人数） キャンプ場 水場 トイレ 危険箇所 ロープウェイ リフト おもなバス停 温泉 紅葉の名所 花の名所 好展望 観光ポイント 駐車場

早池峰山※

伝説に彩られた神が住む山

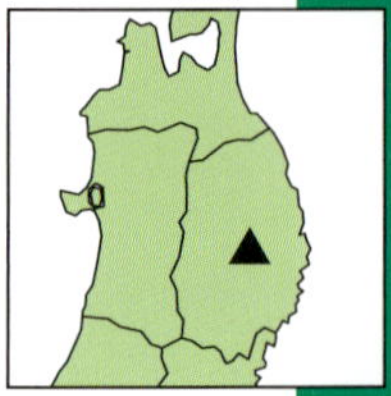

はやちねさん
1917m
中級者向け
日帰り

見どころ：眺望、花、樹林帯、紅葉、巨岩・奇岩
1/25000地形図：早池峰山、高桧山《たかひやま》

早池峰連山の主峰

早池峰山は、北上《きたかみ》山地のほぼ中央に位置し、早池峰連山の主峰でもある。

早池峰という山名の由来には諸説がある。そのひとつはアイヌ語の「パ・ヤ・チネカ」（「東方の陸の脚」という意）というものだ。

また山頂に霊池があり、水が枯れても、修験者が祈ると、たちまち水が湧《わ》き出ることから「早池《はやち》の泉」と名づけたことに由来するという説もある。

人々の信仰を集める山

807（大同2）年、猟師が珍しい鹿を追って山頂まで登ったとき、神を感じて祠《ほこら》を建てたことがこの山の開山だと伝えられる。以後、信仰登山が始まったという。

また早池峰山は三陸《さんりく》沖からも望まれ、漁師や航海者たちは、この山に住む神によって漁業や船の安全が守られていると信じてきた。

珍しい高山植物が咲く

早池峰山は花の名山といわれるほど高山植物が豊富だ。1300m以上の高山植物帯は、国の特別天然記念物に指定されている。

ハヤチネウスユキソウ、ナンブトラノオ、ナンブイヌナズナなどの珍しい種類の高山植物が咲くことでも知られる。ハヤチネウスユキソウはこの山の固有種で、ヨーロッパの高山地帯に咲くエーデルワイスに近い種類の花だ。

巨岩・奇岩に出会う

早池峰山の登山道の上部は岩場が連続し、巨岩・奇岩に目を奪われる。河原《かわら》の坊《ぼう》から山頂に至るコースの上部にある「打石《ぶついし》」と名づけられた岩には、霧のなかで空を飛んでいた天狗《てんぐ》が頭をぶつけたという伝説がある。

頂上は広く、早池峰神社奥宮《おくみや》と避難小屋が建つ。展望はすばらしく、晴れた日には北上山地の山々、遠くに太平洋を望む。

小田越から望む早池峰山　（撮影：羽田栄治）

ハヤチネウスユキソウ
（撮影：羽田栄治）

河原の坊コース／小田越コース

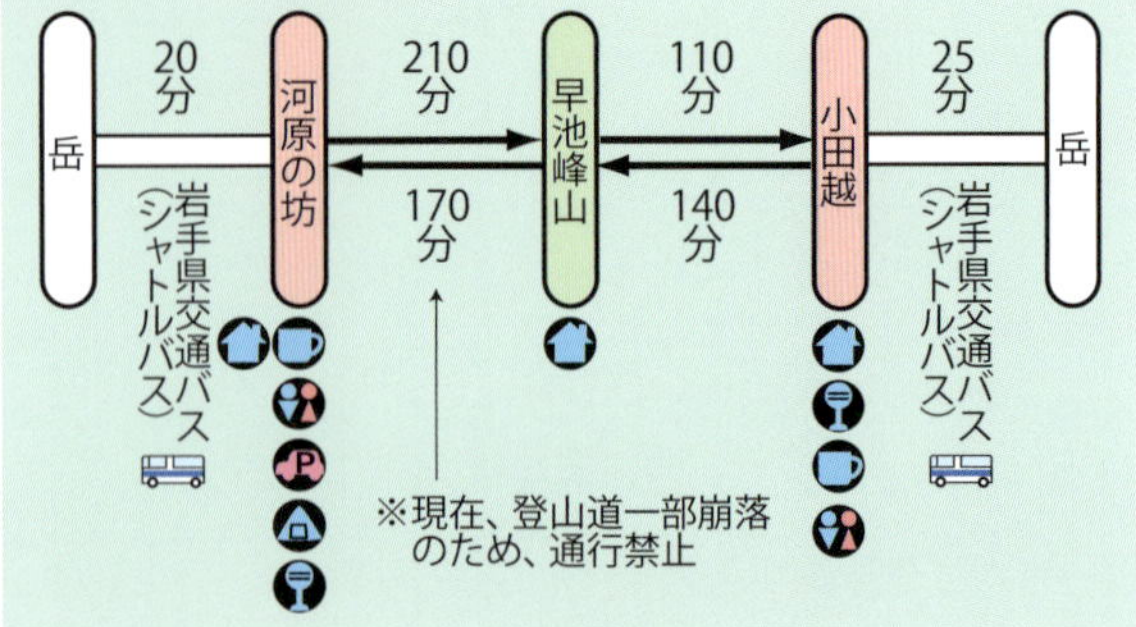
岳
20分
河原の坊
岩手県交通バス（シャトルバス）
210分
170分
早池峰山
110分
140分
小田越
25分
岩手県交通バス（シャトルバス）
岳
※現在、登山道一部崩落のため、通行禁止

※＝深田久弥は『日本百名山』では「早池峰」と表記。

data

●アクセス
起点は花巻駅（JR東北本線ほか）、もしくは新花巻駅（JR東北新幹線ほか）
花巻駅→小田越（早池峰環境保全バス約1時間35分。新花巻駅からは約1時間20分。運行日注意）
花巻駅→大迫バスターミナル（岩手県交通バス約45分。新花巻駅からは約30分／乗り換え）→岳（岩手県交通バス約40分）
●山小屋
うすゆき山荘　0198-48-2111
早池峰山頂避難小屋　0198-48-2111
鶏頭山避難小屋　0198-48-2111
小田越山荘　0198-62-2111
●問い合わせ
早池峰環境保全バス　0198-24-2111
岩手県交通花巻バスターミナル　0198-23-1020
大迫バスターミナル　0198-48-2210
岩手観光タクシー　0120-234136
文化タクシー　0198-23-3181
大迫観光タクシー　0120-192234
石鳥谷タクシー　0120-594123
花巻市役所　0198-24-2111
花巻市役所大迫総合支所　0198-48-2111
花巻観光協会　0198-29-4522
遠野市役所　0198-62-2111

※図は南西からの鳥瞰
早池峰山
お花畑がすごい。
種類も量も群を抜く
登山道は滑りやすいので、滑落に注意
早池峰山頂避難小屋
通年
1914m
1917m
御田植場
早池峰剣ヶ峰
1827m
鎖場
竜ヶ馬場
御金蔵
打石
早池峰の蛇紋岩は帯磁性が強く、コンパスが狂うことも。悪天候時の道迷いに注意
1696m
崩壊のため通行禁止（2019年4月）
足場の悪い岩場
中岳
1679m
門馬、平津戸へ
御門口
下部は樹林帯
宮古市
早池峰山荘
通年
タイマグラキャンプ場
バンガロー村
5月上旬～10月下旬
バンガロー、キャビンのみ
薬師岳
1645m
江繋、釜石へ
鎖場
江繋へ
大鳥居
小田越 1250m
小田越山荘
通年
花巻駅からはバスで約1時間35分（新花巻駅経由）。岳からの各バス停にとまる。運行日注意
頭垢離
早池峰山頂がよく見える
コメガモリ沢
沢沿いの道。
周囲は樹林帯
遠野市
1518m
鶏頭山～中岳間
夏はヤブこぎあり
1415m
鶏頭山
1445m
草原
河原の坊 1050m
河原の坊キャンプ場
通年
早池峰自然保護センター
ニセ鶏頭
大作沢
うすゆき山荘
通年
笛貫ノ滝
岩手県
鶏頭山避難小屋
通年
清廉ノ滝
魚止ノ滝
花巻市
岳川
1117m
野沢額山
903m
1097m
岳～江繋間
6月上旬～8月上旬の土日祝
マイカー通行規制あり
笠詰キャンプ場
6月～11月
岳～小田越間
夏季土日祝にシャトルバスが運行
早池峰ロッヂ峰南荘
5月上旬～10月下旬
七折ノ滝、鶏頭山へ
682m
郷土文化保存伝習館
早池峰神楽の面、装束のほか古文書などを展示
岳
早池峰神社
岳と大償の2つの集落で、国の重要無形民俗文化財「早池峰神楽」が奉納される。毎年8月1日の早池峰神社例大祭の前夜と当日
折合沢
岳 520m
花巻駅からバスで約1時間10分（新花巻駅も経由）。大迫バスターミナルからは約40分。運行日注意。民宿、旅館など宿泊施設十数軒
狼久保、大迫、盛岡へ

早池峰山を源とする岳川《たけがわ》には魚止《うおどめ》ノ滝、清廉《せいれん》ノ滝など形や大きさがそれぞれ異なるさまざまな滝がある。岳から河原の坊へ向かう林道沿いに点在しており、入口には滝の名を記した案内板が設置されている。また、岳から折合沢を経由して鶏頭山《けいとうさん》へ向かう登山道にも七折《ななおれ》ノ滝という人気の滝がある。宮沢賢治《みやざわけんじ》の童話「台川」にも登場し、対岸にぶつかって幾重にも折れ曲がる滝の姿は秀逸だ。

宿泊施設（数字は収容人数） キャンプ場 水場 トイレ 危険箇所 ロープウェイ リフト おもなバス停 温泉 紅葉の名所 花の名所 好展望 観光ポイント 駐車場

鳥海山

日本海近くにそびえる秀麗な独立峰

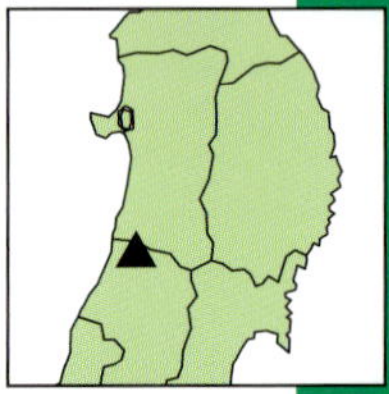

ちょうかいさん
新山　2236m
中級者向け
1泊2日

見どころ：眺望、花、雪渓、紅葉、湖沼、湿原、火山地形
1/25000地形図：鳥海山、小砂川《こさがわ》、湯ノ台、吹浦《ふくら》、象潟《きさかた》

残雪の鳥海山　（撮影：飯田信義）

火山活動による複雑な地形

鳥海山は秋田県と山形県の県境にそびえる独立峰である。その秀麗な姿から、「出《で》羽《わ》富《ふ》士《じ》」あるいは「秋田富士」ともよばれてきた。日本海に近く、季節風の影響を強く受けるため、積雪が多く、夏でも雪渓が見られる。

鳥海山は現在も活動を続ける二重式成層火山だ。頂上部は新山《しんざん》、行者《ぎょうじゃ》岳、伏《ふし》拝《おがみ》岳、七高山《しちこうさん》などの新しい東鳥海火山と、笙《しょう》ケ岳《たけ》、鍋森《なべもり》、月山森《がっさんもり》などの古い西鳥海火山から構成され、複雑な地形となっている。

古くからの霊山

鳥海山は古くからの霊山である。麓《ふもと》の人々は噴火を繰り返すこの山を荒ぶる神として畏怖《いふ》し、崇拝してきた。山頂直下にある大物忌《おおものいみ》神社は、564（欽明天皇25）年の創始と伝えられ、平安時代には修験の場であったという。中世には神仏習合によって鳥海山大《だい》権現《ごんげん》が祀《まつ》られ、明治時代の神仏分離令によって神社に戻った。

花の山

鳥海山は花の山であり、所々にお花畑が広がり、チョウカイフスマ、チョウカイアザミ、チョウカイチングルマなどこの山の固有種が見られる。

火口湖の鳥ノ海を見下ろせる御浜《おはま》付近にも見事なお花畑が広がる。さらにここから七五三掛《しめかけ》にかけてはさまざまな花が咲く高山植物の宝庫だ。

東北の主峰を一望

御浜には小屋を兼ねる御浜神社がある。頂上直下の大物忌神社付近は石垣が巡らされ、本殿、社務所、山小屋を兼ねた頂上参籠所《さんろうじょ》がある。

新山山頂からの眺望はすばらしい。岩木山《いわきさん》、早池《はやち》峰《ね》山《さん》、秋田駒《こま》ケ岳《たけ》、月山《がっさん》、飯豊《いいで》連峰、朝日連峰など東北のおもだった山々が一望できる。日本海に鳥海山が映る「影鳥海」は幻想的な光景だ。

御浜の鳥ノ海

象潟口コース

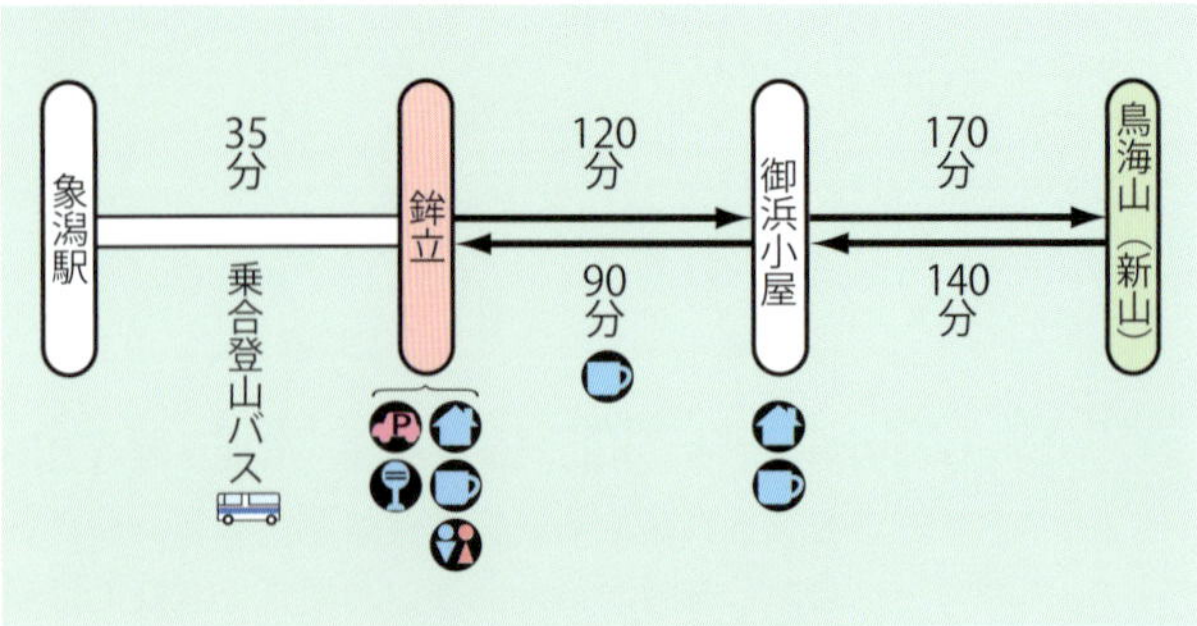
象潟駅
35分
乗合登山バス
鉾立
120分
90分
御浜小屋
170分
140分
鳥海山（新山）

※＝季節運行されていた酒田・鉾立線のバスは廃止された。

data

●アクセス
起点は象潟《きさかた》駅（※）（JR羽越本線）
象潟駅→鉾立（乗合登山バス「鳥海ブルーライナーバス」約35分、要予約）
●山小屋
鉾立山荘　090-3124-2288
御浜小屋　0234-77-2301
御室小屋（鳥海山頂上参籠所）　0234-77-2301
祓川ヒュッテ　0184-55-4953
七ツ釜避難小屋　0184-55-4953
酒田市山小舎　0234-43-6658
滝の小屋　0234-72-5886
大平山荘　090-2607-2326
●問い合わせ
象潟合同タクシー（乗合登山バス）
0184-43-2030
鳥海観光タクシー　0184-56-2020
遊佐町役場　0234-72-3311
酒田市役所八幡総合支所　0234-64-3111
にかほ市役所　0184-43-3200
由利本荘市鳥海総合支所　0184-57-2201
遊佐鳥海観光協会　0234-72-5666

竜《りゅう》ヶ原《はら》湿原には池塘《ちとう》が点在し、鳥海山の姿を湖面に映す。祓川《はらいかわ》とは下界と神域との境目を意味し、かつて登拝者たちは近くの池で体を清め、祓川神社に参拝してから登ったという。

宿泊施設(数字は収容人数) キャンプ場 水場 トイレ 危険箇所 ロープウェイ リフト おもなバス停 温泉 紅葉の名所 花の名所 好展望 観光ポイント 駐車場

月山

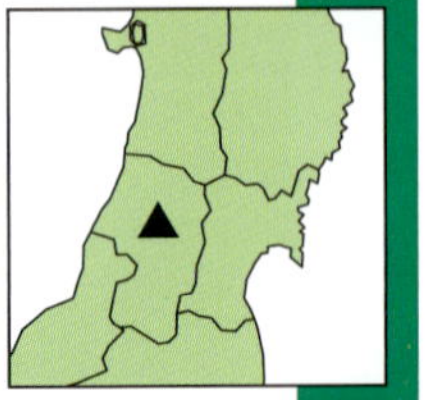

がっさん
1984m
中級者向け
日帰り

見どころ：眺望、花、雪渓、紅葉、湖沼、湿原、火山地形
1/25000地形図：月山、立谷沢《たちやざわ》、湯殿山

高山植物が咲き競う霊峰

花咲く月山・湯殿山　（撮影：鈴木菊雄）

東西で山容が違う

月山は山形県のほぼ中央に位置する独立峰であり、頂上部は緩やかな稜線《りょうせん》を描く。

月山は火山である。緩やかな東側斜面に対し、西側の斜面は爆発によって吹き飛んだため、切れ落ちたようになっている。

日本海に近いために強く季節風の影響を受け、冬には大量の雪が降る。このため夏でも雪渓や大雪城《おおゆきしろ》のような雪田が残る。

見事な高山植物の群落

月山は花の山でもある。なかでも弥陀《みだ》ヶ原《はら》には湿原に池塘《ちとう》が点在し、さまざまな高山植物が咲き乱れる。ここで見られるミツガシワとオゼコウホネは氷河時代の生き残りといわれる珍しい植物だ。

ほかにも山頂付近のクロユリやハクサンイチゲ、念《ねん》仏《ぶつ》ヶ原《はら》のミズバショウやサワギキョウなどの群落も見事である。

羽黒修験道の中心地

山頂にある月山神社では農業の神である月読《つきよみ》神《のかみ》を祀《まつ》る。一説によれば、これが月山という名の由来になったという。開山は古く、6世紀末、崇《す》峻《しゅん》天皇の子である蜂子皇《はちこのおう》子《じ》によると伝えられる。

月山は湯殿《ゆどの》山、羽黒《はぐろ》山とともに出羽《でわ》三山とよばれ、その主峰である。羽黒派修験道の中心であり、現在も白衣の修験者たちが行き交う霊山である。

高原状の山頂

月山の頂上部は高原のように広々としており、神仙池が清らかな水をたたえている。神仙池という呼び名は、ここの水を神前に備えることに由来する。

山頂は月山神社の裏手である。独立峰だけに眺めも見事だ。蔵王《ざおう》の峰々や吾妻《あづま》連峰、朝日《あさひ》連峰、飯豊《いいで》連峰まで見渡せ、日本海に浮かぶ佐渡《さど》島も見える。

羽黒山五重塔　（撮影：飯田信義）

姥沢コース／湯殿山コース

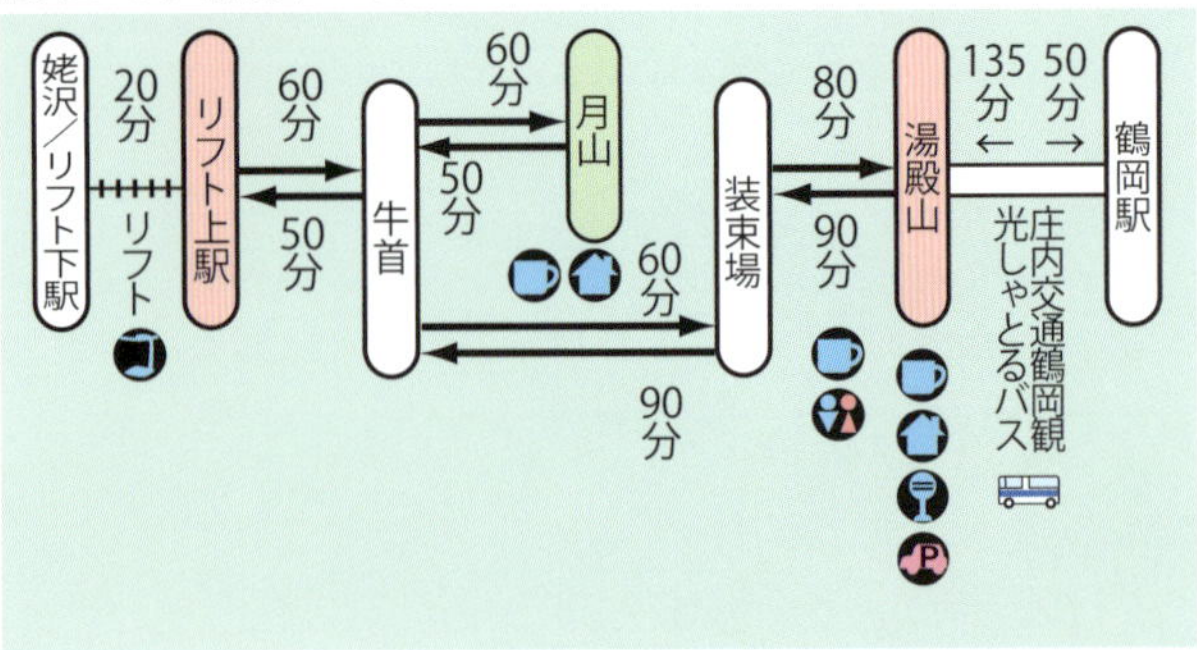
姥沢／リフト下駅
20分
リフト
リフト上駅
60分
50分
牛首
60分
50分
月山
60分
90分
装束場
80分
90分
湯殿山
135分←
50分→
鶴岡駅
庄内交通鶴岡観光しゃとるバス

data

●アクセス
起点は山形駅（JR山形新幹線ほか）もしくは鶴岡駅（JR羽越本線）
山形駅→西川バスストップ（山交バス・庄内交通バス約40分）→姥沢《うばさわ》（西川町営バス約50分）
鶴岡駅→湯殿山（庄内交通、鶴岡観光しゃとるバス約2時間50分）、湯殿山→鶴岡駅（同バス約50分）
鶴岡駅→羽黒山頂→月山八合目（庄内交通バス約2時間、季節運行）

●山小屋
月山6合目避難小屋　0235-62-2111
仏生池小屋　090-8783-9555
月山頂上小屋　0235-62-2757
念仏ヶ原避難小屋　0233-75-2324
清川行人小屋　0237-74-2111
湯殿山参籠所　0235-54-6131
月山御田原参籠所　090-2367-9037

●問い合わせ
庄内交通鶴岡営業所　0235-22-0444
山交バス案内センター　023-632-7272
山交ハイヤー　023-684-1515
月山観光タクシー　0237-74-2310
庄交ハイヤー　0235-22-0055
西川町役場　0237-74-2111
庄内町役場　0234-43-2211
鶴岡市観光連盟　0235-25-2111
月山朝日観光協会　0237-74-4119
庄内町観光協会　0234-42-2922

湯殿山神社は、現在も裸足になってお祓いを受けてからでないと参拝ができず、写真撮影も禁止されている神域である。月山8合目近くの弥陀ヶ原は多くの池塘が点在する高山植物の宝庫である。月山神社中ノ宮がある。

※図は西からの鳥瞰

小岳
1226m
肘折温泉へ
念仏ヶ原避難小屋
通年
1185m
念仏ヶ原
大蔵村
千本松山
1255m
1134m
1221m
千本桜
清川行人小屋
通年
岩根沢へ
1380m
東普陀落
1217m
御浜池へ
剣ヶ峰
庄内町
仏生池小屋
6月下旬~9月中旬
行者ヶ原
モックラ坂
行者返し
大峰
月山
1980m
1984m
胎内岩
賽ノ河原
神仙池
大雪城
月山神社
1403m
弥陀ヶ原
月山8合目
中ノ宮
1679m
一ノ岳
1758m
二ノ岳
1828m
オモワシ山
月山御田原参籠所
6月下旬~10月上旬
月山頂上小屋
6月下旬~9月中旬
6合目
羽黒山、
鶴岡へ
月山8合目 1390m
鶴岡駅から月山8合目行きバスで約2時間、終点下車
（乗継便もあり）
牛首
姥沢（リフト上駅）1500m
山形駅から鶴岡、または酒田行きバスで約40分、西川バスストップ下車。姥沢行きバスに乗り換えて約50分、終点下車。もしくは山形駅から同じバスで約1時間、月山口下車。姥沢行きバスに乗り換えて約25分、終点下車。
リフトを利用して約20分。
山形～鶴岡・酒田間のバスには月山口を経由しないものもあるので注意
本道寺へ
月山6合目避難小屋
通年
避難時のみ使用可
金姥
1688m
1530m
1670m
姥ヶ岳
リフト上駅
リフト下駅
装束場
姥沢
月山口へ
鶴岡市
湯殿山神社 1040m
鶴岡駅から鶴岡観光しゃとるバスで約2時間15分（帰りは約50分）。終点から神社へは、参拝バスが随時出ている
月光坂
湯殿山
1500m
薬師岳
1262m
西川町
品倉山
1211m
湯殿山神社
御神体は湯の湧き出る茶褐色の巨大な岩。お祓いを受けてから、裸足で参拝する
湯殿山参籠所
4月下旬~11月上旬
1265m
仙人岳
湯殿山
細越
湯殿山有料道路
旧六十里越街道
梵字川
田麦俣へ
湯殿山神社への参詣路だった。江戸時代には通商路として利用されていた
山形県
1151m
湯殿山口
月山道路
112
六十里越街道
112
月山第2トンネル
鶴岡へ
寒河江、山形へ
大越
月山第1トンネル

宿泊施設（数字は収容人数） キャンプ場 水場 トイレ 危険箇所 ロープウェイ リフト おもなバス停 温泉 紅葉の名所 花の名所 好展望 観光ポイント 駐車場

朝日岳

日本海近くに南北に連なる巨大な山塊

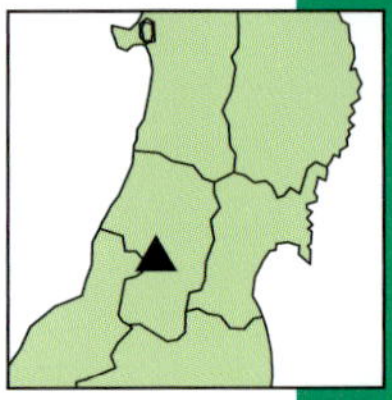

あさひだけ
1871m
中級者向け
1泊2日

見どころ：眺望、花、雪渓、紅葉、湖沼、湿原、樹林帯
1/25000 地形図：朝日岳、羽前葉山、相模山、大鳥池

秋の朝日岳（撮影：花香勇）

最高峰は大朝日岳

深田《ふかだ》久弥《きゅうや》の『日本百名山』のなかに記された「朝日岳」は、一般に朝日連峰を指す。

朝日連峰は山形県と新潟県の県境にまたがる東北屈指の山岳地帯である。その規模は南北60km、東西30kmに及ぶ。最高峰大朝日《おおあさひ》岳のピラミッド状の山容は周辺の平地からもよくわかる。

大雪がつくった地形

日本海に近く、しかも南北に峰を連ねていることから、冬には季節風の影響を強く受けて連峰全体が豪雪地帯となる。この大量の雪が雪崩や雪食によって、山肌を侵食し、急峻《きゅうしゅん》な谷をつくりだしている。朝日連峰の非対称山容はこの雪によるところが大きい。

かつては修験道の山

朝日連峰にはほとんど宗教色がない。しかし「朝日」という名があるところから、麓《ふもと》の人々が日の出に輝くこの山を崇拝の対象としていたことは想像に難くない。かつては修験道の山として栄えたという説もあるが、歴史のなかで衰退していったようだ。

それでも鳥原《とりはら》山頂上直下には「霊山朝日嶽《れいざんあさひだけ》神社」があり、大朝日小屋の下方にはその奥宮《おくみや》がある。この山が麓の人々の崇拝の対象であることを示しているようだ。

豊かな高山植物と大展望

山裾《やますそ》から中腹にかけては見事なブナの原生林が続く。また稜線《りょうせん》上は豊かな高山植物に彩られている。とくに金玉水《きんぎょくすい》や御坪《おつぼ》付近はコバイケイソウやチングルマをはじめ、花の名所である。

大朝日岳の山頂からは360度の大展望が広がる。ほかにも御影森《みかげもり》山、鳥原山、以東《いとう》岳などの山頂からの眺めもすばらしい。

鳥原山コース／中ツル尾根コース

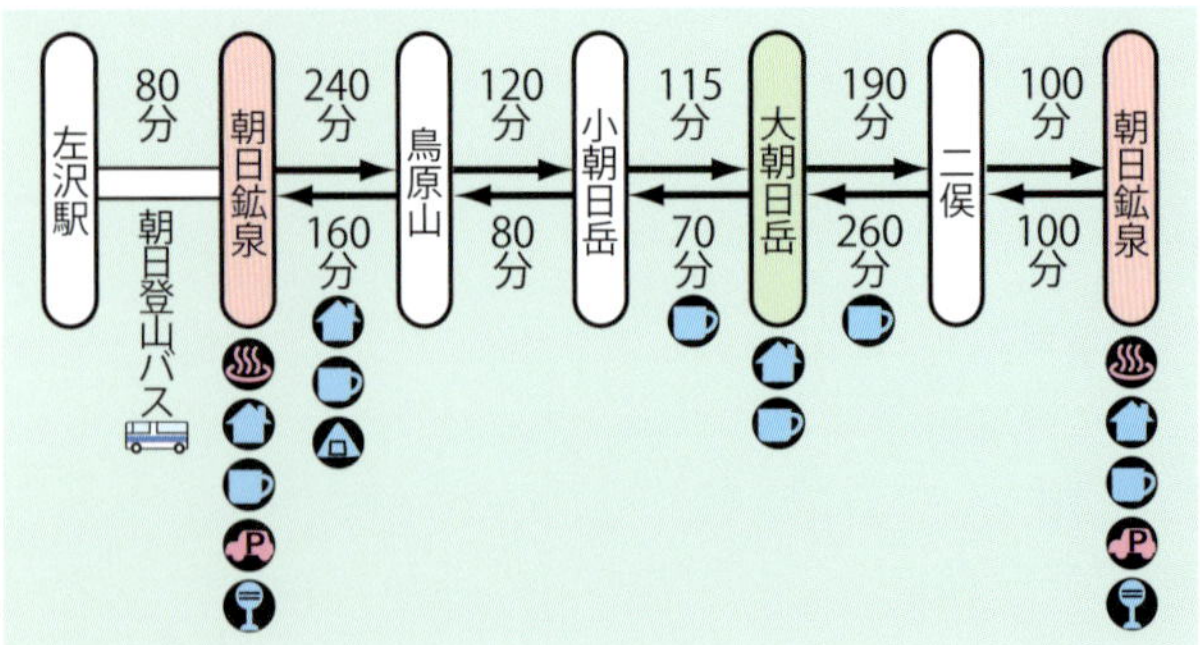
左沢駅
80分
朝日鉱泉
朝日登山バス
240分
160分
鳥原山
120分
80分
小朝日岳
115分
70分
大朝日岳
190分
260分
二俣
100分
100分
朝日鉱泉

※＝バスは大鳥までしか運行しなくなり、泡滝ダムへは登山ハイヤーを利用。

data

●アクセス
起点は左沢《あてらざわ》駅（JR 左沢線）もしくは鶴岡駅（JR 羽越本線）
左沢駅前→朝日鉱泉（朝日登山バス約1時間20分）
鶴岡駅→登山口（大鳥）（庄内交通バス約1時間10分、途中乗換の便もあり）（※）

●山小屋
大鳥小屋　0235-55-2233
以東小屋　0235-55-2233
狐穴小屋　0237-76-2416
竜門小屋　0237-76-2416
大朝日小屋　0237-62-2139
鳥原小屋　0237-67-2111
朝日鉱泉ナチュラリストの家　090-7664-5880
古寺鉱泉朝陽館　090-4638-7260

●問い合わせ
朝日登山バス（朝日鉱泉ナチュラリストの家）090-7664-5880
庄内交通鶴岡営業所　0235-22-2608
落合ハイヤー　0235-53-2121
山交ハイヤー　023-684-1515
朝日タクシー　0237-62-6088
寒河江タクシー　0237-86-5151
朝日町役場　0237-67-2111
大江町役場　0237-62-2111
朝日町観光協会　0237-67-2134

朝日連峰の山体は主に花崗岩から構成され、谷筋には多くの沢が流れる。沢の多さはこの山の水量の豊富さを物語っている。最高峰の大朝日岳は際立ったピラミッド状の山容から剣頭山とも呼ばれる。雪に白く覆われた大朝日岳の姿はいっそう神々しい。大朝日岳から以東岳に至る主稜線は、この山域の代表的な縦走コースである。豪雪地帯らしく夏でも方々に雪が残る。その残雪と山肌とのコントラストが登山者を楽しませてくれる。

宿泊施設（数字は収容人数） キャンプ場 水場 トイレ 危険箇所 ロープウェイ リフト おもなバス停 温泉 紅葉の名所 花の名所 好展望 観光ポイント 駐車場

蔵王山

エメラルドグリーンの「御釜」を擁する信仰の山

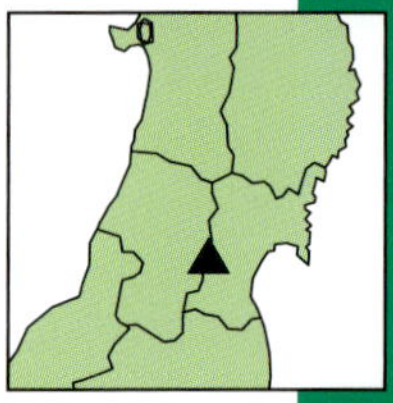

ざおうさん
熊野岳　1841m
初級者向け
日帰り

見どころ：眺望、花、紅葉、湖沼、湿原、樹林帯、火山地形
1/25000 地形図：蔵王山、遠刈田、不忘山、白石

二重式火山

蔵王山とは、多くの峰々が連なる火山群をさす山域の名称であり、蔵王連峰とよぶ場合もある。

蔵王山は二重式火山である。中央蔵王では中央火口丘である五色《ごしき》岳と火口湖である御釜《おかま》を囲むように、最高峰熊野《くまの》岳から馬ノ背を経て刈田《かった》岳が外輪山として連なっている。

また南蔵王では馬ノ《ま》神《かみ》岳、水引入道《みずひきにゅうどう》を中央火口丘として、前烏帽子《えぼし》岳、後烏帽子岳、屏風《びょうぶ》岳、不忘山《ふぼうさん》が外輪山となっている

真夏の御釜（撮影：花香勇）

神仏にちなんだ山々

「蔵王」という名は、7世紀の後半、修験道の中心地である吉野の金峯山《きんぷせん》（金峰山）から蔵王権現《ごんげん》を勧請《かんじん》したことに由来するという。

以後、修験道がこの山域で栄えたことは、「出羽《でわ》三山」を「お西」、蔵王山を「お東」とよんでいたことからもうかがわれる。

ロープウェイの地蔵山頂駅前には、1775（安永4）年に建立された蔵王地蔵尊がある。この地蔵尊を建ててから、蔵王山での遭難者が少なくなったと伝えられる。降雪期に樹氷が見られる地蔵山《じぞうさん》は地蔵尊にちなんだ山名である。地蔵山近くの三宝荒神山《さんぽうこうじんさん》も名前のとおり、荒ぶる神「荒神《こうじん》」にちなんでいる。

刈田岳の登山口に当たる大黒天には大黒様の石像がある。熊野岳頂上には蔵王山神社の祠《ほこら》が、刈田岳には刈田嶺神社の祠が建つ。それぞれ鳥居がある立派な祠で、蔵王山が信仰の山であることを示しているかのようだ。

すばらしい展望の峰々

蔵王山のシンボルともいわれる御釜の湖面はエメラルドグリーンに輝き、巨大な宝石のようだ。周囲の荒々しい火山壁と豊かなコントラストを見せる。

熊野岳、刈田岳、屏風岳、不忘山などおもだった山の頂上からの見晴らしはいずれもすばらしい。

屏風岳近くの芝草平《しばくさだいら》は広大な高層湿原で、夏にはチングルマやワタスゲなどが咲くお花畑だ。

蔵王連峰（撮影：紺野研一）

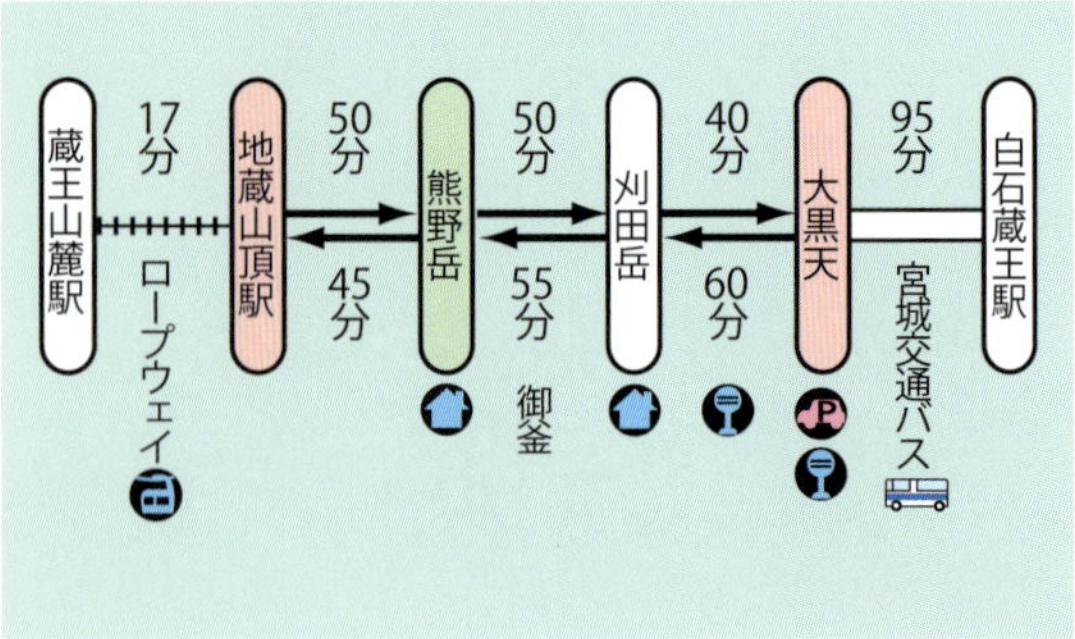
白石蔵王駅
95分
宮城交通バス
大黒天
40分
60分
刈田岳
50分
55分
御釜
熊野岳
50分
45分
地蔵山頂駅
17分
ロープウェイ
蔵王山麓駅

data

●アクセス
起点は白石蔵王駅（JR 東北新幹線）もしくは山形駅（JR 山形新幹線ほか）
白石蔵王駅→大黒天（宮城交通バス約 1 時間 35 分、期間限定）
白石蔵王駅→蔵王刈田山頂（宮城交通バス約 1 時間 40 分、期間限定）
山形駅→蔵王温泉バスターミナル（山交バス約 40 分、期間限定）（蔵王山麓駅）

●山小屋
熊野岳避難小屋　022-211-2821
刈田岳避難小屋　022-211-2821
刈田峠避難小屋　0224-33-2215
八方平避難小屋　022-211-2821

●問い合わせ
宮城交通バス白石営業所　0224-25-3204
山交バス案内センター　023-632-7272
蔵王観光タクシー　0224-34-2111
山交ハイヤー　023-684-1515
白石タクシー　0224-26-2154
蔵王ロープウェイ　023-694-9518
山形市役所　023-641-1212
白石市役所商工観光課　0224-22-1321
蔵王町役場　0224-33-2211
山形市観光協会　023-647-2266
蔵王町観光案内所 0224-34-2725

※図は南からの鳥瞰
情報は南蔵王を中心に主要なもののみ
山形盆地
瀧山
1362m
中央高原
美しいブナ林に
沼が点在し、
散策が楽しめる
蔵王温泉
山形駅から蔵王温泉
バスターミナル行き
バスで約40分
中央高原
鳥兜
地蔵山頂駅
1736m
三宝荒神山
1703m
熊野岳
1841m
蔵王山神社
熊野岳避難小屋
通年
蔵王ダムへ
蔵王温泉スキー場
地蔵山
上の台
温泉
蔵王山麓駅
樹氷高原
観松平
中央蔵王
山形へ
山形市
上山温泉へ
山形県
蔵王山
五色岳
馬ノ背
御釜
刈田嶺神社
1758m
刈田岳
御田の神避難小屋
上山温泉へ
上山市
蔵王エコーライン
刈田峠
蔵王ライザワールドスキー場
坊平高原
上山温泉へ
蔵王刈田山頂 1758m
白石蔵王駅から蔵王刈田山頂行きバスで約1時間40分。
または山形駅から蔵王刈田山頂行きバスで約1時間40分
刈田峠
1684m
前山
1745m
杉ヶ峰
刈田岳避難小屋
通年
舟引山
1173m
刈田峠避難小屋
通年
緊急時のみ使用可
笹谷峠 906m
山形駅から車で約30分。
笹谷トンネルなどを利用し、山形側から入る
山形へ
雁戸山
1485m
新山へ
北蔵王
286
川崎町、
仙台へ
八方平
1279m
八方平避難小屋
通年
名号峰
1491m
自然園
川崎町
大黒天
白石蔵王駅から
蔵王刈田山頂行きバスで
約1時間35分
青根温泉へ
駒草平
濁川
峩々温泉
賽ノ磧
青根温泉へ
大黒天
1246m
蔵王寺
すみかわスノーパーク
不動滝
三階ノ滝
滝見台
遠刈田
温泉へ
蔵王町
南蔵王
聖山平
後烏帽子岳
1681m
澄川
691m
1032m
殿窪
みやぎ蔵王えぼしスキー場
遠刈田温泉へ
蔵王山岳会山小屋
1422m
前烏帽子岳
芝草平
(お花畑)
1825m
1817m
屏風岳
水引入道
1656m
馬ノ神岳
1551m
七日原高原、
遠刈田温泉へ
南屏風岳
1810m
不忘山
(御前岳)
1705m
不忘の碑
ブナ平
横川
白石市
宮城県
白石スキー場
白石へ
七ヶ宿町
硯石
白石へ
長老湖
七ヶ宿関へ

熊野岳北方の瀧山《りゅうざん》は、851年に慈覚《じかく》大師によって開山されたと伝えられる山岳信仰の山。かつては東北における修験道の中心地のひとつとして宿坊が並びたっていた。山頂には祠がある。蔵王エコーラインの宮城県側にある蔵王寺は役小角《えんのおづぬ》の開山と伝えられる日本有数の山岳寺院である。さらにエコーラインを下ると不動滝と三階ノ滝を一か所で見ることができる滝見台がある。不動滝は落差54mを水が豪快に落下する。三階ノ滝は「日本の滝百選」にも選ばれ、落差181mを3段にわたって水が落下する名瀑《めいばく》である。

宿泊施設(数字は収容人数)　キャンプ場　水場　トイレ　危険箇所　ロープウェイ　リフト　おもなバス停　温泉　紅葉の名所　花の名所　好展望　観光ポイント　駐車場

飯豊山

花と雪に彩られた好展望の峰々

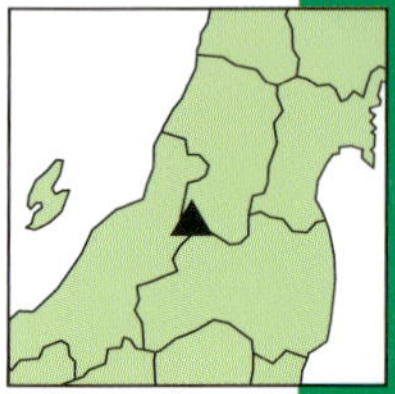

いいでさん
飯豊本山　2105m
大日岳　2128m
中級者向け
1泊2日

見どころ：眺望、花、雪渓、紅葉、湿原、湖沼、滝、樹林帯
1/25000地形図：川入、大日岳、飯豊山、長者原、杁差岳、二王子岳、岩倉

飯豊連峰。北股岳（左）と烏帽子岳（右）（撮影：清水隆雄）

雪食による急峻な地形

飯豊山は飯豊連峰ともよばれ、新潟、山形、福島の3県にまたがり、南北20kmに及ぶ巨大な山塊である。

飯豊山は日本海に近く、偏西風の影響を受けきわめて大量の雪が降る世界有数の豪雪地帯である。とくに主稜《しゅりょう》の東側斜面は大量の積雪によって雪食が激しく、深い谷を形成し急峻《きゅうしゅん》な地形となっている。

また雪解けの時期にはさまざまな雪形をつくり、麓《ふもと》の農作業の時期の目印となっている。

信仰登山の山

一説には飯豊山という名称は、豊かに飯を盛ったような山容であることから名づけられたという。この由来のように、麓《ふもと》の人々にとって飯豊山は五穀豊穣を祈る山でもあった。

主峰である飯豊本山は修験道の中心地であり、開山は652(白雉《はくち》3)年、役小角《えんのおづぬ》によると伝えられる。江戸時代には白装束をまとった13～17歳の男子による「飯豊詣《もうで》」とよばれた信仰登山も行われた。「飯豊詣」をすると一人前と見なされたという。

切合《きりあわせ》小屋の上部にある姥《うば》権現《ごんげん》には農婦が石になってしまったと伝えられる石像が立つ。かつてはここから神域とされ、草履《ぞうり》塚からは草履を脱いで登ったという伝説がある。

山腹のヒメサユリ（撮影：清水隆雄）

主峰飯豊本山の山頂近くには飯豊山神社がある。

尽きない魅力

飯豊山の登山道では山《さん》麓《ろく》から中腹にかけて美しいブナ林が続く。また夏でも方々に残雪が残り、石転び雪渓は白馬《しろうま》大雪渓と並び称されるほど大きい。梶川《かじかわ》尾根中腹の滝見場からは、およそ270mを七段にわたって水が落ちる梅花皮滝《かいらぎのたき》と石転び雪渓の全容が望める。

稜線上は高山植物が咲き競うお花畑が多く、御手洗ノ池など湖沼もある。イイデリンドウは「飯豊の宝石」とよばれ、この山域の固有種である。

飯豊本山山頂からは日本海に浮かぶ佐渡《さど》島や東北南部のおもな山が展望できる。稜線が連なる他の峰々からの展望もすばらしい。

梅花皮沢コース

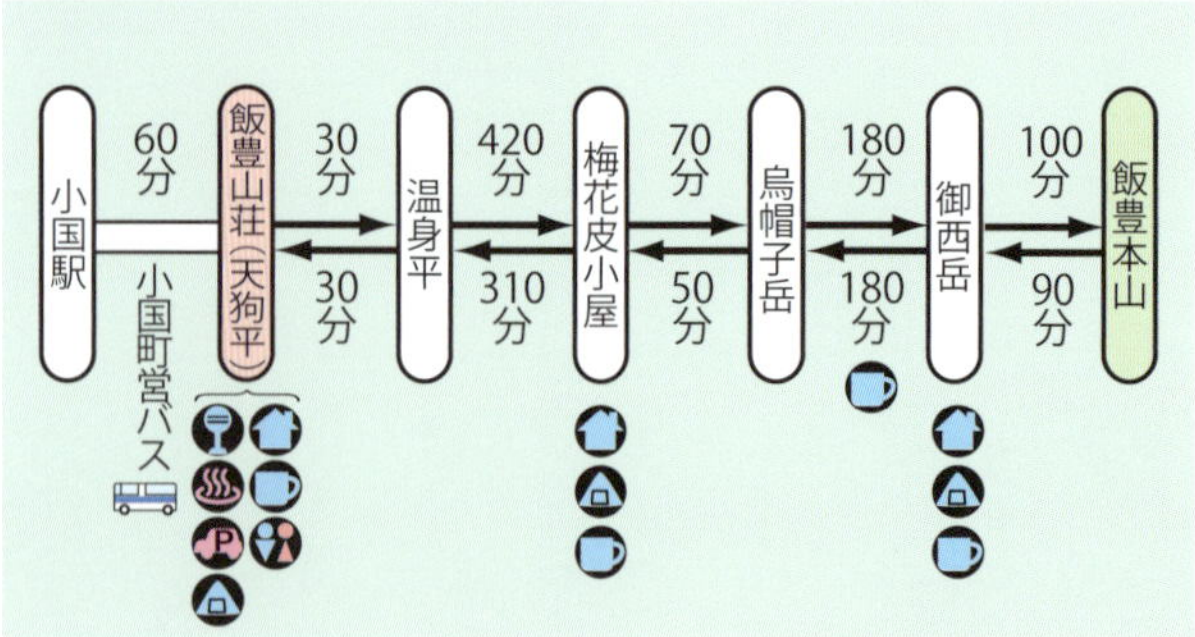
小国駅
60分
飯豊山荘（天狗平）
小国町営バス
30分
30分
温身平
420分
310分
梅花皮小屋
70分
50分
烏帽子岳
180分
180分
御西岳
100分
90分
飯豊本山

data

●アクセス
起点は小国《おぐに》駅（JR米坂線）
小国駅→飯豊山荘（小国町営バス約60分、季節運行）

●山小屋
飯豊山避難小屋　0241-38-3831
梅花皮小屋　0238-62-2416
三国岳避難小屋　0241-38-3831
切合小屋　090-3366-7696
御西小屋　0254-92-3330
門内小屋　0254-43-6111
頼母木小屋　0254-43-6111
杁差《えぶりさし》岳避難小屋　0254-64-1478
大熊小屋　0254-64-1478
飯豊山荘　090-5234-5002
天狗平ロッジ NPO飯豊朝日を愛する会
FAX：0238-62-5411
飯豊梅花皮荘　0238-64-2111
泡の湯温泉三好荘　0238-64-2220

●問い合わせ
小国町営バス　0238-62-2260
会津乗合自動車（会津バス）喜多方営業所
0241-22-1151
小国タクシー　0238-62-3223
山都タクシー　0241-38-2025
飯豊町役場　0238-72-2111
小国町役場　0238-62-2111

飯豊連峰は古生層が隆起してできた巨大な山塊であり、山体は主に花崗岩で構成されている。一帯はツキノワグマが生息し、かつてはマタギたちによってクマ狩りが盛んに行われた。福島県側の川入からの登山道は、信仰登山の際の表参道にあたる。登拝者たちは飯豊本山に登頂し飯豊山神社に詣でた後、奥ノ院にあたる大日岳に向かったという。大日岳はこの山域の最高峰である。その山頂からは北股岳から御西岳を経て、飯豊本山、三国岳へと連なる飯豊主脈の稜線を望む雄大な展望が広がる。

宿泊施設（数字は収容人数） キャンプ場 水場 トイレ 危険箇所 ロープウェイ リフト おもなバス停 温泉 紅葉の名所 花の名所 好展望 観光ポイント 駐車場

吾妻山

湖沼・池塘を抱く広大な火山群

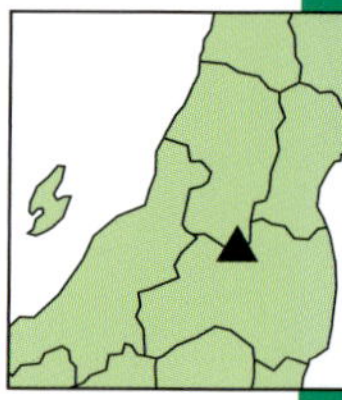

あづまやま
西吾妻山　2035m
中級者向け
1泊2日

見どころ：眺望、花、紅葉、湿原、池塘、湖沼、火山地形、滝
1/25000 地形図：土湯温泉、吾妻山、天元台、白布温泉、桧原湖

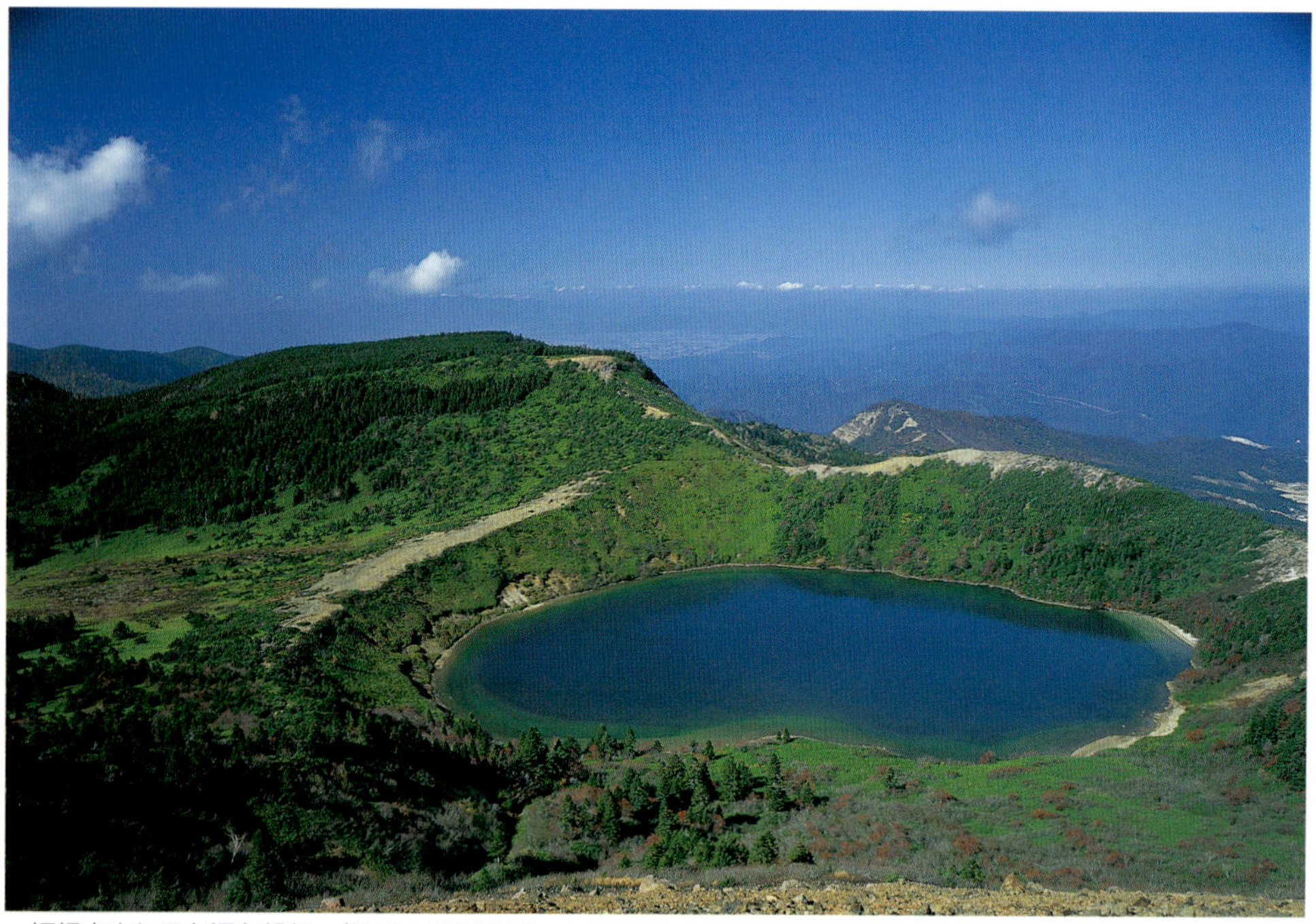

一切経山より五色沼を望む　（撮影：川井靖元）

2000m級の峰々

吾妻山は吾妻連峰ともよばれ、福島県と山形県にまたがる広大な火山群の山域である。その範囲は東西20km、南北12kmに及ぶ。最高峰は西吾妻山で、西大巓《にしだいてん》、東大巓《ひがしだいてん》、一切経山《いっさいきょうざん》、家形《いえがた》山《やま》など2000m級の峰が連なるが、傾斜は総じて緩やかである。

「吾妻」という名称については、家形山の山容があづまやに似ているからとか、東国を意味する「あづま」に由来するなど諸説がある。

霊山としての歴史

かつて吾妻山は修験道の山であった。浄《じょう》土平《どだいら》は広い平坦《へいたん》地で、厳しい山道を越えてきた修験者たちにとって浄土のように思えたことにその名称の由来があるという。山中には吾妻神社や駕籠山稲荷《かごやまいなり》神社などもある。

今なお活動を続ける火山である一切経山は空海《くうかい》が一切経を埋めたことにちなんで名づけられたと伝えられる。かつて一切経山は奥州を代表する霊山であった。小さな祠《ほこら》がある頂上から望む五色沼はコバルトブルーに輝き、「吾妻の瞳《ひとみ》」と形容される。

展望抜群の峰々

峰々の間には湿原地帯が多く、池塘《ちとう》や湖沼も数多く点在する。弥兵衛平《やへえだいら》は山上の楽園といった趣の場所だ。

梵天岩《ぼんてんいわ》は巨石が並ぶ展望のよい場所だ。吾妻山の峰々や安達太良山《あだたらやま》が望める。最高峰の西吾妻山の頂上は樹林に囲まれていて展望がきかない。

しかし近くの西大巓山頂からは広大な展望が広がる。東吾妻山山頂からの展望も抜群で、磐梯《ばんだい》山や猪苗《いなわ》代《しろ》湖、裏磐梯の湖沼も望める。

吾妻山とバイケイソウ（撮影：鈴木菊雄）

早稲沢コース／天元台コース

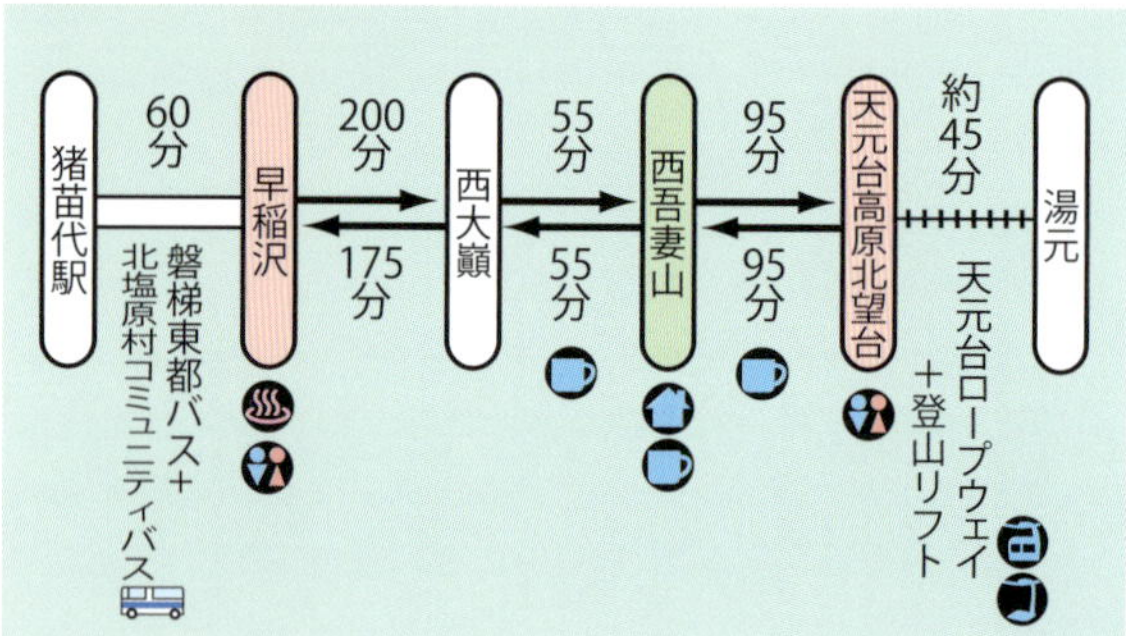

猪苗代駅
60分
磐梯東都バス＋北塩原村コミュニティバス
早稲沢
200分
175分
西大巓
55分
55分
西吾妻山
95分
95分
天元台高原北望台
約45分
天元台ロープウェイ＋登山リフト
湯元

data

●アクセス
起点は福島駅（JR 東北新幹線ほか）
もしくは米沢駅（JR 山形新幹線ほか）
福島駅→浄土平（福島交通バス約 1 時間 40 分、期間限定）
米沢駅→湯元（山交バス約 40 分）→天元台高原（天元台ロープウェイ約 5 分）→北望台（リフト約 30 分）

●山小屋
吾妻小舎　024-591-3173（微温《ぬる》湯温泉気付）
西吾妻小屋　0238-22-5111
酸ヶ平避難小屋　024-521-7251
谷地平避難小屋　024-521-7251
家形山避難小屋　024-521-7251
慶応吾妻山荘　090-7661-3387
弥兵衛平小屋（明月荘）0238-22-5111

●問い合わせ
福島交通本社　024-533-2131
山交バス米沢営業所　0238-22-3392
磐梯東都バス猪苗代磐梯営業所
0242-72-0511
マルイチ新福島自動車 024-545-2121
辻自動車配車センター　0238-23-3200
天元台（ロープウェイ・リフト）0238-55-2236
福島市役所　024-535-1111
米沢市役所　0238-22-5111
北塩原村役場　0241-23-3111
浄土平ビジターセンター
0242-64-2105（冬期休館）

※図は西からの鳥瞰
登山口は主要なもののみ
吾妻山の噴火警報2019年4月30日時点で
噴火警戒レベル1、大穴火口周辺立入規制
福島市街
浄土平 1580m
福島駅から浄土平行きバスで約1時間40分
浄土平ビジターセンター
家形山避難小屋
通年
慶応吾妻山荘
通年
酸ヶ平避難小屋
通年
吾妻小舎
4月下旬～11月上旬
（夏休み期間を除き水曜定休）
安達太良山
高湯温泉へ
一切経山 1949m
高湯温泉へ
吾妻小富士 1707m
微温湯温泉へ
高山 1805m
福島市
家形山 1877m
五色沼
桶沼
高倉山 1461m
五色温泉へ
兵子 1823m
ニセ烏帽子山 1836m
1911m 前大巓
鎌沼
東吾妻山 1975m
景場平
土湯温泉
大日岳 1621m
烏帽子山 1879m
姥ヶ原
野地温泉
鷲倉温泉
滑川温泉へ
姥湯温泉へ
1893m 昭元山
蓬莱山 1802m
上湯峠 1230m
板谷峠、米沢へ
滑川温泉へ
1928m 東大巓
鷲籠山稲荷神社 1786m
幕川温泉
磐梯吾妻スカイライン
銀明水
明月湖
1831m
谷地平
谷地平避難小屋
通年
明星湖
弥兵衛平
1504m
裏磐梯高原、猪苗代湖へ
弥兵衛平小屋（明月荘）
通年、水場まで徒歩約15分
1910m 継森
1931m 中吾妻山
藤十郎
山形県
米沢市
吾妻山
猪苗代町
吾妻山神社
中大巓 1964m
梵天岩
西吾妻山 2035m
かもしか展望台
天狗岩
不忘閣へ
吾妻神社
西吾妻小屋
通年
水場まで20分
蒲谷地
大平温泉へ
登山リフト
1982m 西大巓
ほとんど使用されていない
ルート
天元台高原
白布温泉へ
土湯峠、猪苗代湖へ
天元台ロープウェイ
天元台湿原北望台 1820m
米沢駅から白布温泉行きバスで約40分、
終点下車。そこからロープウェイと
リフトを乗り継ぎ約35分
グランデコ山頂駅 1392m
裏磐梯高原からタクシーで約30分。
ゴンドラの運転期間は事前に問い合わせを
湯元
931m
中津川渓谷
諏場
白布温泉
1392m
山頂駅
パノラマゴンドラ
デコ平
米沢へ
赤滝
黒滝
矢筈山 1510m
馬場谷地
山麓駅
秋元湖
1512m 東鉢山
1400m 白布峠
大早稲沢山 1425m
簗部山 1387m
磐梯吾妻レークライン
西吾妻スカイバレー
早稲沢登山口
福島県
小野川湖
五色沼へ
甚九郎山 1181m
北塩原村
五色沼、猪苗代湖へ
早稲沢
早稲沢
猪苗代駅から裏磐梯休暇村行きバスで小野川湖入口乗り換え（約35分）、桧原行きバスで約20分、早稲沢下車
曽原湖
裏磐梯高原
大小300あまりの湖沼からなり、紅葉期の風景はとくにすばらしい。P.61参照
桧原湖
磐梯、会津若松へ
細野峠
喜多方へ

吾妻山には湿原が多く、さまざまな高山植物が見られる。その湿原のひとつ、谷地《やち》平《だいら》は「吾妻の秘境」とよばれる場所だ。浄土平の東にそびえる吾妻小富士は、福島市から見ると富士山に似ている秀麗な姿できわだつ。中央部に火口があり、火口縁を一周できる。

宿泊施設（数字は収容人数） キャンプ場 水場 トイレ 危険箇所 ロープウェイ リフト おもなバス停 温泉 紅葉の名所 花の名所 好展望 観光ポイント 駐車場

安達太良山

特異な火山地形が広がるみちのくの名山

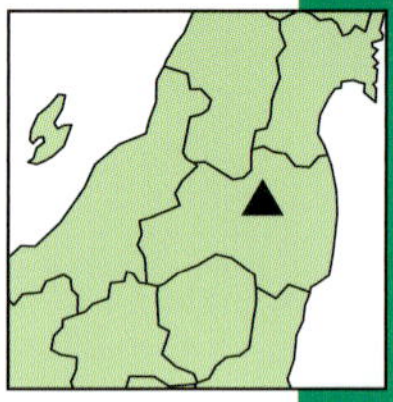

あだたらやま
1700m
初級者向け
1泊2日

見どころ：眺望、花、紅葉、火山地形、滝
1/25000 地形図：安達太良山、中ノ沢

沼ノ平火口原　（撮影：川井靖元）

東西で対照的な光景

安達太良山は、福島県二《に》本松《ほんまつ》市の西にそびえる安達太良連峰の主峰である。高《たか》村光太郎《むらこうたろう》が「あれが阿多多《あたた》羅《ら》山、あの光るのが阿武隈《あぶくま》川」と『智恵子抄《ちえこしょう》』に詠んだことでも知られる。

安達太良連峰は安達太良山のほか、鬼面山《きめんざん》、最高峰の箕輪山《みのわさん》、和尚山《おしょうやま》などで構成される火山群である。東側は樹林帯が続き、ハクサンシャクナゲなどが咲くお花畑も見られるが、西側は荒涼とした火山地形が広がる。

さまざまな神を祀る

安達太良という由来について、一説によれば古代の溶鉱炉を意味する「タタラ」にちなんでいるという。ほかにも安達《あだち》郡の主峰を意味する「安達の太郎」に由来するなど、諸説がある。

安達太良連峰の峰々にはさまざまな神々が祀《まつ》られたが、これらを総称して安達太良明神とよんだ。

シンボル「沼ノ平」

ゴンドラリフト山頂駅からほど近い薬師岳《やくしだけ》山頂には鐘と祠《ほこら》がある。安達太良山から鉄山にかけては火山独特の荒々しい光景が展開する。火口跡の沼《ぬま》ノ平《たいら》は安達太良山のシンボルであり、火山活動によって一面が白褐色に覆われ、まるで月に降り立ったような景観を見せている。

展望が広がる山頂

安達太良山には乳首山《ちくびさん》という別名がある。その別名のとおり、山頂は周囲から突き出たようになっている。山頂には岩の上に小さな祠が祀ってある。

頂上からの展望は、四方いずれも隔てるものがない。北側は荒々しい火山地形の向こうに吾妻連峰、遠くには飯豊《いいで》連峰を望む。西には磐梯山《ばんだいさん》、南には和尚山が見える。

勢至平《せいしだいら》の紅葉と箕輪山　（撮影：紺野研一）

ゴンドラリフトコース／野地温泉コース

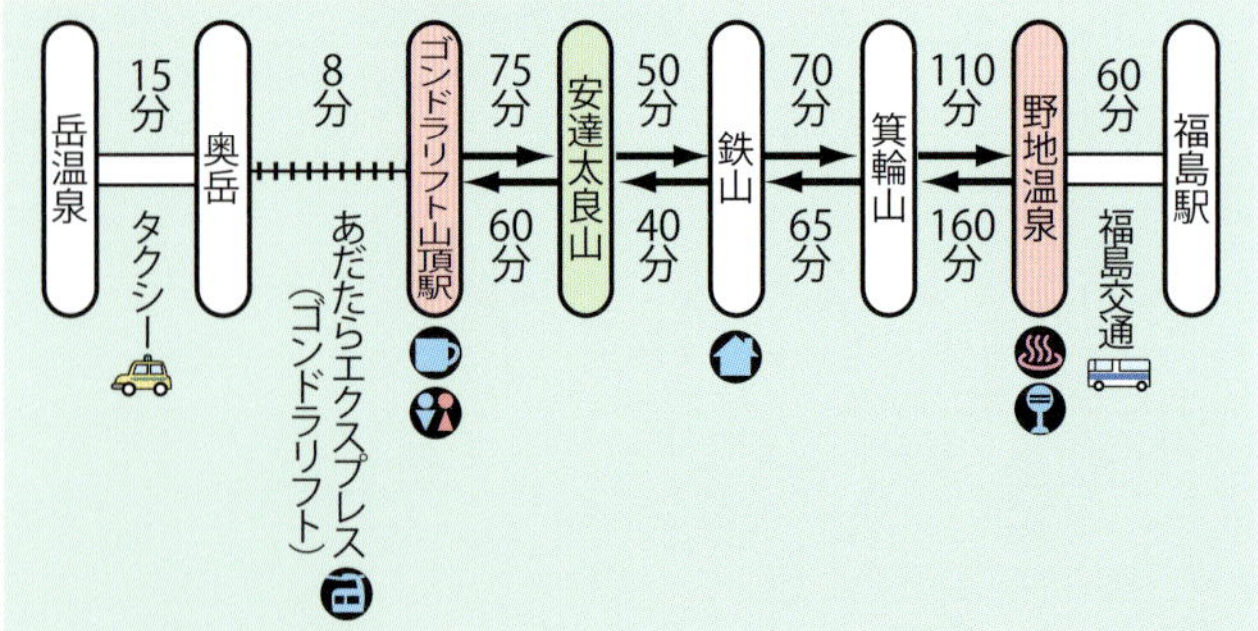
岳温泉
15分
タクシー
奥岳
8分
あだたらエクスプレス（ゴンドラリフト）
ゴンドラリフト山頂駅
75分
60分
安達太良山
50分
40分
鉄山
70分
65分
箕輪山
110分
160分
野地温泉
60分
福島交通
福島駅

※＝二本松駅〜奥岳登山口間（直通）のシャトルバスが4月下旬〜11月上旬運行。運行日要確認

data

●アクセス
起点は二本松駅（JR東北本線）もしくは福島駅（JR東北新幹線ほか）
二本松駅→岳温泉（福島交通バス約30分）→奥岳（タクシー約15分）（※）
福島駅→野地温泉（福島交通バス約1時間、期間限定）

●山小屋
県営くろがね小屋　090-8780-0302（要予約）
鉄山避難小屋　024-521-7251（福島県庁自然保護課）

●問い合わせ
福島交通　024-533-2131
昭和タクシー　0243-22-1155
福島貸切辰巳屋タクシー土湯営業所　024-595-2207
猪苗代タクシー　0242-62-3636
あだたら高原リゾート（ゴンドラリフト）　0243-24-2141
岳温泉観光協会　0243-24-2310
福島市役所　024-535-1111
二本松市役所　0243-23-1111
猪苗代町役場　0242-62-2111
二本松市観光連盟　0243-55-5122

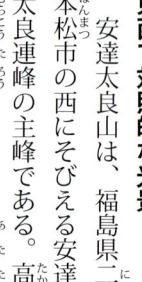

火山性ガス濃度が高く、沼ノ平の火口底を通る登山道と、くろがね小屋西側の谷筋を通り馬ノ背に至る登山道は通行禁止になっている
阿武隈川
二本松市街
薬師岳展望台（ゴンドラリフト山頂駅）1350m
二本松駅から奥岳行きシャトルバスで約50分。もしくは岳温泉から奥岳行きタクシーで約15分。ゴンドラリフトに乗り換え、約8分で山頂駅へ
県営くろがね小屋 50
通年
安達太良山
山頂は溶岩の突起。別名「乳首山」はこの形から
塩沢登山口 770m
二本松駅から塩沢温泉行きバスで約40分、湯川渓谷入口下車
安達太良温泉
県民の森
前岳 1340m
和尚山 1602m
大玉村
岳温泉
薬師岳
二本松市
奥岳ノ湯
ゴンドラリフト
山頂
奥岳
矢筈森 1700m
1509m
勢至平
箕輪山
船明神山 1660m
郡山市
二本松市街へ
土湯温泉へ
湯川渓谷
塩沢温泉
三階滝、屏風岩
僧悟台
箕輪山 1718m
1728m
笹平
鉄山 1709m
牛ノ背
馬ノ背
沼ノ平
障子ヶ岩
胎内岩
赤木平
銚子ヶ滝
土湯温泉へ
福島市
鉄山避難小屋 15
通年
湯の花採取場
火山性ガスに注意。登山道をはずれないこと
銚子ヶ滝登山口 770m
磐梯熱海駅からタクシーで約30分
鬼面山 1482m
白糸ノ滝
野地温泉
福島駅から浄土平行きバスで約1時間
土湯トンネル
1272m 旧土湯峠
沼尻登山口 900m
猪苗代駅から達沢行きバスで約30分、中の沢温泉下車徒歩約30分
野地温泉
新野地温泉
福島県
箕輪スキー場
硫黄川
沼尻スキー場
1271m
鷲倉温泉
横向温泉
沼尻温泉へ
上倉峠 1230m
猪苗代町
115 459
高森川
猪苗代湖へ
幕川温泉
相ノ峰 1412m
磐梯吾妻スカイライン
浄土平へ
裏磐梯高原へ
※図は北西からの鳥瞰

安達太良山登山は、奥岳《おくだけ》からゴンドラリフトを利用して登るのが一般的だ。湯川《ゆかわ》渓谷から安達太良山に登るにはより高いレベルが必要だが、三階滝、想恋ノ滝、霧降ノ滝、八幡滝などつぎつぎと滝が現れるコースである。三階滝上部の屏風岩の絶壁からの眺めはすばらしい。天狗岩や荒神岩などの奇岩も見ることができる。沼尻《ぬまじり》温泉から伸びる登山道には白糸ノ滝を望むポイントがある。

宿泊施設（数字は収容人数） キャンプ場 水場 トイレ 危険箇所 ロープウェイ リフト おもなバス停 温泉 紅葉の名所 花の名所 好展望 観光ポイント 駐車場

磐梯山

湖沼に囲まれてそびえる「天にかかる磐の梯子」

ばんだいさん
1816m
中級者向け
日帰り

見どころ：眺望、花、紅葉、火山地形、湖沼
1/25000 地形図：磐梯山、猪苗代

五色沼より磐梯山を望む　（撮影：飯田信義）

南北で異なる山容

磐梯山は福島県のほぼ中央にそびえる独立峰の火山である。磐梯山（大磐梯山ともいう）を主峰に、赤埴《あかはに》山、櫛《くし》ヶ峰《みね》の三峰からなる。

かつては主峰と櫛ヶ峰の間に小磐梯山とよばれた山があったが、１８８８（明治21）年に大爆発で吹き飛んでしまった。このときの爆発による泥流で、桧原《ひばら》湖、小野川《おのがわ》湖、五色《ごしき》沼などの湖沼群が生まれ、裏磐梯の地形を一変させた。北側斜面は噴火の跡が生々しく、荒々しい。これとは対照的に南側は会津富士《あいづふじ》という別名どおりの秀麗な姿を見せている。

山岳仏教の山

磐梯とは「天にかかる磐《いわ》（岩）の梯子《はしご》」を意味し、信仰の山であることがうかがわれる名である。しかし、磐梯山は平安時代の初め、病悩《やもう》山とよばれていた。火山活動が活発で、麓《ふもと》に大きな被害をもたらしたからである。勅命によってこの地に遣わされた空海《くうかい》は、山を鎮めるため祈願したという。その後山頂には磐梯明神が祀《まつ》られ、山岳仏教としての磐梯山信仰が盛んになった。

豊富な高山植物と好展望

磐梯山は高山植物の宝庫といわれ、初夏から夏にかけて多彩な花が咲き乱れる。とくに沼《ぬま》ノ平《だいら》から弘法《こうぼう》清水まで、すばらしいお花畑が広がる。紅紫の可憐《かれん》な花が咲くバンダイクワガタは、磐梯山の固有種である。銅沼《あかぬま》は多くのマンガンを含み、独特の色をしている沼だ。この付近から見る火口壁は迫力がある。

磐梯山の頂上には小さな祠《ほこら》があり、展望も申し分ない。眼下に裏磐梯の湖沼群、猪苗代《いなわしろ》湖が見え、飯豊《いいで》連峰や吾妻《あづま》連峰、安達太良《あだたら》山が見渡せる。

秋の磐梯山　（撮影：飯田信義）

裏磐梯登山口コース

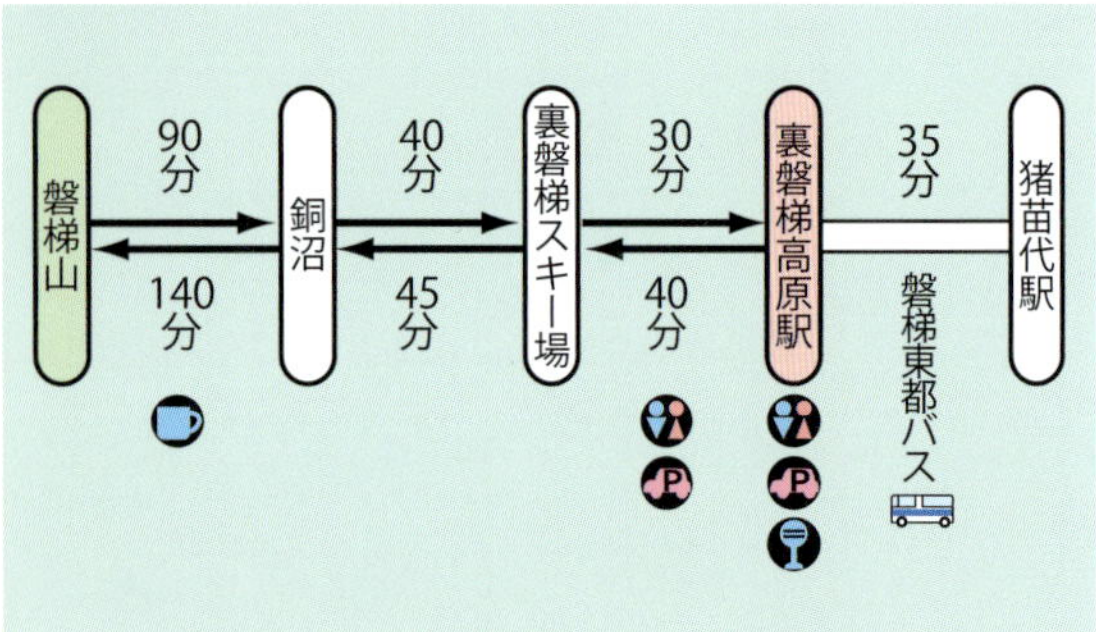

磐梯山
90分
140分
銅沼
40分
45分
裏磐梯スキー場
30分
40分
裏磐梯高原駅
35分
磐梯東都バス
猪苗代駅

※＝裏磐梯高原駅は磐梯高原駅ともよばれている。

data

●アクセス
起点は猪苗代駅（JR 磐越西線）
猪苗代駅→表登山口（タクシー約 10 分）
猪苗代駅→裏磐梯高原駅（※）（磐梯東都バス約 35 分）

●問い合わせ
磐梯東都バス猪苗代磐梯営業所　0242-72-0511
猪苗代タクシー　0242-62-3636
磐梯観光タクシー　0242-62-2364
猪苗代町役場　0242-62-2111
北塩原村役場　0241-23-3111
猪苗代観光協会　0242-62-2048
裏磐梯観光協会　0241-32-2349
裏磐梯ビジターセンター　0241-32-2850

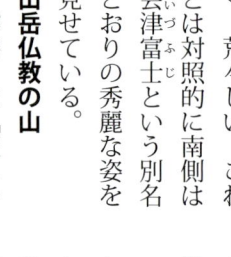

※図は北からの鳥瞰

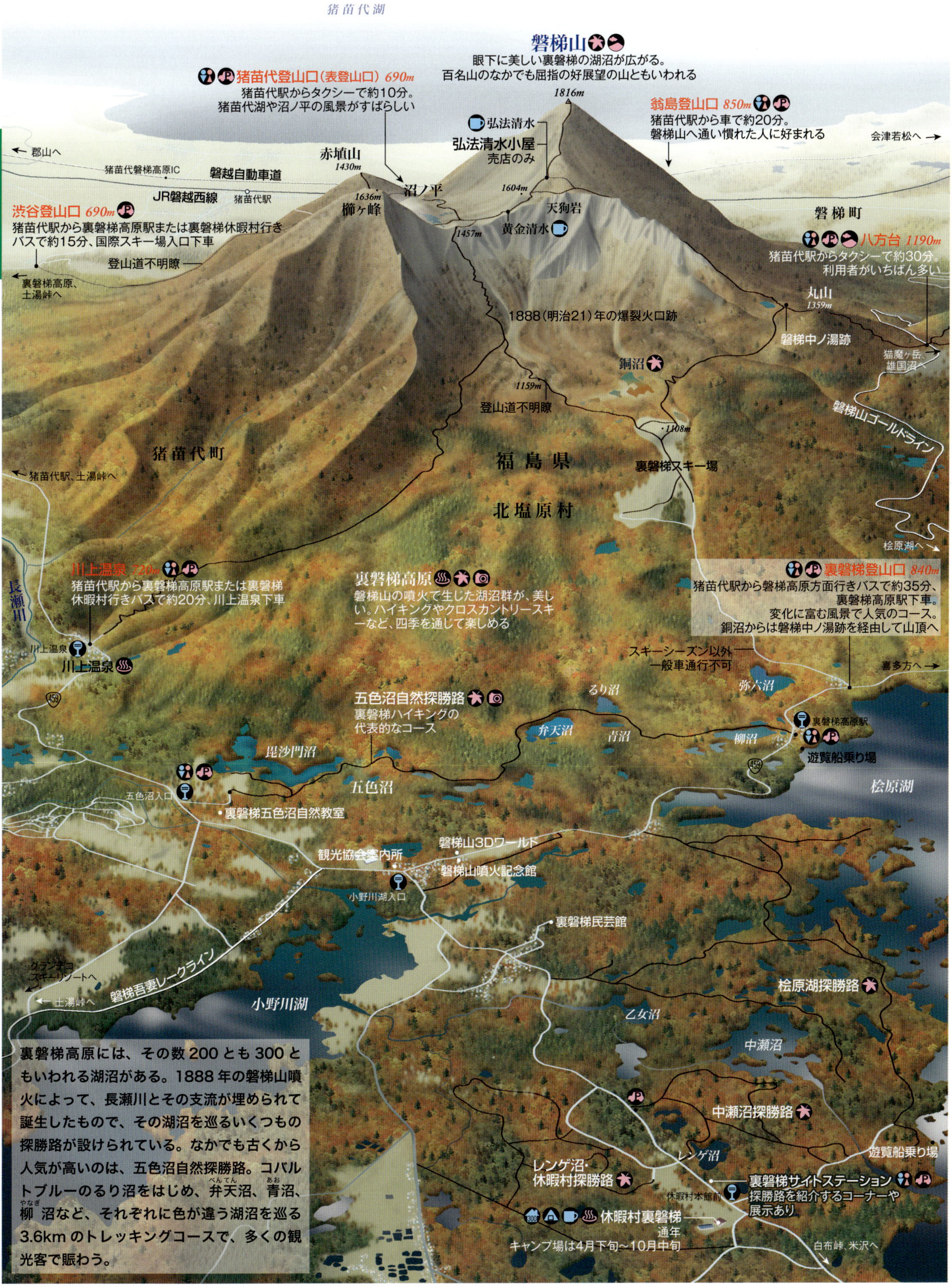

猪苗代湖
磐梯山
眼下に美しい裏磐梯の湖沼が広がる。
百名山のなかでも屈指の好展望の山ともいわれる
1816m
猪苗代登山口（表登山口）690m
猪苗代駅からタクシーで約10分。
猪苗代湖や沼ノ平の風景がすばらしい
翁島登山口 850m
猪苗代駅から車で約20分。
磐梯山へ通い慣れた人に好まれる
弘法清水
弘法清水小屋
売店のみ
会津若松へ
郡山へ
猪苗代磐梯高原IC
磐越自動車道
JR磐越西線
猪苗代駅
赤埴山
1430m
沼ノ平
1636m
櫛ヶ峰
1604m
天狗岩
黄金清水
1457m
磐梯町
渋谷登山口 690m
猪苗代駅から裏磐梯高原駅または裏磐梯休暇村行き
バスで約15分、国際スキー場入口下車
登山道不明瞭
裏磐梯高原、土湯峠へ
八方台 1190m
猪苗代駅からタクシーで約30分。
利用者がいちばん多い
丸山
1359m
1888（明治21）年の爆裂火口跡
磐梯中ノ湯跡
猫魔ヶ岳、雄国沼へ
銅沼
1159m
登山道不明瞭
1108m
磐梯山ゴールドライン
猪苗代町
福島県
裏磐梯スキー場
猪苗代駅、土湯峠へ
北塩原村
桧原湖へ
裏磐梯登山口 840m
猪苗代駅から磐梯高原方面行きバスで約35分、
裏磐梯高原駅下車。
変化に富む風景で人気のコース。
銅沼からは磐梯中ノ湯跡を経由して山頂へ
長瀬川
川上温泉 720m
猪苗代駅から裏磐梯高原駅または裏磐梯
休暇村行きバスで約20分、川上温泉下車
裏磐梯高原
磐梯山の噴火で生じた湖沼群が、美しい。ハイキングやクロスカントリースキーなど、四季を通じて楽しめる
川上温泉
川上温泉
スキーシーズン以外
一般車通行不可
喜多方へ
459
弥六沼
るり沼
五色沼自然探勝路
裏磐梯ハイキングの
代表的なコース
弁天沼
青沼
柳沼
裏磐梯高原駅
遊覧船乗り場
毘沙門沼
五色沼
459
桧原湖
五色沼入口
裏磐梯五色沼自然教室
磐梯山3Dワールド
観光協会案内所
磐梯山噴火記念館
小野川湖入口
裏磐梯民芸館
グランデコスキーリゾートへ
土湯峠へ
磐梯吾妻レークライン
小野川湖
桧原湖探勝路
乙女沼
中瀬沼
中瀬沼探勝路
遊覧船乗り場
レンゲ沼・
休暇村探勝路
レンゲ沼
裏磐梯サイトステーション
探勝路を紹介するコーナーや
展示あり
休暇村本館前
300
休暇村裏磐梯
通年
キャンプ場は4月下旬～10月中旬
白布峠、米沢へ

裏磐梯高原には、その数200とも300ともいわれる湖沼がある。1888年の磐梯山噴火によって、長瀬川とその支流が埋められて誕生したもので、その湖沼を巡るいくつもの探勝路が設けられている。なかでも古くから人気が高いのは、五色沼自然探勝路。コバルトブルーのるり沼をはじめ、弁天《べんてん》沼、青《あお》沼、柳《やなぎ》沼など、それぞれに色が違う湖沼を巡る3.6kmのトレッキングコースで、多くの観光客で賑わう。

宿泊施設（数字は収容人数） キャンプ場 水場 トイレ 危険箇所 ロープウェイ リフト おもなバス停 温泉 紅葉の名所 花の名所 好展望 観光ポイント 駐車場

会津駒ヶ岳

山頂部に楽園が広がる南会津の名山

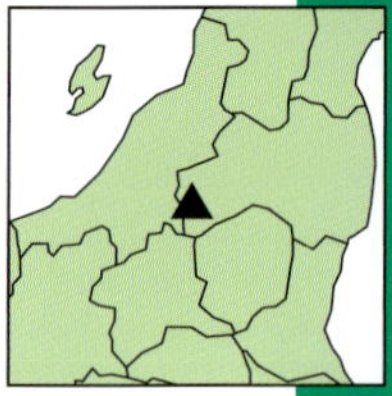

あいづこまがたけ
2133m
中級者向け
1泊2日

見どころ：眺望、花、紅葉、樹林帯、湿原、池塘
1/25000 地形図：会津駒ヶ岳、檜枝岐、燧ヶ岳

会津駒ヶ岳（中央奥）（撮影：清水隆雄）

なだらかな山容と深い谷

会津駒ヶ岳は南会津を代表する山である。この山が位置する福島県南会津郡檜《ひの》枝岐《えまた》村は、かつては秘境といわれるほど奥深い山村であった。またこの地域は日本有数の豪雪地帯で、雪解けの時期も遅い。

会津駒ヶ岳は、全体的になだらかな山容だが、谷は深く雄大な姿を見せている。

山そのものが信仰の対象

日本各地に点在する「駒ヶ岳」の多くがそうであるように、会津駒ヶ岳も雪形に名前の由来がある。

檜枝岐の人々にとっては、大きな姿を見せる会津駒ヶ岳そのものが信仰の対象であり、この山に駒嶽《こまだけ》大明神を祀《まつ》った。また麓《ふもと》にも駒嶽大明神を祀る。

湿原に豊富な高山植物

会津駒ヶ岳の山腹にはブナ林が、上部にはオオシラビソの林が広がる。稜線《りょうせん》上から頂上にかけては湿原が広がり、池塘《ちとう》が点在し、高山植物も豊富だ。中《ちゅう》門《もん》岳にかけての尾根はとくにすばらしく、湿原の中にチングルマやハクサンコザクラ、イワイチョウなどが咲き競い、山上の楽園のようだ。

頂上付近にも池塘

駒ノ池は頂上直下に位置する池だ。水面には山頂部が映り、ほとりに駒嶽大明神を祀る祠《ほこら》が建っている。

山頂からの展望もなかなかのもので、燧《ひうち》ヶ岳（燧岳）をはじめ南会津の山々が見渡せる。中門岳山頂も湿原となっており、中門ノ池がある。

会津駒ヶ岳の湿原（奥は燧ヶ岳）（撮影：清水隆雄）

駒ヶ岳登山口コース

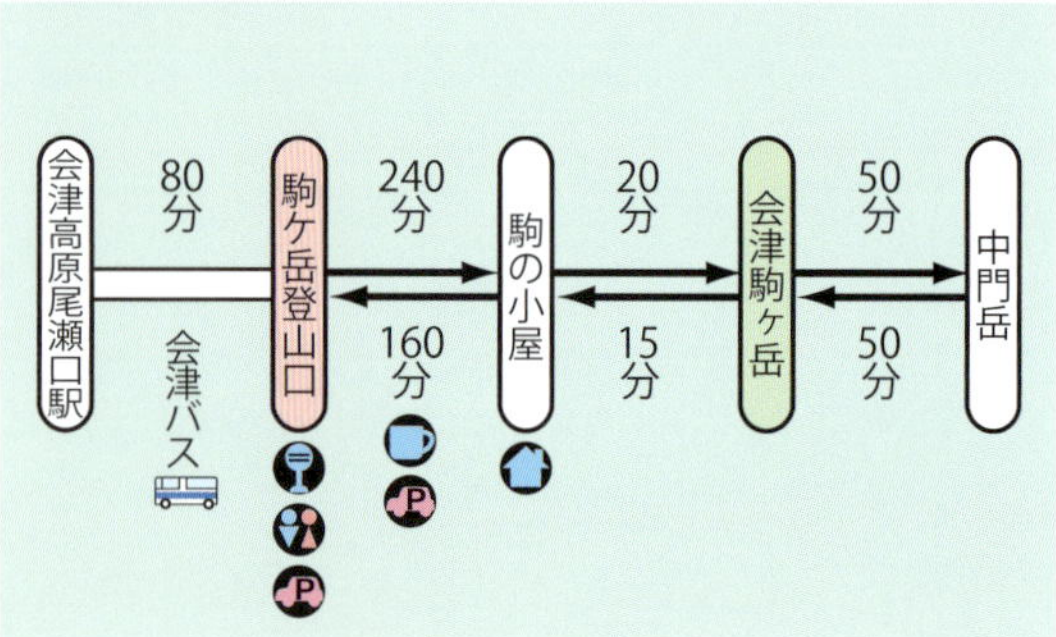

会津高原尾瀬口駅
80分
会津バス
駒ヶ岳登山口
240分
160分
駒の小屋
20分
15分
会津駒ヶ岳
50分
50分
中門岳

data

●アクセス
起点は会津高原尾瀬口駅（野岩鉄道会津鬼怒川線）
会津高原尾瀬口駅→駒ヶ岳登山口（会津バス約1時間20分）
会津高原尾瀬口駅→キリンテ（会津バス約1時間30分、季節運行）

●山小屋
駒の小屋　080-2024-5375

●問い合わせ
会津乗合自動車（会津バス）田島営業所
0241-62-0134
田島タクシー　0241-62-1130
祇園タクシー　0241-62-0074
檜枝岐村役場観光課　0241-75-2503
尾瀬檜枝岐温泉観光協会　0241-75-2432

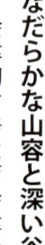

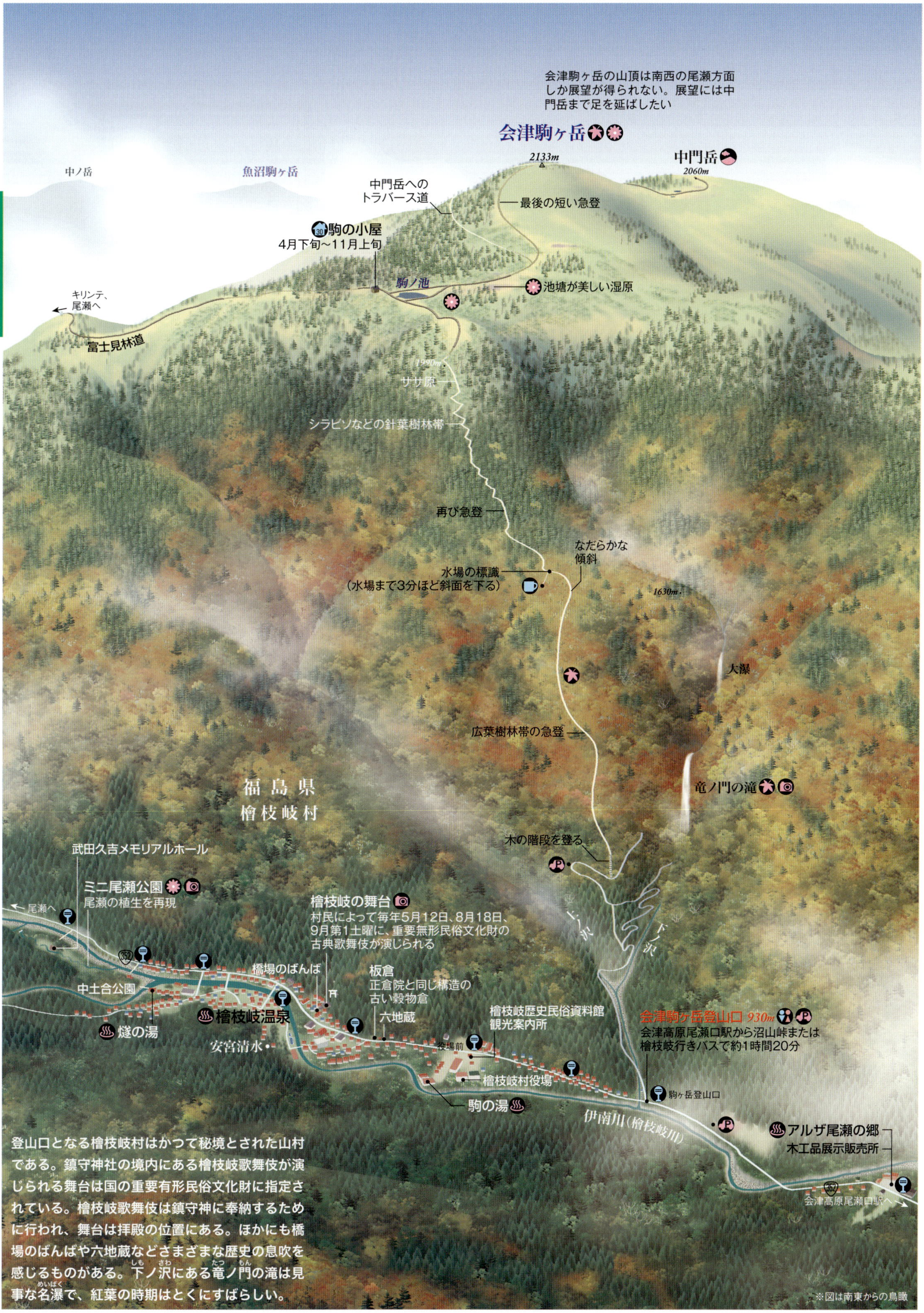
会津駒ヶ岳の山頂は南西の尾瀬方面しか展望が得られない。展望には中門岳まで足を延ばしたい
会津駒ヶ岳
2133m
中門岳
2060m
中ノ岳
魚沼駒ヶ岳
中門岳へのトラバース道
最後の短い急登
駒の小屋
4月下旬〜11月上旬
駒ノ池
池塘が美しい湿原
キリンテ、尾瀬へ
富士見林道
1990m
ササ原
シラビソなどの針葉樹林帯
再び急登
なだらかな傾斜
水場の標識
（水場まで3分ほど斜面を下る）
1630m
大滝
広葉樹林帯の急登
竜ノ門の滝
福島県
檜枝岐村
木の階段を登る
武田久吉メモリアルホール
ミニ尾瀬公園
尾瀬の植生を再現
尾瀬へ
檜枝岐の舞台
村民によって毎年5月12日、8月18日、9月第1土曜に、重要無形民俗文化財の古典歌舞伎が演じられる
上ノ沢
下ノ沢
橋場のばんば
中土合公園
板倉
正倉院と同じ構造の古い穀物倉
檜枝岐温泉
燧の湯
六地蔵
安宮清水
檜枝岐歴史民俗資料館
観光案内所
役場前
会津駒ヶ岳登山口 930m
会津高原尾瀬口駅から沼山峠または檜枝岐行きバスで約1時間20分
檜枝岐村役場
駒ヶ岳登山口
駒の湯
伊南川（檜枝岐川）
アルザ尾瀬の郷
木工品展示販売所
会津高原尾瀬口駅へ
※図は南東からの鳥瞰

登山口となる檜枝岐村はかつて秘境とされた山村である。鎮守神社の境内にある檜枝岐歌舞伎が演じられる舞台は国の重要有形民俗文化財に指定されている。檜枝岐歌舞伎は鎮守神に奉納するために行われ、舞台は拝殿の位置にある。ほかにも橋場のばんばや六地蔵などさまざまな歴史の息吹を感じるものがある。下《しも》ノ沢《さわ》にある竜《たつ》ノ門《もん》の滝は見事な名瀑《めいばく》で、紅葉の時期はとくにすばらしい。

宿泊施設（数字は収容人数） キャンプ場 水場 トイレ 危険箇所 ロープウェイ リフト おもなバス停 温泉 紅葉の名所 花の名所 好展望 観光ポイント 駐車場

上信越・尾瀬・日光・北関東

「わが国の名山には偉い坊さんによって開かれたものが多いが、大ていは伝説めいている」(『日本百名山』)。山の頂には祠があり、麓には寺社が鎮座している。人々が行き来した道が伸び、峠がある。いくさがあり、城が築かれた。一座一座に歴史が刻まれている。

燧ヶ岳（撮影：鈴木克洋）

那須岳

噴煙を上げる北関東の名峰

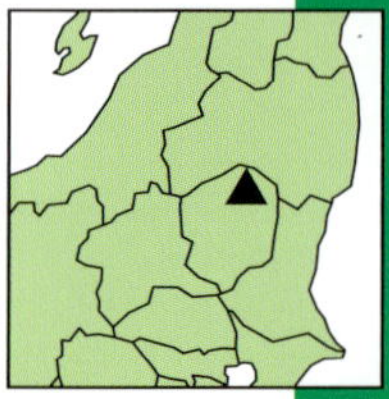

なすだけ
三本槍岳　1917m
茶臼岳　1915m
中級者向け
1泊2日

見どころ：眺望、花、紅葉、火山地形
1/25000 地形図：那須岳、那須湯本、板室

火山が立ち並ぶ

那須岳は栃木県の北部、那須地区を中心に峰を連ねる山塊の総称であり、那須連山、あるいは那須連峰とよぶ場合もある。また主峰である茶臼岳《ちゃうすだけ》の別称として、「那須岳」を用いることもある。一般に茶臼岳、朝日《あさひ》岳、三本槍《さんぼんやり》岳、南月《みなみがっ》山《さん》、黒尾谷《くろおや》岳を那須五岳とよぶ。その中心をなすのは、茶臼岳、朝日岳、三本槍岳の３峰である。この３峰はいずれも火山であり、それぞれ山頂付近には爆裂火口がある。茶臼岳は今も活発に噴気を上げる複式の成層火山で、２つの爆裂火口がある。

姥ヶ平から見た那須岳　（撮影：飯田信義）

月山とよばれた茶臼岳

那須地方の人々は、かつて那須岳を信仰の対象としており、信仰登山も盛んだった。茶臼岳を月山《がっさん》とよんでいたのも、出羽《でわ》三山信仰に由来するものかもしれない。南月山は月山（茶臼岳）の南に位置するから名づけられたのであろう。南月山の山頂には祠《ほこら》がある。

最高峰の三本槍岳の由来はユニークだ。江戸時代、この峰で境界を接する三藩が、定期的に山頂に槍を立てたことにちなんでいる。

すばらしい展望の峰々

牛《うし》ケ首《くび》から見上げる噴煙の那須岳は迫力がある。那須岳の頂上には賽銭《さいせん》箱を備えた那須岳神社の石の祠があり、展望も素晴らしい。朝日岳への縦走路の途中は恵比寿大黒岩《えびすだいこく》が、道しるべのように立っている。

朝日岳山頂は眺望もよい。三本槍岳山頂からの展望も申し分なく、磐梯《ばんだい》山や吾妻《あづま》山、日光《にっこう》の山々、燧《ひうち》ケ岳《たけ》などが一望できる。

牛ヶ首からの那須岳（撮影：飯田信義）

茶臼岳コース

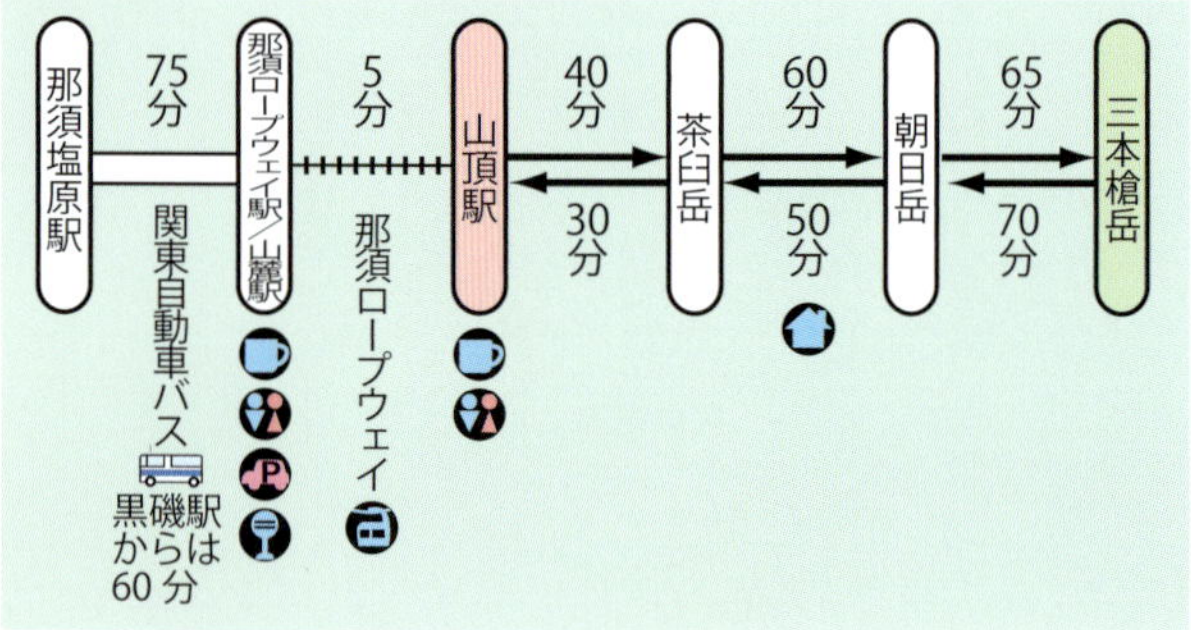
那須塩原駅
75分
関東自動車バス
黒磯駅からは60分
那須ロープウェイ駅／山麓駅
5分
那須ロープウェイ
山頂駅
40分
30分
茶臼岳
60分
50分
朝日岳
65分
70分
三本槍岳

data

●アクセス
起点は那須塩原駅（JR 東北新幹線）もしくは黒磯駅（JR 東北本線）
那須塩原駅→那須ロープウェイ駅（関東自動車バス約１時間 15 分）→山頂駅(那須ロープウェイ約５分）
黒磯駅→那須ロープウェイ駅（関東自動車バス約１時間）→須山頂駅（那須ロープウェイ約５分）

●山小屋
峰ノ茶屋跡避難小屋　0287-23-6363
那須岳避難小屋　0287-23-6363
三斗小屋温泉大黒屋　090-1045-4933
三斗小屋温泉煙草屋旅館　0287-69-0882
坊主沼避難小屋　024-521-7251
元湯甲子温泉旅館大黒屋　0248-36-2301

●問い合わせ
関東自動車東野黒磯営業所　0287-62-0858
黒磯観光タクシー　0287-62-1526
関東自動車那須ロープウェイ 0287-76-2449
那須塩原市役所商工観光課　0287-62-7156
那須町役場　0287-72-6901
那須町観光協会　0287-76-2619
黒磯観光協会　0287-62-7155

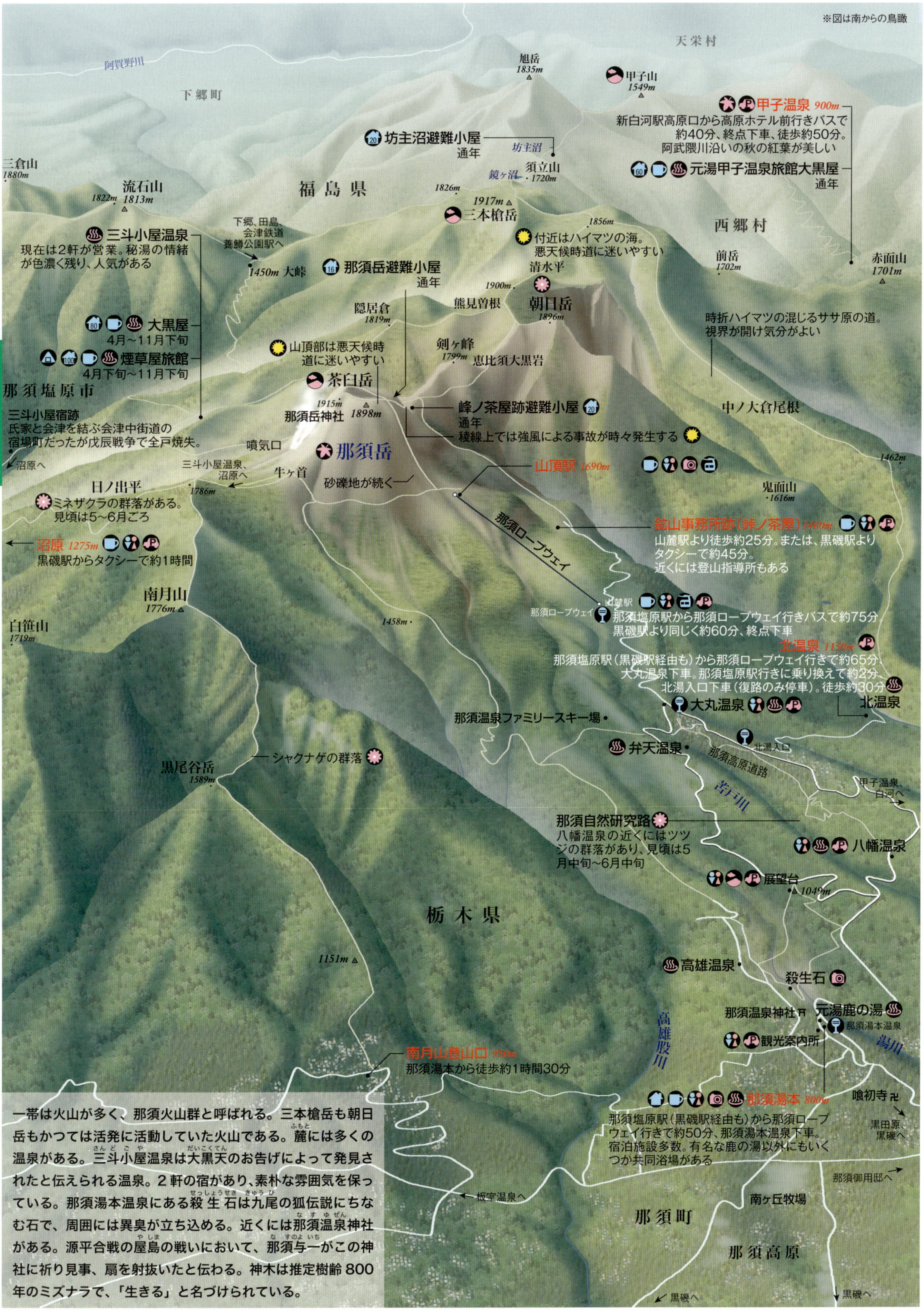
※図は南からの鳥瞰
天栄村
阿賀野川
下郷町
旭岳 1835m
甲子山 1549m
甲子温泉 900m
新白河駅高原口から高原ホテル前行きバスで約40分、終点下車、徒歩約50分。阿武隈川沿いの秋の紅葉が美しい
元湯甲子温泉旅館大黒屋 通年
坊主沼避難小屋 通年
坊主沼
鏡ヶ沼
須立山 1720m
三倉山 1880m
流石山 1813m
1822m
福島県
1826m
1917m
三本槍岳
西郷村
1856m
三斗小屋温泉
現在は2軒が営業。秘湯の情緒が色濃く残り、人気がある
下郷、田島、会津鉄道養鱒公園駅へ
1450m 大峠
那須岳避難小屋 通年
付近はハイマツの海。悪天候時道に迷いやすい
清水平
前岳 1702m
赤面山 1701m
1900m
熊見曽根
朝日岳 1896m
隠居倉 1819m
大黒屋 4月～11月下旬
煙草屋旅館 4月下旬～11月下旬
時折ハイマツの混じるササ原の道。視界が開け気分がよい
山頂部は悪天候時道に迷いやすい
剣ヶ峰 1799m
恵比須大黒岩
茶臼岳
那須塩原市
三斗小屋宿跡
氏家と会津を結ぶ会津中街道の宿場町だったが戊辰戦争で全戸焼失。
1915m
1898m
那須岳神社
峰ノ茶屋跡避難小屋 通年
稜線上では強風による事故が時々発生する
中ノ大倉尾根
沼原へ
噴気口
那須岳
三斗小屋温泉、沼原へ
牛ヶ首
山頂駅 1690m
1462m
日ノ出平
1786m
砂礫地が続く
鬼面山 1616m
ミネザクラの群落がある。見頃は5～6月ごろ
那須ロープウェイ
鉱山事務所跡（峠ノ茶屋）1460m
山麓駅より徒歩約25分。または、黒磯駅よりタクシーで約45分。
近くには登山指導所もある
沼原 1275m
黒磯駅からタクシーで約1時間
南月山 1776m
山麓駅
那須ロープウェイ
那須塩原駅から那須ロープウェイ行きバスで約75分。黒磯駅より同じく約60分、終点下車
白笹山 1719m
1458m
北温泉 1150m
那須塩原駅（黒磯駅経由も）から那須ロープウェイ行きで約65分、大丸温泉下車。那須塩原駅行きに乗り換えて約2分、北湯入口下車（復路のみ停車）。徒歩約30分
大丸温泉
北温泉
那須温泉ファミリースキー場
北湯入口
弁天温泉
那須高原道路
シャクナゲの群落
黒尾谷岳 1589m
苦戸川
甲子温泉、白河へ
那須自然研究路
八幡温泉の近くにはツツジの群落があり、見頃は5月中旬～6月中旬
八幡温泉
展望台
1049m
栃木県
1151m
高雄温泉
殺生石
那須温泉神社
元湯鹿の湯
那須湯本温泉
高雄股川
湯川
観光案内所
南月山登山口 950m
那須湯本から徒歩約1時間30分
那須湯本 800m
那須塩原駅（黒磯駅経由も）から那須ロープウェイ行きで約50分、那須湯本温泉下車。宿泊施設多数。有名な鹿の湯以外にもいくつか共同浴場がある
喰初寺
黒田原、黒磯へ
那須御用邸へ
板室温泉へ
南ヶ丘牧場
那須町
那須高原
黒磯へ
黒磯へ

一帯は火山が多く、那須火山群と呼ばれる。三本槍岳も朝日岳もかつては活発に活動していた火山である。麓《ふもと》には多くの温泉がある。三斗小屋《さんどごや》温泉は大黒天《だいこくてん》のお告げによって発見されたと伝えられる温泉。2軒の宿があり、素朴な雰囲気を保っている。那須湯本温泉にある殺生石《せっしょうせき》は九尾《きゅうび》の狐伝説にちなむ石で、周囲には異臭が立ち込める。近くには那須温泉神社《なすゆぜん》がある。源平合戦の屋島《やしま》の戦いにおいて、那須与一《なすのよいち》がこの神社に祈り見事、扇を射抜いたと伝わる。神木は推定樹齢800年のミズナラで、「生きる」と名づけられている。

宿泊施設（数字は収容人数） キャンプ場 水場 トイレ 危険箇所 ロープウェイ リフト おもなバス停 温泉 紅葉の名所 花の名所 好展望 観光ポイント 駐車場

越後駒ヶ岳※

雄大な山容を誇る越後三山の盟主

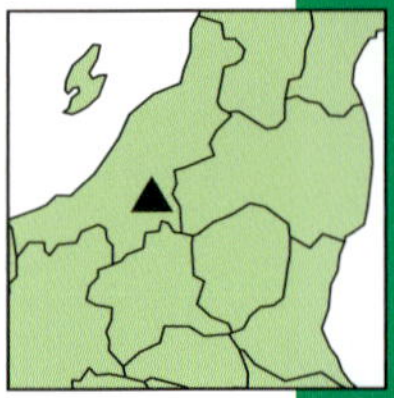

えちごこまがたけ
2003m
1泊2日/日帰り
中級者向け

見どころ：眺望、花、紅葉、池塘・湖沼、渓谷
1/25000 地形図：八海山、奥只見湖、兎岳、大湯、五日町

雪の越後駒ヶ岳（提供：アフロ）

豪快な山容

越後駒ヶ岳はかつて北魚沼郡と南魚沼郡の境にあったことから魚沼《うおぬま》駒ヶ岳ともよばれ、越後三山の盟主である。かつて越後三山は魚沼三山とも称され、越後駒ヶ岳に中《なか》ノ岳《だけ》、八海山《はっかいさん》を加えた峰々の総称である。越後三山はいずれも積雪が多く、夏でも残雪がある。なかでも越後駒ヶ岳は雪食によって深い谷が刻まれ、豪快な山容となっている。麓《ふもと》から見上げると、天に向かってそびえるような姿は圧倒的な迫力がある。

古くからの霊山

越後三山は古くからの霊山である。修験の場でもあり、修験者たちが白装《しろしょう》束《ぞく》で三山を縦走することを「三山がけ」とよんだ。三山のうち、とくに八海山は信仰の山として知られ、登山道の方々に霊神塔が立ち、頂上部は八ッ峰とよばれる岩峰群になっている。八ッ峰のひとつ、大日《だいにち》岳の頂上にはたくさんの神仏像が立っている。女人堂はかつてこの山が女人禁制だったころ、女性はそれ以上登ることが禁じられた場所だ。女性たちはここから山を拝み、下りたという。

頂上からの大展望

一般的な登山ルートは鳥瞰図の左上の小倉《おぐら》山を目ざす枝折《しおり》峠からの登山道である。途中の明神《みょうじん》峠には枝折大明神の祠《ほこら》がある。小倉山と駒《こま》の小屋の間にある百草《ひゃくそう》ノ池は池の周囲に草原が広がる場所だ。水無川《みずなしがわ》渓谷からの登山道で稜線《りょうせん》上のグシガハナに出ると、眼下に水無川の大渓谷を望み、越後三山を見渡せる。

越後駒ヶ岳頂上には豊斟《とよくむ》淳尊《ぬのみこと》の銅像と、大山祇命《おおやまつみのみこと》の石像がある。360度の大展望もすばらしく、八海山が大きく迫る。

中ノ岳は三山の最高峰であり、北峰と南峰がある。南峰山頂には「三山がけ」の中間点で石の祠が置かれており、展望もよい。

越後三山（提供：アフロ）

一般的な越後駒ヶ岳への登山コース

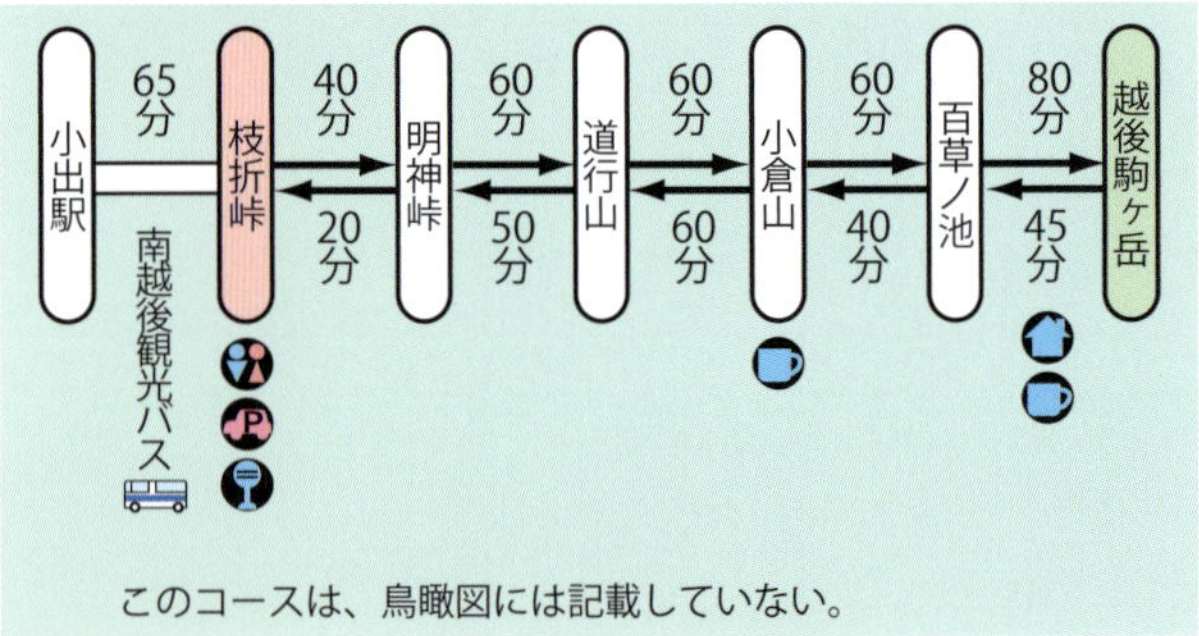
小出駅
65分
枝折峠
南越後観光バス
40分
20分
明神峠
60分
50分
道行山
60分
60分
小倉山
60分
40分
百草ノ池
80分
45分
越後駒ヶ岳
このコースは、鳥瞰図には記載していない。

※＝深田久弥『日本百名山』では「魚沼駒ヶ岳」と表記。

data

●アクセス
起点は小出駅もしくは六日町駅（ともにJR上越線）
小出駅→枝折峠頂上（南越後観光バス急行約1時間5分、季節運行）
六日町駅→山口、八海山スキー場（南越後観光バス約30分）

●山小屋
八海山霊泉小屋　025-773-6665
八海山女人堂　025-773-6665
八海山千本檜小屋　080-5079-3375
中ノ岳避難小屋　025-773-6665
八海山避難小屋　025-773-6665
駒の小屋（越後駒ヶ岳避難小屋）025-792-9754
丹後山避難小屋　025-773-6665

●問い合わせ
南越後観光バス小出営業所　025-792-8114
小出タクシー　025-792-0019
浦佐タクシー　025-777-3456
八海山ロープウェー　025-775-3311
魚沼市役所　025-792-1000
南魚沼市役所　025-773-6660
魚沼市観光協会　025-792-7300
大和観光協会　025-777-3054

会津駒ヶ岳
平ヶ岳
枝折峠 1065m
小出駅から銀山平行きバスで
約1時間5分
越後駒ヶ岳
2003m
1933m
駒の小屋
5月中旬〜10月中旬
奥只見湖
小倉山
1378m
フキギ
1689m
駒の湯へ
魚沼市
池ノ塔
1416m
グシガハナ
1811m
檜廊下
1866m
中ノ岳避難小屋
通年
中ノ岳
2085m
1901m
破川
御月山
1821m
兎岳
1926m
大水上山
1831m
丹後山
1809m
利根川水源碑
丹後山避難小屋
通年
鉄砲平、
十字峡へ
生姜畑
1548m
日向山
1561m
大雪渓「デトノアイソメ」が
越後三山に囲まれた水無
川渓谷の最奥部にある
丸山
(入道岳)
1778m
オカメノゾキ
縦走するには標高1200mまで下降する
五竜岳
十字峡へ
八海山
大日岳
1707m
八ッ峰
鎖場の連続する
切り立った岩尾根
1654m
薬師岳
八海山千本檜小屋
7月上旬〜10月下旬
9月中旬以降は週末のみ管理人常駐
三ノ池
神生池
四ノ池
浅草岳
八海山避難小屋
通年
水場は天水を利用
1268m
水無川渓谷へ
1370m
池ノ峰
1296m
コギ池
八海山女人堂
通年
水場まで徒歩約20分
屏風道
八ッ峰道
(新開道)
稲荷清水
御池道
ジャバミ清水
越後三山森林公園
水無川渓谷ハイキングの拠点に
雨池
山頂
1121m
八海山ロープウェー山頂駅 1150m
六日町駅から山口行きバスで約20分、終点下車。そこから
徒歩約30分で山麓駅へ。山頂まではロープウェーで約6分。
または六日町駅から八海山スキー場行きバス約30分で山麓
駅。『日本百名山』にもあるように、八海山から越後駒ヶ岳に向
かう越後三山踏破コースは体力が必要。ふつうは枝折峠や駒
の湯から駒ヶ岳山頂を目ざすことが多い
水無川渓谷
南魚沼市
広堀川
八海山ロープウェー
八海山スキー場
霊泉小屋
通年
山麓
六日町駅へ
八海神社
山口
八海山城内社務所(八海会館)
12月下旬〜4月下旬
大倉
大倉口 250m
浦佐駅からタクシーで約20分
八海山神社大倉里宮(坂本神社)
毎年5月下旬に火渡り大祭がとり行われる
新潟県
山口城内口 300m
六日町駅から山口行きバスで約20分、終点下車。
各コース登山口に駐車スペースあり
大前神社
名水「滝谷の清水」で知られる神
社。郷土芸能「翁式三番」が伝わ
る
小出へ
水無川
291
大崎ダム
大崎口 250m
浦佐、六日町、五日町各駅から路線バスで
八海山入口下車、徒歩約30分
八海山尊神社(八海山神社大崎里宮)
毎年10月20日に火渡り大祭がとり行われる
南魚沼市
大崎
長岡へ
関越自動車道
浦佐やな場
魚野川に簀をはり、上がったアユ
を料理する
湯沢、前橋へ
六日町へ
魚野川
五日町駅、
越後湯沢へ
JR上越線
浦佐駅、長岡へ
上越新幹線
越後湯沢、高崎へ
湯沢、三国峠へ
長岡へ
17
※図は西からの鳥瞰

越後三山とよばれる越後駒ヶ岳、中ノ岳、八海山は、水無川を中に挟んでUの字に尾根を連ねている。この三山縦走はいったん標高1200mまで下降するオカメノゾキに代表されるように、難所として知られる。越後三山は信仰の山としても有名だが、現在でも三山をめぐる白装束の山伏と会うことがある。越後駒ヶ岳の山頂には大《おお》山祇命《やまつみのみこと》の石像、石碑などが祀られている。八海山にある薬師岳《やくしだけ》の山頂には鳥居があり、猿田彦《さるたひこ》の銅像が立ち、霊神塔も並んでいる。八海山の麓には、八海山尊神社《はっかいさんそん》、大前《おおさき》神社、八海山神社大倉里宮がある。八海山尊神社、八海山神社大倉里宮の火渡り大祭は有名である。

宿泊施設(数字は収容人数) キャンプ場 水場 トイレ 危険箇所 ロープウェイ リフト おもなバス停 温泉 紅葉の名所 花の名所 好展望 観光ポイント 駐車場

平ヶ岳

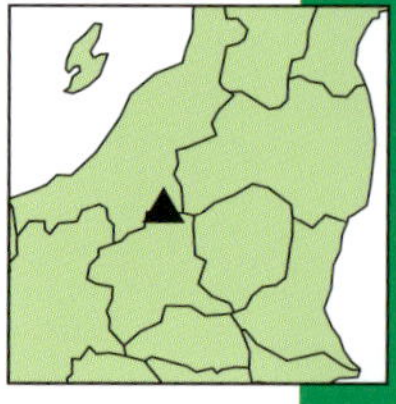

ひらがたけ
2141m
中級者向け
1泊2日

見どころ：眺望、花、紅葉、池塘、湿原、奇岩
1/25000 地形図：平ヶ岳、会津駒ヶ岳、尾瀬ヶ原

広大な湿原と池塘が魅力の名峰

平ヶ岳　（撮影：大岡省三）

幻の山とよばれる秘峰

平ヶ岳は新潟県魚沼《うおぬま》市と群馬県利根郡みなかみ町にまたがり、只見《ただみ》川と利根川の分水嶺《ぶんすいれい》にあたる山だ。登山口までのアプローチが長いため幻の山と形容されることもある秘峰である。

周辺は世界でも有数の豪雪地帯であり、平ヶ岳も1年の半分は雪に覆われる。東南側は雪食によって深い谷が刻まれて急斜面となっているが、北西側は比較的緩やかである。

平ヶ岳という名前は、この山の頂上が平たいことに由来すると想像できる。

開放地の池ノ岳山頂

台倉山《だいくらやま》から池《いけ》ノ岳《だけ》への登山道はしばらくオオシラビソやコメツガなどの原生林が続く。やがて低木の樹林に変わるが、突如開ける池ノ岳の頂上は、名前のとおり池《ち》塘《とう》が点在し、開放地の雰囲気だ。大きな池塘である姫《ひめ》ノ池《いけ》には平ヶ岳の頂上部が映る。

平ヶ岳のシンボル

姫ノ池近くに玉子石《たまごいし》がある。丸い巨岩が2つ積み重なったような形の奇岩で、平ヶ岳のシンボルでもある。この玉子石は花崗岩《かこうがん》で、風化によってつくりだされたという。玉子石のある場所は湿原地帯であり、池塘も点在し、すばらしい光景が広がる。展望もよい。

山頂に広がる大湿原

頂上直下のキャンプ地は、平ヶ岳沢の源頭に位置し、お花畑が広がる。

平ヶ岳の頂上は驚くほどの大湿原地帯だ。大小の池塘もあり、山上の楽園とよんでも過言ではない光景だ。展望もよく、とくに至《し》仏《ぶつ》山をはじめ尾《お》瀬《ぜ》の山々がよく見渡せる。

玉子石と池塘　（撮影：高橋宏）

平ヶ岳登山コース

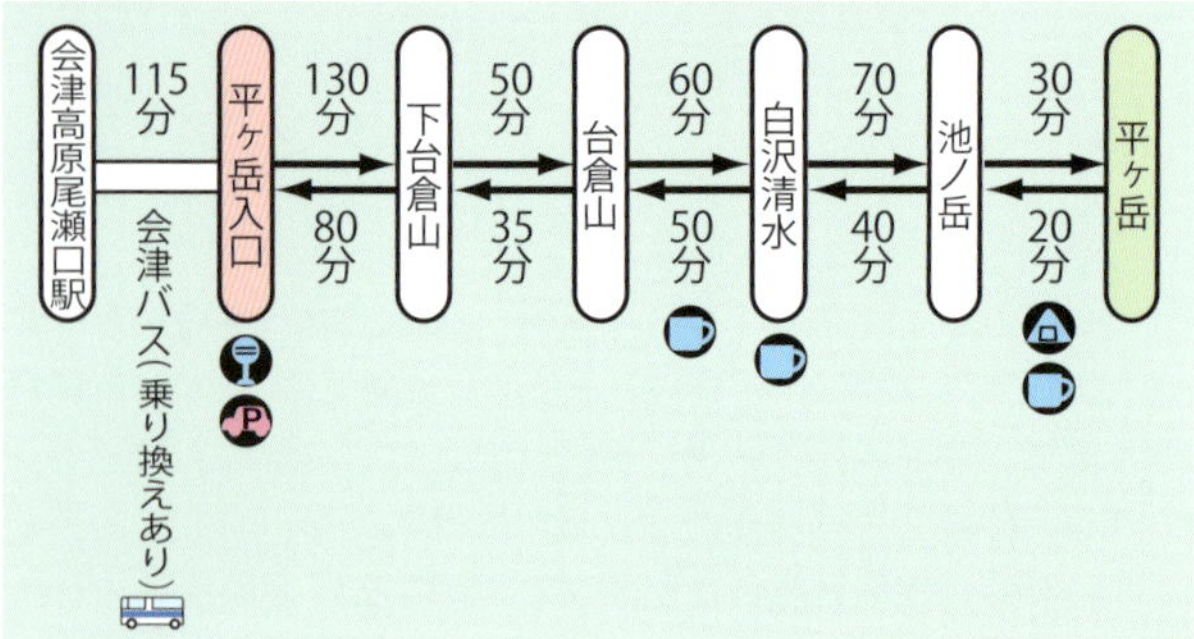
会津高原尾瀬口駅
115分
会津バス（乗り換えあり）
平ヶ岳入口
130分
80分
下台倉山
50分
35分
台倉山
60分
50分
白沢清水
70分
40分
池ノ岳
30分
20分
平ヶ岳

data

●アクセス
起点は会津高原尾瀬口駅（野岩鉄道会津鬼怒川線）もしくは浦佐駅（JR 上越新幹線）
会津高原尾瀬口駅→尾瀬御池（会津バス約１時間 30 分、季節運行）→平ヶ岳入口（会津バス約 25 分、予約制）
浦佐駅→奥只見ダム（南越後観光バス急行約１時間 20 分）→尾瀬口（奥只見観光船 40 分、予約制）→平ヶ岳入口（会津バス約 10 分、予約制）

●山小屋
清四郎小屋　090-2558-0028
小白沢ヒュッテ　050-3553-3311

●問い合わせ
南越後観光バス小出営業所　025-792-8114
会津乗合自動車（会津バス）田島営業所　0241-62-0134
奥只見タクシー　025-795-2552
小出タクシー　025-792-0019
奥只見観光（遊覧船）　025-795-2750
魚沼市役所　025-792-1000
南魚沼市役所　025-773-6660
檜枝岐村役場観光課　0241-75-2503
魚沼市観光協会　025-792-7300
尾瀬檜枝岐温泉観光協会　0241-75-2432
奥只見郷インフォメーションセンター（魚沼市観光協会）　025-792-7300

※図は北からの鳥瞰

至仏山
鳩待峠
群馬県
岳ヶ倉山
(日崎山)
1816m
スズヶ峰
1953m
奥利根湖
大白沢山
1942m
みなかみ町
景鶴山
2004m
与作岳
(松高高山)
1933m
尾瀬ヶ原
利根川
白沢山
1953m
平ヶ岳
山頂は広大な湿原が広がる
天上の楽園。展望も美しい
燧岳へ
2140m
2141m
剱ヶ倉山
1998m
平滑ノ滝
三条ノ滝
環境保護のため、鷹ノ巣から
の日帰り登山が可能な人は、
できるだけテントを利用しな
いようにと呼びかけている
2076m
玉子石
池ノ岳
2080m
姫ノ池
白沢ノ池
平ヶ岳沢
大白沢
裏燧林道へ
ぬかるみやすい道
(一部木道あり)
渋沢温泉
1751m
1746m
白沢清水
台倉山
1695m
台倉清水
青木山
1729m
尾瀬御池、
檜枝岐へ
ミョウカン山
1642m
小沢平
平ヶ岳の登山道は視界が開ける
部分が多く、展望を楽しみながら
歩ける。日射病には注意
下台倉山
1604m
大黒沢山
1607m
1406m
尾根がやせている部分
通過時注意
鷹ノ巣山
1623m
只見川
352
1197m
福島県
檜枝岐村
1064m
二岐沢
平ヶ岳入口
平ヶ岳入口 840m
野岩鉄道会津高原尾瀬口駅から尾瀬沼山峠行きバスで約1時間30分、
尾瀬御池下車。尾瀬口船着場行きバスに乗り換え約25分。
または浦佐駅から奥只見ダム行きバスで約1時間20分、終点下車、
船に乗り換え尾瀬口へ。尾瀬口船着場から尾瀬沼山峠行きバスで約10分。
尾瀬口から鷹ノ巣へは徒歩で1時間程度。
中ノ岐沢(平ヶ岳沢)からの登山は禁止
鷹ノ巣
恋ノ岐川
黒沢山
1333m
25 清四郎小屋
5月下旬~10月末
新潟県
魚沼市
小白沢ヒュッテ 25
6月上旬~11月上旬
銀山平へ
尾瀬口船着場
尾瀬口
352
奥只見《おくただみ》湖は奥只見ダム建設によってできた日本最大級の
人造湖。別名銀山《ぎんざん》湖ともよばれ、遊覧船でめぐるとかつ
て虚空蔵菩薩《こくうぞうぼさつ》が祀《まつ》られたという虚空蔵岩や雨の後だけに
現れるまぼろしの滝を見ることができる。西岸には銀山
平がある。銀山平は、江戸時代にここで銀山が発見され
たことにちなむ名前だという。にぎわった鉱山街跡地は
湖に沈んでいる。
定期船航路
奥只見湖
奥只見ダムへ

宿泊施設(数字は収容人数) キャンプ場 水場 トイレ 危険箇所 ロープウェイ リフト おもなバス停 温泉 紅葉の名所 花の名所 好展望 観光ポイント 駐車場

巻機山

織姫伝説が伝わる上越国境の名峰

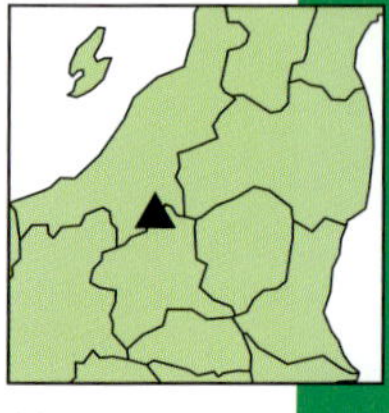

まきはたやま
1967m
中級者向け
前夜泊日帰り

見どころ：眺望、花、紅葉、池塘、渓谷、樹林帯、岩峰
1/25000 地形図：巻機山、六日町

前巻機山から見た巻機山 （撮影：鈴木菊雄）

優美な山容が魅力

巻機山は谷川岳《たにがわだけ》の北、上《じょう》越《えつ》国境に位置する山である。ふつう、巻機山本峰、ニセ巻機とよばれる前巻機に、割引岳《わりめき》と牛《うし》ヶ岳を含め、その総称として巻機山という。いずれの峰も2000mに満たないが、優美で大らかな山容で人をひきつける。

この山塊を含む地域は豪雪地帯として知られ、遅くまで雪田が残る。

機織りの神

麓《ふもと》の南魚沼市《みなみうおぬまし》の旧六日《むいか》町《まち》・塩沢町《しおざわまち》は古くから織物が盛んで、巻機山を機織《はたお》りや養蚕の神として崇拝してきた。

巻機山の山中で機を織っている美女を見かけたという伝説もあり、頂上部分は御機屋《おはたや》と称されている。麓《ふもと》の清水の集落には巻機権現を祀《まつ》る神社もある。

清水は巻機山の登山口であるが、かつては清水峠の入口として名が知られていた。清水峠は上杉謙信が関東に出陣する際の軍用道路であり、関東と越後を結ぶ街道として栄えていた。しかし信越線・上越線が開通したことで急激に廃れ、いまだに国道ではあるものの、廃道に近い。

シンボル天狗岩

割引沢やヌクビ沢をたどり、尾根に登るコースにはいくつもの滝がある。この2つの沢に挟まれる尾根にそびえる天狗岩《てんぐ》は迫力がある。この天狗岩は井戸尾根コースからも眺められる。とくに6合目の展望台からの眺めは、ヌクビ沢と天狗岩を望む絶景のポイントだ。

巻機山最高点から割引岳 （撮影：中山照代）

好展望のなだらかな頂上

稜線《りょうせん》には池塘《ちとう》が点在する。前巻機の鞍部《あんぶ》に建つ避難小屋付近にはお花畑もある。巻機山の頂上はなだらかで、谷川連峰や越後《えちご》三山を望み、すばらしい展望が広がる。

割引岳の頂上も展望がよく、小さな祠《ほこら》がある。

data

●アクセス
起点は六日町駅（JR 上越線）
六日町駅→清水（南越後観光バス約 50 分）
●山小屋
巻機山避難小屋　025-773-6665
巻機山麓キャンプ場　025-782-3410
●問い合わせ
南越後観光バス六日町営業所　025-773-2573
銀嶺タクシー　025-772-2440
六日町タクシー　025-772-2550
南魚沼市役所　025-773-6660
魚沼市観光協会　025-792-7300
清水観光協会（上田屋）025-782-3403

井戸屋根コース

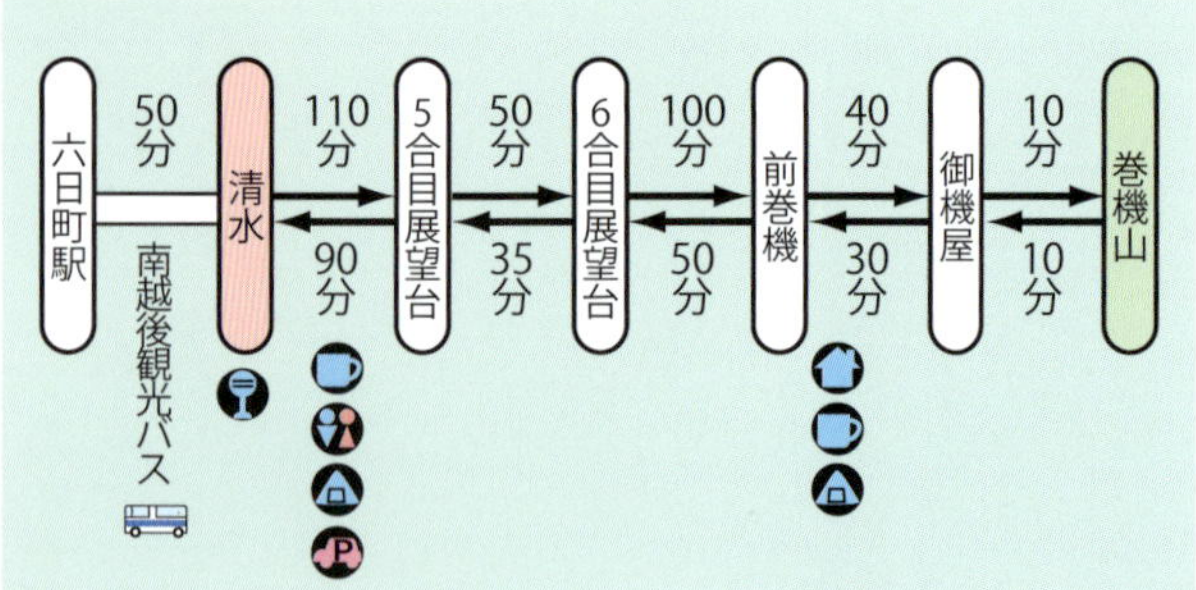
六日町駅
50分
南越後観光バス
清水
110分
90分
5合目展望台
50分
35分
6合目展望台
100分
50分
前巻機
40分
30分
御機屋
10分
10分
巻機山

※図は南西からの鳥瞰
牛ヶ岳
1962m
五十沢渓谷へ
巻機山
1967m
信仰上ではここを山頂としてきた
（山頂の標識あり）
下山時のヌクビ沢コースは危険。
天狗尾根も上級者向き
割引岳
1931m
御機屋
1928m
前巻機
（ニセ巻機）
1861m
米子頭山
1796m
柄沢山へ
表土保護のため
木道・階段からはずれないこと
この道荒廃
天狗尾根
巻機山避難小屋
通年
急坂だが好展望
天狗尾根コース
ヌクビ沢コース
急坂
1578m
1564m
縮緬の滝
小尾根に取りつく
天狗岩
行者ノ滝
井戸尾根コース
割引沢
ヌクビ沢
井戸尾根コースは一般コース。最短だが標高1600m付近までやや単調な樹林の登りが続く。展望台からの紅葉は絶景
道わかりにくい
井戸尾根
クサリ場
6合目展望台
米子沢
黒岩峰
1446m
数回の渡渉あり
ヌクビ沢出合
落合
1072m
1128m
5合目展望台
姥沢へ
転落注意
急坂
アイガメの滝
割引沢
威守松山
1214m
迂回路
吹上ノ滝
岩の上は滑りやすいので注意
雨天時はここで右の迂回路へ
割引沢出合
新潟県
南魚沼市
割引沢・ヌクビ沢は危険箇所がある。上級者向け
桜坂
巻機山麓キャンプ場
5月中旬〜10月中旬
二子沢川
六日町駅、塩沢へ
巻機山登山口 750m
六日町駅から清水行きバスで約50分。
数軒の民宿があり、ここで1泊して
登山するのがおススメ
清水
291
巻機権現社
清水
600m
毎年8月第1土曜日に修験者が裸足で火の上を歩く「火渡り」が行われる
清水峠、水上へ
（途中車両通行不可）
登川

巻機山に登るには、尾根を行く井戸《いど》尾根コースと数本の沢コースがある。沢コースは難所があり、本格的な沢登り技術が必要となる。米子沢《こめこざわ》コースは大ナメ滝などナメ川として人気が高く、『日本百名谷』（岩崎元郎・関根幸次・中庄谷直著、白山書房）で、北側の五十沢川（鳥瞰図では見えない）とともに選ばれている。割引沢とヌクビ沢コースには、アイガメの滝や吹上ノ滝など数々の名瀑や奇岩が連続する。秋の紅葉も見事で、井戸尾根コースからもうかがい知ることができる。

宿泊施設（数字は収容人数）　キャンプ場　水場　トイレ　危険箇所　ロープウェイ　リフト　おもなバス停　温泉　紅葉の名所　花の名所　好展望　観光ポイント　駐車場

燧ヶ岳※

端正な山容が美しい尾瀬のシンボル

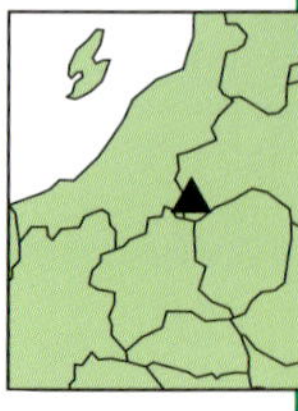

ひうちがたけ
柴安嵓　2356m
中級者向け
前夜泊日帰り /1 泊 2 日

見どころ：眺望、花、紅葉、池塘、渓谷、樹林帯
1/25000 地形図：燧ヶ岳、三平峠、尾瀬ケ原、至仏山

中田代からの燧ヶ岳　（撮影：川井靖元）

東北以北の最高峰

燧ヶ岳は尾瀬《おぜ》の北東側に位置し、東北以北の最高峰である。円錐《えんすい》形の端正な山容をもち、悠然とそびえる独立峰としての姿は、尾瀬のシンボルとよぶにふさわしい。頂上部は柴安嵓《しばやすぐら》、俎嵓《まないたぐら》、ミノブチ岳、赤ナグレ岳、御池《みいけ》岳の5つの峰からなる。

燧ヶ岳の噴火と尾瀬

燧ヶ岳は日光《にっこう》火山群に属する火山である。火山としての活動は比較的新しいと推測され、噴火と溶岩の流出を繰り返してきたと考えられる。御池岳の溶岩ドームは約500年前にできたと推測されている。

本州最大の高層湿原である尾瀬の景観も、この燧ヶ岳の噴火と溶岩のたまものである。燧ヶ岳や尾瀬の誕生は約1万年前の氷河期だと推測され、氷河期の植物が現在も残る。

燧ヶ岳の「ひうち」は「火打ち」を意味し、これは火山であることにちなんでいるという。また、檜枝岐《ひのえまた》村から見ると、初夏に「火打ちばさみ」の雪形が現れるからという説もある。

信仰の対象

檜枝岐村の村民たちは燧《ひうち》大権現《だいごんげん》を祀《まつ》り、燧ヶ岳を信仰の対象としてきた。尾瀬の開山者として有名な平野《ひらの》長蔵《ちょうぞう》は、1889（明治22）年、俎嵓の山頂に祠《ほこら》を建てて燧大権現を祀ったことでも知られる。

頂上からの大展望

新潟県側から燧ヶ岳を見ると双耳峰《そうじほう》になっている。西峰に当たるのが柴安嵓であり、東峰が俎嵓である。俎嵓頂上には3つの祠が建っている。柴安嵓、俎嵓のいずれの頂上からも、抜群の眺望だ。至仏山《しぶつさん》はもちろんのこと、日光白根《しらね》山や男体《なんたい》山《さん》、那須《なす》連峰、越後《えちご》三山、吾《あ》妻《づま》連峰、飯豊《いいで》連峰などが見渡せる。眼下に望む尾瀬ヶ原の光景もすばらしい。

大江湿原（撮影：鈴木克洋）

大清水コース／沼山峠コース

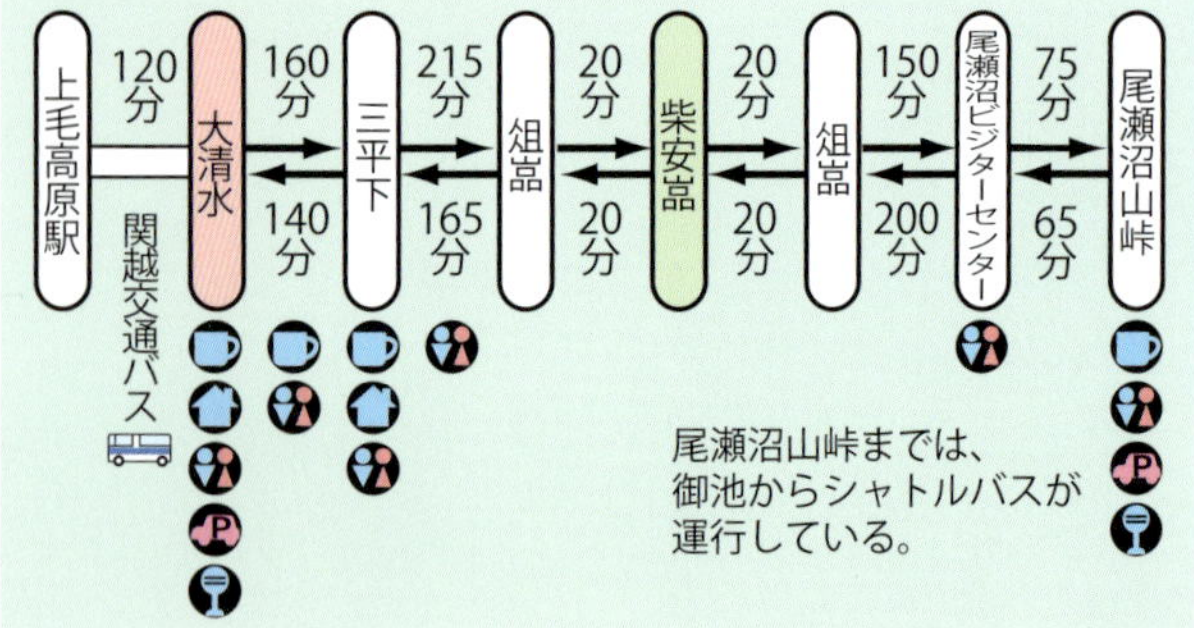
上毛高原駅
120分
関越交通バス
大清水
160分
140分
三平下
215分
165分
俎嵓
20分
20分
柴安嵓
20分
20分
俎嵓
150分
200分
尾瀬沼ビジターセンター
75分
65分
尾瀬沼山峠
尾瀬沼山峠までは、
御池からシャトルバスが
運行している。

※＝深田久弥『日本百名山』では「燧岳」と表記。

data

●アクセス
起点は上毛高原駅（JR 上越新幹線）もしくは会津高原尾瀬口駅（野岩鉄道会津鬼怒川線）
上毛高原駅→大清水（関越交通バス約2時間）
会津高原尾瀬口駅→尾瀬御池（会津バス約1時間30分、季節運行）

●山小屋
長蔵小屋　0278-58-7100
尾瀬沼山荘　090-3404-1264
尾瀬沼ヒュッテ　0241-75-2350
七入山荘　0241-75-2434
七入実川荘　0241-75-2437
大清水小屋　0278-58-7370
温泉小屋　0241-75-2222
元湯山荘　080-2107-4686

●問い合わせ
会津乗合自動車（会津バス）田島営業所　0241-62-0134
関越交通沼田営業所　0278-23-1111
旭タクシー　0241-62-1243
片品観光タクシー　0278-58-2041
片品村役場　0278-58-2111
片品村観光協会　0278-58-3222
檜枝岐村役場観光課　0241-75-2503
尾瀬檜枝岐温泉観光協会　0241-75-2432
尾瀬保護財団　027-220-4431

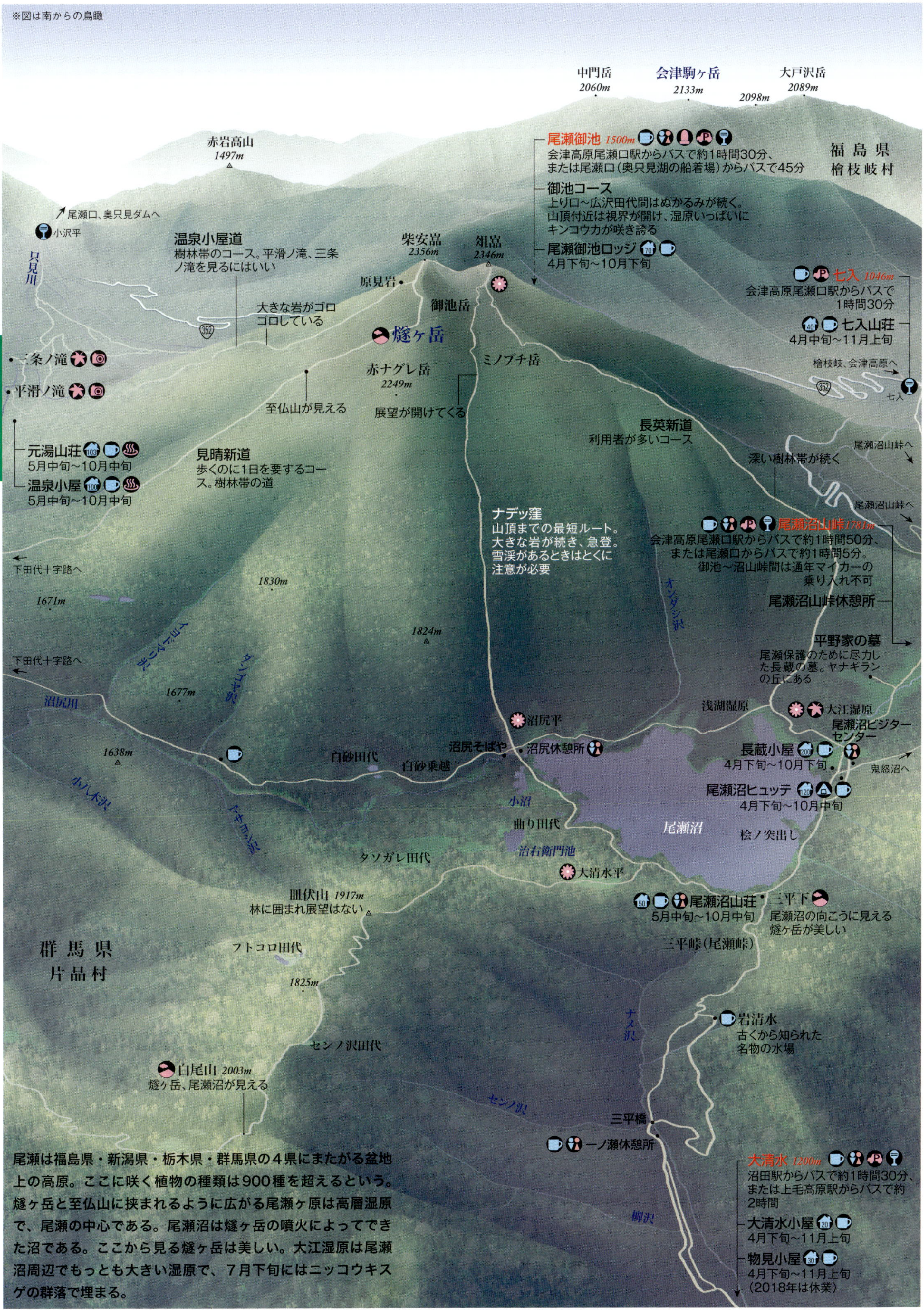
※図は南からの鳥瞰
中門岳
2060m
会津駒ヶ岳
2133m
2098m
大戸沢岳
2089m
赤岩高山
1497m
尾瀬御池 1500m
会津高原尾瀬口駅からバスで約1時間30分、
または尾瀬口（奥只見湖の船着場）からバスで45分
福島県
檜枝岐村
御池コース
上り口～広沢田代間はぬかるみが続く。
山頂付近は視界が開け、湿原いっぱいに
キンコウカが咲き誇る
尾瀬御池ロッジ 70
4月下旬～10月下旬
尾瀬口、奥只見ダムへ
小沢平
只見川
温泉小屋道
樹林帯のコース。平滑ノ滝、三条
ノ滝を見るにはいい
柴安嵓
2356m
俎嵓
2346m
原見岩
御池岳
大きな岩がゴロ
ゴロしている
352
燧ヶ岳
七入 1046m
会津高原尾瀬口駅からバスで
1時間30分
40
七入山荘
4月中旬～11月上旬
三条ノ滝
平滑ノ滝
赤ナグレ岳
2249m
ミノブチ岳
檜枝岐、会津高原へ
352
七入
至仏山が見える
展望が開けてくる
長英新道
利用者が多いコース
尾瀬沼山峠へ
元湯山荘 103
5月中旬～10月中旬
温泉小屋 100
5月中旬～10月中旬
見晴新道
歩くのに1日を要するコー
ス。樹林帯の道
深い樹林帯が続く
尾瀬沼山峠へ
ナデッ窪
山頂までの最短ルート。
大きな岩が続き、急登。
雪渓があるときはとくに
注意が必要
尾瀬沼山峠 1781m
会津高原尾瀬口駅からバスで約1時間50分、
または尾瀬口からバスで約1時間5分。
御池～沼山峠間は通年マイカーの
乗り入れ不可
下田代十字路へ
1830m
1671m
オンダシ沢
尾瀬沼山峠休憩所
イヨドマリ沢
1824m
ダンゴヤ沢
平野家の墓
尾瀬保護のために尽力し
た長蔵の墓。ヤナギラン
の丘にある
下田代十字路へ
沼尻川
1677m
浅湖湿原
沼尻平
大江湿原
尾瀬沼ビジター
センター
沼尻そばや
沼尻休憩所
長蔵小屋 200
4月下旬～10月下旬
1638m
白砂田代
白砂乗越
鬼怒沼へ
小八木沢
尾瀬沼ヒュッテ 120
4月下旬～10月中旬
小沼
アカヨシ沢
曲り田代
尾瀬沼
桧ノ突出し
治右衛門池
タソガレ田代
大清水平
皿伏山 1917m
林に囲まれ展望はない
50
尾瀬沼山荘
5月中旬～10月中旬
三平下
尾瀬沼の向こうに見える
燧ヶ岳が美しい
群馬県
片品村
フトコロ田代
三平峠（尾瀬峠）
1825m
岩清水
古くから知られた
名物の水場
ナメ沢
センノ沢田代
白尾山 2003m
燧ヶ岳、尾瀬沼が見える
センノ沢
三平橋
一ノ瀬休憩所
大清水 1200m
沼田駅からバスで約1時間30分、
または上毛高原駅からバスで約
2時間
大清水小屋 20
4月下旬～11月上旬
柳沢
物見小屋 30
4月下旬～11月上旬
（2018年は休業）

尾瀬は福島県・新潟県・栃木県・群馬県の４県にまたがる盆地上の高原。ここに咲く植物の種類は900種を超えるという。燧ヶ岳と至仏山に挟まれるように広がる尾瀬ヶ原は高層湿原で、尾瀬の中心である。尾瀬沼は燧ヶ岳の噴火によってできた沼である。ここから見る燧ヶ岳は美しい。大江湿原は尾瀬沼周辺でもっとも大きい湿原で、７月下旬にはニッコウキスゲの群落で埋まる。

宿泊施設（数字は収容人数）　キャンプ場　水場　トイレ　危険箇所　ロープウェイ　リフト　おもなバス停　温泉　紅葉の名所　花の名所　記念碑　好展望　観光ポイント　駐車場

至仏山

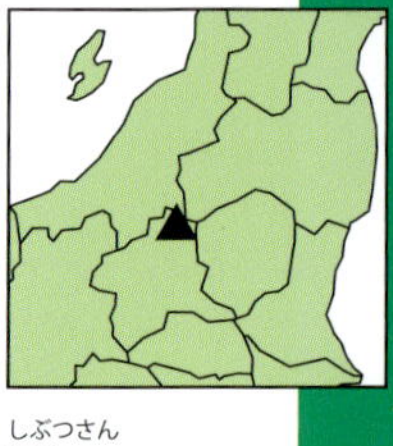

しぶつさん
2228m
中級者向け
前夜泊日帰り /1 泊 2 日

見どころ：眺望、花、紅葉、池塘、渓谷、樹林帯
1/25000 地形図：至仏山、藤原、尾瀬ケ原

高山植物が咲き競う尾瀬の秀峰

ミズバショウと至仏山（撮影：花香勇）

尾瀬を代表する山

至仏山は燧《ひうち》ケ岳《たけ》と並び、尾《お》瀬《ぜ》を代表する山である。尾瀬の南西に位置し、北東側の燧ケ岳と尾瀬ケ原を挟むようにして相対している。尾瀬ケ原に面する東側の斜面は比較的緩やかだが、西側は急峻《きゅうしゅん》な傾斜となっており、非対称山稜《さんりょう》といえる。

ミズバショウが咲く尾瀬ケ原から見上げる至仏山は絵になる光景である。

「至仏」という名称から、宗教との関係が深いと思われがちだが、これは至仏山を源頭に猫又《ねこまた》川に注ぐムジナ沢の別名「渋ッ沢《しぶっつあわ》」に由来しているという。

神が天下る高原

至仏山は尾瀬の山のなかでも生成が古く、蛇紋《じゃもん》岩の隆起してできたものである。このため、蛇紋岩地特有のホソバウスユキソウやオゼソウなどの珍しい高山植物が咲く。とくに東斜面は夏には花で埋まるほどに咲き乱れる。山頂部のお花畑も見事だ。

高天《たかま》ケ原《はら》は、神が天下る場所という意味だ。その名のとおり尾瀬ケ原を眼下に望み、周囲にはホソバウスユキソウやオゼソウ、イワシモツケなどの高山植物が咲き競う。

眼下に尾瀬ケ原が広がる

山頂からの眺めは言葉がないほどである。間近に燧ケ岳を望み、平《ひら》ケ岳《たけ》や谷《たに》川《がわ》連峰の峰々、日光《にっこう》連山などが見渡せ、360度の展望が広がる。眼下に見える尾瀬ケ原の光景もすばらしい。燧ケ岳の東にかすかに尾瀬沼が望める。

小至仏山の山頂直下にもすばらしいお花畑が広がり、ハクサンイチゲやシナノキンバイなどが咲く。

オゼソウ（至仏山中腹）
（撮影：飯島一次）

鳩待峠コース

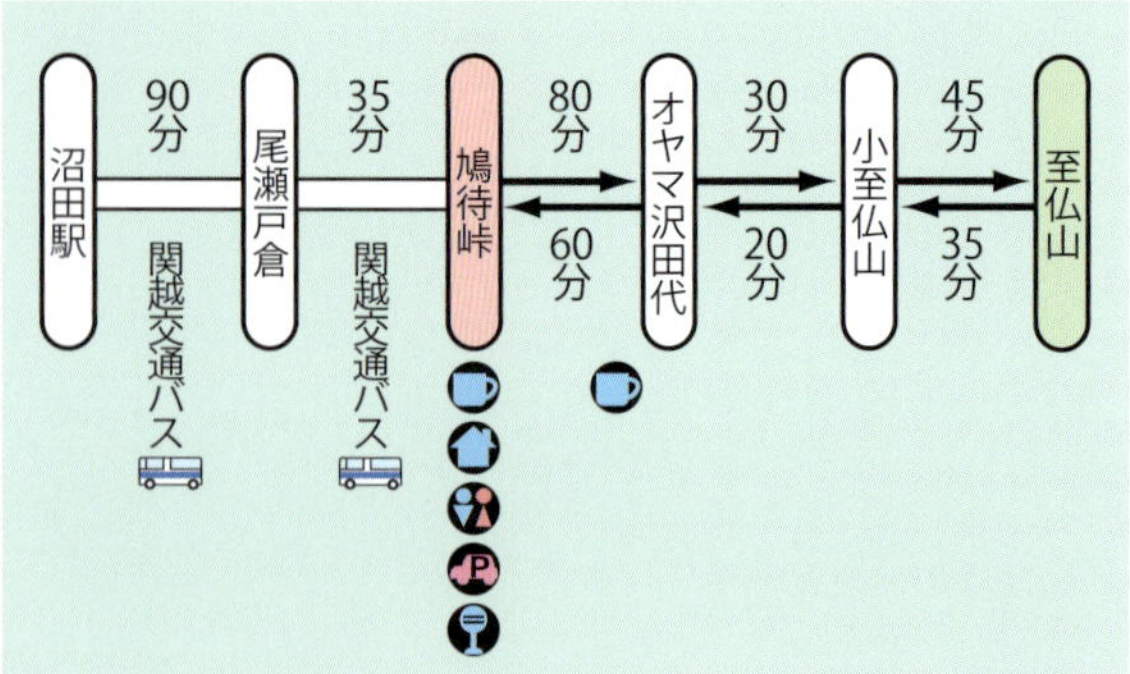
沼田駅
90分
関越交通バス
尾瀬戸倉
35分
関越交通バス
鳩待峠
80分
60分
オヤマ沢田代
30分
20分
小至仏山
45分
35分
至仏山

※＝尾瀬戸倉には戸倉とつくバス停が３つあるが、鳩待峠へは鳩待峠行バス連絡所（バス停）。乗合タクシーの利用は橋を渡った尾瀬第１駐車場。

data

●アクセス
起点は沼田駅（JR 上越線）
沼田駅→尾瀬戸倉（関越交通バス約１時間30分）→鳩待峠（関越交通バス約35分）（※）

●山小屋
長蔵小屋　0278-58-7100
尾瀬沼山荘　090-3404-1264
国民宿舎尾瀬沼ヒュッテ　0241-75-2350
尾瀬小屋　090-8921-8342
第二長蔵小屋　0278-58-7100
原の小屋　090-8921-8314
桧枝岐小屋　090-3405-6460
弥四郎小屋　0467-24-8040
燧小屋　090-9749-1319
龍宮小屋　0278-58-7301
国民宿舎尾瀬ロッジ　0278-58-4158
山の鼻小屋　0278-58-7411
東電小屋　0278-58-7311
至仏山荘　090-6946-3302

●問い合わせ
関越交通沼田営業所　0278-23-1111
旭タクシー　0241-62-1243
片品観光タクシー　0278-58-2041
片品村役場　0278-58-2111
片品村観光協会　0278-58-3222
檜枝岐村役場観光課　0241-75-2503
尾瀬檜枝岐温泉観光協会　0241-75-2432
尾瀬保護財団　027-220-4431

※図は北東からの鳥瞰
大清水、尾瀬御池、七入の登山口情報はp.75「燧ヶ岳」鳥瞰図を参照
眼下の尾瀬ヶ原と燧ヶ岳の眺望が絶品。花の季節には高山植物の群生が多く見られる
至仏山〜山ノ鼻
高天ヶ原の急斜面は蛇紋岩が露出し滑りやすい。登山道以外は植生保護のため立ち入り禁止
オヤマ沢田代
小至仏山
2162m
2228m
高天ヶ原
オヤマ沢源頭部
涸れることあり
至仏山
岳ヶ倉山
1816m
ススヶ峰
1953m
大白沢岳
1942m
1867m
オヤマ沢
カラ沢
国民宿舎尾瀬ロッジ
4月下旬〜10月中旬
至仏山荘
4月下旬〜10月中旬
山の鼻小屋
4月下旬〜10月下旬
山ノ鼻ビジターセンター
1898m
東白沢池
カッパ山
1822m
八海山
1811m
鳩待峠
尾瀬戸倉
鳩待峠 1591m
沼田駅から戸倉までバスで約1時間30分、戸倉乗り換えで鳩待峠までバスで約35分。シーズン中は津奈木橋〜鳩待峠間でマイカー規制あり
鳩待山荘
4月下旬〜10月中旬
川上川
山ノ鼻
尾瀬植物研究見本園
回遊木道が敷かれ、尾瀬の大部分の植物を、この1か所で見ることができる
景鶴山
2004m
上田代
もっとも池塘が多い
横田代
鳩待通り
牛首
1450m
泉水池
滝ノ沢
木道沿いで唯一の浮島が見られる
木道は右側通行
1969m
富士見下 1340m
(駐車場無料)
沼田駅から戸倉までバスで約1時間30分、戸倉からタクシーで約15分。シーズン中は鎌田から富士見下までバス運行あり
アヤメ平
中田代
下ノ大堀川
ニッコウキスゲの大群落
ヨッピ川
与作岳
1933m
拠水林
自然堤防帯。川が運んだ土砂でてき、水はけがよく、湿地帯でも木が生育する
尾瀬ヶ原
ヨッピ橋
小沢平 880m
会津高原尾瀬口駅から尾瀬御池までバスで約1時間30分、尾瀬御池からバスで約25分。または奥只見ダムから尾瀬口まで船で約40分、尾瀬口からバスで約10分
富士見峠
1905m
土場
視界が開ける
龍宮十字路
「龍宮」に行くといわれる伏流水
沼尻川
下田代
ヨシッ堀田代
十二曲り
1538m
元湯山荘
5月中旬〜10月中旬
白尾山
2003m
昼場
龍宮小屋
4月下旬〜10月下旬
東電小屋
5月中旬〜10月中旬
温泉小屋
5月中旬〜10月中旬
平滑ノ滝
三条ノ滝
落差100m、日本の滝百選
1917m
皿伏山
下田代十字路
(見晴)
赤田代
第二長蔵小屋
5月下旬〜10月中旬
柴安嵓
2356m
群馬県
片品村
桧枝岐小屋
4月下旬〜10月下旬
尾瀬小屋
5月下旬〜10月中旬
俎嵓
2346m
尾瀬御池へ
弥四郎小屋
5月上旬〜10月中旬
2249m
御池岳
タソガレ田代
赤ナグレ岳
ミノブチ岳
原の小屋
5月下旬〜10月中旬
燧ヶ岳
大清水平
燧小屋
4月下旬〜10月下旬
治右衛門池
福島県
檜枝岐村
尾瀬沼山荘
5月中旬〜10月中旬
沼尻休憩所
大清水へ
尾瀬沼
尾瀬沼ヒュッテ
4月下旬〜10月中旬
(郵便局あり)
長蔵小屋
4月下旬〜10月下旬
浅湖湿原
尾瀬御池へ
尾瀬沼ビジターセンター
大江湿原
鬼怒沼へ
尾瀬沼山峠へ

三条《さんじょう》ノ滝《たき》は、尾瀬に降った雨水がここに集まるといわれるだけに水流が豊富である。とくに融雪期の豪快に落下するさまはすごい。さらに上流には平滑《ひらなめ》ノ滝があり、岩盤を滑るように流れている。龍宮《りゅうぐう》は流れてきた沢の水がいったん渦を巻きながら湿原に吸い込まれ、伏流水となって反対側に吹き出る場所。吸い込まれる水の先には龍宮があるとされて、名づけられた。

宿泊施設(数字は収容人数) キャンプ場 水場 トイレ 危険箇所 ロープウェイ リフト おもなバス停 温泉 紅葉の名所 花の名所 好展望 観光ポイント 駐車場

谷川岳

たにがわだけ
オキの耳　1977m
トマの耳　1963m
中級者向け
前夜泊日帰り / 日帰り

見どころ：眺望、花、紅葉、岩壁、樹林帯
1/25000 地形図：茂倉岳、水上、土樽

迫力ある大岩壁が天を突く谷川連峰の主峰

谷川岳一ノ倉沢　（撮影：飯田信義）

非対称山稜

谷川岳は群馬県と新潟県の県境に位置し、多くの峰が連なる谷川連峰の主峰である。谷川連峰は北に一《いち》ノ倉《くら》岳、茂倉《しげくら》岳、西に仙《せん》ノ倉《くら》山、平標《たいらっぴょう》山などが属する山塊で、本州を太平洋側と日本海側に分ける脊梁《せきりょう》の一部となっている。

この山域は気象の変化が激しく、日本有数の豪雪地帯でもある。このため群馬県側の東斜面は、風雨や雪による浸食作用が激しく、急峻《きゅうしゅん》な傾斜となっており、一ノ倉沢などの大岩壁が形成されている。一方新潟県側の西側斜面は、草原状の緩やかな地形となっている。

「耳二つ」の双耳峰

谷川岳はかつて「耳二つ」とよばれてきた。これは「トマの耳」と「オキの耳」からなる双耳峰《そうじほう》であることにちなんだ呼び名である。「トマ」とは「とばぐち」、「オキ」とは奥を意味するという。

オキの耳の山頂には富士浅間《ふじせんげん》神社の奥社があり、祠《ほこら》に富士権現を祀《まつ》ってある。このため「谷川富士」との呼び名もあった。またトマの耳には薬師如来《やくしにょらい》が祀られ、薬師岳とよばれていた。

珍しい高山植物が咲く

谷川岳は花の山でもある。ジョウシュウアズマギク、ジョウエツキバナノコマノツメ、ホソバヒナウスユキソウなど珍しい花を含め、およそ150種類もの高山植物が咲く。とくにトマの耳からオキの耳までのお花畑は見事だ。

広がる大パノラマ

トマの耳の山頂からの眺めは遮るものがなく、大展望を満喫できる。谷川連峰の山々や越後三山、ときには北アルプスの峰々も見渡せる。オキの耳から一ノ倉岳の縦走路からは眼下に一ノ倉沢の大岩壁を望む。

天神峠から谷川岳を望む
（撮影：川井靖元）

天神尾根コース

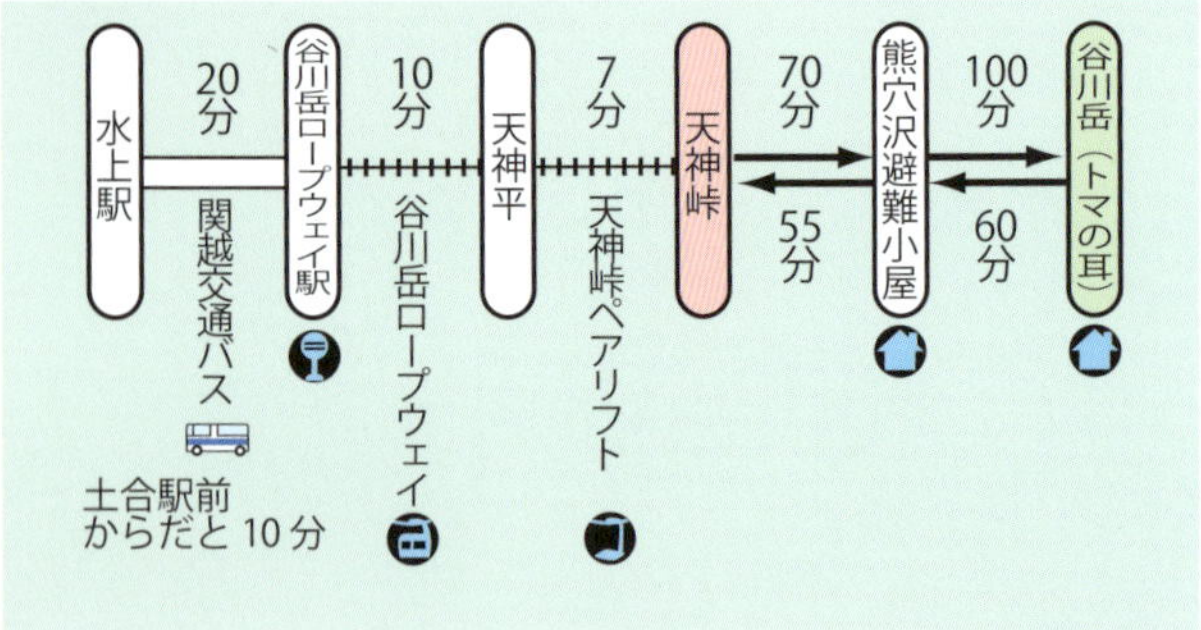
水上駅
20分
関越交通バス
土合駅前
からだと 10分
谷川岳ロープウェイ駅
10分
谷川岳ロープウェイ
天神平
7分
天神峠ペアリフト
天神峠
70分
55分
熊穴沢避難小屋
100分
60分
谷川岳（トマの耳）

※＝谷川岳ロープウェイ駅から一ノ倉沢行き電気バスが運行されている。

data

●アクセス
起点は水上駅（JR 上越線）
水上駅→谷川岳ロープウェイ駅（関越交通バス約 20 分）（※）
●山小屋
土合山の家　0278-72-5522
一ノ倉沢避難小屋　0278-25-5017
谷川岳肩ノ小屋　090-3347-0802
熊穴沢避難小屋　0278-25-5017
茂倉岳避難小屋　025-784-4850
笠ヶ岳避難小屋　0278-25-5017
オジカ沢ノ頭避難小屋　0278-62-2111
大障子避難小屋　0278-25-5017
越路避難小屋　025-784-4850
エビス大黒避難小屋　0278-25-5017
平標山ノ家　090-7832-0316
蓬ヒュッテ　025-787-3268
●問い合わせ
関越交通水上営業所　0278-72-3135
関越交通タクシー水上営業所　0278-72-3131
ゆざわ魚沼タクシー　025-784-2660
谷川岳ロープウェイ　0278-72-3575
みなかみ町役場観光商工課　0278-25-5017
みなかみ町観光協会　0278-62-0401
群馬県谷川岳登山指導センター
0278-72-3688

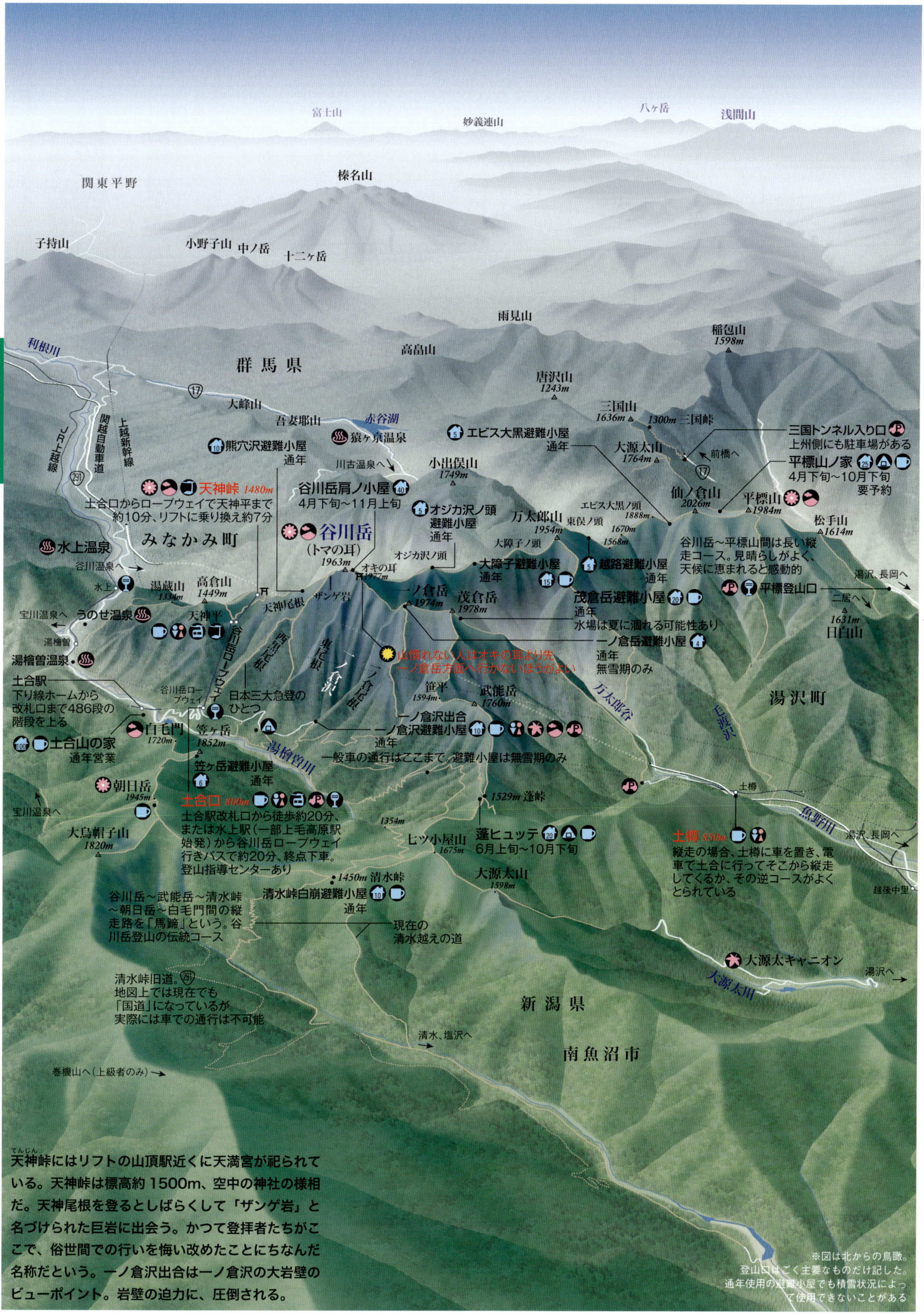
富士山
妙義連山
八ヶ岳
浅間山
関東平野
榛名山
子持山
小野子山
中ノ岳
十二ヶ岳
雨見山
稲包山
1598m
利根川
群馬県
高畠山
唐沢山
1243m
17
大峰山
三国山
1636m
1300m 三国峠
吾妻耶山
赤谷湖
エビス大黒避難小屋
通年
三国トンネル入り口
上州側にも駐車場がある
猿ヶ京温泉
大源太山
1764m
前橋へ
JR上越線
関越自動車道
上越新幹線
熊穴沢避難小屋
通年
川古温泉へ
小出俣山
1749m
平標山ノ家
4月下旬～10月下旬
要予約
291
天神峠 1480m
土合口からロープウェイで天神平まで
約10分、リフトに乗り換え約7分
谷川岳肩ノ小屋
4月下旬～11月上旬
オジカ沢ノ頭
避難小屋
通年
仙ノ倉山
2026m
平標山
1984m
エビス大黒ノ頭
1888m
万太郎山
1954m
東俣ノ頭
1670m
松手山
1614m
谷川岳
（トマの耳）
1963m
大障子ノ頭
1568m
みなかみ町
水上温泉
谷川岳～平標山間は長い縦
走コース。見晴らしがよく、
天候に恵まれると感動的
オジカ沢ノ頭
大障子避難小屋
通年
越路避難小屋
通年
谷川温泉へ
オキの耳
1977m
湯沢、長岡へ
水上
湯蔵山
1334m
高倉山
1449m
ザンゲ岩
平標登山口
一ノ倉岳
1974m
茂倉岳
1978m
茂倉岳避難小屋
通年
水場は夏に涸れる可能性あり
二居へ
天神尾根
宝川温泉へ
うのせ温泉
天神平
1631m
日白山
湯檜曽
西黒尾根
東尾根
一ノ倉沢
一ノ倉尾根
谷川岳ロープウェイ
一ノ倉岳避難小屋
通年
無雪期のみ
湯檜曽温泉
山慣れない人はオキの耳より先
一ノ倉岳方面へ行かないほうがよい
土合駅
下り線ホームから
改札口まで486段の
階段を上る
谷川岳ロープウェイ
日本三大急登の
ひとつ
笹平
1594m
武能岳
1760m
万太郎谷
湯沢町
毛渡沢
一ノ倉沢出合
白毛門
1720m
笠ヶ岳
1852m
一ノ倉沢避難小屋
通年
土合山の家
通年営業
湯檜曽川
一般車の通行はここまで。避難小屋は無雪期のみ
笠ヶ岳避難小屋
通年
朝日岳
1945m
土樽
土合口 800m
1529m 蓬峠
宝川温泉へ
土合駅改札口から徒歩約20分、
または水上駅（一部上毛高原駅
始発）から谷川岳ロープウェイ
行きバスで約20分、終点下車。
登山指導センターあり
1354m
魚野川
大烏帽子山
1820m
七ツ小屋山
1675m
蓬ヒュッテ
6月上旬～10月下旬
土樽 850m
湯沢、長岡へ
縦走の場合、土樽に車を置き、電
車で土合に行ってそこから縦走
してくるか、その逆コースがよく
とられている
大源太山
1598m
1450m 清水峠
越後中里
谷川岳～武能岳～清水峠
～朝日岳～白毛門間の縦
走路を「馬蹄」という。谷
川岳登山の伝統コース
清水峠白崩避難小屋
通年
現在の
清水越えの道
大源太キャニオン
湯沢へ
大源太川
清水峠旧道。291
地図上では現在でも
「国道」になっているが
実際には車での通行は不可能
新潟県
清水、塩沢へ
南魚沼市
巻機山へ（上級者のみ）
※図は北からの鳥瞰。
登山口はごく主要なものだけ記した。
通年使用の避難小屋でも積雪状況によって使用できないことがある

天神《てんじん》峠にはリフトの山頂駅近くに天満宮が祀られている。天神峠は標高約1500m、空中の神社の様相だ。天神尾根を登るとしばらくして「ザンゲ岩」と名づけられた巨岩に出会う。かつて登拝者たちがここで、俗世間での行いを悔い改めたことにちなんだ名称だという。一ノ倉沢出合は一ノ倉沢の大岩壁のビューポイント。岩壁の迫力に、圧倒される。

宿泊施設（数字は収容人数） キャンプ場 水場 トイレ 危険箇所 ロープウェイ リフト おもなバス停 温泉 紅葉の名所 花の名所 好展望 観光ポイント 駐車場

雨飾山

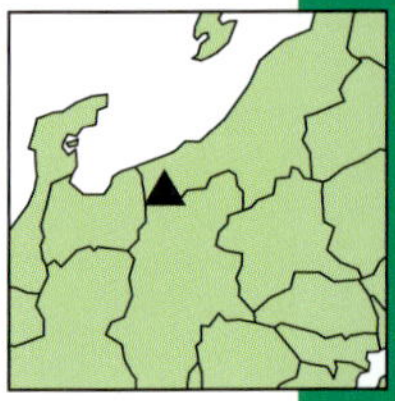

あまかざりやま
1963m
中級者向け
前夜泊日帰り /1 泊 2 日

見どころ：眺望、花、紅葉、岩峰、樹林帯
1/25000 地形図：雨飾山、越後大野

信越国境にそびえ、日本海を見下ろす秀峰

陽春の雨飾山（撮影：川井靖元）

ピラミダルな双耳峰

雨飾山は新潟県糸魚川《いといがわ》市と長野県北安曇《あずみ》郡小谷《おたり》村にまたがってそびえ、頸城《くびき》山塊ともよばれる妙高《みょうこう》連峰の西端に位置する。双耳峰《そうじほう》であり、日本海で漁をする漁師たちの目印でもあった。ピラミダルな山容をもち、石英安山岩や閃緑《せんりょく》岩などが山体を構成している。

風の神として崇拝

雨飾山という山名の由来についても諸説がある。一つは山頂で雨乞いをしたことにちなむというものだ。ほかにも「アマ火山」から転じたとするものや、雨もしくは天を祀《まつ》る山であったことにちなむというものもある。

雨飾山の東峰（北峰）には阿弥《あみ》陀三尊《ださんぞん》、大日如《だいにちにょ》来《らい》、薬師如来《やくしにょらい》、不動明王《ふどうみょうおう》の4体の石仏と祠《ほこら》、西峰には山神の石碑と祠がある。麓《ふもと》の人々は、雨飾山を風の神として崇拝してきた。嵐を鎮めることを祈願する風祭りのとき、この山に登り、頂上の石仏に神酒を捧げ、豊作を願ったという。

豪快な岩峰と大展望

雨飾山は季節風の影響で積雪が多く、例年6月まで雪に覆われている。雪解けと同時にブナ林の鮮やかな新緑が輝き、秋にはあたりの山谷が紅葉で染まる。

小谷温泉から登ると、登山口からしばらくすると美しいブナの樹林帯が続く。登山道付近にはハクサンチドリ、ハクサンフウロなどの高山植物が咲く。荒菅《あらすげ》沢一帯は遅くまで雪が残り、ここから見上げる布団菱《ふとんびし》の岩峰は豪快そのものだ。

山頂からの眺望もすばらしい。妙高連峰や戸隠《とがくし》連峰、巨大な壁のように連なる北アルプス、そして眼下には日本海が見える。

秋の雨飾山　（撮影：飯田信義）

小谷温泉コース

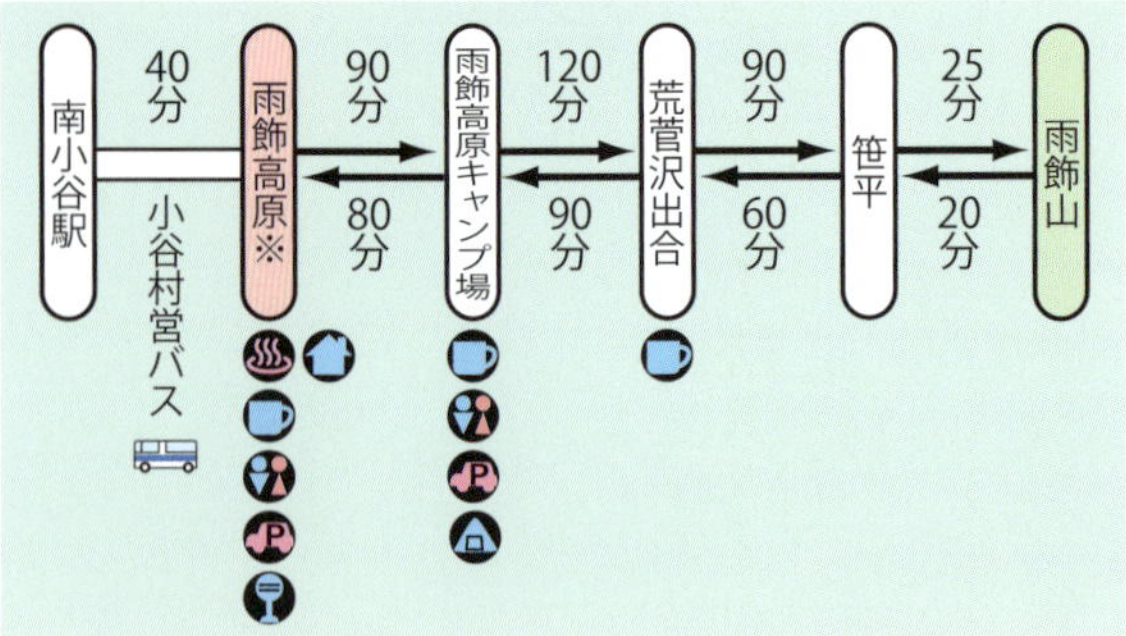

南小谷駅
40分
小谷村営バス
雨飾高原※
90分
80分
雨飾高原キャンプ場
120分
90分
荒菅沢出合
90分
60分
笹平
25分
20分
雨飾山

※ ＝冬期は雨飾高原まで行かずに大凪下どまり。

data

●アクセス
起点は南小谷駅（JR 大糸線）もしくは糸魚川駅（JR 北陸新幹線ほか）
南小谷駅→雨飾高原（小谷村営バス約40分）（※）
糸魚川駅→雨飾温泉（タクシー約 30 分）
糸魚川駅→雨飾登山口（登山タクシー約1時間、予約制、季節運行）
●山小屋
小谷温泉雨飾荘　0261-85-1607
山田旅館　0261-85-1221
雨飾温泉雨飾山荘　090-9016-3212
●問い合わせ
糸魚川バス　025-552-0180
小谷村営バス（小谷村観光振興課）
0261-82-2585
小谷観光タクシー　0261-82-2045
糸魚川タクシー　025-552-0818
小谷村役場　0261-82-2001
糸魚川市役所 025-552-1511
小谷村観光連盟　0261-82-2233

※図は南東からの鳥瞰
日本海
雨飾山
1963m
360度の展望。日本海や糸魚川市街が眺望でき、妙高山、高妻山や戸隠の山々、また、北アルプスなどがすばらしい
雨飾温泉 雨飾山荘
5月中旬～11月上旬
糸魚川駅からタクシーで約30分
雨飾温泉へ
1894m
1842m
笹平
周囲がササ原になる
新潟県
糸魚川市
糸魚川市街
姫川
1673m
布団菱
急登
大網からのコースは利用者がきわめて少ない
金山へ
1193m
1426m
荒菅沢
布団菱の豪快な岩峰が圧倒
1448m
1496m
ブナの大木
遅くまで雪が残ることがある
1485m
1212m
湯峠～大網間の林道については事前に確認を
急登
木道の湿地帯。ミズバショウなどが見られる
大網、糸魚川市街へ
雨飾高原キャンプ場
1352m
大渚山へ
自家用車・タクシーはここまで入れる
湯峠
大海川
1214m
1127m
ブナ林亭
鎌池
樹齢を重ねたブナ林。新緑・紅葉の時期はとくにすばらしい
笹ヶ峰、妙高高原へ
長野県
小谷村
松尾川
1035m
雨飾荘
4月下旬～11月下旬
南小谷駅から雨飾高原行きバスで約40分、終点下車
小谷温泉 863m
南小谷駅からバスで約35分。江戸時代の建物も残る秘境のいで湯
山田旅館
雨飾高原
村営露天風呂
熱湯口
小谷温泉
中谷川
小谷、糸魚川へ

雨飾山の麓にある鎌池《かまいけ》は、周囲をブナの樹林に囲まれひっそりとたたずむ神秘的な池。新緑と紅葉の時期がとくにすばらしい。

宿泊施設（数字は収容人数） キャンプ場 水場 トイレ 危険箇所 ロープウェイ リフト おもなバス停 温泉 紅葉の名所 花の名所 好展望 観光ポイント 駐車場

苗場山

頂上部に広大な湿原が広がる名峰

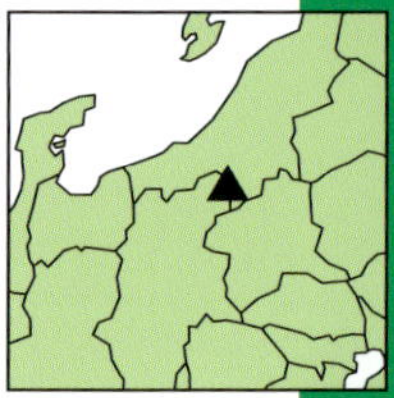

なえばさん
2145m
中級者向け
前夜泊日帰り / 日帰り

見どころ：眺望、花、紅葉、樹林帯、湿原、池塘
1/25000 地形図：苗場山、土樽、佐武流山、三国峠

山頂の湿原と鳥甲山の眺望　（撮影：羽田栄治）

重量感のある山容

スキー場として名を知られる苗場山は、上信越《じょうしんえつ》国立公園の北端にある。重量感がある堂々とした山容だが、頂上部は平坦《へいたん》になっている。７００haにおよぶ高層湿原で１０００以上の池《ち》塘《とう》があるといわれている。

かつては盾状火山とされていたが、現在は成層火山とする説が有力である。山頂部が平坦なのは、カルデラが侵食を受けたためと考えられている。

農業の神として崇拝

「苗場」という名は、頂上部の池塘にミヤマホタルイが生え、あたかも稲田のように見えることにちなんでいるという。こうしたことから苗場山の山頂には保食神《うけもちのかみ》の青銅像や伊米《いめ》神社などが祀《まつ》られ、農業に関する神として崇拝の対象となってきた。また修験の場でもあった。

この近くにある神楽《かぐら》ヶ峰《みね》は、苗場山山頂の伊米神社に神楽の舞を奉納した場所であることから名づけられた名前である。神楽ヶ峰山頂からは谷川連峰の峰々を望み、眼下にはカッサ湖が見える。正面に望む苗場山はいっそう重厚である。

高山植物が咲き競う

苗場山の最大の特色は、山頂部にある広大な湿原である。この高層湿原は４km四方にも及び、多くの池塘が点在する。夏にはシャクナゲの群生地となり、またチングルマ、コイワカガミ、ワタスゲ、イワイチョウなどの高山植物が咲き競い、さながら楽園のようだ。

山頂からの眺めもすばらしく、谷川連峰や越後三山、北アルプスなどを望む。

神楽ヶ峰。天上之霊観石碑
（撮影：羽田栄治）

小赤沢コース／祓川コース

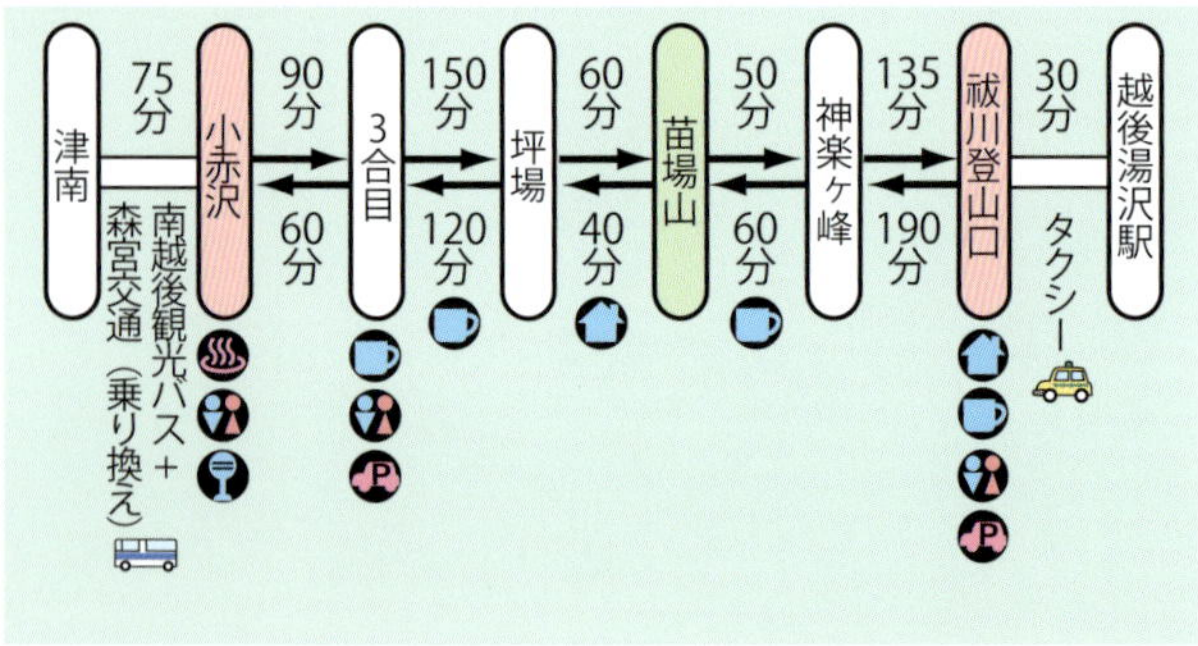
津南
75分
小赤沢
南越後観光バス＋森宮交通（乗り換え）
90分
60分
3合目
150分
120分
坪場
60分
40分
苗場山
50分
60分
神楽ヶ峰
135分
190分
祓川登山口
30分
タクシー
越後湯沢駅

data

●アクセス
起点は津南駅（JR 飯山線）もしくは越後湯沢駅（JR 上越新幹線）
津南→見玉（南越後観光バス約 21 分）→小赤沢（森宮交通約 45 分、要予約）
越後湯沢駅→和田小屋（タクシー約 30 分）
●山小屋
和田小屋　025-788-9221
苗場山自然体験交流センター　025-767-2202
赤湯温泉山口館　025-772-4125
●問い合わせ
南越後観光バス津南営業所　025-765-3647
森宮交通　0269-87-3100
ゆざわ魚沼タクシー　025-784-2660
栄村役場　0269-87-3111
津南町役場　025-765-3111
湯沢町役場　025-784-3451
栄村秋山郷観光協会　0269-87-3333
津南町観光協会　025-765-5585
湯沢町観光協会　025-785-5505

※図は北西からの鳥瞰

群馬県
白砂山
2140m
野反湖
佐武流山
2192m
佐武流山～赤倉山間は
ヤブで残雪期以外は通行困難
2052m
赤湯温泉 1000m
越後湯沢駅から苗場プリンスホテル
行きバスで約35分、元橋下車。そこ
から徒歩約3時間40分
赤湯温泉山口館 80
4月下旬～11月上旬
苗場スキー場
三国峠へ
17
湯沢へ
湯沢町
浅貝川
赤倉山
1938m
苗場山自然体験交流センター 82
旧苗場山頂ヒュッテ。6月上旬～10月下旬
山小屋も含めて山頂部には
飲用の水場がないので注意
大岩山
1947m
月夜立岩
長野県
栄村
龍ノ峰
2037m
伊米神社
1856m
坪場
2145m
苗場山
神楽ヶ峰
2030m
木道が敷かれる
小さな湿地帯
上ノ芝
下ノ芝
かぐら・田代スキー場
カッサ湖
(田代湖)
雷清水
6合目
周囲はササや灌木
8合目付近は岩場が続く。
鎖場あり
檜ノ塔
1882m
奥志賀高原、
野沢温泉へ
切明
和山登山口 900m
交通アクセスは小赤沢登山口参照。
森宮交通で和山下車
和山
温泉休憩所
のよさの里
上野原
秋山郷
総合センター
「とねんぼ」
倒木が多く
歩きにくい道
4合目
大木の見事な樹林帯
2000m
霧ノ塔
硫黄川
日陰山
1860m
黒倉山
1778m
松ノ峰
1212m
小赤沢登山道3合目 1300m
越後湯沢駅からタクシーで
約1時間40分、または津南
駅から同約1時間
大瀬ノ滝
小赤沢
屋敷
鳥甲山
秋山郷保存民家
かぐら・みつまた
スキー場
祓川登山口 1300m
越後湯沢駅から
タクシーで約30分
和田小屋 45
6月中旬～10月中旬、12月初旬～5月上旬
20
小松原避難小屋
通年
上屋敷(上ノ代)
1512m
中屋敷(中ノ代)
小松原湿原
1339m
下屋敷(下ノ代)
小赤沢登山口 750m
津南から見玉で乗り換え、森宮交通の
切明和行きデマンドバスで約1時間
15分(要予約)。
津南まではJR以外に、越後湯沢駅か
ら森宮野原駅行き急行バス(約45分)
がある。
大赤沢
1354m
金城山
風穴
前倉
国有林道
一般車通行禁止
新潟県
秋山郷
405
見倉
萌木の里
見倉登山口 600m
交通アクセスは小赤沢登山口参照、
バス停結東下車
見倉橋
結東
一般車通行禁止
小松原湿原登山口 750m
津南駅よりタクシーで約20分
清水川原
逆巻
中津川
黒滝川
見玉
大田新田
見玉不動尊
穴藤
津南町
405
津南、十日町へ

秋山郷《あきやまごう》は苗場山と鳥甲山《とりかぶとやま》に挟まれた、平家の落人伝説が残る秘境。紅葉の時期はとりわけ見事な景観を見せる。屋敷《やしき》地区から見る鳥甲山の布岩《ぬのいわ》は柱状節理の大絶壁で、見る者を圧倒する。小赤沢《こあかさわ》登山口から苗場山に向かうと1合目に大瀬《おぜ》ノ滝があり、近くには諏訪《すわ》神社がある。見倉《みくら》橋は見事なシルエットを描き、秋山郷の宝石ともいわれる木製の吊り橋。橋の上から見る中津川渓谷の美しさは抜群である。

宿泊施設(数字は収容人数)　キャンプ場　水場　トイレ　危険箇所　ロープウェイ　リフト　おもなバス停　温泉　紅葉の名所　花の名所　好展望　観光ポイント　駐車場

妙高山・火打山

頸城山塊の中心となる2つの名峰

イモリ池より妙高山を望む　（撮影：飯田信義）

主峰と最高峰

頸城《くびき》山塊は、新潟県南西部と長野県との県境に峰を連ねる連峰である。妙高山はこの頸城山塊の主峰であり、火打山はその最高峰である。この2峰に焼山《やけやま》を加えて「頸城三山」といい、この山域の中心をなしている。

妙高山は南峰と北峰の2峰からなる双耳峰《そうじほう》で、越後富士《えちごふじ》ともよばれる。二重式の成層火山で、頂上部は中央火口丘となっており、赤倉《あかくら》山や神奈《かんな》山などの外輪山がU字に囲む。

一方、火打山は火山ではない。堆積《たいせき》岩が隆起して形成された山で、山容も緩やかである。

古来からの信仰の山

妙高山は、その昔「越《こし》の中山《なかやま》」とよばれ、「名香山《なかやま》」と表記した。当初、これを「みょうこう」と読んだが、のちにこの山を須弥山《しゅみせん》に見立て、その別名である「妙高」を当てたのだという。麓《ふもと》の関山《せきやま》神社の奥の院として南峰の山頂部に妙高大神を祀《まつ》る。

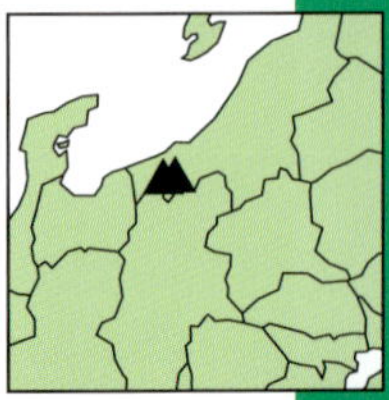

みょうこうさん
ひうちやま
妙高山　2454m
火打山　2462m
中級者向け
1泊2日

見どころ：眺望、花、高層湿原、池塘、滝
1/25000 地形図：湯川内、妙高山、赤倉

※図は南からの鳥瞰
日本海
鉾ヶ岳
権現岳
火打山
2462m
土壌の流出を防ぐためにある丸太の階段
影火打
ハイマツ帯になる
高谷池ヒュッテ
74
4月下旬～11月上旬
雷鳥広場
胴抜切戸
鬼ヶ城
天狗ノ庭
妙高市
2147m
茶臼山
2171m
嘉平治岳
2035m
木道が続く
高谷池
黒沢岳
2212m
神奈山へ
天狗ノ庭、高谷池、黒沢池は豊富な降雪量に支えられた高層湿原。高山植物の種類も非常に多い
2017m
黒沢池
富士見平
100
黒沢池ヒュッテ
ゴールデンウイーク、6月上旬～11月中旬（要問合せ）
針葉樹林帯
弥八山
1927m
黒沢
1790m
鍋倉谷
新潟県
急登
十二曲り

data

●アクセス
起点は関山駅（えちごトキめき鉄道妙高はねうまライン）もしくは妙高高原駅（しなの鉄道北しなの線、えちごトキめき鉄道妙高はねうまライン）
関山駅→燕温泉（妙高市営バス約30分）
妙高高原駅→笹ヶ峰（頸南バス約50分、季節運行）

●山小屋
高谷池ヒュッテ　0255-86-6000
黒沢池ヒュッテ　0255-86-5333
大谷ヒュッテ（南地獄谷避難小屋）
0255-74-0021
明星荘　0255-86-6910
笹ヶ峰グリーンハウス 0255-86-6660

●問い合わせ
妙高市営バス（環境生活課）　0255-74-0032
頸南バス　0255-72-3139
アルピコ交通バス　026-254-6700
高原タクシー　0255-86-3141
新井タクシー　0255-72-3147
妙高高原スカイケーブル　0255-87-2503
妙高市役所　0255-72-5111
妙高市観光協会　0255-86-3911
妙高高原ビジターセンター　0255-86-4599

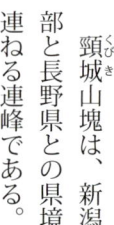

燕温泉コース／笹ヶ峰コース

関山駅		燕温泉		天狗平		妙高山		黒沢池ヒュッテ		火打山		高谷池ヒュッテ		笹ヶ峰
	30分		140分		110分		100分		140分		70分		125分	
	妙高市営バス		100分		70分		120分		110分		90分		170分	

火打山の山頂からは、鎌倉時代のものと想定される銅製の十一面観音懸仏《じゅういちめんかんのんかけぼとけ》が発見されており、かつて信仰の山だったことをうかがわせる。現在も頂上には小さな石仏がある。

多くの高層湿原

妙高山、火打山いずれの山頂からも、すばらしい展望が広がる。

さらに天狗《てんぐ》ノ庭《にわ》、高谷《こうや》池、黒沢《くろさわ》池、長助《ちょうすけ》池、大倉《おおくら》池などの高層湿原と点在する池《ち》塘《とう》がこの山域をいっそう魅力的なものにしている。これらの湿原では、ハクサンコザクラ、ワタスゲなどの花を楽しめる。天狗ノ庭の池塘に映る「逆さ火打」は趣がある。

※図は東からの鳥瞰
白馬鑓ヶ岳
白馬岳
雪倉岳
朝日岳
日本海
雨飾山
天狗原山
金山
焼山
乙妻山
火打山 2462m
笹ヶ峰 妙高高原駅からバスで約50分
明星荘 4月～11月ごろ
笹ヶ峰グリーンハウス 4月下旬～11月上旬
遅くまで雪渓が残る。大倉乗越から下りには注意が必要
高谷池ヒュッテ 4月下旬～11月上旬
妙高山
南峰 2454m
北峰 2446m
黒沢岳 2212m
茶臼山 2171m
鬼ヶ城
どのコースでも山頂直下は急登
短い鎖場
夢見平遊歩道
乙見湖
笹ヶ峰
京大ヒュッテ
大倉乗越
2017m
黒沢池ヒュッテ ゴールデンウイーク、6月上旬～11月中旬（要問合せ）
長助池
赤倉山 2141m
光善寺池
燕登山道 コース全体のうち、急登が多くを占める
天狗平
硫黄臭ただよう源泉地帯
大倉谷
1954m
大倉池
神奈山 1909m
仙人池
大谷ヒュッテ 通年
黄金清水
前山 1932m
血ノ池
燕新道 距離が長くややや健脚向き
関川
1686m
称明滝
光明滝
北地獄谷
1679m
惣滝
神奈山コース 利用者はあまり多くない
山頂駅
南地獄谷
苗名滝（地震滝）
燕温泉 1100m 関山駅からバスで約30分。旅館が数軒。日帰り入浴のできる野天風呂もある（6月～11月）。春、ツバメが巣作りに使う土を取りに集まるところから「燕」とよばれる
燕温泉
1250m
妙高高原スカイケーブル
関温泉スキー場 日本のゲレンデスキー発祥の地
関見峠
杉野沢温泉
苗名の湯
赤倉温泉天心園
933m
関温泉
関温泉 900m 関山駅から燕温泉行きバスで約25分、旅館が数軒
野尻湖へ
ミズバショウ群生地
妙高高原ビジターセンター
イモリ池 池を中心に遊歩道が整備されている。軽い散策向き
新潟県
不動滝（大滝）
滝の湯 公共野天風呂
元気村温泉ハウス
岡倉天心六角堂 毎年9月2日に天心忌が行われる
休暇村妙高 通年
池ノ平温泉
新赤倉温泉
尾崎紅葉山人碑
天心顕彰碑（平山郁夫揮毫）
妙高市
白田切川
大田切川
山麓駅
赤倉温泉 妙高山の北地獄谷から湯を引いている。岡倉天心、尾崎紅葉など文化人に愛されてきた名湯。また、スキーリゾートとしての歴史も古い
長野へ
妙高高原IC
野尻湖、長野へ
18
関山神社 妙高山の里宮。1200年の伝統を誇る神事「火祭り」が毎年7月に行われる
関川共同浴場
妙高温泉
北国街道
上信越自動車道
黒姫、長野へ
飯山へ
妙高高原
北しなの鉄道
えちごトキめき鉄道
上越へ
関山駅へ

妙高山周辺には見事な滝が多い。関温泉の大滝や登山道途中から見える称明滝・光明滝。南麓の苗名滝は「日本の滝百選」にも選ばれた名瀑。柱状節理の岩壁から流れ落ちる様は迫力があり、地響きがするほどの激しさから「地震滝」の別名がある。イモリ池は、湖面に妙高山を映し出す。4月下旬から5月上旬にかけて10万株ものミズバショウが咲き、夏にはスイレンで湖面が一杯になる。関山神社は妙高山信仰の中核的存在の神社である。

宿泊施設（数字は収容人数） キャンプ場 水場 トイレ 危険箇所 ロープウェイ リフト おもなバス停 温泉 紅葉の名所 花の名所 好展望 観光ポイント 駐車場

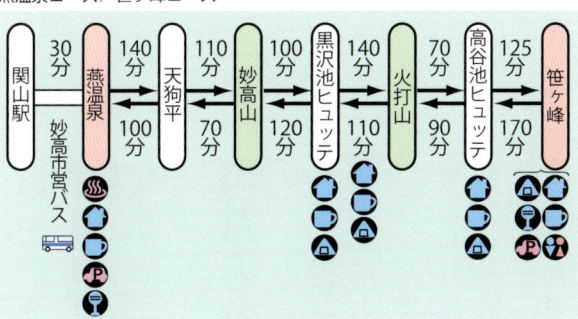

高妻山

円錐形の山容をもつ戸隠連峰の最高峰

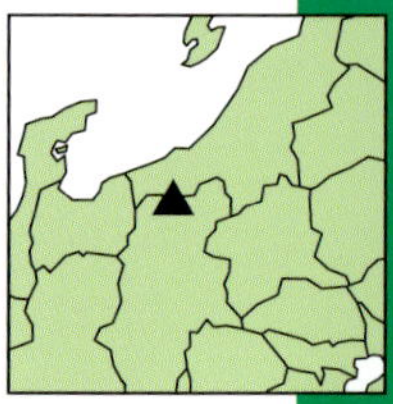

たかつまやま
2353m
中級者向け
前夜泊日帰り/日帰り

見どころ:眺望、花、紅葉、樹林帯、湿原
1/25000 地形図:高妻山

高妻山(提供:アフロ)

戸隠富士の別名

高妻山は上信越《じょうしんえつ》国立公園の北西に位置し、戸《と》隠《がくし》連峰の最高峰である。戸隠連峰は約4万年前に造山活動によって隆起した峰々といわれる。戸隠連峰のうち戸隠山から西岳《にしだけ》に連なる峰を戸隠表山、高妻山および五《ご》地蔵山《じぞうやま》、乙妻山《おとつまやま》は戸隠裏山とよばれる。

高妻山は戸隠連峰のなかでも際立《きわだ》って高く、円錐《えんすい》形の山容から「戸隠富士」という呼び名もある。

山岳宗教の拠点

戸隠連峰は山岳信仰の山として知られている。高妻山も信仰の山である。表山と裏山は一不動《いちふどう》の祠《ほこら》が置かれた鞍部《あんぶ》で分かれる。この一不動から高妻山の頂上まで、二釈迦《しゃか》、三文殊《もんじゅ》、四普《ふ》賢《げん》、五地蔵《じぞう》、六弥勒《みろく》、七薬《やく》師《し》、八観音《かんのん》、九勢至《せいし》、十阿《あ》弥陀《みだ》と順番がつけられた石の祠がある。頂上の南端に安置された十阿弥陀には1862(文久2)年の銘がある銅鏡が立っている。

頂上から抜群の展望

高妻山の稜線《りょうせん》上の登山道には、たくさんのシラネアオイが咲く。その見事さからシラネアオイロードともよばれる。

高妻山の頂上は南北に細長く、岩が積み重ねられているような所である。

三角点がある北端からの眺めがよく、北アルプスも展望できる。乙妻山の山頂にも小さな祠があり、展望もよい。

高妻山は豪雪地帯にあるため、高山植物に恵まれている。トガクシイワインチンやトガクシショウマなどの固有種のほか、シラネアオイやシナノナデシコ、タカネコウリンカ、ハクサンシャジンなどを見ることができる。とくに、高妻山と乙妻山の間の最低鞍部には熊《くま》ノ平《だいら》という小さな湿原があり、さまざまな高山植物が咲く。

古池湿原から見た高妻山(提供:アフロ)

data

●アクセス
起点は長野駅(JR 北陸新幹線ほか)
長野駅→戸隠キャンプ場(アルピコ交通バス約1時間5分)
●山小屋
一不動避難小屋 026-254-2323
(長野市役所戸隠支所)
戸隠キャンプ場 026-254-3581
●問い合わせ
アルピコ交通バス 026-254-6000
旭タクシー 026-221-6868
長野市役所戸隠支所 026-254-2323
戸隠観光協会 026-254-2888

戸隠コース

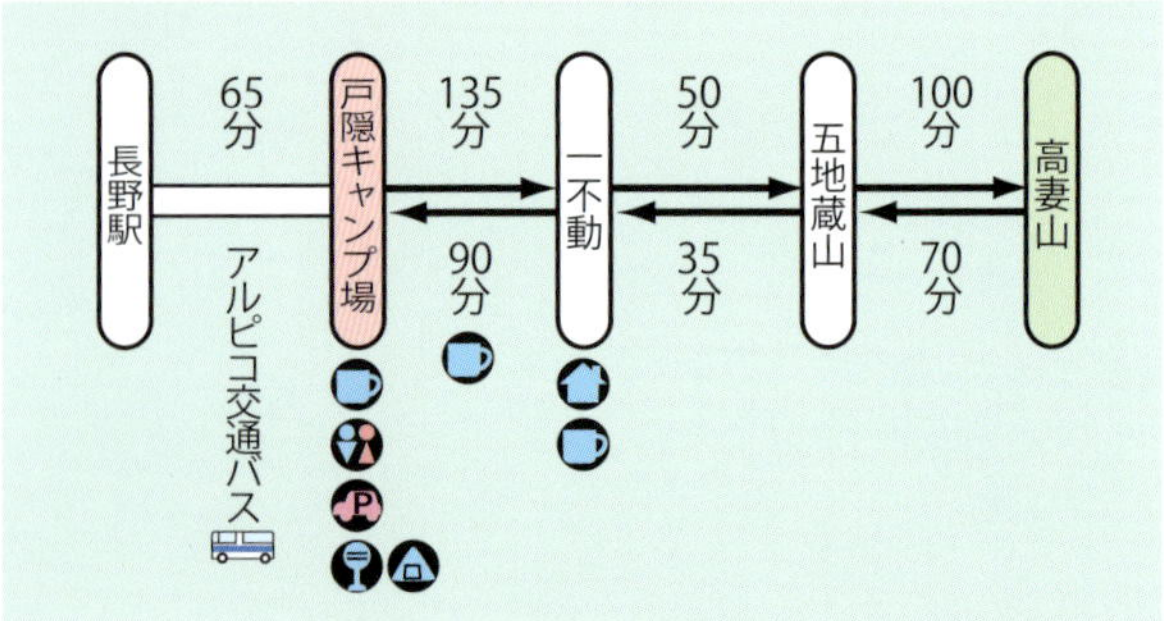

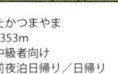

※図は南東からの鳥瞰
雨飾山
焼山
北アルプス、山頂の眺望がすばらしい。とくに北信五岳などの眺めが絶品
高妻山
2353m
乙妻山
2318m
2297m
熊ノ平
草地
地蔵山
しだいに急登になる。落石を出さないように
八丁ダルミ
2053m
五地蔵山
1998m
不動避難小屋 15
通年
水場まで徒歩15分
週末は混雑する
九頭龍山
1883m
1888m
1747m
不動
一杯清水（氷清水）
鎖場
不動滝
帯岩
滑りやすい岩場
鎖場
滑滝
急登
西岳は
エキスパート向けで
一般登山者には不適
西岳へ
八方睨
1900m
戸隠山
1904m
戸隠高原側は
切り立った崖
1869m
蟻ノ戸渡り
胸突き岩
八方睨まで鎖場や岩場が連続。岩質が脆いため注意
天狗ノ露地
鎖場
西窟
百間長屋
五十間長屋
岩壁が庇状に覆いかぶさっている
ゆるやかな登り
急登
戸隠神社奥社 1400m
長野駅から戸隠キャンプ場行きバスで約1時間10分、戸隠奥社入口下車徒歩約40分
戸隠神社奥社
九頭龍社
大洞沢
戸隠キャンプ場 1170m
長野駅から戸隠キャンプ場行きバスで約1時間5分
戸隠牧場
不動沢
杉並木の参道
随神門
長野県
長野市
戸隠キャンプ場・
4月下旬～10月下旬
裾花へ
戸隠キャンプ場
逆サ川
念仏池
湖面に「逆さ戸隠」が映る
鏡池
戸隠森林植物園
バードウオッチングに興味がある人の散策に最適
戸隠奥社入口
どんぐりハウス
森林総合案内所
みどりヶ池
戸隠民俗館・
忍法資料館
森林植物園
越水ヶ原
戸隠スキー場
西岳へ
小鳥ヶ池
戸隠高原
古代より信仰の地として知られていた戸隠。その神秘的な雰囲気と豊かな自然は多くの人々を魅了してきた。夏は野山や社寺の散策に、冬はスキーにと、おとずれる人も多い
戸隠神社中社
戸隠中社
上楠川
戸隠営業所
戸隠神社宝光社
火之御子社
水源池
鬼無里へ
長野へ
長野へ

戸隠神社は「天《あま》の岩戸《いわと》開き」にちなむ神々を祀《まつ》り、全国に名を知られる古社。奥社《おくしゃ》・中社《ちゅうしゃ》・宝光《ほうこう》社・九頭龍《くずりゅう》社・火之御子《ひのみこ》社の5社からなる。平安時代の末期には修験道の中心地として名を知られた。神仏習合が広まるにつれ、戸隠山顕光寺《けんこうじ》として比叡山《ひえいざん》、高野《こうや》山と並び称され、明治時代の神仏分離令により戸隠神社となり、今日に至る。中社境内にある神木の三本杉は樹齢800年といわれる。

宿泊施設（数字は収容人数） キャンプ場 水場 トイレ 危険箇所 ロープウェイ リフト おもなバス停 温泉 紅葉の名所 花の名所 好展望 観光ポイント 駐車場

男体山

中禅寺湖の湖畔にそびえる信仰に彩られた名峰

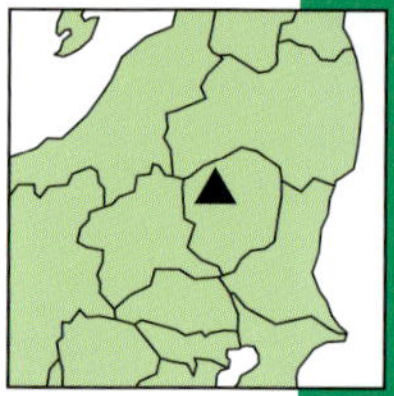

なんたいさん
2486m
中級者向け
前夜泊日帰り / 日帰り

見どころ：眺望、花、紅葉
1/25000 地形図：男体山、中禅寺湖、日光北部、日光南部

男体山と中禅寺湖　（撮影：飯田信義）

日光富士ともよばれる

男体山は中禅寺湖《ちゅうぜんじ》の北岸にそびえ、日光《にっこう》連山のほぼ中央に位置する日光を代表する山だ。成層火山で、山体は安山岩からなり、多くの放射谷がある。

中禅寺湖から見る男体山の円錐《えんすい》形の山容はきわだって美しい。その端正な姿から日光富士ともよばれる。

三神を祀る信仰の山

男体山は信仰の山である。日光開山の祖とされる勝道《しょうどう》が782（延暦元）年に登り、頂上で三神を見たと伝えられる。三神とは「大己貴命《おおなむちのみこと》」、「田心姫命《たごりひめのみこと》」、「味耜高彦根命《あじすきたかひこねのみこと》」である。男体山はこの三神を家族と見なして、祀《まつ》っている。なお「田心姫命」、「味耜高彦根命」はそれぞれ女峰《にょほう》山、太郎《たろう》山に祀られている。勝道の登頂ののちも修験の場として、長く峰修行が行われた。

男体山の登山口のひとつ二荒《ふたら》山神社中宮祠《ちゅうぐうし》から登頂する場合には、入山料として拝観料を払うが、これも信仰の山らしい。

高山植物も豊富

二荒山神社から登ると4合目には鳥居があり、8合目には滝尾《たきお》神社の祠《ほこら》がある。登山道の眼下に広がる中禅寺湖の眺めがすばらしい。

志津乗越《しづのっこし》にある志津小屋は、二荒山神社の社務所を兼ねている。ここから山頂までの登山道にはたくさんのイワカガミをはじめ、さまざまな高山植物が咲く。

信仰の山らしい山頂

頂上には釣鐘があり、大きな岩の上に鉄剣が立っている。また二荒山神社の奥《おく》宮《みや》が祀られており、二荒山大神の銅像がある。

頂上からは隔てるものがなにもない展望が広がり、眼下には中禅寺湖や戦場《せんじょう》ヶ原《はら》が見事な光景を見せる。

紅葉の男体山（撮影：飯田信義）

二荒山神社コース／三本松コース

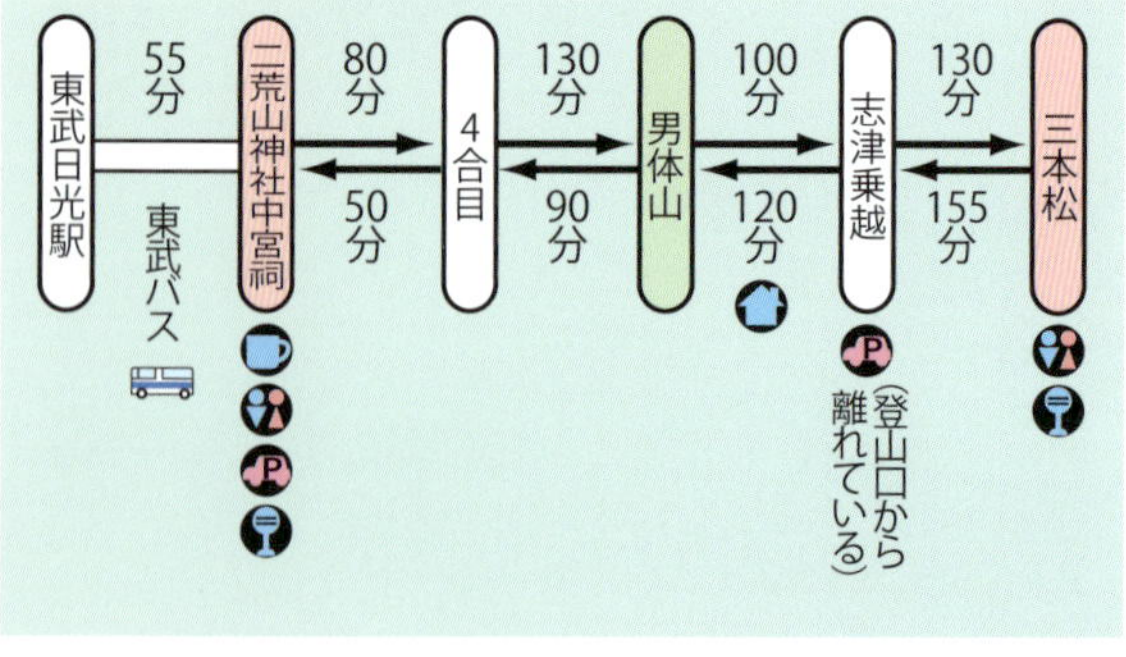

東武日光駅
55分
東武バス
二荒山神社中宮祠
80分
50分
4合目
130分
90分
男体山
100分
120分
志津乗越
（登山口から離れている）
130分
155分
三本松

data

●アクセス
起点は日光駅（JR 日光線）もしくは東武日光駅（東武日光線）
日光駅 / 東武日光駅→二荒山神社中宮祠（東武バス約 55 分）
日光駅 / 東武日光駅→三本松（東武バス約 1 時間 5 分）

●山小屋
志津小屋　0288-55-0017
唐沢避難小屋　0288-53-3795

●問い合わせ
東武バス日光営業所　0288-54-1138
日光交通　0288-54-1197
中央交通　0288-54-2138
日光市役所日光行政センター日光観光課　0288-53-3795
日光市観光協会　0288-54-2496
日光湯元ビジターセンター　0288-62-2321

尾瀬
日光白根山
2578m
群馬県
片品村
奥鬼怒山
錫ヶ岳
水上、沼田へ
丸沼
菅沼
温泉ヶ岳
五色山
大平山
前白根山
金精峠
湯元温泉
湯元温泉
湯ノ湖
刈込湖
切込湖
西ノ湖
高山
1668m
弓張峠
1431m
湯滝
涸沼
山王帽子山
2077m
奥鬼怒、
川俣温泉へ
千手ヶ浜
小田代原
1741m
山王峠
太郎山
2368m
光徳牧場
光徳温泉
光徳温泉
戦場ヶ原
1395m
三本松
湯川
赤沼
裏男体林道
竜頭ノ滝
2486m
二荒山神社
奥宮
滝尾神社
2225m
大真名子山
2376m
小真名子山
2323m
針葉樹林が
美しい
帝釈山
2455m
1360m
菖蒲ヶ浜
男体山
富士見峠 2036m
志津乗越
1785m
2483m
女峰山
2464m
阿世潟
1269m
中禅寺湖
崩壊地（薙）の登り
やや足場が悪い
1667m
4合目
唐沢避難小屋
通年
3合目
二荒山神社中宮祠
半月山へ
二荒山神社中宮祠 1300m
東武日光駅から湯元温泉行きバスで約55分
志津小屋 1790m
東武日光駅から湯元温泉行きバスで約1時間5分、
三本松バス停から徒歩約2時間40分。
志津乗越の駐車場は閉鎖
中禅寺温泉
中禅寺温泉
茶木平
1282m
華厳の滝入口
華厳滝
第一いろは坂
志津小屋
5月上旬～10月下旬
水場はほとんど使用不可能
白雲滝
栃木県
赤薙山
2010m
第二いろは坂ができたため渋滞
は減ったが、それでも駐車待ち
でかなり時間がかかることがあ
る
第二いろは坂
872m
キノミ平
田母沢
稲荷川
足尾、桐生へ
奥鬼怒、川治温泉へ
沼ノ平
日光市
裏見滝
霧降高原
稚児ヶ墓
荒沢
寂光滝
大谷川
霧降高原有料道路
清滝IC
日光宇都宮有料道路
白糸滝
やしおの湯
大猷院廟
日光博物館
二荒山神社
西参道
日光東照宮
日光山輪王寺
神橋
594m
鳴沢
大谷川
日光市役所
東武日光駅
JR日光駅
今市、宇都宮へ
※図は南東からの鳥瞰

二荒山神社の「二荒山」とは男体山のことである。二荒山神社の中宮と奥宮はそれぞれ男体山の山麓と頂上にある。また本社は日光駅から大谷《だいや》川を隔てた日光山内《さんない》にある。日光山内にはほかに日光東照宮《とうしょうぐう》と日光山輪王寺《りんのうじ》があり、二社一寺とよばれる神域である。日光開山の伝説に彩られた朱塗りの神橋《しんきょう》は国の重要文化財であり、世界遺産にも登録されている。

宿泊施設（数字は収容人数） キャンプ場 水場 トイレ 危険箇所 ロープウェイ リフト おもなバス停 温泉 紅葉の名所 花の名所 好展望 観光ポイント 駐車場

日光白根山※

多くの火山湖に囲まれてそびえる日光連山の最高峰

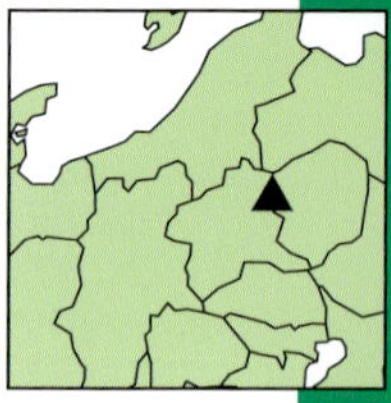

にっこうしらねさん
2578m
中級者向け
前夜泊日帰り / 日帰り

見どころ：眺望、花、紅葉、湖沼、火山地形
1/25000 地形図：男体山、丸沼

日光白根山の盛夏（撮影：飯田信義）

関東以北の最高峰

日光白根山は、日光《にっこう》連山の最高峰であると同時に、関東以北でもっとも標高が高い山である。正式名称は白根山だが、一般には草津《くさつ》白根山と区別するために日光白根山とよばれ、また、前白根山に対して奥白根山とよばれる。麓《ふもと》からその全容を知ることはむずかしいが、登るにつれて、堂々とした山容を見せる。

安山岩からなる溶岩円頂丘を山体としている火山で、最後の噴火も1889（明治22）年と新しい。

山岳信仰の山

日光には信仰の山が多い。日光白根山もまた信仰と結びついた山である。群馬県側の片《かた》品《しな》村では村人たちが登拝し、農作物の被害がないように祈ったという。六地蔵《ろくじぞう》、大日如来《だいにちにょらい》などの地名はそうした山岳信仰の名残である。山頂近くに白根山神社の祠《ほこら》がある。

豊富な高山植物と火山湖

日光白根山の魅力のひとつは豊富な高山植物が咲き競うことである。シラネアオイはもともと日光白根山に多く自生することから命名された名前である。ほかにもイワカガミやハクサンチドリなどさまざまな高山植物が咲く。

もうひとつは、五色沼《ごしきぬま》や弥陀《みだ》ケ池《いけ》などの火山湖が山中にあり、楽園のような見事な光景を見せてくれることだ。

眼下に青く光る湖面

頂上部は火山らしい荒々しさが残る地形だ。展望は見事で、日光連山の峰々はもちろん、那須岳《なすだけ》なども見渡せる。眼下には間近に五色沼や弥陀ケ池、さらには菅沼《すげぬま》、丸沼《まるぬま》や湯《ゆ》ノ湖《こ》、中禅《ちゅうぜん》寺《じ》湖の湖面が青く輝く。

丸沼高原のトリカブト
（撮影：飯田信義）

丸沼高原コース／菅沼コース

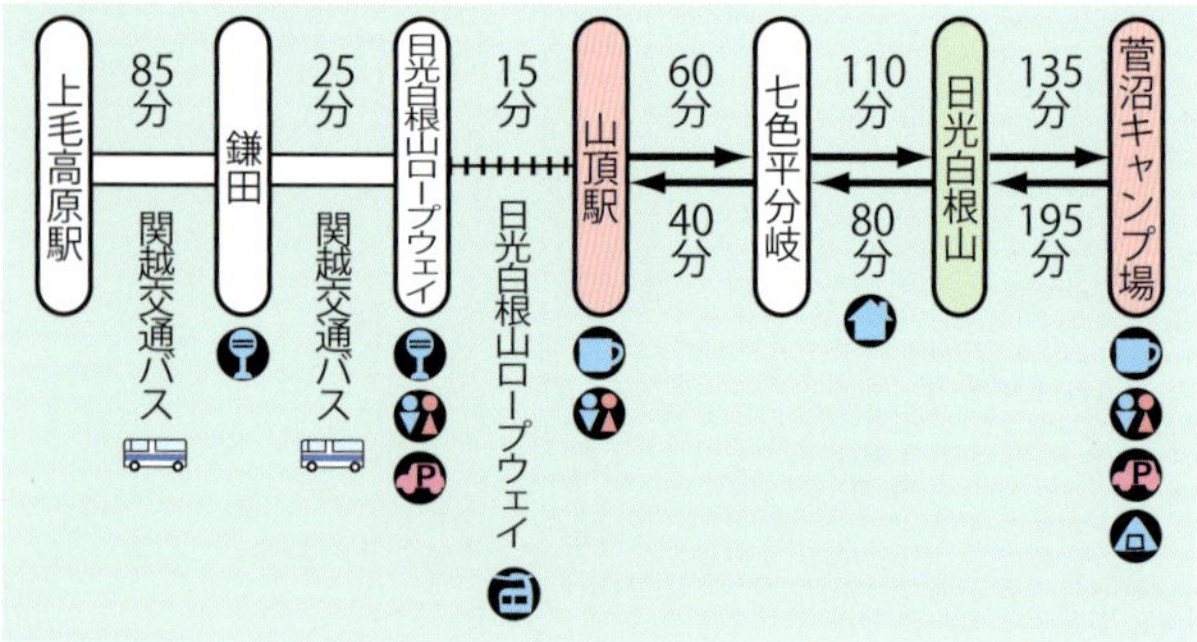
上毛高原駅
85分
関越交通バス
鎌田
25分
関越交通バス
日光白根山ロープウェイ
15分
日光白根山ロープウェイ
山頂駅
60分
40分
七色平分岐
110分
80分
日光白根山
135分
195分
菅沼キャンプ場

※＝深田久弥『日本百名山』では「奥白根山」と表記。

data

●アクセス
起点は上毛高原駅（JR 上越新幹線）もしくは日光駅（JR 日光線）、東武日光駅（東武日光線）
上毛高原駅→鎌田（関越交通バス約 1 時間 25 分）→日光白根山ロープウェイ（関越交通バス約 25 分）
日光駅 / 東武日光駅→湯元温泉（東武バス約 1 時間 25 分）
東武日光駅→日光白根ロープウェイ（関越交通バス約 1 時間 50 分、季節運行）
●山小屋
五色沼避難小屋　0288-21-1178
七色平避難小屋　0278-58-2111
●問い合わせ
東武バス日光営業所　0288-54-1138
関越交通沼田営業所　0278-23-1111
日光交通　0288-54-1197
片品観光タクシー　0278-58-2041
日光白根山ロープウェイ　0278-58-2211
日光市役所日光行政センター日光観光課　0288-53-3795
片品村役場　0278-58-2111
日光市観光協会　0288-54-2496
日光湯元ビジターセンター　0288-62-2321
片品村観光協会　0278-58-3222

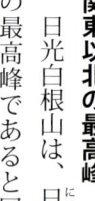

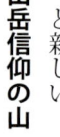

中禅寺湖
戦場ヶ原
栃木県
日光市
外山
2204m
2385m
2394m
中禅寺湖、
日光市街へ
日光湯元温泉 1490m
東武日光駅から湯元温泉行きバスで
約1時間25分。
宿泊施設多数、交通の便もよい
120
湯滝
湯ノ湖
温泉寺
前白根山
2373m
日光白根山
2578m
岩場の登り
五色沼避難小屋 30
通年
五色山
2379m
2303m
砂礫の道
五色沼
2244m
金精山
弥陀ヶ池
2317m
急斜面
崩壊地のトラバース
金精峠へ
座禅山
シカの食害のために
七色平などに電気柵を設置
七色平避難小屋
10 通年
菅沼 1740m
上毛高原駅からバスで約1時間25分、鎌田下車、
鎌田からタクシーで約20分。
または東武日光駅からタクシーで約1時間30分。
人気コースの登山口
急登
分岐
2133m
七色平
大日如来
山頂駅 2000m
ゴンドラの山麓駅のある丸沼高原へは上毛高原駅から鎌田までバスで約1時間25分、または沼田駅からバスで約1時間、鎌田下車。湯元温泉行きバスに乗り換えて約25分、日光白根山ロープウェイ下車。いちばん楽に山頂に登れるが、標高の高い所から歩き始めるので高山病に弱い人は注意
緩やかな傾斜
血ノ池地獄
金精峠、湯元温泉、
日光へ
史跡・自然散策コース
森の中のハイキング
が楽しめる
針葉樹林の中の登り
山頂駅
菅沼キャンプ場
4月下旬～10月下旬
幕営は期間限定、バンガローのみ（要確認）
群馬県
片品村
賽ノ磧
1992m
六地蔵
不動尊
座塚山へ
菅沼、丸沼、大尻沼は日光白根山の溶岩によって、堰き止められてできた湖。菅沼は丸沼、大尻沼より標高が300m高い
菅沼
日本有数の透明度
120
日光白根山ロープウェイ
丸沼高原スキー場
丸沼高原オートキャンプ場
5月下旬～10月下旬の土日祝、
夏休み期間は毎日営業
丸沼
鎌田、尾瀬、
沼田へ
山麓駅
座禅温泉
日光白根山ロープウェイ
大尻沼
1468m
丸沼高原
※図は北西からの鳥瞰

登山口である丸沼と菅沼は日光白根山の噴火によって堰《せ》き止められてできた湖。２つの沼の湖畔はいずれも白樺やブナの原生林に囲まれ、神秘的な雰囲気にあふれている。新緑や紅葉の季節がとくにすばらしい。一方の登山口となる日光湯元温泉には温泉寺があり、薬師瑠璃光如来《やくしるりこうにょらい》が祀《まつ》られている。この寺には源泉から引いた温泉があり、一般者も入浴できる。湯ノ湖南端の湯滝は間近で見ることができる名瀑《めいばく》。

宿泊施設（数字は収容人数）　キャンプ場　水場　トイレ　危険箇所　ロープウェイ　リフト　おもなバス停　温泉　紅葉の名所　花の名所　好展望　観光ポイント　駐車場

皇海山

静寂さが魅力の足尾山塊の盟主

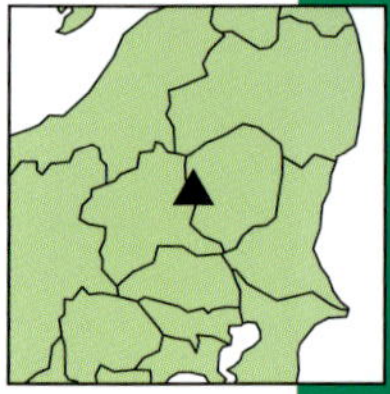

すかいさん
2144m
中級者向け
1泊2日／日帰り

見どころ：眺望、花、紅葉、樹林帯
1/25000 地形図：皇海山、袈裟丸山、足尾、中禅寺湖

庚申山から望む皇海山（撮影：渡邉雄二）

樹林に覆われた火山

皇海山は足尾《あしお》山塊の盟主といわれる山で、日光白根《にっこうしらね》山から南に伸びる稜線《りょうせん》上にある。成層火山であるが、山全体がシラビソに覆われており、火山地形の面影はあまり見られない。庚申山《こうしんざん》の展望台から見る皇海山東面は鋭いほどの急《きゅう》峻《しゅん》な山容で、松木沢《まつきざわ》に落ちる谷は、迫力がある。

険しい鋸十一峰

皇海山という名称の由来ははっきりしない。一説ではもともと笄山《こうがいやま》とよばれていたものが皇開山となり、それが転じて皇海山となったらしい。

登山ルートとなる庚申山は文字通り庚申講信仰の山である。日光の男体山と同じ勝道《しょうどう》上人によって開かれ、かつては庚申講信仰によるお山めぐりが行われた。また山中にはおもしろい形をした岩が点在し、『南総里《なんそうさと》見八犬伝《みはっけんでん》』（滝沢馬琴《たきざわばきん》）の化け猫退治の舞台となっている。

皇海山は庚申山の奥の院とされ、昔は鋸山《のこぎりやま》を経て信仰による三山がけが行われたという。庚申山から鋸山を経て皇海山へ至るコースは鋸十一峰といわれ険しい峰々が連続する。鋸十一峰の各峰には信仰による名前がつけられている。

趣がある山頂

皇海山の頂上直下には、明治時代に立てられたとされる青銅の剣がある。

頂上からは樹林に囲まれてあまり展望はない。しかし、静けさのなかに独特の趣があり、展望だけが山頂での楽しみではないことを実感させてくれる。

不動沢コルから望む鋸山（撮影：仙石富英）

庚申山コース

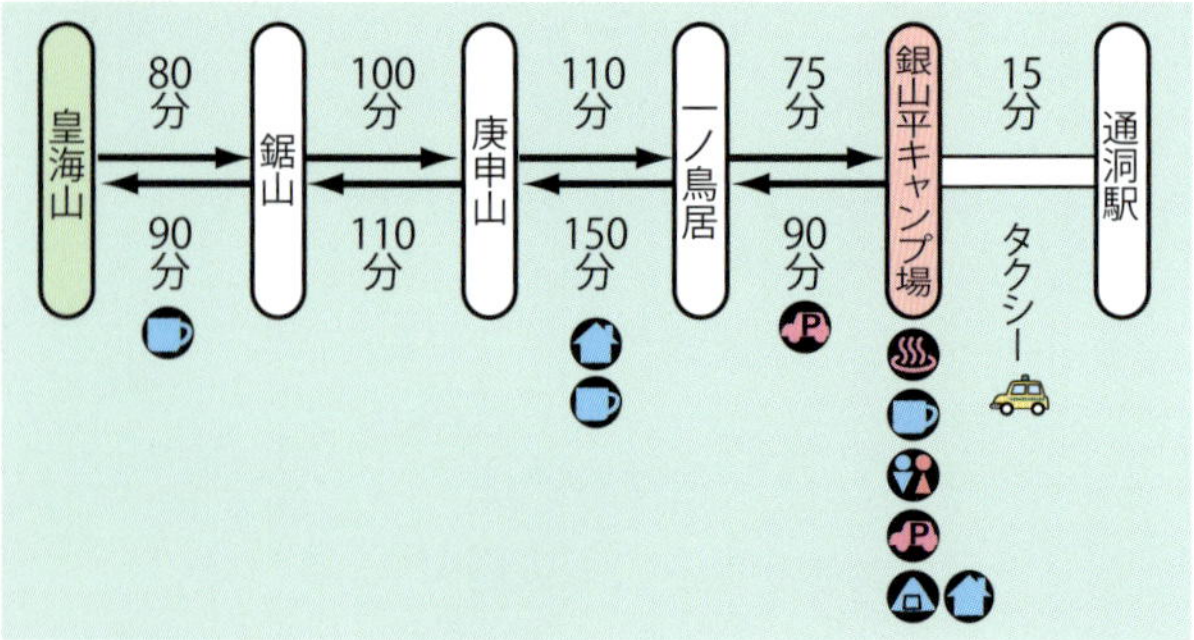

皇海山
80分
90分
鋸山
100分
110分
庚申山
110分
150分
一ノ鳥居
75分
90分
銀山平キャンプ場
15分
タクシー
通洞駅

※＝沼田駅発と同じく、老神温泉に停まらない便もある。

data

●アクセス
起点は上毛高原駅（JR 上越新幹線）もしくは通洞《つうどう》駅（わたらせ渓谷鐵道）
通洞駅→銀山平（タクシー約 15 分）
上毛高原駅→老神《おいがみ》温泉（関越交通バス約 70 分）（※）→皇海橋（タクシー約 1 時間 20 分）
●山小屋
庚申山荘　0288-93-3116
国民宿舎かじか荘　0288-93-3420
●問い合わせ
わたらせ渓谷鐵道　0277-73-2110
足尾観光タクシー　0288-93-2222
関越交通沼田営業所タクシー担当
0278-24-5151
沼田市役所利根支所　0278-56-2111
日光市役所足尾行政センター足尾観光課
0288-93-3116
利根町観光協会　0278-20-5050

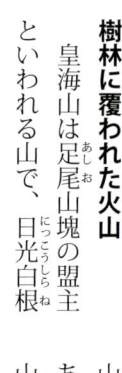

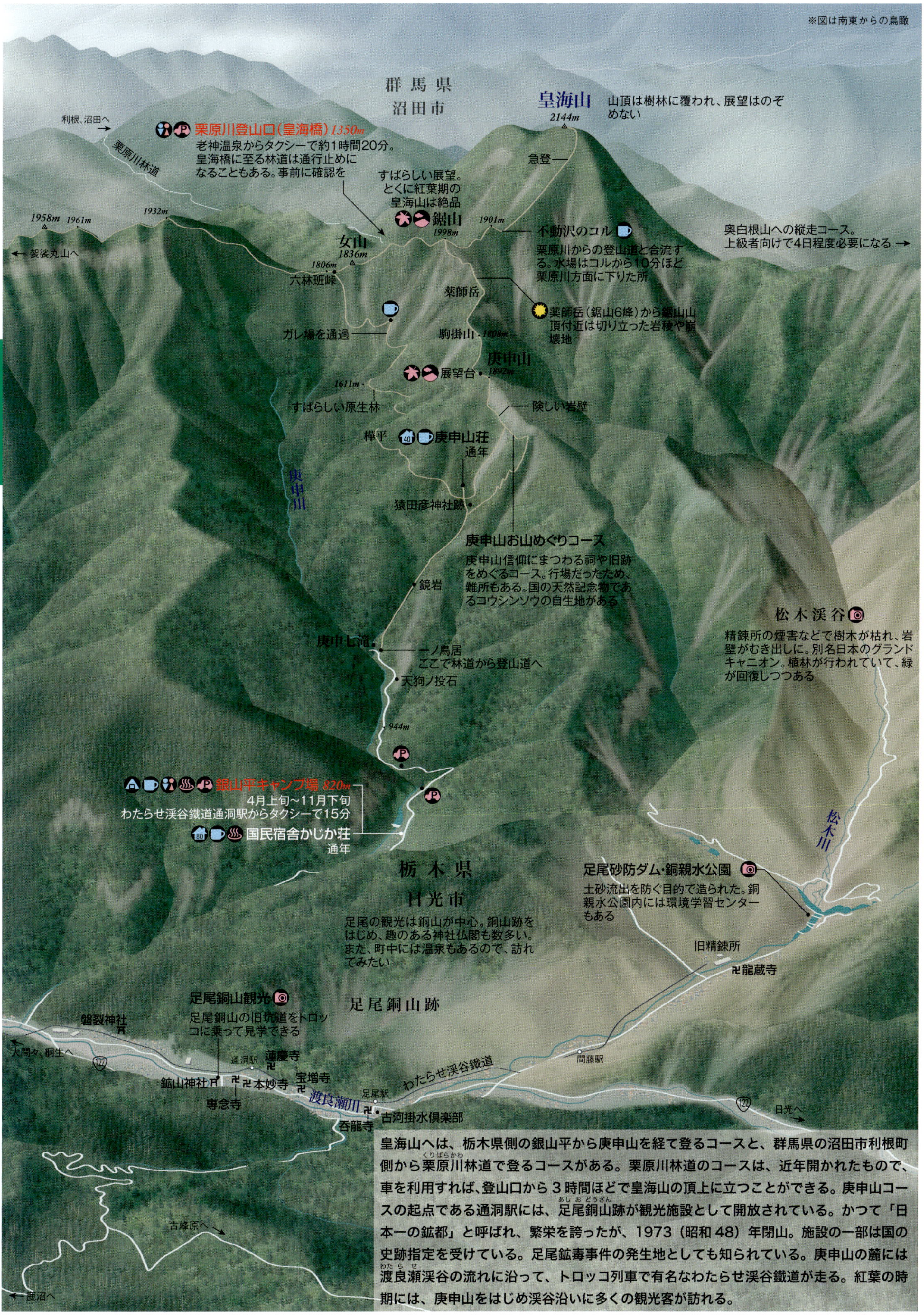
※図は南東からの鳥瞰
群馬県
沼田市
皇海山
2144m
山頂は樹林に覆われ、展望はのぞめない
急登
利根、沼田へ
栗原川林道
栗原川登山口(皇海橋)1350m
老神温泉からタクシーで約1時間20分。皇海橋に至る林道は通行止めになることもある。事前に確認を
すばらしい展望。とくに紅葉期の皇海山は絶品
鋸山
1998m
1901m
不動沢のコル
栗原川からの登山道と合流する。水場はコルから10分ほど栗原川方面に下った所
奥白根山への縦走コース。上級者向けで4日程度必要になる
1958m
1961m
1932m
袈裟丸山へ
女山
1836m
1806m
六林班峠
薬師岳
薬師岳(鋸山6峰)から鋸山山頂付近は切り立った岩稜や崩壊地
ガレ場を通過
駒掛山 1808m
庚申山
1892m
展望台
1611m
すばらしい原生林
険しい岩壁
梶平
40
庚申山荘
通年
庚申川
猿田彦神社跡
庚申山お山めぐりコース
庚申山信仰にまつわる祠や旧跡をめぐるコース。行場だったため、難所もある。国の天然記念物であるコウシンソウの自生地がある
鏡岩
松木渓谷
精錬所の煙害などで樹林が枯れ、岩壁がむき出しに。別名日本のグランドキャニオン。植林が行われていて、緑が回復しつつある
庚申七滝
一ノ鳥居
ここで林道から登山道へ
天狗ノ投石
944m
銀山平キャンプ場 820m
4月上旬～11月下旬
わたらせ渓谷鐵道通洞駅からタクシーで15分
80
国民宿舎かじか荘
通年
松木川
栃木県
日光市
足尾砂防ダム・銅親水公園
土砂流出を防ぐ目的で造られた。銅親水公園内には環境学習センターもある
足尾の観光は銅山が中心。銅山跡をはじめ、趣のある神社仏閣も数多い。また、町中には温泉もあるので、訪れてみたい
旧精錬所
龍蔵寺
足尾銅山観光
足尾銅山の旧坑道をトロッコに乗って見学できる
足尾銅山跡
磐裂神社
大間々、桐生へ
122
通洞駅
蓮慶寺
宝増寺
鉱山神社
本妙寺
専念寺
渡良瀬川
足尾駅
間藤駅
わたらせ渓谷鐵道
古河掛水倶楽部
養龍寺
122
日光へ
古峰原へ
鹿沼へ

皇海山へは、栃木県側の銀山平から庚申山を経て登るコースと、群馬県の沼田市利根町側から栗原川《くりばらかわ》林道で登るコースがある。栗原川林道のコースは、近年開かれたもので、車を利用すれば、登山口から３時間ほどで皇海山の頂上に立つことができる。庚申山コースの起点である通洞駅には、足尾銅山《あしおどうざん》跡が観光施設として開放されている。かつて「日本一の鉱都」と呼ばれ、繁栄を誇ったが、1973（昭和 48）年閉山。施設の一部は国の史跡指定を受けている。足尾鉱毒事件の発生地としても知られている。庚申山の麓には渡良瀬《わたらせ》渓谷の流れに沿って、トロッコ列車で有名なわたらせ渓谷鐵道が走る。紅葉の時期には、庚申山をはじめ渓谷沿いに多くの観光客が訪れる。

宿泊施設(数字は収容人数)　キャンプ場　水場　トイレ　危険箇所　ロープウェイ　リフト　おもなバス停　温泉　紅葉の名所　花の名所　好展望　観光ポイント　駐車場

武尊山

奥利根にそびえる展望抜群の霊峰

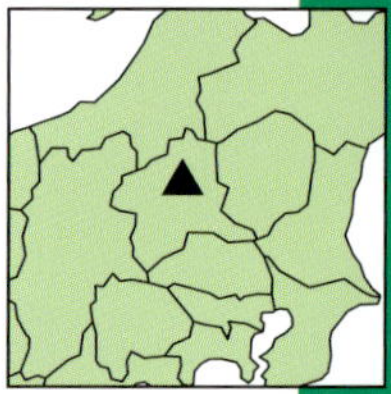

ほたかやま
沖武尊　2158m
中級者向け
日帰り

見どころ：眺望、花、紅葉、樹林帯
1/25000 地形図：藤原湖、鎌田、至仏山

花咲より新緑の武尊山を望む（撮影：鈴木菊雄）

上州武尊ともよばれる

武尊山は群馬県の北部、奥利根《おくとね》にそびえる古い火山である。主峰の沖武尊《おきほたか》を中心に前武尊《まえほたか》、剣《けん》ヶ峰《みね》山、家《いえ》ノ串《くし》山、中《なか》ノ岳《だけ》、獅子《しし》ヶ鼻《はな》山などの峰が連なる。山容は穏やかであるが、侵食が激しく深い谷を刻む。

北アルプスの穂《ほ》高《たか》岳と区別するため、上州《じょうしゅう》武尊とよばれることもある。

日本武尊にちなむ山名

武尊山という名称の由来は、一説によれば日本武尊《やまとたけるのみこと》の東征伝説によるという。また、この山に最初に祀《まつ》られたのは穂高見命《ほだかみのみこと》で、のちに日本武尊の伝説が重なり、武尊山とよぶようになったという説もある。こうした故事にちなみ、前武尊の山頂には日本武尊の銅像が立っている。

武尊山は修験の山として崇拝の対象とされてきた霊峰である。開山は御嶽山《おんたけさん》や八海山《はっかいさん》などと同じく普寛行者《ふかんぎょうじゃ》と伝えられる。

花の山

武尊山は花の山でもある。剣ヶ峰の山頂付近はサラサドウダンやシャクナゲが咲き誇る。沖武尊の山頂付近もツリガネニンジン、アキノキリンソウなどが咲き競う。

展望抜群の峰々

武尊山の稜線《りょうせん》上の縦走路はたいへん展望がよい。家ノ串山付近から眼下に望むブナ林はすばらしい。剣ヶ峰山の頂上も展望がよく、前武尊から沖武尊の山稜は迫力がある。

沖武尊の山頂には石仏や石の祠《ほこら》が建ち、信仰の山であることを物語っている。展望も360度隔てるものがなく、谷川《たにがわ》連峰、尾瀬《おぜ》や日光《にっこう》の山々、皇海山《すかいさん》などが見える。

その根張りの大きさから登山コースが四通八達し、バリエーションを楽しめる。

冬の武尊山（撮影：花香勇）

武尊高原コース／武尊牧場コース

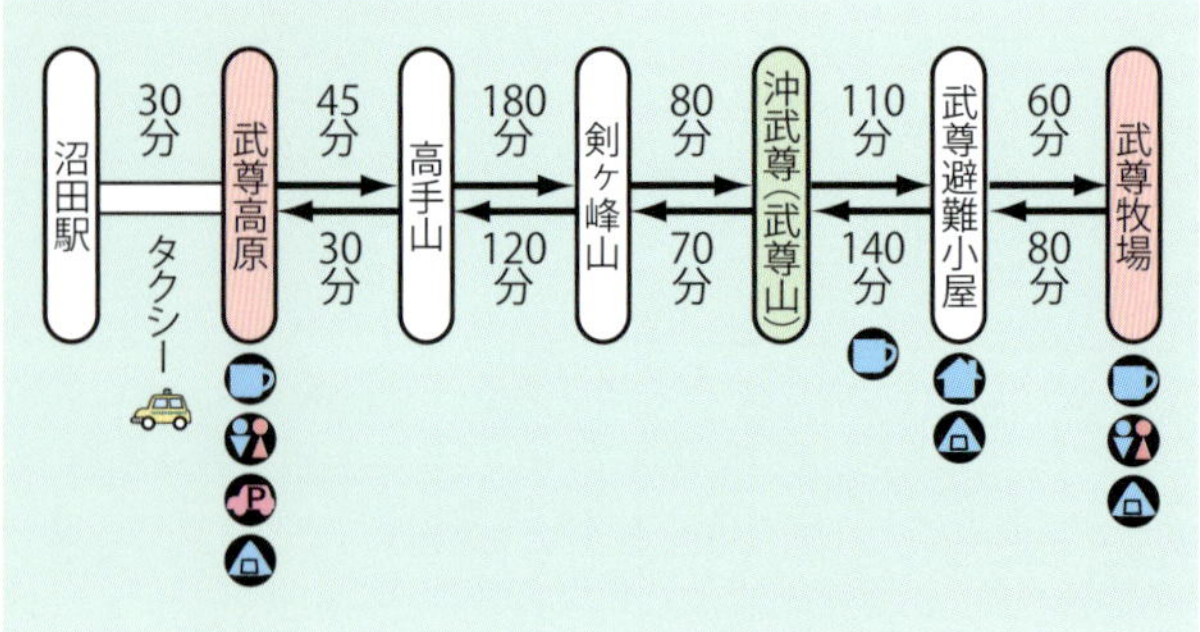
沼田駅
30分
タクシー
武尊高原
45分
30分
高手山
180分
120分
剣ヶ峰山
80分
70分
沖武尊（武尊山）
110分
140分
武尊避難小屋
60分
80分
武尊牧場

data

●アクセス
起点は上毛高原駅（JR 上越新幹線）もしくは沼田駅（JR 上越線）
沼田駅→武尊高原（タクシー約 30 分）
沼田駅→武尊牧場（タクシー約 60 分）
●山小屋
武尊避難小屋　0278-62-2111
武尊旭小屋　0278-52-2111
手小屋沢避難小屋　0278-62-2111
●問い合わせ
関越交通沼田営業所　0278-23-1111
水上営業所 0278-72-3135
鎌田営業所　0278-58-3311
関越交通タクシー沼田営業所
0278-24-5151
沼田観光タクシー　0278-23-1122
武尊牧場スキー場　0278-58-3757
みなかみ町役場　0278-62-2111
川場村役場　0278-52-2111
片品村役場　0278-58-2111
川場村観光協会　0278-52-3412
片品村観光協会　0278-58-3222

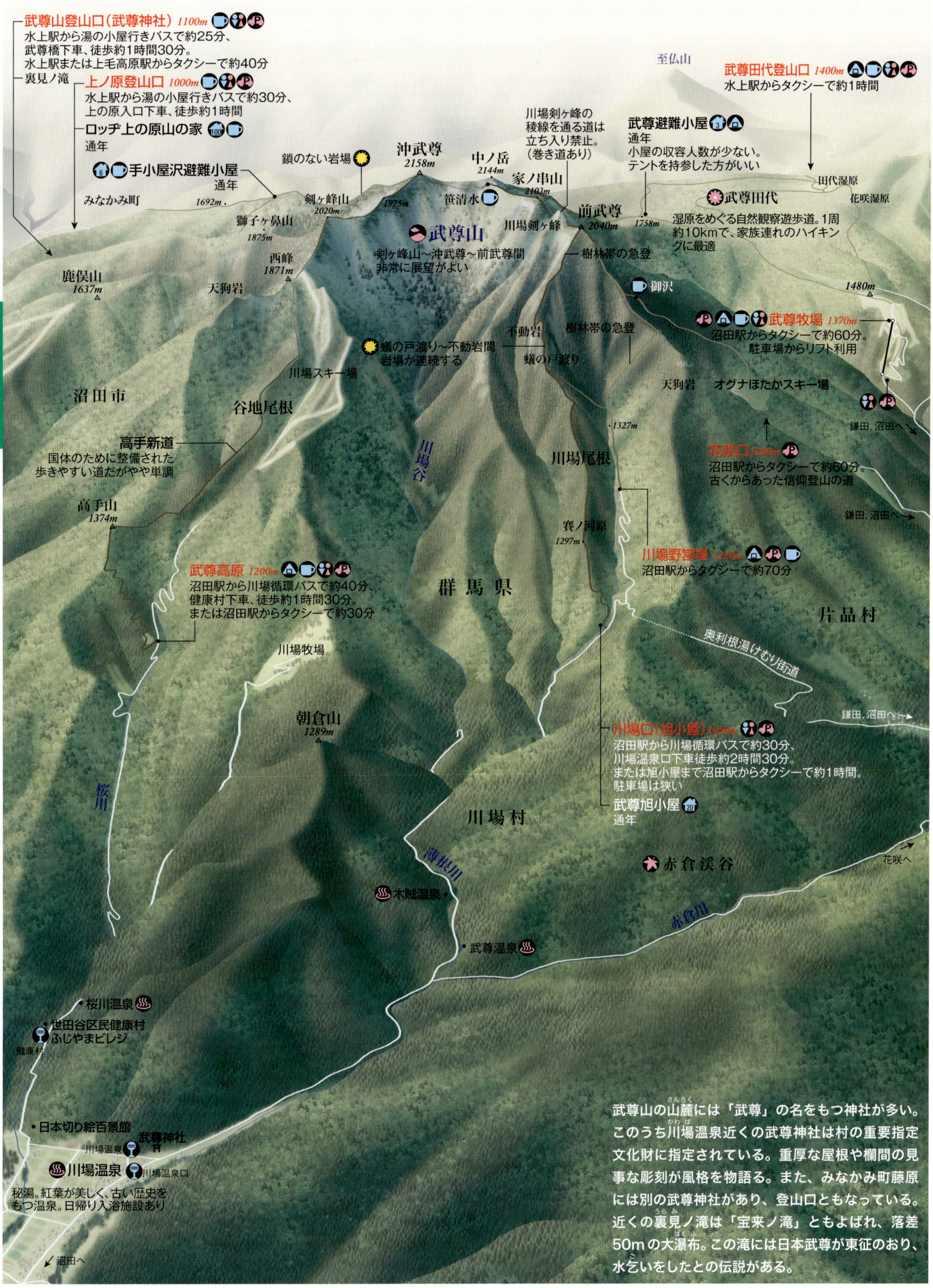

武尊山登山口（武尊神社） 1100m
水上駅から湯の小屋行きバスで約25分、
武尊橋下車、徒歩約1時間30分。
水上駅または上毛高原駅からタクシーで約40分
裏見ノ滝
上ノ原登山口 1000m
水上駅から湯の小屋行きバスで約30分、
上の原入口下車、徒歩約1時間
ロッヂ上の原山の家 100
通年
6 手小屋沢避難小屋
通年
みなかみ町
1692m
鎖のない岩場
沖武尊
2158m
剣ヶ峰山
2020m
1975m
中ノ岳
2144m
家ノ串山
2103m
笹清水
川場剣ヶ峰の
稜線を通る道は
立ち入り禁止。
（巻き道あり）
武尊避難小屋 13
通年
小屋の収容人数が少ない。
テントを持参した方がいい
至仏山
武尊田代登山口 1400m
水上駅からタクシーで約1時間
田代湿原
花咲湿原
武尊田代
湿原をめぐる自然観察遊歩道。1周
約10kmで、家族連れのハイキングに最適
前武尊
2040m
1758m
川場剣ヶ峰
獅子ヶ鼻山
1875m
武尊山
剣ヶ峰山～沖武尊～前武尊間
非常に展望がよい
樹林帯の急登
西峰
1871m
鹿俣山
1637m
天狗岩
御沢
1480m
武尊牧場 1370m
沼田駅からタクシーで約60分。
駐車場からリフト利用
蟻の戸渡り～不動岩間
岩場が連続する
不動岩
樹林帯の急登
蟻の戸渡り
川場スキー場
天狗岩
オグナほたかスキー場
沼田市
谷地尾根
鎌田、沼田へ
1327m
花咲口 1200m
沼田駅からタクシーで約60分。
古くからあった信仰登山の道
高手新道
国体のために整備された
歩きやすい道だがやや単調
川場谷
川場尾根
高手山
1374m
鎌田、沼田へ
賽ノ河原
1297m
武尊高原 1200m
沼田駅から川場循環バスで約40分、
健康村下車、徒歩約1時間30分。
または沼田駅からタクシーで約30分
川場野営場 1220m
沼田駅からタクシーで約70分
群馬県
片品村
奥利根湯けむり街道
川場牧場
鎌田、沼田へ
朝倉山
1289m
川場口（旭小屋） 1050m
沼田駅から川場循環バスで約30分、
川場温泉口下車徒歩約2時間30分。
または旭小屋まで沼田駅からタクシーで約1時間。
駐車場は狭い
武尊旭小屋 20
通年
桜川
川場村
赤倉渓谷
花咲へ
薄根川
木賊温泉
赤倉川
武尊温泉
桜川温泉
世田谷区民健康村
ふじやまビレジ
健康村
日本切り絵百景館
武尊神社
川場温泉
川場温泉
川場温泉口
秘湯。紅葉が美しく、古い歴史を
もつ温泉。日帰り入浴施設あり
沼田へ

武尊山の山麓《さんろく》には「武尊」の名をもつ神社が多い。このうち川場《かわば》温泉近くの武尊神社は村の重要指定文化財に指定されている。重厚な屋根や欄間の見事な彫刻が風格を物語る。また、みなかみ町藤原には別の武尊神社があり、登山口ともなっている。近くの裏見《うらみ》ノ滝は「宝来ノ滝」ともよばれ、落差50mの大瀑布《ばくふ》。この滝には日本武尊が東征のおり、水乞《ご》いをしたとの伝説がある。

70 宿泊施設（数字は収容人数） キャンプ場 水場 トイレ 危険箇所 ロープウェイ リフト おもなバス停 温泉 紅葉の名所 花の名所 好展望 観光ポイント 駐車場

赤城山

広大な裾野を広げる群馬県を代表する名山

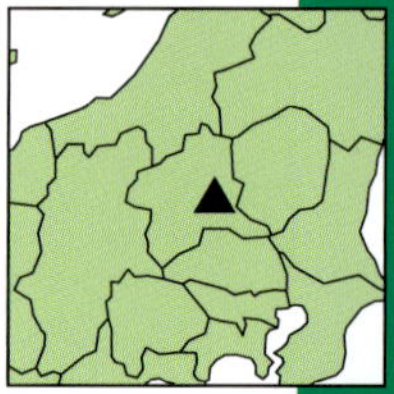

あかぎやま
黒檜山　1828m
初級者向け / 中級者向け
日帰り

見どころ：眺望、花、紅葉、湿原、火山地形
1/25000 地形図：赤城山

二重式成層火山

赤城山は榛名山《はるなさん》、妙義山《みょうぎ》とともに上毛《じょうもう》三山とよばれ、群馬県を代表する山である。広大な裾野《すその》を特色とし、上毛かるたの読み札には「裾野は長し赤城山」とある。赤城山はよく知られた山だが、単一の山ではない。最高峰の黒檜《くろび》山、長七《ちょうしち》郎《ろう》山、駒《こま》ヶ岳《たけ》、荒山《あらやま》、地蔵《じぞう》岳、鍋割《なべわり》山、鈴《すず》ヶ岳などの峰々の総称である。

赤城山は二重式の成層火山である。黒檜山と小黒檜山、駒ヶ岳が外輪山として連なる。それらの峰々と火口湖である大沼《おの》を挟んで向かい合う地蔵岳は中央火口丘である。麓《ふもと》から大沼までは車道が通り、周囲は観光地の様相を呈している。

ツツジ咲く覚満淵（撮影：鈴木菊雄）

「赤き山」の伝説

伝説によれば、赤城山の神と男体《なんたい》山の神がそれぞれムカデとヘビに化身して戦場《せんじょう》ヶ原《はら》で戦い、傷ついて帰ったムカデの血で山が赤く染まったという。赤城山という名称は、この血で染まった「赤き山」にちなむとされる。

大沼のほとりから突き出たように浮かぶ小鳥《ことり》ヶ島《しま》には奈良時代に創建されたと伝えられる赤城《あかぎ》神社があり、赤城大明神を祀《まつ》る。神社の境内から見る黒檜山は風格がある。

大展望の黒檜山山頂

覚満淵《かくまんぶち》は小尾瀬《こおぜ》とよばれる湿原地帯で、季節に応じてミズバショウやレンゲツツジ、ニッコウキスゲなどが咲く。黒檜山の頂上からの眺めはとてもすばらしく、日光白根山《にっこうしらね》や男体山などの日光《にっこう》の山々、皇《す》海山《かいさん》、武尊山《ほたかやま》、谷川《たにがわ》連峰、八《やつ》ヶ岳《たけ》、南アルプスなども見渡せる。

朝焼けの赤城山（撮影：神田道雄）

黒檜山コース／駒ヶ岳コース

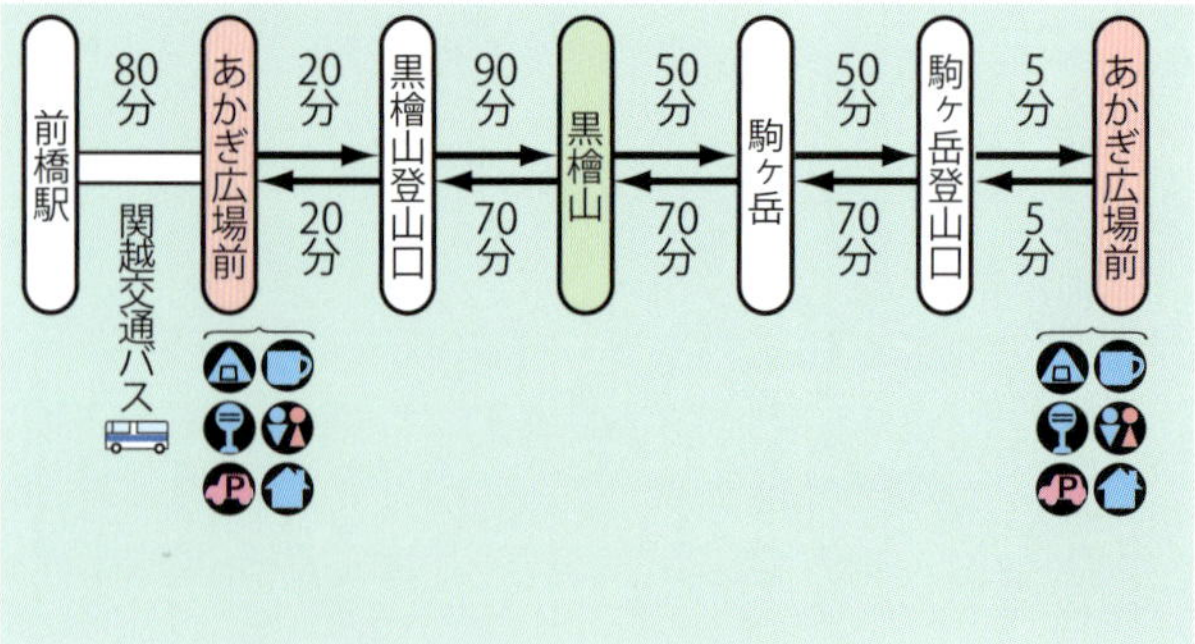

前橋駅
80分
関越交通バス
あかぎ広場前
20分
20分
黒檜山登山口
90分
70分
黒檜山
50分
70分
駒ヶ岳
50分
70分
駒ヶ岳登山口
5分
5分
あかぎ広場前

※＝土日祝には富士見温泉で乗り換えない直行便もある。

data

●アクセス
起点は前橋駅（JR 両毛線）、もしくは渋川駅（JR 上越線）
前橋駅→あかぎ広場前（関越交通バス約 1 時間 20 分 / 乗り換えあり）（※）
前橋駅→赤城山大洞《だいどう》（関越交通バス約 1 時間 15 分 / 乗り換えあり）（※）
渋川駅→深山（関越交通バス約 45 分）
●山小屋
国立赤城青少年交流の家　027-289-7224
●問い合わせ
関越交通前橋営業所　027-210-5566
アサカタクシー　027-231-8181
日本中央タクシー配車センター
027-255-1112
前橋市役所　027-224-1111
前橋観光コンベンション協会
027-235-2211
県立赤城公園ビジターセンター
027-287-8402
赤城山総合観光案内所　027-287-8061

※図は西からの鳥瞰
登山口はおもなものだけ表示した
花見ヶ原森林公園キャンプ場1180m
4月下旬〜9月下旬
わたらせ渓谷鐵道水沼駅からタクシーで約45分
桐生へ
桐生市
黒檜山頂には、木があるものの、日光周辺の山々や谷川岳、妙義山などの眺望を楽しめる
赤城山
黒檜山
1828m
展望台
小黒檜山
1644m
沼田市
駒ヶ岳
1685m
大洞 1360m
前橋駅から赤城山ビジターセンター行きバスで約1時間15分。大沼湖岸に宿泊施設多数。覚満淵には赤城公園ビジターセンターがある
小さな湿原。自然観察によい
利平茶屋森林公園 1020m
4月下旬〜10月下旬
わたらせ渓谷鐵道水沼駅から桐生市黒保根町の乗合タクシー（予約制）で約20分、一ノ鳥居下車、徒歩約1時間30分。またはタクシーで約30分
長七郎山
1579m
鳥居峠
あかぎ広場前
赤城神社
駒ヶ岳登山口
覚満淵
小沼
1362m
黒檜山登山口
1475m
赤城道路
利根、片品
沼田へ
大沼
赤城山大洞
1674m
血ノ池地獄
地蔵岳
粕川
不動滝
滝沢不動尊
1528m
湖尻厚生団地入口
この周辺は5〜6月にかけて、レンゲツツジをはじめ数種類のツツジが咲く
白樺牧場
レンゲツツジの名所
展望台下
新坂平
前橋赤城線
軽井沢峠
1572m
荒山
赤城温泉
滝沢温泉
忠治温泉
1475m
出張峠
1487m
赤城山総合観光案内所
赤城神社
大胡へ
1565m
鈴ヶ岳
鍋割山〜荒山間は赤城山の中でももっとも花が多い。ツツジのシーズンにはにぎわう
1258m
鍋割山
1332m
箕輪
沼尾川
関東ふれあいの道
赤城白川
赤城森林公園
箕輪（赤城ふれあいの森）1000m
前橋駅から赤城山行きバスで約1時間
赤城ふれあいの森
屋外レクリエーション施設
前橋市
国立赤城青少年交流の家 550m
前橋駅から国立赤城青少年交流の家行きバスで約40分
400
国立赤城青少年交流の家
年末年始を除き通年。冬季はキャンプ不可
深山 1180m
渋川駅から深山行きバスで約45分（日曜祝日運休）
深山
前橋へ
利根、老神温泉へ
群馬県
渋川市
南麓の宮城・富士見地区付近からは関東平野を一望できる。とくに赤城山から見る夜景はすばらしい
水上、長岡へ
大間々、桐生へ
赤城IC
滝沢石器時代遺跡
沼田へ
関越自動車道
前橋、東京へ
水上、長岡へ
JR上越線
利根川
水上、三国峠へ
前橋へ
17
吾妻川
渋川市
渋川
353
17
高崎へ
中之条、長野原へ
JR吾妻線
中之条、長野原へ
榛名湖へ

赤城山は榛名山、妙義山とともに上毛三山として、関東平野の西北端にそびえる。冬の乾いた北風「赤城おろし」や国定忠治の「赤城の山も今宵限りだ」という名セリフで群馬県民には身近な存在だ。多くのハイキングコースをはじめ、キャンプ、ワカサギ釣り、ツツジやレンゲツツジの花々など季節を通して楽しむことができ、親しまれている。南麓《なんろく》の粕川《かすかわ》地区には滝が多い。なかでも不動滝は、赤城山最大の大瀑布《ばくふ》で、30m以上の落差があり迫力がある。近くには滝沢不動尊が祀られている。

宿泊施設（数字は収容人数） キャンプ場 水場 トイレ 危険箇所 ロープウェイ リフト おもなバス停 温泉 紅葉の名所 花の名所 好展望 観光ポイント 駐車場

草津白根山

火山地形が印象的な上州の名山

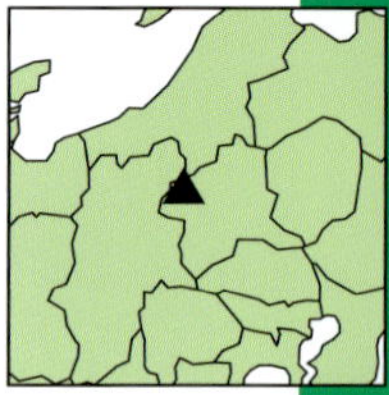

くさつしらねさん
白根山　2160m
本白根山　2171m
初級者向け
日帰り

見どころ：眺望、花、紅葉、湿原、火山地形、湖沼
1/25000 地形図：上野草津

朝焼けの草津白根山（撮影：鈴木克洋）

広大な火山山域

草津白根山は上信越《じょうしんえつ》高原国立公園の中央部近くに位置する山である。草津白根山は、本白根《もとしらね》山《さん》、白根山、逢《あい》ノ峰《みね》を中心に四方に広がる広大な火山山域の総称で、ときとしてその一峰の白根山をさす場合もある。麓《ふもと》には草津《くさつ》や万座《まんざ》といった有名な温泉地もあり、上部まで車道が通り、バスも運行している。

しかし、白根山の火山性地震の増加により、噴火警戒レベル2、白根山の湯釜《ゆがま》付近を中心に立入規制が行われている。また2018年に噴火した本白根山では噴火警戒レベルが1に引き下げられたものの（2019年4月30日現在）、鏡池《かがみいけ》付近を中心に立入規制が行われている。

かつては修験の山

白根山という呼び名はふつう、白い雪に覆われた山をさす。しかし草津白根山の場合は、それに加え火山灰や火山礫《れき》で白く見えることもその名の由来だとされる。

草津白根山は、かつて修験の山であり、信仰の対象であった。麓の草津にある白根神社は、もともと白根山と本白根山にそれぞれ祀《まつ》られた白根明神と小白根明神を合祀《ごうし》している。

方々に魅力的な光景

現在は立入が規制されて入ることはできないが、草津白根山は火山地形による変化に富んだ見どころが多い山だ。

白根山には3つの火口湖、水釜《みずがま》、湯釜、涸釜《かれがま》があり、湯釜の酸性度は世界一といわれている。湯釜を展望台から見ると、エメラルドグリーンに輝く湖面が美しい。

本白根山の鏡池の周囲も季節ごとにさまざまな花が咲く。鏡池の底は「構造土」とよばれ、小石が亀甲模様をつくりだしている。この亀甲模様は、池の水が氷結と氷解を繰り返すことでできるという。弓《ゆみ》池に映る白根山も幻想的で美しい。

草津白根山の火口（撮影：尾崎友保）

本白根山コース（※）

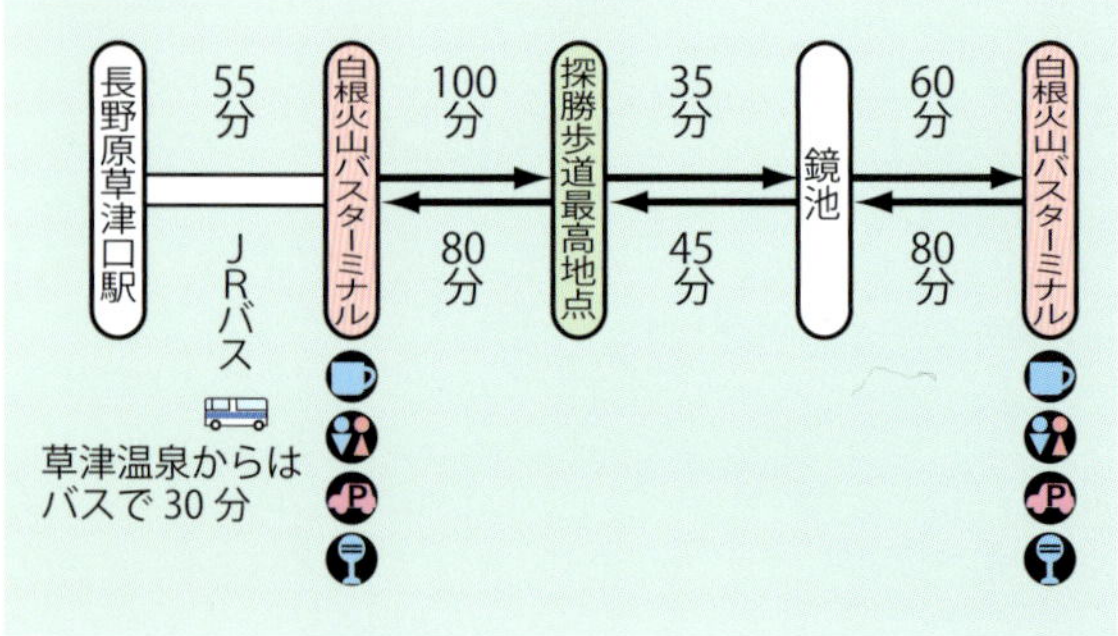

長野原草津口駅
55分
JRバス
草津温泉からはバスで30分
白根火山バスターミナル
100分
80分
探勝歩道最高地点
35分
45分
鏡池
60分
80分
白根火山バスターミナル

※＝草津白根山は噴火の影響で登山が規制されている（2019年4月30日現在）。

data

●アクセス
起点は長野原草津口駅（JR吾妻線）もしくは湯田中駅（長野電鉄）
長野原草津口駅→草津温泉（JRバス約25分）→白根火山（JRバスほか約30分）（噴火警戒レベル引き上げで運休中）
湯田中駅→白根火山（長電バス約1時間15分）（噴火警戒レベル引き上げで運休中）
●山小屋
横手山頂ヒュッテ　0269-34-2430
山田峠避難小屋　0279-88-7193
渋峠ホテル　0269-34-2606
芳ヶ平ヒュッテ　090-4060-6855
●問い合わせ
JRバス関東長野原支店　0279-82-2028
長電バス湯田中営業所　0269-33-2563
浅白観光自動車長野原営業所　0279-82-2288
草軽交通　0267-42-2041
草津町役場　0279-88-0001
草津温泉観光協会　0279-88-0800

白根山（湯釜付近）は2019年4月30日時点で噴火警戒レベル2、湯釜から1キロ以内は入山規制中。
本白根山は噴火警戒レベル1、鏡池付近から500メートル以内は入山規制中

長野盆地
高社山
（高井富士）
1352m
千曲川
←飯山へ
野沢温泉、秋山郷へ→
木島平村
カヤノ平
焼額山 1960m
裏岩菅山 2341m
岩菅山 2295m
湯田中・渋温泉
志賀高原の麓に湯田中温泉をはじめ、10の温泉が集まる。歴史的な名湯。地獄谷温泉の「温泉に入るニホンザル」などが有名
西館山 1757m
一ノ瀬
奥志賀
長野県
発哺
坊寺山 1840m
山ノ内町
琵琶池
蓮池
横手山頂ヒュッテ 36
通年
大高山 2079m
長野、飯山へ
笠ヶ岳 2076m
志賀草津高原ルート 292
志賀高原
横手山
2305m
熊ノ湯
陽坂
渋峠ホテル 80
通年（不定休）
のぞき
2152m 渋峠
吾妻郡
中之条町
南志賀
高山村
国道最高地点（2172m）
山田峠 2048m
山田峠避難小屋 10
冬季および緊急時のみ使用可
11月中旬～4月下旬
（冬期以外閉鎖）
万座山 1994m
須坂へ
須坂へ
湯釜から1キロ以内立入り禁止
白根山
湯釜
水釜
2160m
芳ヶ平
芳ヶ平ヒュッテ 15
通年
逢ノ峰
2110m
湯釜展望台
1832m
万座温泉
弓池
白根火山バスターミナル 2000m
草津温泉からバスで約30分、軽井沢駅からバスで約2時間、長野電鉄湯田中駅からバスで約1時間15分
本白根山
2165m（標高2171m）
探勝歩道最高点 2150m
2035m
鏡池
草津白根山
292 志賀草津道路
大平湿原
鏡池付近から500メートル以内立入規制
奥万座川
常布ノ滝
大池
平兵衛池
表万座スノーパーク
群馬県
殺生河原
大沢川
草津温泉スキー場
武具脱ノ池
草津音楽の森国際コンサートホール
石津硫黄鉱山跡
湯畑
谷沢川
吾妻硫黄鉱山跡
チャツボミゴケ公園
西の河原公園
至る所で源泉が噴気を上げている。大露天風呂あり
嬬恋村
草津町
万座ハイウェイ
白根硫黄鉱山跡
草津ビジターセンター
草津温泉
知名度ナンバーワン。古くから文人たちに愛されてきた名湯。日帰りで入れる公共浴場や温泉施設も充実している
嫗仙ノ滝
赤川
厳洞沢
292
292
長野原草津口へ→
草津道路
万座温泉、鳥居峠へ
大前へ
羽根尾
144
406
JR吾妻線
長野原草津口、中之条、渋川へ→
群馬大津
軽井沢へ
146
吾妻川

東側山麓《さんろく》に位置するチャツボミゴケ公園（旧奥草津休暇村）には「緑の絨毯《じゅうたん》」と形容されるチャツボミゴケの大群生地がある。その規模は本州最大とされ、緑に覆われた岩の間を渓流が流れる。地元では一帯を穴地獄とよぶ。また、草津温泉の湯畑では大量の温泉が湧き出ているのを見ることができる。嫗仙《おうせん》ノ滝は草津町の南東にある名瀑《めいばく》。温泉の成分で赤くなった落差25mの岩壁を水流が幾筋にも分かれるようにして静かに落下する。

宿泊施設（数字は収容人数）　キャンプ場　水場　トイレ　危険箇所　ロープウェイ　リフト　おもなバス停　温泉　紅葉の名所　花の名所　好展望　観光ポイント　駐車場

四阿山

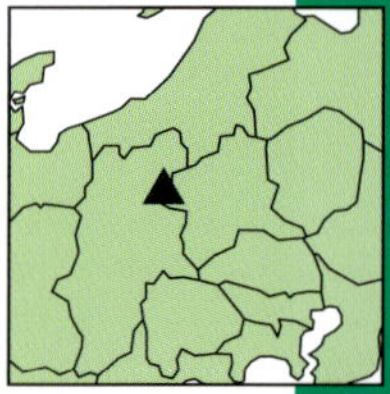

あずまやさん
2354m
中級者向け
前夜泊日帰り

見どころ：眺望、花、紅葉、火山地形
1/25000 地形図：嬬恋田代、四阿山、菅平

東屋に似た山容をもつ展望抜群の名峰

田代湖から望む四阿山（撮影：保坂惠子）

裾野が長い双耳峰

四阿山は群馬県の嬬恋村《つまごい》と長野県の須坂市《すざか》、上田市《うえだ》にまたがってそびえる火山である。根子岳《ねこだけ》、浦倉山《うらくらやま》、奇妙山《きみょうざん》とともに外輪山としてカルデラを囲んでいる。山体は輝石《きせき》安山岩、集塊岩《しゅうかい》からなる。南峰と北峰からなる双耳峰《そうじほう》で、裾野《すその》が長い。

「吾妻山」ともよばれる

四阿山という表記は、信州《しんしゅう》側のものとされる。上州《じょうしゅう》側では同じ読みで吾妻山と書く。これは日本武尊《やまとたけるのみこと》が鳥居《とりい》峠で、亡くなった妻である弟橘姫《おとたちばなひめ》を偲《しの》んで「あづまはや」（ああ、わが妻よ）と悲しんだ伝説があるからだという。この伝説は麓《ふもと》の嬬恋村という村名の由来にもなっている。

四阿山という名称は、鳥居峠付近から見た山容が東屋《あずまや》に似ていることによるという説が有力。

日本武尊を祀るとの伝え

四阿山は信仰の山であり、真田幸村《さなだゆきむら》の父である昌幸《まさゆき》が山頂に日本武尊を祀《まつ》ったと伝えられる。花童子《げどうじ》宮《のみや》跡は、かつてここに修験者花童子を祀った宮があった場所だ。四阿山は女人禁制の山だったが、花童子宮までは女性の参拝が認められていたという。

山頂部に2つの祠

四阿山南峰の山頂部は細長く、信州祠《ほこら》、上州祠の2つの祠が建つ。展望も抜群で、北アルプスや妙高《みょうこう》連峰の峰々、草津白根山《くさつしらねさん》などが一望できる。

ここから根子岳へのルートは火口壁をたどる。根子岳の頂上にも祠があり、展望もよい。

十ヶ原から見た根子岳（撮影：保坂惠子）

菅平高原コース

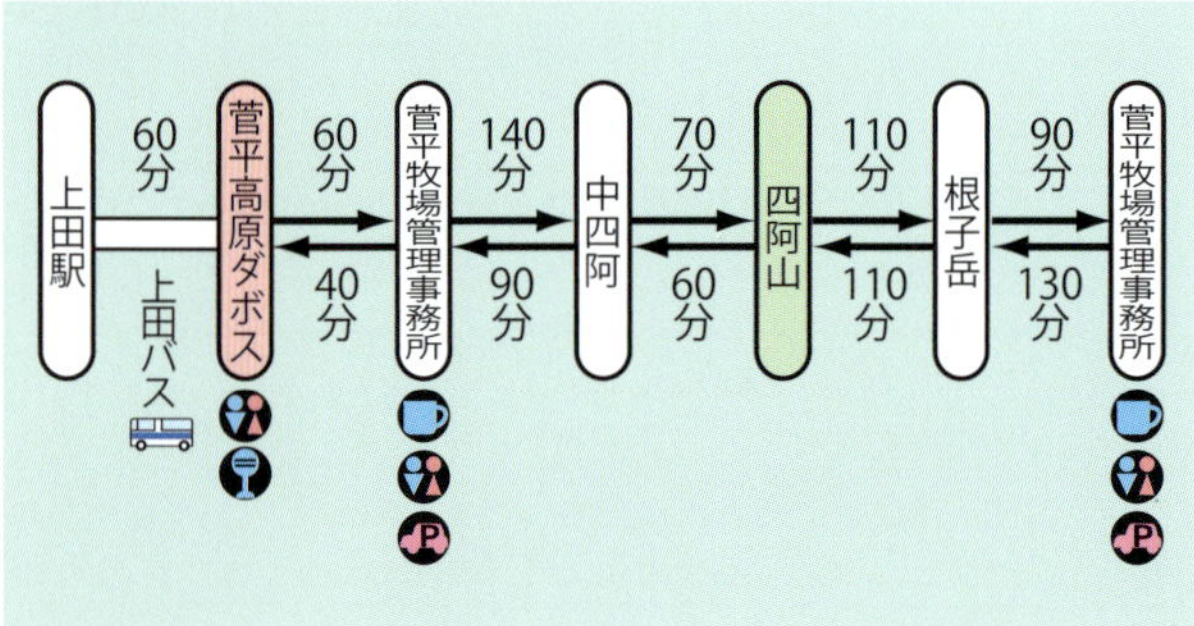
上田駅
60分
上田バス
菅平高原ダボス
60分
40分
菅平牧場管理事務所
140分
90分
中四阿
70分
60分
四阿山
110分
110分
根子岳
90分
130分
菅平牧場管理事務所

※＝群馬県側のパルコールつま恋リゾートホテルからゴンドラを使うルートがある。

data

●アクセス
起点は上田駅（JR 北陸新幹線ほか）
上田駅→菅平高原ダボス（上田バス約1時間）
●山小屋
根子岳避難小屋　0268-74-2003
天狗ロッヂ　0268-74-2431
パルコールつま恋リゾートホテル（※）
0279-96-1166
●問い合わせ
上田バス　0268-34-6602
上田タクシー上田駅前営業所
0268-22-0055
菅平観光タクシー　0268-22-8484
嬬恋村役場　0279-96-0511
嬬恋村観光協会　0279-97-3721
菅平高原観光協会　0268-74-2003

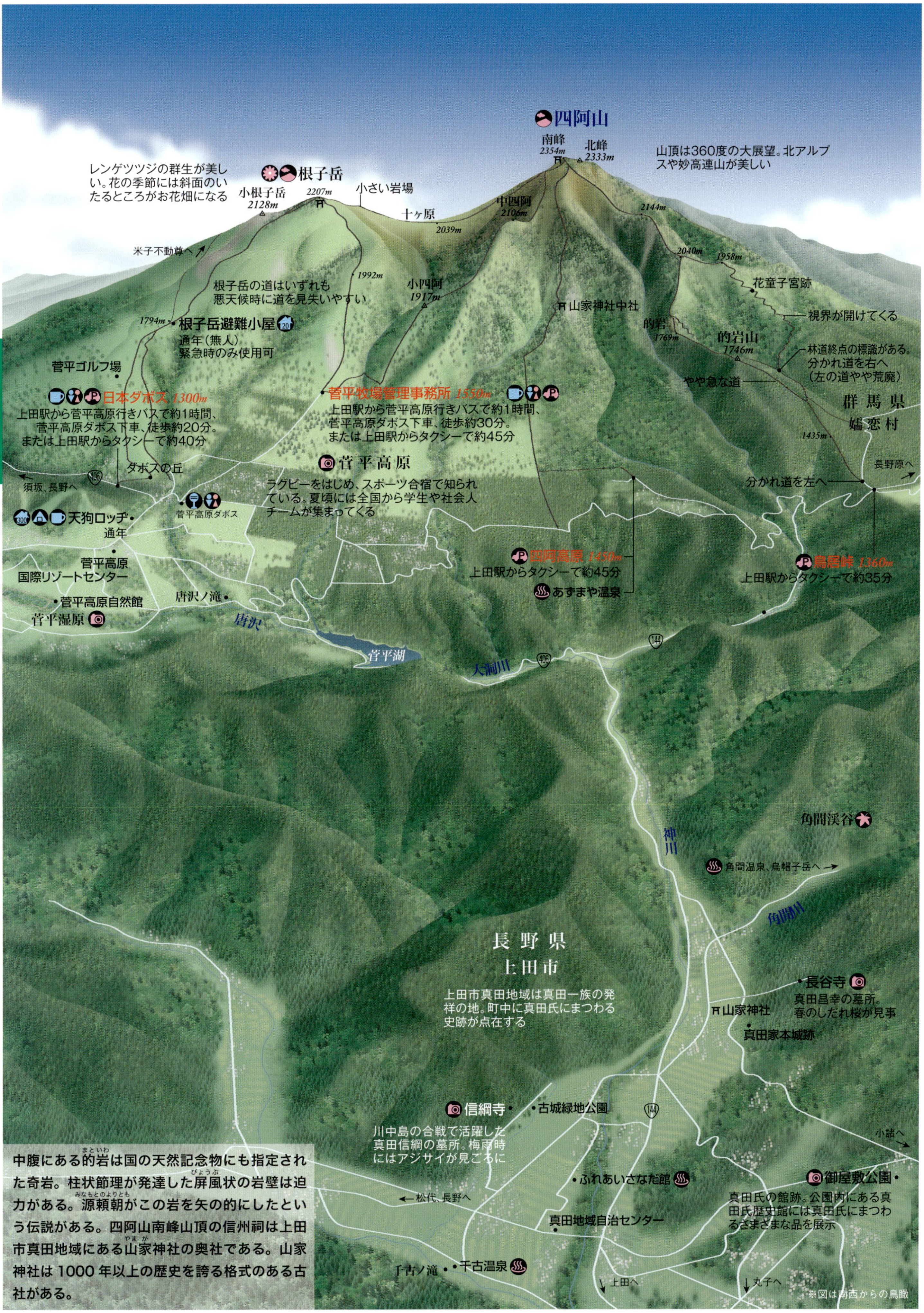
四阿山
南峰
2354m
北峰
2333m
山頂は360度の大展望。北アルプスや妙高連山が美しい
レンゲツツジの群生が美しい。花の季節には斜面のいたるところがお花畑になる
根子岳
小根子岳
2128m
2207m
小さい岩場
十ヶ原
2039m
中四阿
2106m
2144m
米子不動尊へ
1992m
根子岳の道はいずれも悪天候時に道を見失いやすい
小四阿
1917m
2040m
1958m
花童子宮跡
山家神社中社
視界が開けてくる
1794m
根子岳避難小屋
通年（無人）
緊急時のみ使用可
的岩
1769m
的岩山
1746m
林道終点の標識がある。分かれ道を右へ（左の道やや荒廃）
やや急な道
菅平ゴルフ場
日本ダボス 1300m
上田駅から菅平高原行きバスで約1時間、菅平高原ダボス下車、徒歩約20分。または上田駅からタクシーで約40分
菅平牧場管理事務所 1550m
上田駅から菅平高原行きバスで約1時間、菅平高原ダボス下車、徒歩約30分。または上田駅からタクシーで約45分
群馬県
嬬恋村
1435m
ダボスの丘
須坂、長野へ
406
菅平高原
ラグビーをはじめ、スポーツ合宿で知られている。夏頃には全国から学生や社会人チームが集まってくる
長野原へ
分かれ道を左へ
菅平高原ダボス
天狗ロッヂ
通年
菅平高原
国際リゾートセンター
四阿高原 1450m
上田駅からタクシーで約45分
あずまや温泉
鳥居峠 1360m
上田駅からタクシーで約35分
唐沢ノ滝
菅平高原自然館
菅平湿原
唐沢
菅平湖
大洞川
406
144
角間渓谷
神川
角間温泉、鳥帽子岳へ
角間川
長野県
上田市
上田市真田地域は真田一族の発祥の地。町中に真田氏にまつわる史跡が点在する
長谷寺
真田昌幸の墓所。春のしだれ桜が見事
山家神社
真田家本城跡
信綱寺
古城緑地公園
144
川中島の合戦で活躍した真田信綱の墓所。梅雨時にはアジサイが見ごろに
小諸へ
ふれあいさなだ館
御屋敷公園
真田氏の館跡。公園内にある真田氏歴史館には真田氏にまつわるさまざまな品を展示
松代、長野へ
真田地域自治センター
千古ノ滝
千古温泉
上田へ
丸子へ
※図は南西からの鳥瞰
中腹にある的岩《まといわ》は国の天然記念物にも指定された奇岩。柱状節理が発達した屏風《びょうぶ》状の岩壁は迫力がある。源頼朝《みなもとのよりとも》がこの岩を矢の的にしたという伝説がある。四阿山南峰山頂の信州祠は上田市真田地域にある山家《やまが》神社の奥社である。山家神社は1000年以上の歴史を誇る格式のある古社がある。

宿泊施設（数字は収容人数） キャンプ場 水場 トイレ 危険箇所 ロープウェイ リフト おもなバス停 温泉 紅葉の名所 花の名所 好展望 観光ポイント 駐車場

浅間山

見とれるほどの端正な姿でそびえる名山

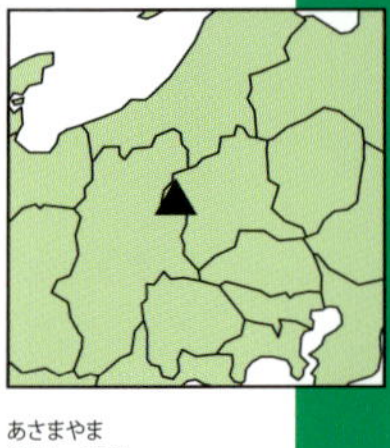

あさまやま
浅間山　2568m
黒斑山　2404m
初級者向け
前夜泊日帰り

見どころ：眺望、花、紅葉、火山地形、樹林帯
1/25000 地形図：車坂峠

三重式の成層火山

浅間山は長野県軽井沢町《かるいざわ》と御代田町《みよた》、群馬県の嬬恋《つまごい》村の境にそびえる三重式の成層火山である。黒斑山《くろふやま》、剣《けん》ケ峰《みね》、牙山《ぎつば》などが第一外輪山であり、前掛山《まえかけ》、東前掛山などが第二外輪山である。ほかに石尊山《せきそんさん》、小浅間《こあさま》山の寄生火山がある。

冠雪の浅間山（撮影：川井靖元）

浅間山の最初の爆発は685（天武14）年とされ、以後度々《たびたび》噴火を繰り返している。近年でも噴火が確認され、頂上部への入山は禁止されている。そのため登山者たちは隣の黒斑山に登り、浅間山の姿を眺めて、浅間山登山の代わりとすることが多い。

かつて修験の山

浅間山の山名の由来について、一説によれば「あさま」とは火山に関係するという。ほかにもさまざまな説があり、はっきりしない。

浅間山はかつては修験の山であり、多くの修験者たちが登ってきた。浅間大明神は浅間山を神に例えたもので、軽井沢にある浅間神社はその遥拝の里宮である。石尊山には座禅窟《ざぜんくつ》がある。鉄格子で閉じてあり中には入れないが、のぞくと多くの石仏があることがわかる。

厳かな山容

赤ゾレの頭からは浅間山がはっきりと見える。周囲には、浅間山にちなんで名づけられたアサマフウロのほか、イワカガミなどの高山植物が咲く。

黒斑山山頂からは浅間山を正面に望める。その姿は大きな迫力があり、円錐《えんすい》形の端正さは、名山とよぶにふさわしく厳《おごそ》かである。眼下に見えるシラビソやカラマツも美しく、浅間山とよくマッチする。

御代田からの浅間山（撮影：羽田栄治）

車坂峠コース（表コース、中コース）／火山館コース

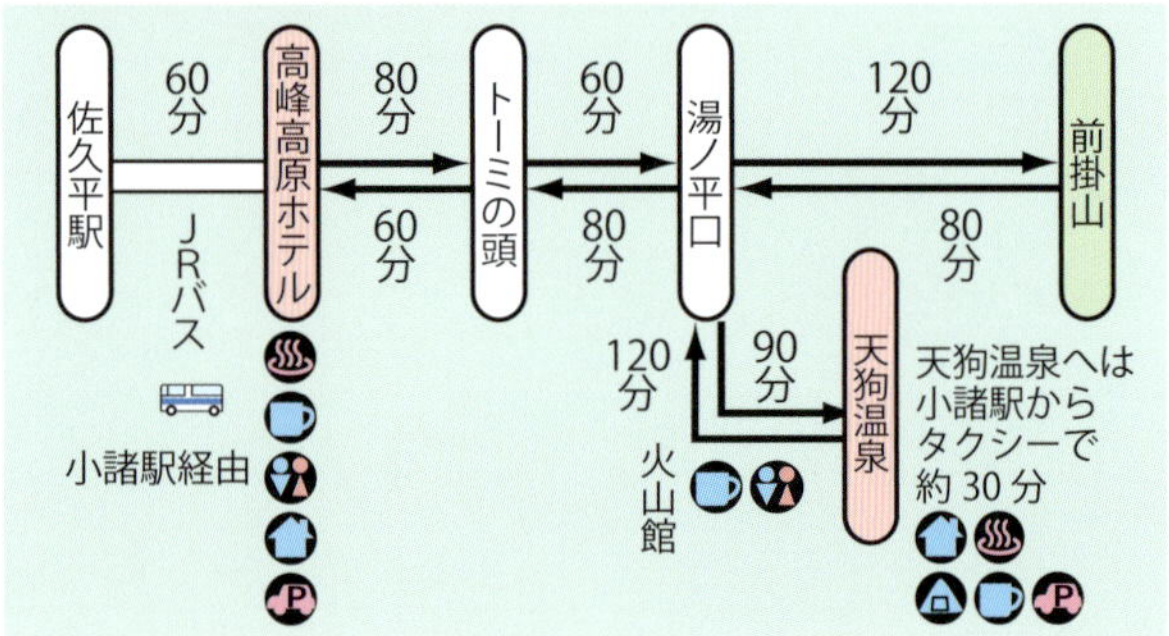

佐久平駅
60分
JRバス
小諸駅経由
高峰高原ホテル
80分
60分
トーミの頭
60分
80分
湯ノ平口
120分
80分
前掛山
120分
90分
火山館
天狗温泉
天狗温泉へは小諸駅からタクシーで約30分

data

●アクセス
起点は佐久平駅（JR 北陸新幹線ほか）
佐久平駅→高峰高原ホテル（JRバス約1時間）
●山小屋
高峰温泉　0267-25-2000
高峰高原ホテル　0267-25-3000
天狗温泉浅間山荘　0267-22-0959
●問い合わせ
JRバス関東小諸支店　0267-22-0588
千曲バス　0267-62-0081
岩村田観光タクシー　0267-67-2525
小諸市役所　0267-22-1700
軽井沢町役場　0267-45-8111
嬬恋村役場　0279-96-0511
御代田町役場　0267-32-3111
小諸市観光協会　0267-22-1234
軽井沢観光協会　0267-41-3850
嬬恋村観光協会　0279-97-3721
御代田町観光協会　0267-32-3111
火山館（小諸市経済部商工観光課）
0267-22-1700

浅間山は噴火警戒レベルによって立入り可能区域がたびたび変わる。2019年4月現在で、前掛山まで登山可能。

登山中に噴煙が急に多くなったり、地鳴り、地震、山鳴りなどの異常を感じた場合は、ただちに火山館に避難するか下山する。

なお、軽井沢側からの登山は禁止されている

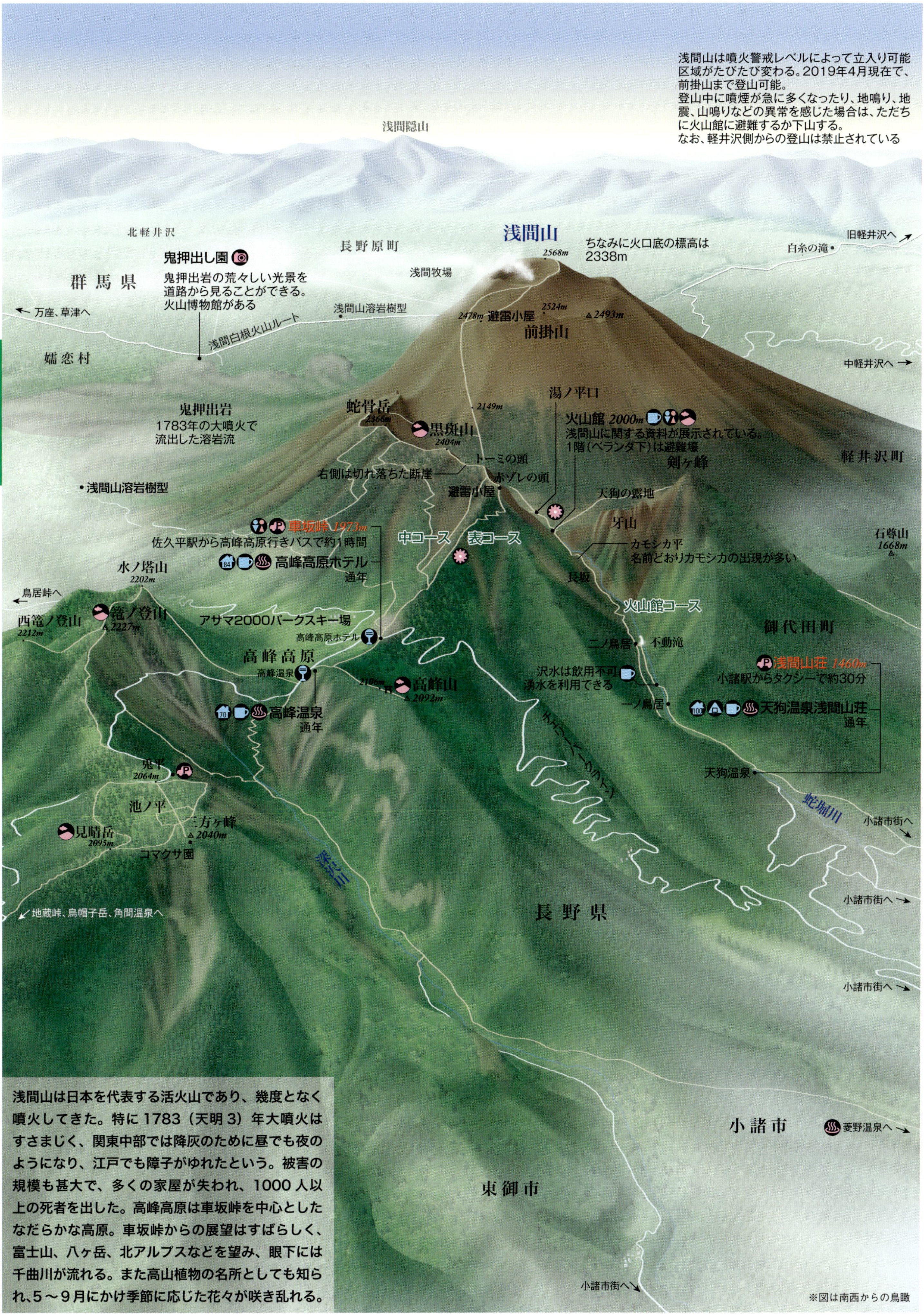
浅間隠山
北軽井沢
長野原町
浅間山
2568m
ちなみに火口底の標高は2338m
旧軽井沢へ
白糸の滝
鬼押出し園
鬼押出岩の荒々しい光景を道路から見ることができる。火山博物館がある
群馬県
浅間牧場
万座、草津へ
浅間山溶岩樹型
浅間白根火山ルート
2478m
避難小屋
2524m
前掛山
2493m
嬬恋村
中軽井沢へ
鬼押出岩
1783年の大噴火で流出した溶岩流
蛇骨岳
2366m
黒斑山
2404m
2149m
湯ノ平口
火山館 2000m
浅間山に関する資料が展示されている。1階（ベランダ下）は避難壕
軽井沢町
トーミの頭
右側は切れ落ちた断崖
Jバレの頭
剣ヶ峰
避難小屋
浅間山溶岩樹型
天狗の露地
牙山
車坂峠 1973m
佐久平駅から高峰高原行きバスで約1時間
中コース
表コース
石尊山
1668m
84
高峰高原ホテル
通年
カモシカ平
名前どおりカモシカの出現が多い
水ノ塔山
2202m
長坂
鳥居峠へ
火山館コース
西篭ノ登山
2212m
篭ノ登山
2227m
アサマ2000パークスキー場
高峰高原ホテル
御代田町
二ノ鳥居
不動滝
高峰高原
高峰温泉
浅間山荘 1460m
小諸駅からタクシーで約30分
沢水は飲用不可
湧水を利用できる
2106m
高峰山
2092m
70
高峰温泉
通年
一ノ鳥居
100
天狗温泉浅間山荘
通年
チェリーパークライン
鬼平
2064m
天狗温泉
蛇堀川
池ノ平
小諸市街へ
見晴岳
2095m
三方ヶ峰
2040m
コマクサ園
深沢川
小諸市街へ
地蔵峠、烏帽子岳、角間温泉へ
長野県
小諸市街へ
小諸市
菱野温泉へ
東御市
小諸市街へ
※図は南西からの鳥瞰

浅間山は日本を代表する活火山であり、幾度となく噴火してきた。特に 1783（天明 3）年大噴火はすさまじく、関東中部では降灰のために昼でも夜のようになり、江戸でも障子がゆれたという。被害の規模も甚大で、多くの家屋が失われ、1000 人以上の死者を出した。高峰高原は車坂峠を中心としたなだらかな高原。車坂峠からの展望はすばらしく、富士山、八ヶ岳、北アルプスなどを望み、眼下には千曲川が流れる。また高山植物の名所としても知られ、5～9月にかけ季節に応じた花々が咲き乱れる。

宿泊施設（数字は収容人数） キャンプ場 水場 トイレ 危険箇所 ロープウェイ リフト おもなバス停 温泉 紅葉の名所 花の名所 好展望 観光ポイント 駐車場

筑波山

優雅な山容から「紫の山」と表現された双耳峰

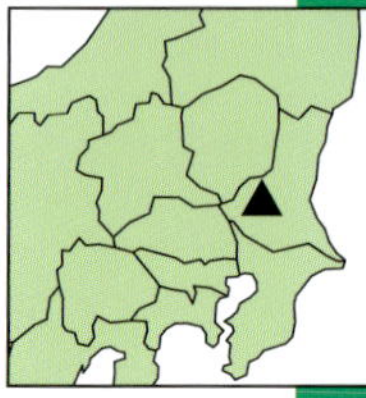

つくばさん
男体山 871m
女体山 877m
初級者向け
日帰り

見どころ：眺望、花、紅葉、樹林帯、巨岩・奇岩
1/25000地形図：筑波、柿岡

つくば市側から見た筑波山（撮影：飯田信義）

富士山と並び称された山

筑波山は関東平野の北東部に位置する双耳峰《そうじほう》である。かつては「西の富士《ふじ》、東の筑波」と富士山と並び称された。筑波山はその昔「紫の山」と形容された。これは、日本では高貴さを紫色で表すことから、優雅な山容を色で表現したものとされる。

山体は斑糲岩《はんれい》を花崗岩《かこうがん》が取り囲むように構成されている。地殻変動により地面が隆起し、長い間に侵食を受けて軟らかい花崗岩が崩れて頂上部に斑糲岩が残り、現在の山容となったと考えられている。

古来からの神域

筑波山は神域である。古来から神として崇《あが》められてきた。延暦《えんりゃく》年間（782～806年）に徳一《とくいち》法師が筑波山寺を開山し、関東における仏教の中心地のひとつとなった。また江戸時代には、江戸城の鬼門を守る山として幕府関係者の崇敬を集めた。

双耳峰のうち、西峰は男《なん》体山《たいさん》、東峰は女体山《にょたいさん》といい、それぞれ筑波男大神《おのおおかみ》＝イザナギノミコト、筑波女《めの》大神《おおかみ》＝イザナミノミコトを祀《まつ》る。2つの峰の鞍部《あんぶ》は御幸《みゆき》ヶ原《はら》とよばれる。

関東平野を一望

つつじヶ丘コースの上部には奇岩・巨岩が連続する。市営の梅林には巨岩の筑波石がのぞき、梅の花との取り合わせが美しい。また筑波山は、植生が豊かであり、植物のはっきりとした垂直分布が見られる。

御幸ヶ原から見ると、2つの峰が高さを競っているように見えるが、男体山より女体山のほうが標高は高い。女体山頂上からの眺めはすばらしい。関東《かんとう》平野が一望され、霞《かすみ》ヶ浦《うら》も眼下に光る。

秋の筑波山（撮影：飯田信義）

御幸ヶ原コース／つつじヶ丘コース

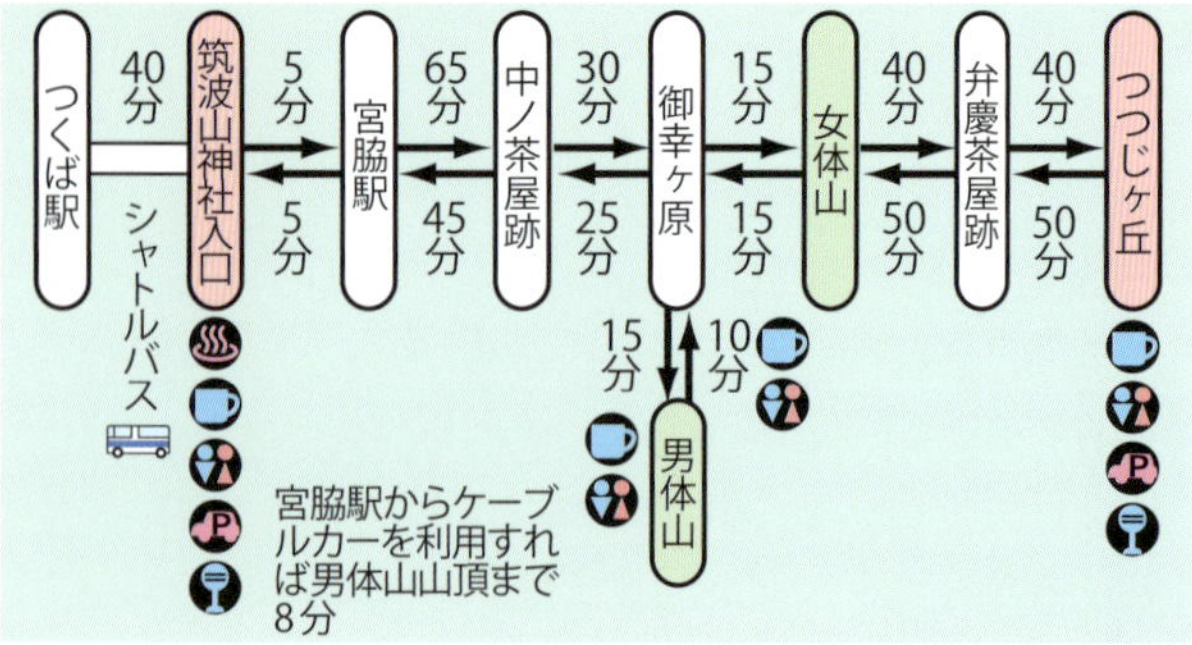

つくば駅
40分
シャトルバス
筑波山神社入口
5分
5分
宮脇駅
65分
45分
中ノ茶屋跡
30分
25分
御幸ヶ原
15分
10分
男体山
15分
15分
女体山
40分
50分
弁慶茶屋跡
40分
50分
つつじヶ丘
宮脇駅からケーブルカーを利用すれば男体山山頂まで8分

data

●アクセス
起点はつくば駅（つくばエクスプレス）
つくば駅→筑波山神社入口（筑波山シャトルバス約40分）
つくば駅→つつじヶ丘（筑波山シャトルバス約50分）

●山小屋
国民宿舎つくばね　0299-42-3121
筑波ふれあいの里　029-866-1519

●問い合わせ
関東鉄道つくば北営業所（筑波山シャトルバス）029-866-0510
土浦タクシーつくば中央営業所 029-851-5566
大曽根タクシー　029-864-0301
筑波観光鉄道（ケーブルカー・ロープウェイ）029-866-0611
つくば総合インフォメーションセンター（観光案内所）029-879-5298
つくば観光コンベンション協会 029-869-8333
筑波山観光案内所　029-866-1616

麓《ふもと》の筑波山神社は、筑波山を神体として古くから人々の尊崇を集めてきた古社。境内には樹齢700～800年という大杉がある。女体山山頂には高天原《たかまがはら》と現世を結ぶという天《あめ》の浮橋《うきはし》が岩の間にかけられている。山中には間宮林蔵《まみやりんぞう》が立身出世を祈願したという立身石やガマ石、修験者たちが熊野《くまの》を遥拝したという出船入船などの奇岩が多い。「母の胎内《たいない》くぐり」と名づけられた岩の穴を抜けると、穢《けが》れが清められるとされる。

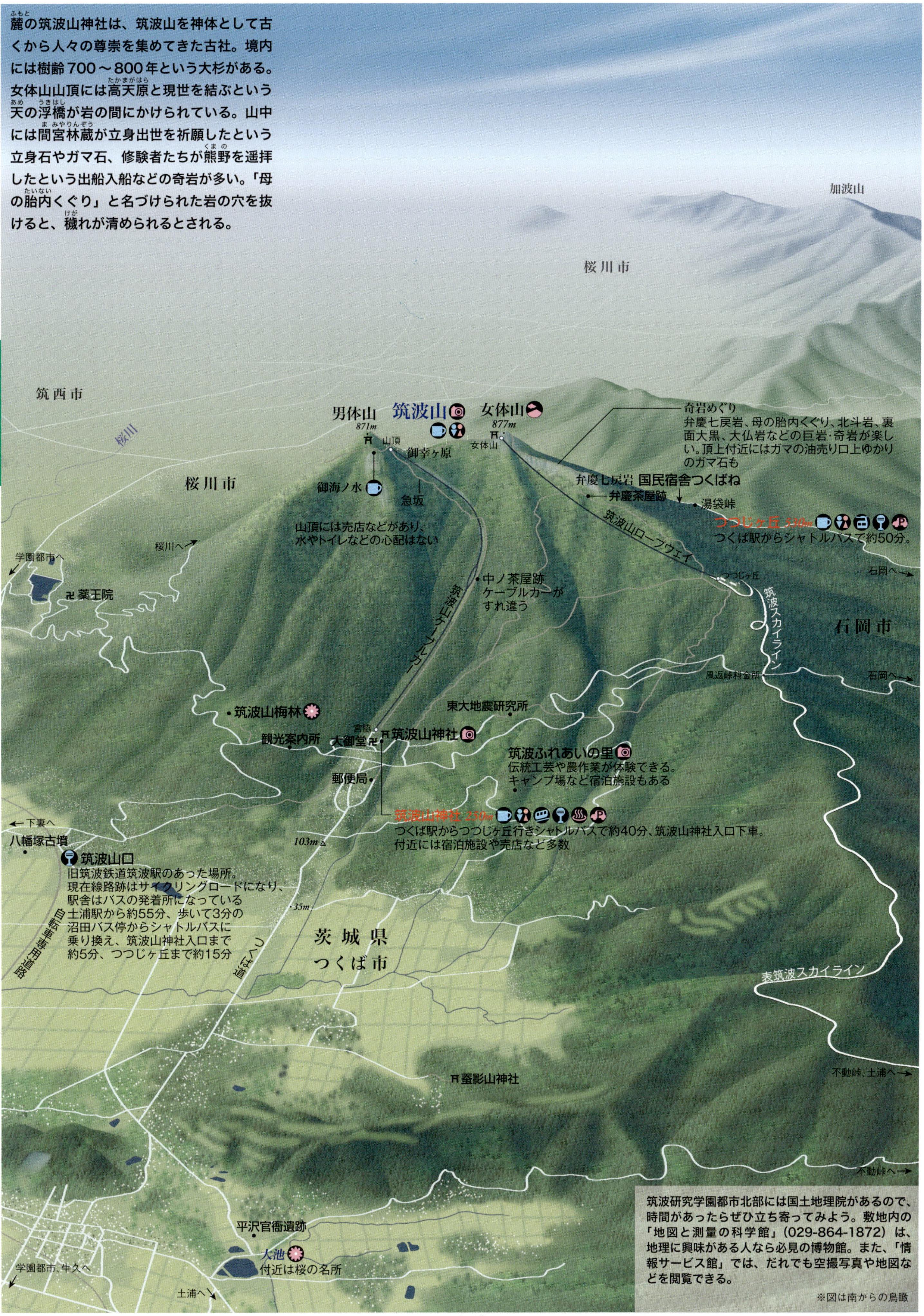
加波山
桜川市
筑西市
桜川
男体山
871m
筑波山
女体山
877m
山頂
女体山
御幸ヶ原
御海ノ水
急坂
山頂には売店などがあり、水やトイレなどの心配はない
奇岩めぐり
弁慶七戻岩、母の胎内くぐり、北斗岩、裏面大黒、大仏岩などの巨岩・奇岩が楽しい。頂上付近にはガマの油売り口上ゆかりのガマ石も
弁慶七戻岩
国民宿舎つくばね
弁慶茶屋跡
湯袋峠
つつじヶ丘 530m
つくば駅からシャトルバスで約50分。
筑波山ロープウェイ
つつじヶ丘
石岡へ
筑波スカイライン
石岡市
風返峠料金所
石岡へ
桜川へ
学園都市へ
薬王院
中ノ茶屋跡
ケーブルカーがすれ違う
筑波山ケーブルカー
東大地震研究所
筑波山梅林
宮脇
観光案内所
大御堂
筑波山神社
筑波ふれあいの里
伝統工芸や農作業が体験できる。キャンプ場など宿泊施設もある
郵便局
筑波山神社 250m
つくば駅からつつじヶ丘行きシャトルバスで約40分、筑波山神社入口下車。付近には宿泊施設や売店など多数
下妻へ
八幡塚古墳
筑波山口
旧筑波鉄道筑波駅のあった場所。現在線路跡はサイクリングロードになり、駅舎はバスの発着所になっている
土浦駅から約55分、歩いて3分の沼田バス停からシャトルバスに乗り換え、筑波山神社入口まで約5分、つつじヶ丘まで約15分
103m
35m
自転車専用道路
つくば道
茨城県
つくば市
表筑波スカイライン
蚕影山神社
不動峠、土浦へ
不動峠へ
平沢官衙遺跡
大池
付近は桜の名所
学園都市、牛久へ
土浦へ

筑波研究学園都市北部には国土地理院があるので、時間があったらぜひ立ち寄ってみよう。敷地内の「地図と測量の科学館」(029-864-1872)は、地理に興味がある人なら必見の博物館。また、「情報サービス館」では、だれでも空撮写真や地図などを閲覧できる。

※図は南からの鳥瞰

宿泊施設(数字は収容人数)　キャンプ場　水場　トイレ　危険箇所　ロープウェイ　ケーブルカー　おもなバス停　温泉　紅葉の名所　花の名所　好展望　観光ポイント　駐車場

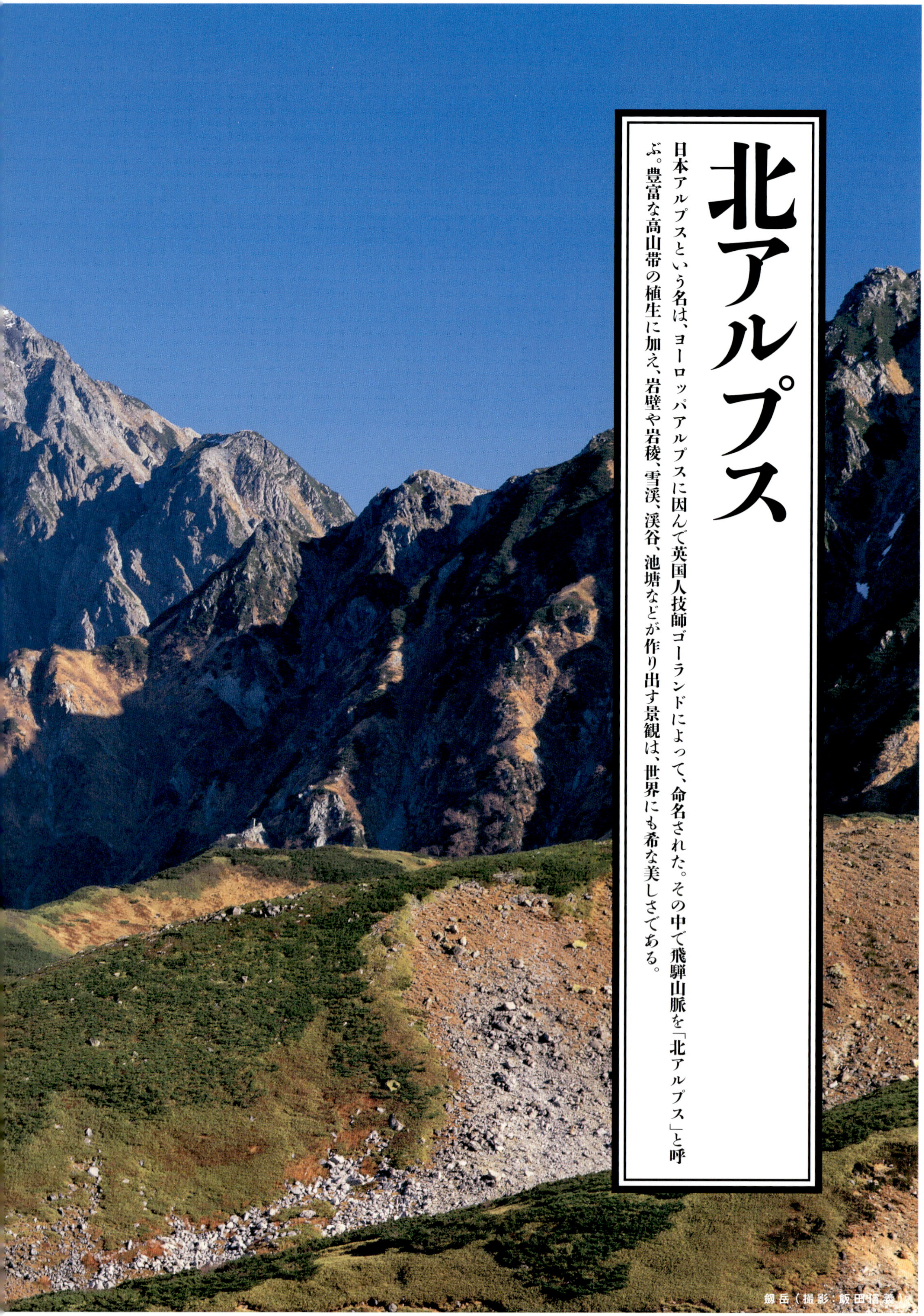

北アルプス

日本アルプスという名は、ヨーロッパアルプスに因んで英国人技師ゴーランドによって、命名された。その中で飛騨山脈を「北アルプス」と呼ぶ。豊富な高山帯の植生に加え、岩壁や岩稜、雪渓、渓谷、池塘などが作り出す景観は、世界にも希な美しさである。

劔岳（撮影：飯田信義）

45 北アルプス

白馬岳

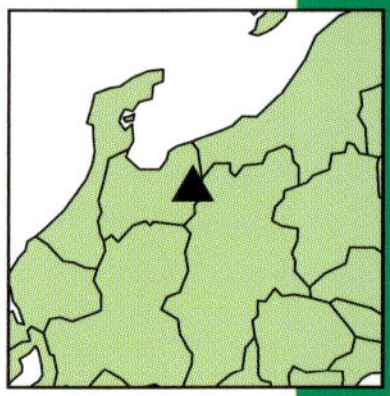

しろうまだけ
2932m
上級者向け
1泊2日

見どころ：眺望、花、雪渓、紅葉、湿原、池塘
1/25000 地形図：白馬岳、白馬町

大雪渓と豊富な高山植物が魅力の秀峰

白馬岳栂池自然園（撮影：飯田信義）

後立山連峰の最高峰

白馬岳は白馬三山（白馬岳、杓子《しやくし》岳、（白馬）鑓《やり》ケ岳）の盟主であり、後立山《うしろたてやま》連峰の最高峰である。

白馬岳は典型的な非対称山稜《さんりょう》の地形で、東面の長野県側はフォッサマグナ（大地溝帯）の西縁にあたり急《きゅう》峻《しゅん》な地形であるのに対し、西面の富山県側は緩やかな傾斜となっている。

「白馬」の由来

白馬《しろうま》という呼び名は、長野県側から雪解けの季節に露出した黒い山肌が馬のように見えたことに由来する。麓《ふもと》ではこの馬の形が現れると田植えの時期の目安となり、この馬形を「代掻《しろか》き馬」とよんだという。それがやがて「白馬」に転じたようだ。

各所にお花畑

白馬岳の魅力のひとつは、日本三大雪渓のひとつである白馬大雪渓だ。この雪渓は長さ2㎞、標高差600mに及ぶ。

もうひとつの魅力は「花の白馬」とよばれるほど、高山植物が豊富なことである。とくに雪渓上部の葱平《ねぶかっぴら》から山頂付近にかけては見事なお花畑が広がる。この山域ではほかにも、さまざまな場所ですばらしいお花畑が見られる。

すばらしい展望

白馬岳頂上からの展望もすばらしく、後立山連峰、剱《つるぎ》岳、立山、富士《ふじ》山《さん》などの山々とともに日本海まで見える。北側の小蓮華山《これんげさん》は新潟県の最高峰で、見晴らしもよい。これらのことに加え、交通の便もよいことから、多くの登山客がおとずれる。

小蓮華山は、この山域では珍しく古くから信仰のための登山が行われてきた。大日《だいにち》岳という別名があり、頂上には鉄剣と大日如来《だいにちにょらい》像が置かれている。

白馬大雪渓（撮影：川井靖元）

大雪渓コース／栂池コース

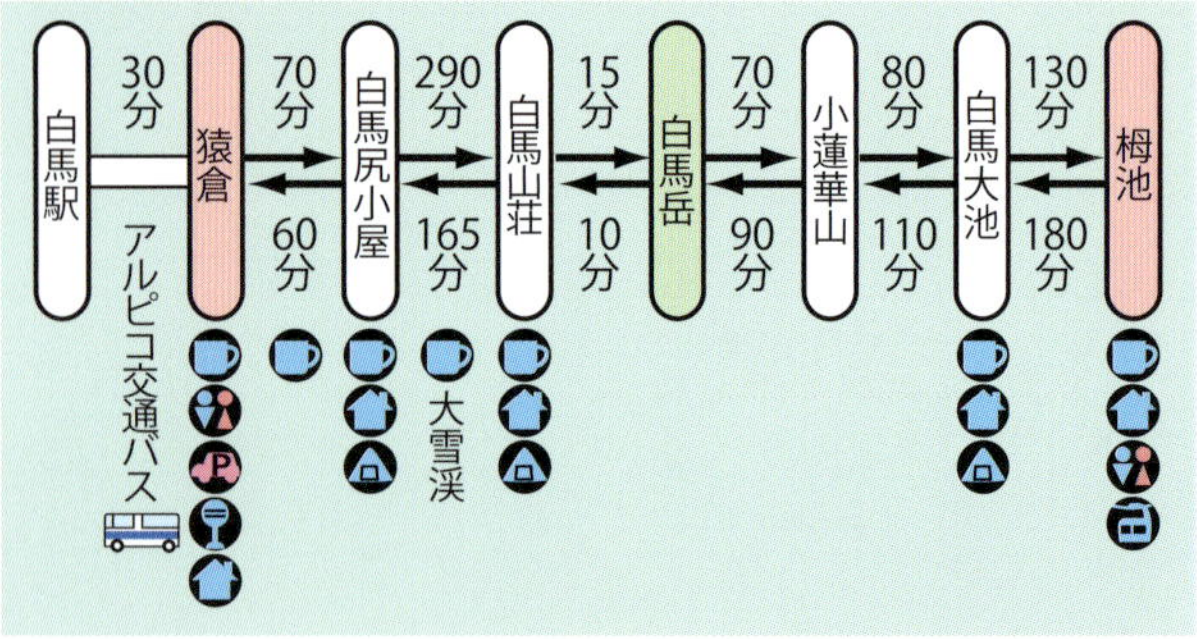

白馬駅
30分
アルピコ交通バス
猿倉
70分
60分
白馬尻小屋
290分
165分
大雪渓
白馬山荘
15分
10分
白馬岳
70分
90分
小蓮華山
80分
110分
白馬大池
130分
180分
栂池

data

●アクセス
起点は白馬駅（JR大糸線）
白馬駅→猿倉（アルピコ交通バス約30分）
白馬駅→栂池高原（アルピコ交通バス約30分）
●山小屋
村営猿倉荘　0261-72-4709
白馬尻小屋　0261-72-2002
白馬山荘　0261-72-2002
村営白馬岳頂上宿舎　0261-75-3788
村営天狗山荘　0261-75-3788
白馬大池山荘　0261-72-2002
村営栂池山荘　0261-83-3113
栂池ヒュッテ　0261-83-3136
雪倉岳避難小屋　0765-83-2318
白馬鑓温泉小屋　0261-72-2002
●問い合わせ
アルピコ交通白馬営業所
0261-72-3155
アルプス第一交通白馬営業所
0261-72-2221
白馬観光タクシー　0261-72-2144
白馬観光開発栂池営業所　0261-83-2255
白馬村役場　0261-72-5000
白馬村観光局　0261-72-7100
小谷村役場　0261-82-2001
小谷村観光連盟　0261-82-2233

※図は北東からの鳥瞰
この図はp.111「五竜岳」鳥瞰図と1枚につながります

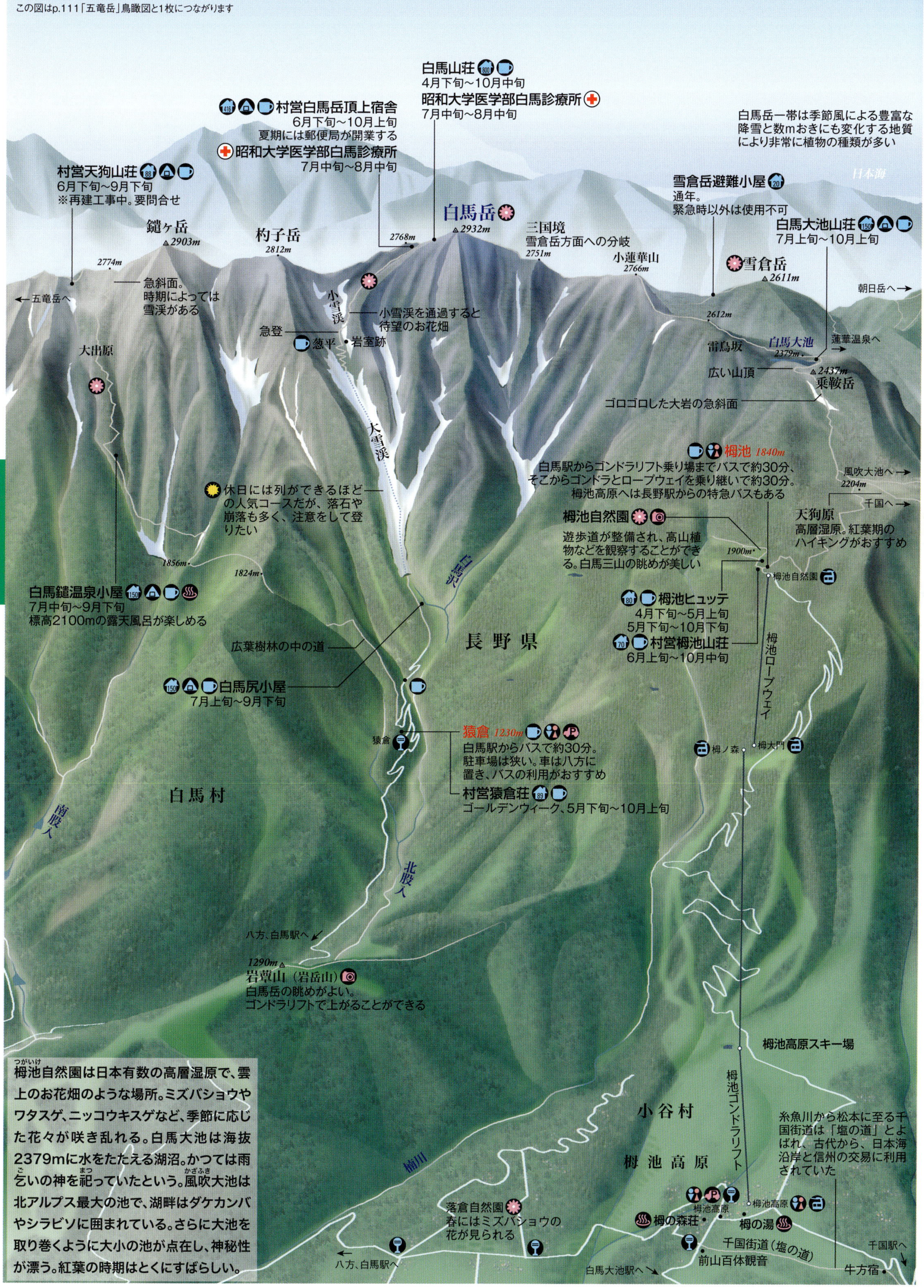

白馬山荘
4月下旬~10月中旬
昭和大学医学部白馬診療所
7月中旬~8月中旬
村営白馬岳頂上宿舎
6月下旬~10月上旬
夏期には郵便局が開業する
昭和大学医学部白馬診療所
7月中旬~8月中旬
村営天狗山荘
6月下旬~9月下旬
※再建工事中。要問合せ
白馬岳一帯は季節風による豊富な降雪と数mおきにも変化する地質により非常に植物の種類が多い
日本海
雪倉岳避難小屋
通年。
緊急時以外は使用不可
白馬大池山荘
7月上旬~10月上旬
鑓ヶ岳
2903m
杓子岳
2812m
2774m
2768m
白馬岳
2932m
三国境
雪倉岳方面への分岐
2751m
小蓮華山
2766m
雪倉岳
2611m
朝日岳へ→
←五竜岳へ
急斜面。
時期によっては
雪渓がある
小雪渓
小雪渓を通過すると
待望のお花畑
急登
葱平
岩室跡
大出原
2612m
雷鳥坂
白馬大池
2379m
蓮華温泉へ
広い山頂
2437m
乗鞍岳
ゴロゴロした大岩の急斜面
大雪渓
栂池 1840m
白馬駅からゴンドラリフト乗り場までバスで約30分、
そこからゴンドラとロープウェイを乗り継いで約30分。
栂池高原へは長野駅からの特急バスもある
風吹大池へ→
2204m
千国へ→
天狗原
高層湿原。紅葉期のハイキングがおすすめ
休日には列ができるほどの人気コースだが、落石や崩落も多く、注意をして登りたい
栂池自然園
遊歩道が整備され、高山植物などを観察することができる。白馬三山の眺めが美しい
1900m
栂池自然園
1856m
1824m
白馬沢
白馬鑓温泉小屋
7月中旬~9月下旬
標高2100mの露天風呂が楽しめる
栂池ヒュッテ
4月下旬~5月上旬
5月下旬~10月下旬
村営栂池山荘
6月上旬~10月中旬
広葉樹林の中の道
長野県
栂池ロープウェイ
白馬尻小屋
7月上旬~9月下旬
猿倉
猿倉 1230m
白馬駅からバスで約30分。
駐車場は狭い。車は八方に置き、バスの利用がおすすめ
村営猿倉荘
ゴールデンウィーク、5月下旬~10月上旬
栂ノ森
栂大門
白馬村
南股入
北股入
八方、白馬駅へ
1290m
岩茸山（岩岳山）
白馬岳の眺めがよい。
ゴンドラリフトで上がることができる
栂池高原スキー場
栂池ゴンドラリフト
小谷村
栂池高原
糸魚川から松本に至る千国街道は「塩の道」とよばれ、古代から、日本海沿岸と信州の交易に利用されていた
楠川
落倉自然園
春にはミズバショウの花が見られる
栂池高原
栂池高原
栂の森荘
栂の湯
千国街道（塩の道）
前山百体観音
八方、白馬駅へ
白馬大池駅へ
千国駅へ
牛方宿

栂池《つがいけ》自然園は日本有数の高層湿原で、雲上のお花畑のような場所。ミズバショウやワタスゲ、ニッコウキスゲなど、季節に応じた花々が咲き乱れる。白馬大池は海抜2379mに水をたたえる湖沼。かつては雨乞《ご》いの神を祀《まつ》っていたという。風吹《かざふき》大池は北アルプス最大の池で、湖畔はダケカンバやシラビソに囲まれている。さらに大池を取り巻くように大小の池が点在し、神秘性が漂う。紅葉の時期はとくにすばらしい。

宿泊施設（数字は収容人数） キャンプ場 水場 トイレ 危険箇所 診療所 ロープウェイ リフト おもなバス停 温泉 紅葉の名所 花の名所 好展望 観光ポイント 駐車場

五竜岳

勇壮な姿が見事な後立山の雄峰

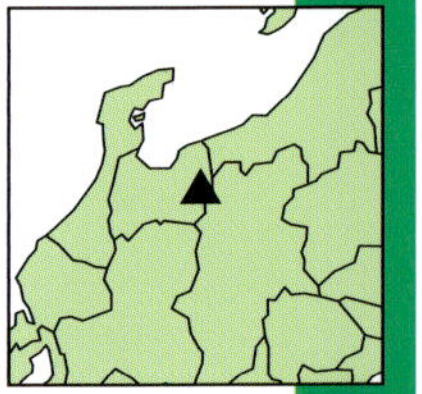

ごりゅうだけ
2814m
上級者向け
1泊2日

見どころ：眺望、花、雪渓、紅葉、湿原、池塘、岩稜
1/25000 地形図：白馬町、神城

白岳からの朝の五竜岳（撮影：鈴木克洋）

ダイナミックな山容

五竜岳は後立山《うしろたてやま》連峰に属する雄峰である。白馬《しろうま》岳と同じように非対称山稜《さんりょう》であるが、岩稜が連なりいっそう勇壮な姿を見せる。ところどころにお花畑もあり、ダイナミックな山容とのコントラストが鮮やかだ。

諸説ある「五竜」の由来

五竜という山名の由来は、さまざまな説がある。この地域が武田《たけだ》氏の支配下にあったころ、頂上直下の岩肌が武田菱《びし》に似ていることから「御菱《ごりょう》」とよんだ説、あるいは地元では「菱《りょう》」とは断崖《だんがい》や絶壁を意味しており、いくつもの岩稜があることから名づけられたという説、あるいは「後立山」の「後立」を「ごりゅう」とよんだという説もある。

特色ある登山ルート

五竜岳への登山路は、直接登る遠見《とおみ》尾根コースと唐松《からまつ》岳を経る八方《はっぽう》尾根コースの2つがある。八方尾根のポイントとなる場所にはケルンが立つ。第三ケルンが立つ八方池は山上の湖といった趣で、水面に映る白馬三山が美しい。登るにつれ、不帰《かえらず》ノ嶮《けん》の迫力ある姿が迫ってくる。黒菱平《くろびしだいら》や八方池周辺ではさまざまな種類の花に出会える。

遠見尾根は、小遠見山《ことおみやま》、中遠見山、大遠見山、西遠見山などいくつかの山を越えて登るコースで、上部は急峻《きゅうしゅん》な登りも多い。小遠見山頂上には地蔵が安置され、西遠見池から眺める五竜岳や鹿島槍《かしまやり》ヶ岳《たけ》はすばらしい。

西遠見池と五竜岳（撮影：鈴木克洋）

遮るものがない大展望

頂上からは白馬岳や鹿島槍ヶ岳、剱《つるぎ》岳、立山《たてやま》はもちろん、遠く穂高《ほたか》の山々、槍ヶ岳、中央アルプスも見える。遮るものがない大展望だ。五竜岳から南北に伸びる主稜線上の縦走路は岩稜が続き、不帰ノ嶮や八峰《はちみね》キレットなどの難所もある。

八方尾根コース／遠見尾根コース

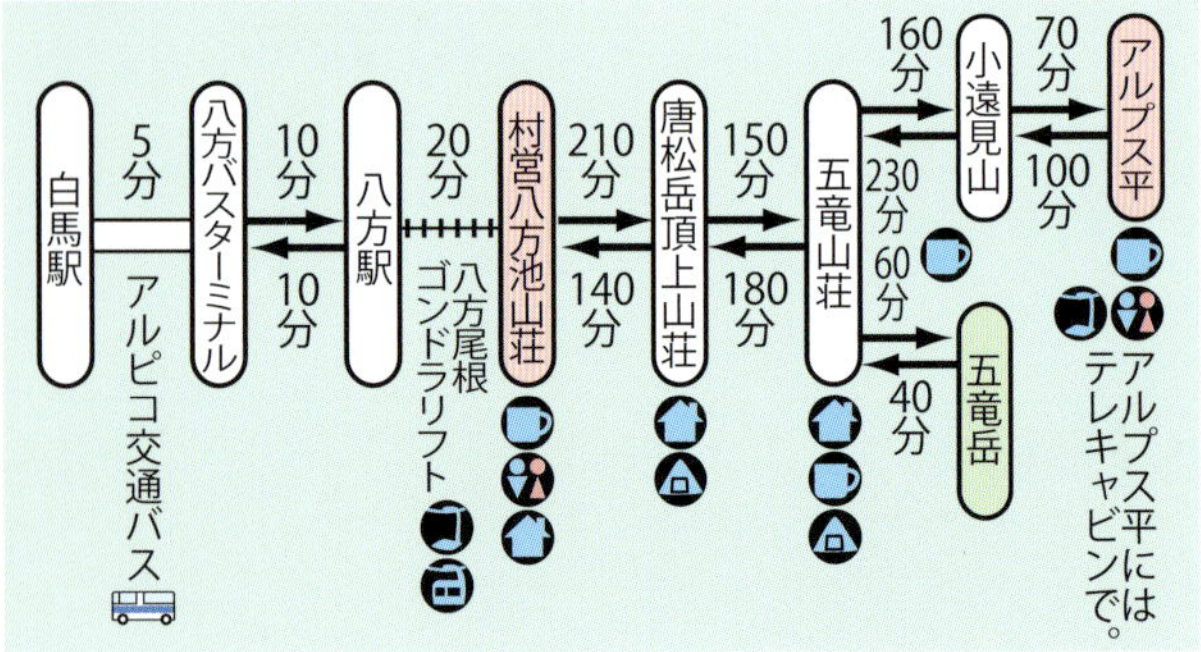
白馬駅
5分
アルピコ交通バス
八方バスターミナル
10分
10分
八方駅
20分
八方尾根ゴンドラリフト
村営八方池山荘
210分
140分
唐松岳頂上山荘
150分
180分
五竜山荘
160分
230分
60分
40分
小遠見山
70分
100分
アルプス平
アルプス平にはテレキャビンで。
五竜岳

data

●アクセス
起点は白馬駅（JR大糸線）もしくは神城駅（JR大糸線）
白馬駅→八方バスターミナル（アルピコ交通バス約5分）
神城駅→エスカルプラザ（テレキャビンとおみ駅）（シャトルバス約5分、季節限定）

●山小屋
唐松岳頂上山荘　090-5204-7876
五竜山荘　0261-72-2002
キレット小屋　0261-72-2002
村営八方池山荘　0261-72-2855

●問い合わせ
アルピコ交通白馬営業所
0261-72-3155
アルプス第一交通白馬営業所
0261-72-2221
白馬観光タクシー　0261-72-2144
八方インフォメーションセンター
0261-72-3066
白馬五竜テレキャビン　0261-75-2101
白馬村役場　0261-72-5000
白馬村観光局　0261-72-7100
八方尾根観光協会　0261-72-4399
白馬五竜観光協会　0261-75-3700

お買い上げの本のタイトル（必ずご記入下さい）

●本書を何でお知りになりましたか？

□書店で見て　□新聞広告で　□人に勧められて
□当社ホームページで　□ネット書店で　□図書目録で
□その他（　　　　　　　　　　）

●本書をお買い上げになっていかがですか？

□表紙がよい　□内容がよい　□見やすい　□価格が手頃

●本書に対するご意見、ご感想をお聞かせください

ご協力ありがとうございました。

お名前（フリガナ）	年齢　　歳	男・女
	ご職業	
ご住所 〒		
図書目録（無料）を　希望する□　しない□		

郵便はがき

恐縮ですが切手をおはりください

1 6 2-8 4 4 5

新宿区新小川町一-七

成美堂出版

愛読者係 行

愛読者カード

◆本書をお買い上げくださいましてありがとうございます。

これから出版する本の参考にするため、裏面のアンケートにご協力ください。

ご返送いただいた方には、後ほど当社の図書目録を送らせて戴きます。

また、抽選により毎月20名の方に図書カードを贈呈いたします。当選の方への発送をもって発表にかえさせていただきます。

ホームページ　http://www.seibidoshuppan.co.jp

＊お預かりした個人情報は、弊社が責任をもって管理し、上記目的以外では一切使用いたしません。

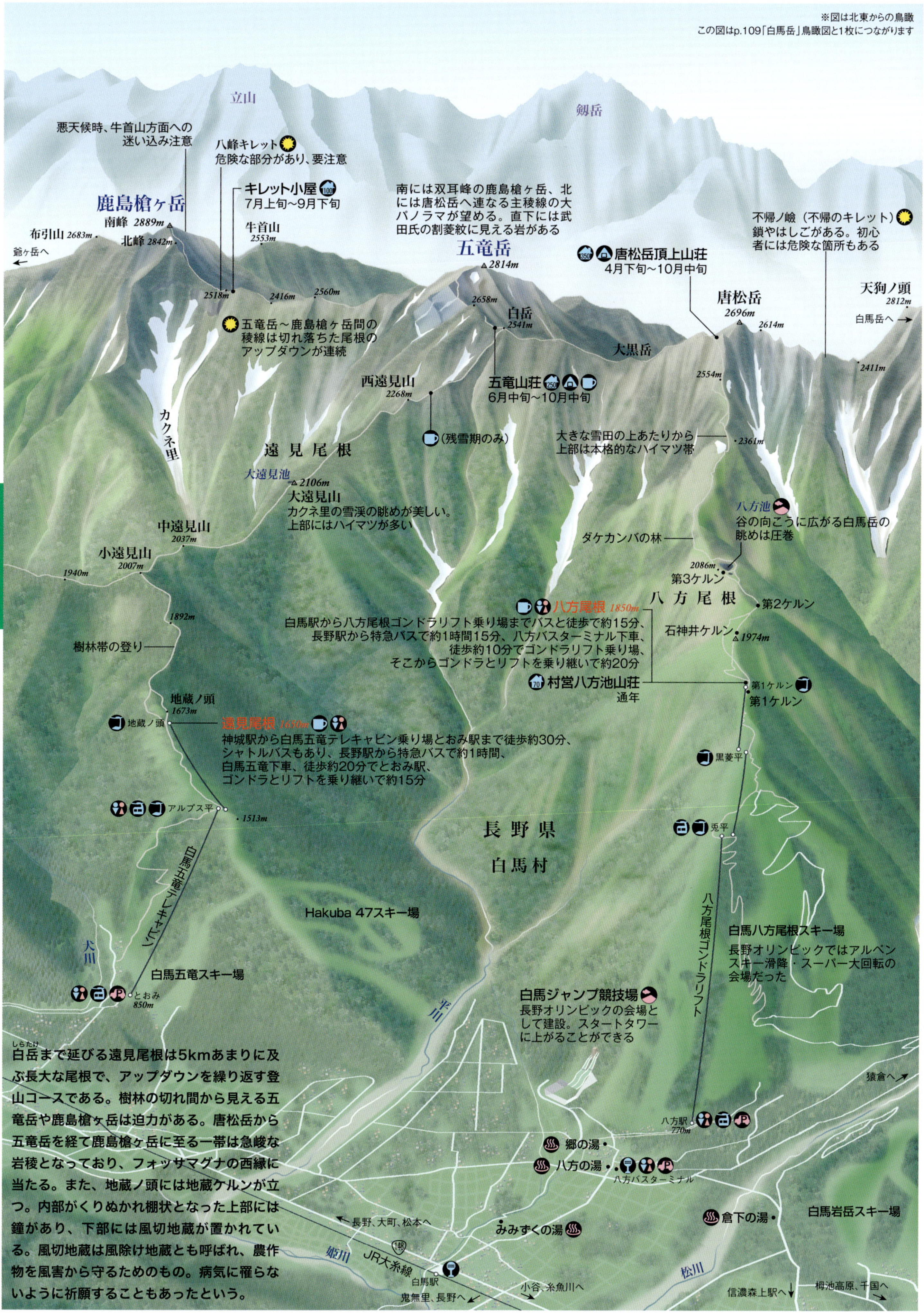
※図は北東からの鳥瞰
この図はp.109「白馬岳」鳥瞰図と1枚につながります
立山
剱岳
悪天候時、牛首山方面への
迷い込み注意
八峰キレット
危険な部分があり、要注意
キレット小屋 100
7月上旬～9月下旬
鹿島槍ヶ岳
南峰 2889m
北峰 2842m
布引山 2683m
爺ヶ岳へ
牛首山 2553m
2518m
2416m
2560m
南には双耳峰の鹿島槍ヶ岳、北
には唐松岳へ連なる主稜線の大
パノラマが望める。直下には武
田氏の割菱紋に見える岩がある
五竜岳
2814m
2658m
白岳 2541m
350 唐松岳頂上山荘
4月下旬～10月中旬
唐松岳 2696m
2614m
大黒岳
不帰ノ嶮（不帰のキレット）
鎖やはしごがある。初心
者には危険な箇所もある
天狗ノ頭 2812m
白馬岳へ
2411m
2554m
五竜岳～鹿島槍ヶ岳間の
稜線は切れ落ちた尾根の
アップダウンが連続
西遠見山 2268m
五竜山荘 250
6月中旬～10月中旬
カクネ里
(残雪期のみ)
遠見尾根
大きな雪田の上あたりから
上部は本格的なハイマツ帯
2361m
大遠見池
2106m
大遠見山
カクネ里の雪渓の眺めが美しい。
上部にはハイマツが多い
八方池
谷の向こうに広がる白馬岳の
眺めは圧巻
ダケカンバの林
中遠見山 2037m
小遠見山 2007m
1940m
2086m
第3ケルン
八方尾根
八方尾根 1850m
第2ケルン
1892m
白馬駅から八方尾根ゴンドラリフト乗り場までバスと徒歩で約15分、
長野駅から特急バスで約1時間15分、八方バスターミナル下車、
徒歩約10分でゴンドラリフト乗り場、
そこからゴンドラとリフトを乗り継いで約20分
石神井ケルン
1974m
樹林帯の登り
70 村営八方池山荘
通年
第1ケルン
第1ケルン
地蔵ノ頭 1673m
地蔵ノ頭
遠見尾根 1650m
神城駅から白馬五竜テレキャビン乗り場とおみ駅まで徒歩約30分、
シャトルバスもあり、長野駅から特急バスで約1時間、
白馬五竜下車、徒歩約20分でとおみ駅、
ゴンドラとリフトを乗り継いで約15分
黒菱平
アルプス平
1513m
兎平
長野県
白馬村
白馬五竜テレキャビン
八方尾根ゴンドラリフト
Hakuba 47スキー場
白馬八方尾根スキー場
長野オリンピックではアルペン
スキー滑降・スーパー大回転の
会場だった
犬川
白馬五竜スキー場
とおみ 850m
白馬ジャンプ競技場
長野オリンピックの会場と
して建設。スタートタワー
に上がることができる
平川
猿倉へ
八方駅 770m
郷の湯
八方の湯
八方バスターミナル
倉下の湯
白馬岩岳スキー場
長野、大町、松本へ
みみずくの湯
148
姫川
JR大糸線
白馬駅
鬼無里、長野へ
小谷、糸魚川へ
松川
信濃森上駅へ
栂池高原、千国へ

白岳《しらたけ》まで延びる遠見尾根は5kmあまりに及ぶ長大な尾根で、アップダウンを繰り返す登山コースである。樹林の切れ間から見える五竜岳や鹿島槍ヶ岳は迫力がある。唐松岳から五竜岳を経て鹿島槍ヶ岳に至る一帯は急峻な岩稜となっており、フォッサマグナの西縁に当たる。また、地蔵ノ頭には地蔵ケルンが立つ。内部がくりぬかれ棚状となった上部には鐘があり、下部には風切地蔵が置かれている。風切地蔵は風除け地蔵とも呼ばれ、農作物を風害から守るためのもの。病気に罹らないように祈願することもあったという。

70 宿泊施設（数字は収容人数） キャンプ場 水場 トイレ 危険箇所 ロープウェイ リフト おもなバス停 温泉 紅葉の名所 花の名所 好展望 観光ポイント 駐車場

鹿島槍ヶ岳

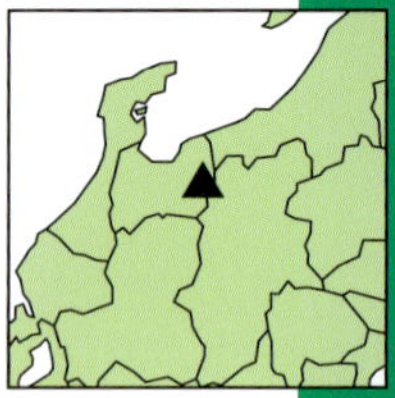

かしまやりがたけ
2889m
上級者向け
1泊2日

見どころ：眺望、花、雪渓、紅葉、池塘、岩稜
1/25000 地形図：黒部湖、神城、十字峡

後立山連峰の盟主とよばれる双耳峰

盛夏の鹿島槍ヶ岳（撮影：鈴木克洋）

鹿島明神に由来

鹿島槍ヶ岳は後立山《うしろたてやま》連峰のほぼ中心に位置する双耳《そうじ》峰《ほう》である。後立山の盟主ともよばれ、堂々たる山容を誇る。非対称山稜《さんりょう》が顕著で、東側斜面が急峻《きゅうしゅん》であるのに対し、西側斜面は緩やかだ。

鹿島槍ヶ岳には、後立《ごりゅう》山《ざん》、背比《せくら》べ岳、鶴《つる》ヶ岳など多くの別名がある。「鹿島」という名は、天文《てんぶん》年間（1532～55）にこの山の麓《ふもと》で大地震があり、地震の神様である常陸《ひたち》の鹿島明神を迎えて祀《まつ》ったことに由来するという。その後、この由来にもとづき、南の槍ヶ岳に対して鹿島槍ヶ岳とよぶようになった。

迫力ある岩壁

赤岩《あかいわ》尾根のコースは、北アルプス有数の急登で、長ザク尾根ともよばれ岩場が続く登りがいのあるルートだ。高千穂《たかちほ》平《だいら》からは展望が開け、鹿島槍ヶ岳の岩壁が圧倒的な迫力で迫ってくる。

柏原新道《かしわばらしんどう》は爺《じい》ヶ岳を経由して鹿島槍ヶ岳に至るコースだ。モミジ坂とよばれる下部は名前のとおり紅葉がすばらしい。稜線に立つ種池《たねいけ》山荘付近には種池があり、ハクサンフウロやチングルマなどが咲くお花畑がある。お花畑越しに針《はり》ノ木《き》岳や蓮華《れんげ》岳が望める。

爺ヶ岳には3つのピークがあり、眺望もよい。冷《つべた》池《いけ》山荘付近から見るモルゲンロート（朝焼け）に輝く鹿島槍ヶ岳は神々しい。

鹿島槍ヶ岳（撮影：川井靖元）

見事な展望と落人伝説

鹿島槍ヶ岳南峰は北峰より高く、広い。剱《つるぎ》岳や立《たて》山《やま》、後立山の峰々が間近に迫り、裏銀座の山々も見渡せる。

北峰まで吊《つ》り尾根の登山道には雪渓がある。北峰から長野県側に東尾根が伸び、この尾根沿いに雪渓が残るU字谷はカクネ里とよばれる。「隠れ里」が転じたものとされ、平家の落人が住んだという伝説がある。

柏原新道コース／赤岩尾根コース

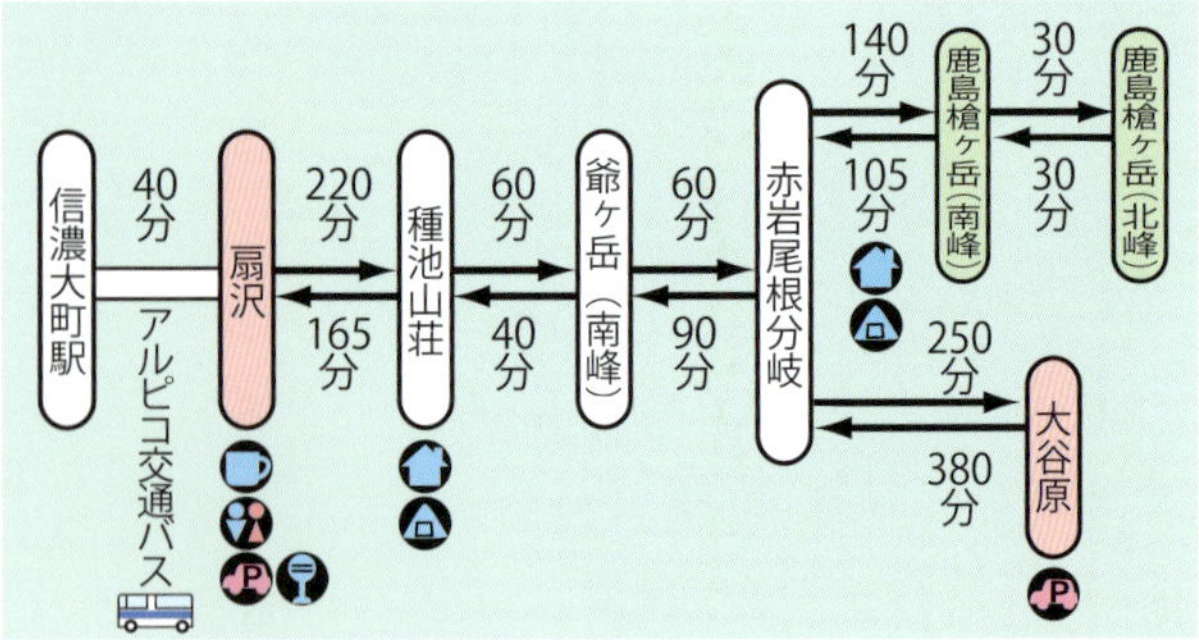
信濃大町駅
40分
アルピコ交通バス
扇沢
220分
165分
種池山荘
60分
40分
爺ヶ岳（南峰）
60分
90分
赤岩尾根分岐
140分
105分
鹿島槍ヶ岳（南峰）
30分
30分
鹿島槍ヶ岳（北峰）
250分
380分
大谷原

data

●アクセス
起点は信濃大町駅（JR 大糸線）
信濃大町駅→大谷原（タクシー約 30 分）
信濃大町駅→扇沢（アルピコ交通バス約 40 分、季節運行）
●山小屋
冷池山荘　0261-22-1263
種池山荘　0261-22-1263
●問い合わせ
アルピコ交通白馬営業所
0261-72-3155
アルプス第一交通配車センター
0261-22-2121
アルピコタクシー大町営業所
0261-23-2323
大町市役所　0261-22-0420
大町市観光協会　0261-22-0190

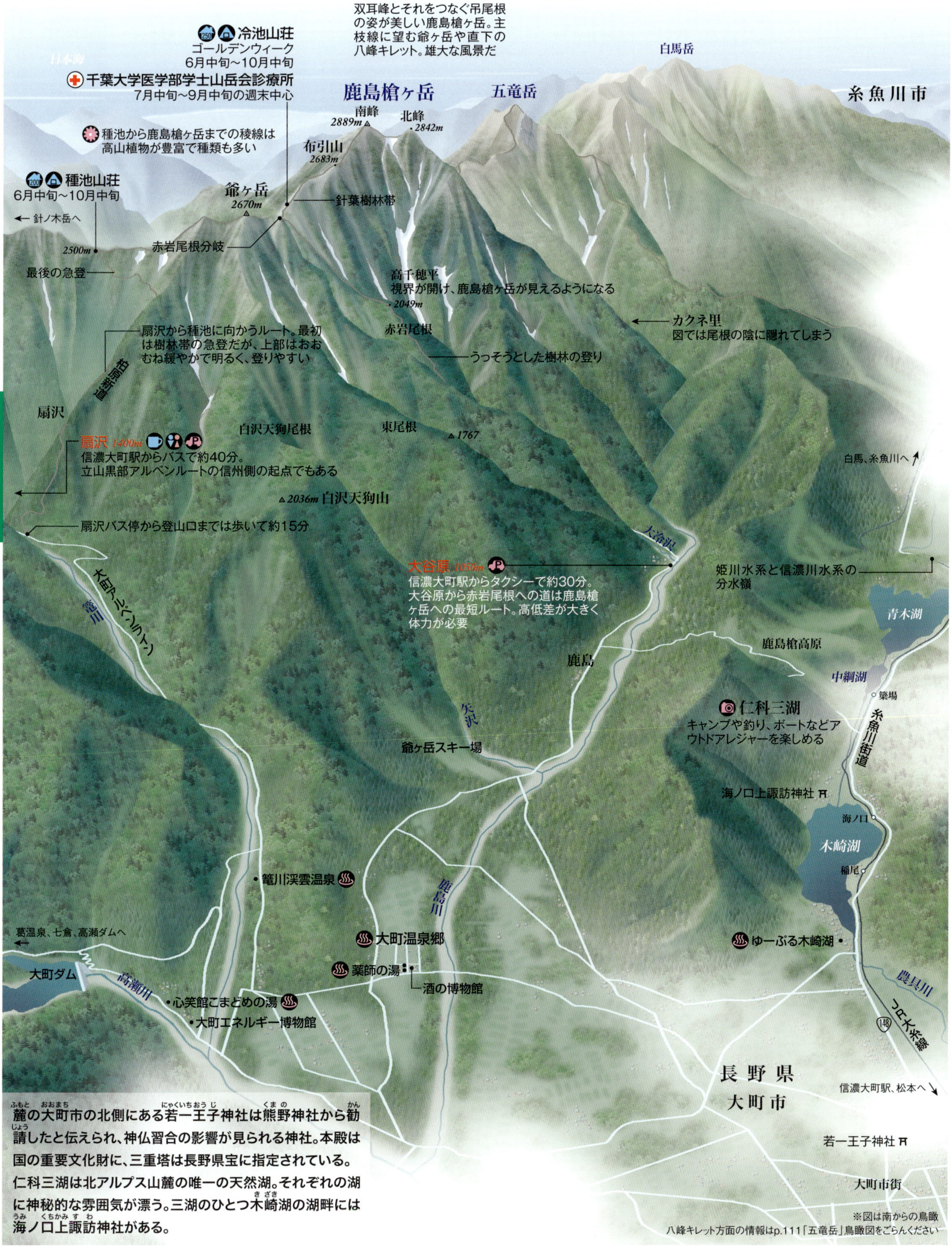

双耳峰とそれをつなぐ吊尾根の姿が美しい鹿島槍ヶ岳。主枝線に望む爺ヶ岳や直下の八峰キレット。雄大な風景だ
冷池山荘
ゴールデンウィーク
6月中旬~10月中旬
千葉大学医学部学士山岳会診療所
7月中旬~9月中旬の週末中心
日本海
鹿島槍ヶ岳
南峰
2889m
北峰
2842m
五竜岳
白馬岳
糸魚川市
種池から鹿島槍ヶ岳までの稜線は高山植物が豊富で種類も多い
布引山
2683m
種池山荘
6月中旬~10月中旬
爺ヶ岳
2670m
針葉樹林帯
← 針ノ木岳へ
2500m
赤岩尾根分岐
最後の急登
高千穂平
視界が開け、鹿島槍ヶ岳が見えるようになる
2049m
カクネ里
図では尾根の陰に隠れてしまう
扇沢から種池に向かうルート。最初は樹林帯の急登だが、上部はおおむね緩やかで明るく、登りやすい
柏原新道
赤岩尾根
うっそうとした樹林の登り
扇沢
白沢天狗尾根
東尾根
1767
扇沢 1400m
信濃大町駅からバスで約40分。
立山黒部アルペンルートの信州側の起点でもある
白馬、糸魚川へ
2036m 白沢天狗山
扇沢バス停から登山口までは歩いて約15分
大冷沢
大谷原 1050m
信濃大町駅からタクシーで約30分。
大谷原から赤岩尾根への道は鹿島槍ヶ岳への最短ルート。高低差が大きく体力が必要
姫川水系と信濃川水系の分水嶺
大町アルペンライン
篭川
青木湖
鹿島槍高原
鹿島
中綱湖
簗場
仁科三湖
キャンプや釣り、ボートなどアウトドアレジャーを楽しめる
糸魚川街道
矢沢
爺ヶ岳スキー場
海ノ口上諏訪神社
海ノ口
木崎湖
稲尾
篭川渓雲温泉
鹿島川
大町温泉郷
ゆーぷる木崎湖
葛温泉、七倉、高瀬ダムへ
薬師の湯
酒の博物館
大町ダム
高瀬川
農具川
心笑館こまどめの湯
大町エネルギー博物館
148
JR大糸線
長野県
大町市
信濃大町駅、松本へ
若一王子神社
大町市街
※図は南からの鳥瞰
八峰キレット方面の情報はp.111「五竜岳」鳥瞰図をごらんください

麓《ふもと》の大町《おおまち》市の北側にある若一王子《にゃくいちおうじ》神社は熊野《くまの》神社から勧《かん》請《じょう》したと伝えられ、神仏習合の影響が見られる神社。本殿は国の重要文化財に、三重塔は長野県宝に指定されている。仁科三湖は北アルプス山麓の唯一の天然湖。それぞれの湖に神秘的な雰囲気が漂う。三湖のひとつ木崎《きざき》湖の湖畔には海《うみ》ノ口上《くちかみ》諏訪《すわ》神社がある。

宿泊施設(数字は収容人数) キャンプ場 水場 トイレ 危険箇所 診療所 ロープウェイ リフト おもなバス停 温泉 紅葉の名所 花の名所 好展望 観光ポイント 駐車場

剱岳

「岩と雪の殿堂」とよばれる雄峰

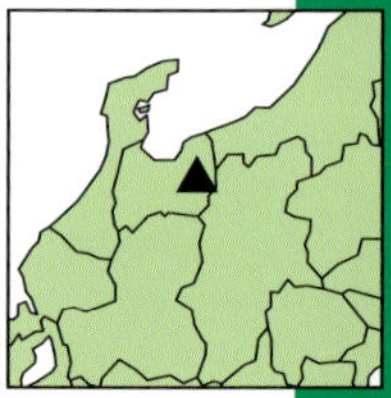

つるぎだけ
2999m
上級者向け
1泊2日/2泊3日

見どころ：眺望、花、雪渓、紅葉、池塘、岩稜
1/25000地形図：立山、剱岳、黒部湖、十字峡

真夏の剱岳（撮影：川井靖元）

きわだつ雄々しさ

剱岳は「岩と雪の殿堂」として、登山家たちの意欲をかきたててきた山だ。剣先が空に向かうようにそびえ、その雄々しさはこの山ならではのものである。

いくつもの高低差が大きい岩壁と深い谷筋が独特の山容をつくり、また日本海に近く季節風の影響で、大雪が降る。内陸部の高山と比べてもその積雪量は圧倒的だ。その雪は谷筋に雪渓となって夏でも残っている。剱沢雪渓は日本三大雪渓のひとつである。

はるか昔の登頂の痕跡

剱岳を含む立山《たてやま》連峰は、昔は「たちやま」とよばれていたという。なかでも鋭く尖《とが》ったような山容をもつ山がやがて「太刀《たち》山」とよばれるようになり、「剱岳」という呼び名に転じたようだ。

剱岳は麓《ふもと》の人々の畏怖《いふ》の対象となり、立山信仰では「針の山」として、地獄に例えられてきた。登ることができない山とされ、空海《くうかい》が草鞋《わらじ》6000足（10000足とも）を使っても登頂できなかったという伝説もある。

しかし、1907（明治40）年、陸軍の測量部隊が頂上で錆《さ》びた錫杖《しゃくじょう》の頭と槍《やり》の穂先（鉄剣とも）を見つけた。これらは奈良時代末期から平安時代にかけてのものと推測され、修験者が奉納したものではないかと考えられる。

難所を越えての大展望

頂上へのルートでいちばんやさしいのは、別山乗越《べっさんのっこし》から剱御前《つるぎごぜん》、前剱《ぜんけん》をたどるコースだ。それでも鎖場が連続し、難易度が高い。早《はや》月《つき》尾根のコースは標高差2240mを登り、頂上へ直登するルートだ。

頂上からは見事な大展望が広がる。北アルプスの山々、日本海が一望できる。

また、頂上には銅葺《ぶ》き屋根の祠《ほこら》がある。これはかつてあった祠の老朽化が進み、替えられたものだ。

池《いけ》ノ平付近から望む裏剱もすばらしい。とくに秋に紅葉越しに見る八ツ峰などの岩峰群は絵になる光景だ。

鎖場を行く登山者（撮影：川井靖元）

剱沢コース

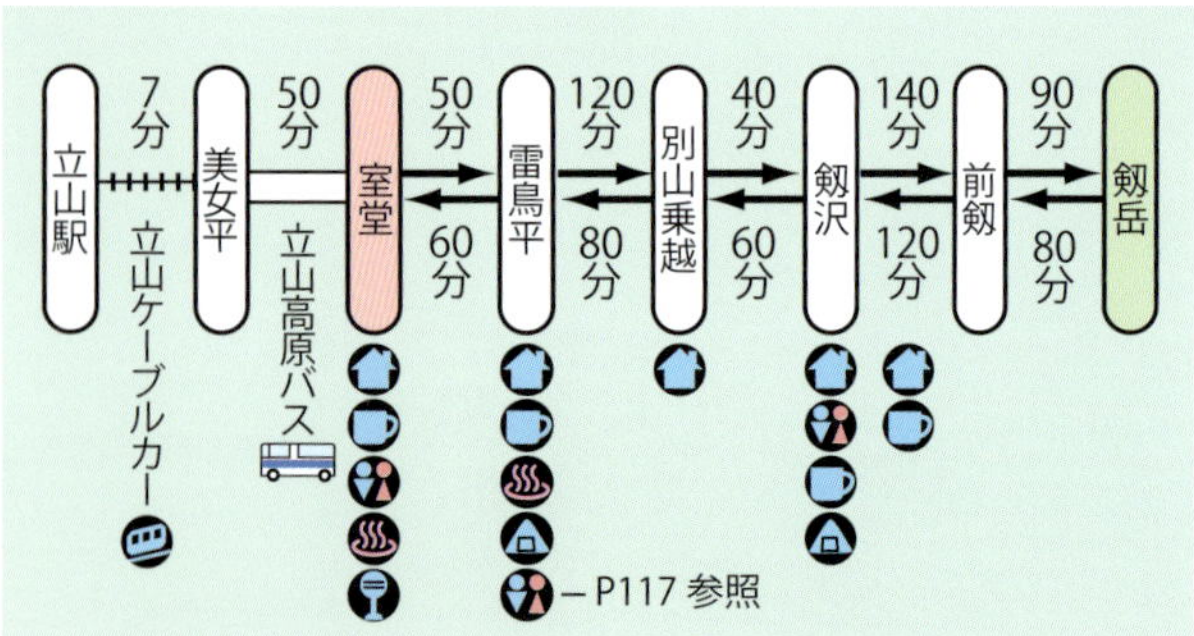

立山駅
7分
美女平
立山ケーブルカー
50分
立山高原バス
室堂
50分
60分
雷鳥平
120分
80分
別山乗越
40分
60分
剱沢
140分
120分
前剱
90分
80分
剱岳
－P117参照

※1＝電鉄富山駅はJR富山駅と近接している。
※2＝室堂までは東京などから直通バス、信濃大町駅（JR大糸線）から扇沢経由など多くのアクセスルートがある。

data

●アクセス
起点は電鉄富山駅（富山地方鉄道）（※1）
電鉄富山駅→立山駅（富山地方鉄道50分）→美女平（立山ケーブルカー約7分）→室堂（立山高原バス約50分）（※2）

●山小屋
剱御前小舎　080-8694-5076
FAX　050-3153-3497
剱沢小屋　076-482-1319
剣山荘　076-482-1564
早月小屋　090-7740-9233
馬場島荘　076-472-3080

●問い合わせ
富山地方鉄道テレホンセンター
076-432-3456
アルピコ交通白馬営業所
0261-72-3155
北アルプス交通　0261-22-0799
富山地鉄タクシー　076-421-4200
上市交通　076-472-0151
アルピコタクシー大町営業所　0261-23-2323
立山黒部貫光営業予約センター（アルペンルート）
076-432-2819
くろよん総合予約センター（黒部湖遊覧船）
0261-22-0804
立山町役場　076-463-1121
立山町観光協会　076-462-1001
上市町役場　076-472-1111

立山黒部アルペンルートは富山県の立山駅と長野県の扇沢駅を結ぶ、日本屈指の山岳交通ルート。立山ケーブルカー（7分）、立山高原バス（50分）、立山トンネルトロリーバス（10分）、立山ロープウェイ（7分）、黒部ケーブルカー（5分）、黒部ダム堰堤の徒歩移動（15分）、関電トンネルトロリーバス（16分）を順に乗り継いで移動する。最高標高地点の室堂（2450m）を中心に、北アルプスの大自然にふれる、さまざまな散策ルートやトレッキングルート、展望台などを設けてある。国内外の多くの観光客で賑わう。

宿泊施設(数字は収容人数)　キャンプ場　水場　トイレ　危険箇所　診療所　ロープウェイ　リフト　ケーブルカー　おもなバス停　温泉　紅葉の名所　花の名所　好展望　観光ポイント　駐車場

立山

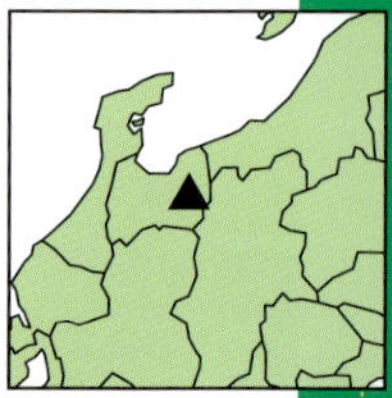

たてやま
雄山　3003m
大汝山　3015m
浄土山　2831m
富士ノ折立　2999m
別山　2880m
中級者向け
日帰り

見どころ：眺望、花、雪渓、紅葉、池塘
1/25000 地形図：立山、剱岳

霊山にふさわしいたたずまいを見せる峰々

雄山を主峰とする山域

立山は一つの峰をさすのではなく、山域の総称である。一般に立山三山とは別山《べっ》《さん》、雄山《おやま》、浄土山《じょうどさん》をいう。

立山登山とは雄山に登ることを意味する場合が多い。ほかにこの山域の最高峰である大汝山《おおなんじさん》、富士《ふじ》ノ折立《おりたて》などを含んで立山とよぶ場合もある。

複雑で魅力的な山容

立山という名称は、越中《えっちゅう》平野に立ちはだかるようにそびえていることから名づけられたという。

立山は飛騨《ひだ》山脈の北部に位置する火山である。火山活動と氷河による侵食が、現在の複雑で魅力的な山容をつくりだした。登山基地となる室堂《むろどう》は溶岩台地の平坦《へいたん》なエリアである。立山黒部《くろべ》アルペンルートなどを利用し、多くの観光客がおとずれる。

立山とミクリガ池（撮影：飯田信義）

日本三大霊山のひとつ

立山は日本でも屈指の信仰の山で、富士山《ふじさん》、白山《はくさん》とともに日本三霊山に数えられる。開山も早く701（大宝元）年と伝えられている。江戸時代には立山信仰が盛んになり、登山者が相次いだという。

雄山頂上には霊山らしく、雄山神社峰本社《みねほんしゃ》がある。鳥居の向こうには最高地点に祠《ほこら》が立ち、お祓《はら》いを受けられる。別山頂上や浄土山頂上にも祠がある。また、一《いち》の越《こし》山荘直下には、祓堂《はらいどう》があり、昔の修験者たちはここで身を清めてから山に登ったという。

雄山山頂の雄山神社（撮影：鈴木克洋）

大パノラマが広がる山頂

雄山の頂上からは北アルプスの山々の大パノラマが広がる。富山県の最高峰である大汝山の頂上は岩塔の上で、とても狭い。別山の頂上付近は広く、神秘的な硯《すずり》ケ池がある。頂上から見る剱岳《つるぎだけ》方面の眺めは大きな迫力がある。

一ノ越コース／雷鳥平コース

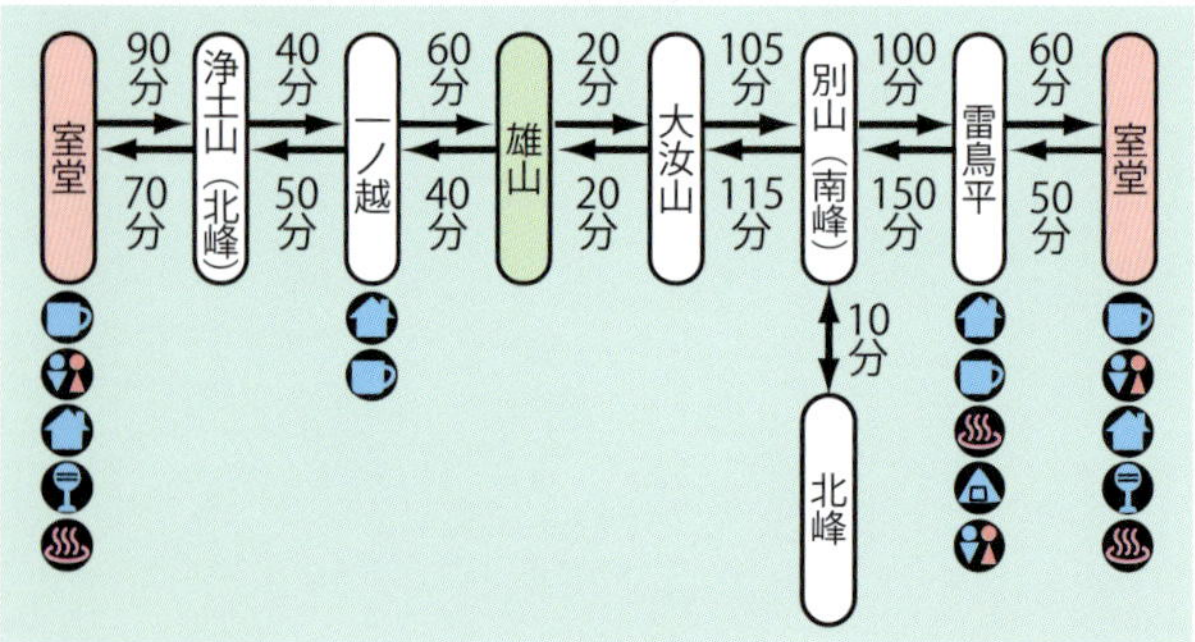
室堂
90分
70分
浄土山（北峰）
40分
50分
一ノ越
60分
40分
雄山
20分
20分
大汝山
105分
115分
別山（南峰）
10分
北峰
100分
150分
雷鳥平
60分
50分
室堂

※ 1＝電鉄富山駅は JR 富山駅と近接している。
※ 2＝室堂までは東京などから直通バス、信濃大町駅（JR 大糸線）から扇沢経由など多くのアクセスルートがある。

data

●アクセス
起点は電鉄富山駅（富山地方鉄道）（※ 1）
電鉄富山駅→立山駅（富山地方鉄道 50 分）→美女平（立山ケーブルカー約 7 分）→室堂（立山高原バス約 50 分）（※ 2）

●山小屋
立山室堂山荘　076-463-1228
ロッジ立山連峰　076-463-6004
らいちょう温泉雷鳥荘　076-463-1664
雷鳥沢ヒュッテ　076-463-1835
一の越山荘　090-1632-4629
大汝休憩所　076-482-1238
大日小屋　090-3291-1579
内蔵助山荘　090-5686-1250

●問い合わせ
富山地方鉄道テレホンセンター　076-432-3456
アルピコ交通白馬営業所　0261-72-3155
北アルプス交通　0261-22-0799
富山地鉄タクシー　076-421-4200
アルピコタクシー大町営業所　0261-23-2323
立山黒部貫光営業予約センター（アルペンルート）　076-432-2819
くろよん総合予約センター（黒部湖遊覧船）　0261-22-0804
立山町役場　076-463-1121
立山町観光協会　076-462-1001

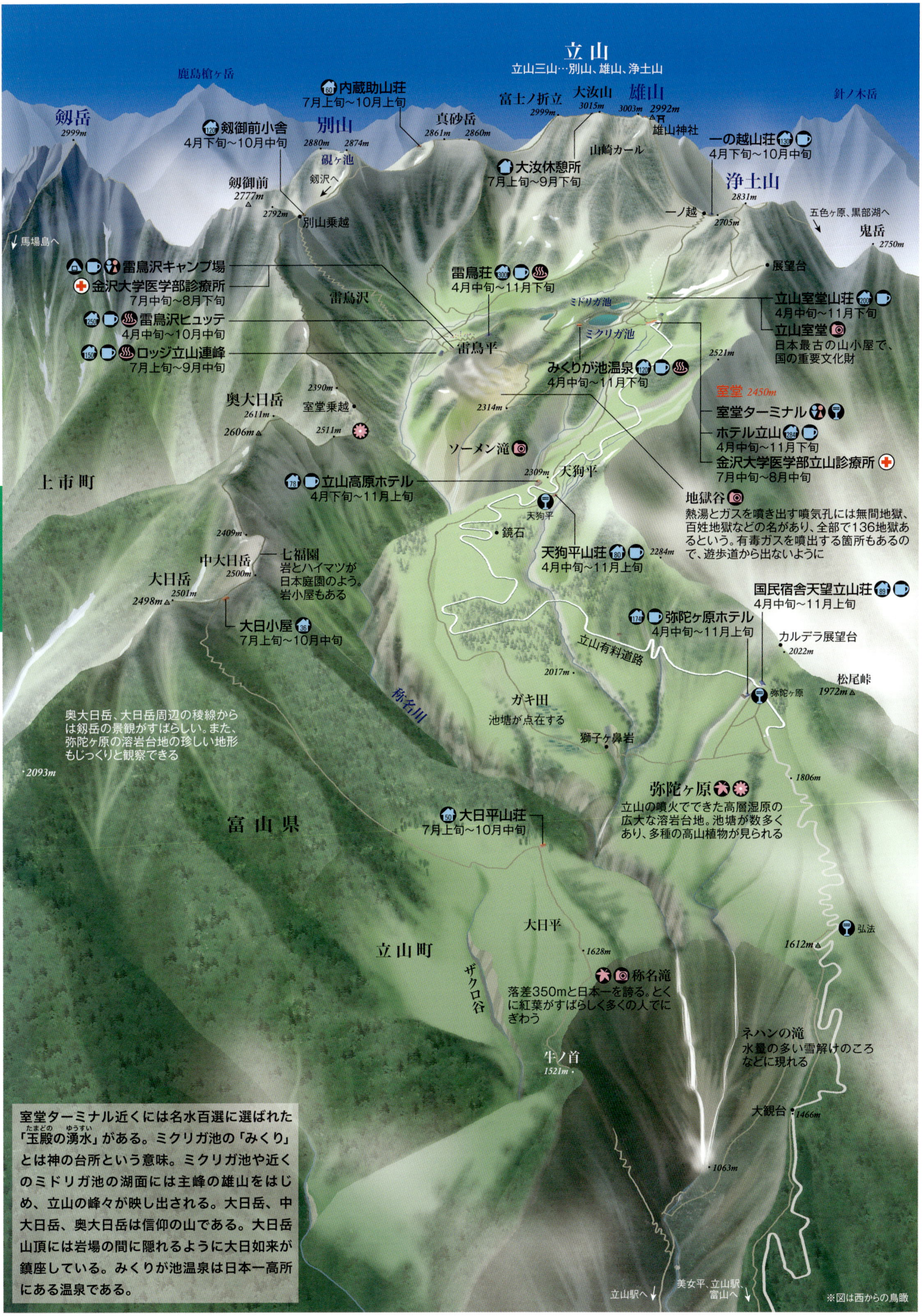

立山
立山三山…別山、雄山、浄土山
鹿島槍ヶ岳
針ノ木岳
内蔵助山荘
7月上旬～10月上旬
富士ノ折立
2999m
大汝山
3015m
雄山
3003m
2992m
雄山神社
剱岳
2999m
剱御前小舎
4月下旬～10月中旬
別山
2880m
2874m
真砂岳
2861m
2860m
山崎カール
一の越山荘
4月下旬～10月中旬
浄土山
2831m
硯ヶ池
剱沢へ
大汝休憩所
7月上旬～9月下旬
剱御前
2777m
2792m
別山乗越
一ノ越
2705m
五色ヶ原、黒部湖へ
鬼岳
2750m
馬場島へ
展望台
雷鳥沢キャンプ場
金沢大学医学部診療所
7月中旬～8月下旬
雷鳥荘
4月中旬～11月下旬
雷鳥沢
ミドリガ池
立山室堂山荘
4月中旬～11月下旬
立山室堂
日本最古の山小屋で、国の重要文化財
雷鳥沢ヒュッテ
4月中旬～10月中旬
ミクリガ池
雷鳥平
ロッジ立山連峰
7月上旬～9月中旬
みくりが池温泉
4月中旬～11月下旬
2521m
2390m
室堂乗越
奥大日岳
2611m
2314m
室堂 2450m
室堂ターミナル
2606m
2511m
ホテル立山
4月中旬～11月下旬
ソーメン滝
金沢大学医学部立山診療所
7月中旬～8月中旬
上市町
立山高原ホテル
4月下旬～11月上旬
2309m
天狗平
天狗平
地獄谷
熱湯とガスを噴き出す噴気孔には無間地獄、百姓地獄などの名があり、全部で136地獄あるという。有毒ガスを噴出する箇所もあるので、遊歩道から出ないように
2409m
鏡石
中大日岳
2500m
七福園
岩とハイマツが日本庭園のよう。岩小屋もある
天狗平山荘
4月中旬～11月上旬
2284m
大日岳
2501m
2498m
国民宿舎天望立山荘
4月中旬～11月上旬
大日小屋
7月上旬～10月中旬
弥陀ヶ原ホテル
4月中旬～11月上旬
カルデラ展望台
2022m
立山有料道路
2017m
松尾峠
1972m
弥陀ヶ原
称名川
ガキ田
池塘が点在する
奥大日岳、大日岳周辺の稜線からは剱岳の景観がすばらしい。また、弥陀ヶ原の溶岩台地の珍しい地形もじっくりと観察できる
獅子ヶ鼻岩
2093m
1806m
弥陀ヶ原
立山の噴火でできた高層湿原の広大な溶岩台地。池塘が数多くあり、多種の高山植物が見られる
富山県
大日平山荘
7月上旬～10月中旬
大日平
弘法
1612m
立山町
1628m
称名滝
落差350mと日本一を誇る。とくに紅葉がすばらしく多くの人でにぎわう
ザクロ谷
ネハンの滝
水量の多い雪解けのころなどに現れる
牛ノ首
1521m
大観台
1466m
1063m
美女平、立山駅、富山へ
立山駅へ
※図は西からの鳥瞰

室堂ターミナル近くには名水百選に選ばれた「玉殿《たまどの》の湧水《ゆうすい》」がある。ミクリガ池の「みくり」とは神の台所という意味。ミクリガ池や近くのミドリガ池の湖面には主峰の雄山をはじめ、立山の峰々が映し出される。大日岳、中大日岳、奥大日岳は信仰の山である。大日岳山頂には岩場の間に隠れるように大日如来が鎮座している。みくりが池温泉は日本一高所にある温泉である。

宿泊施設(数字は収容人数) キャンプ場 水場 トイレ 危険箇所 診療所 ロープウェイ リフト ケーブルカー おもなバス停 温泉 紅葉の名所 花の名所 好展望 観光ポイント 駐車場

50 北アルプス

薬師岳

雄大な山容をもつ北アルプスの貴婦人

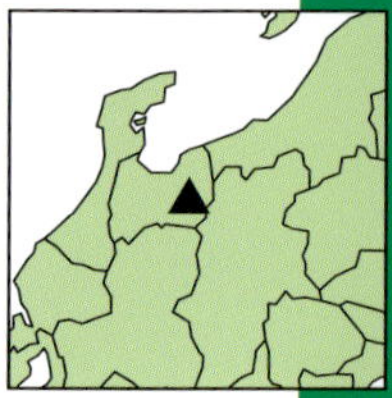

やくしだけ
2926m
中級者向け
1泊2日

見どころ：眺望、花、雪渓、紅葉、池塘、氷河地形
1/25000 地形図：立山、薬師岳、有峰湖

連続するカールが特色

薬師岳は立山《たてやま》連峰の南部に位置する。長大な尾根をもち、その山容は北アルプスで最大といわれる。雄大かつ穏やかで、気品に満ちた姿から「北アルプスの女王」「北アルプスの貴婦人」と形容されてきた。

この山の地形的な最大の特色は、東面のカール群だ（カールとは氷河によって侵食されスプーンですくったような地形のこと）。南稜《なんりょう》カール、中央カール、金作谷《きんさくだに》カールなどが並び、そのまま黒部《くろべ》峡谷の上の廊下に落ちている。これらのカール群は「薬師岳の圏谷群」として国の特別天然記念物に指定されている。

薬師信仰の山

現在、有峰《ありみね》湖となっている場所にはかつて有峰集落があった。この集落の村民たちは薬師岳を病気や災難から救う神の山として信仰し、山頂に薬師堂を建てて、薬師如来《やくしにょらい》を祀《まつ》った。毎年旧暦の6月15日には「岳の薬師祭」を催し、男たちが総出で薬師岳に登り、祈ったという。

各所にすばらしい眺望

折立《おりたて》から登り始めると、1871m地点付近から展望が開ける。やがて薬師岳を望み、眼下には有峰湖が見えるようになる。

太郎兵衛平《たろべえだいら》は広い草原で、近辺にはニッコウキスゲやチングルマ、イワカガミなどが咲くお花畑がある。太郎平小屋から見る日本海に沈む夕日はすばらしい。

薬師岳は北アルプスの南部と北部を結ぶ位置にあるだけに、頂上からは中部山岳地帯の高峰のほとんどが見渡せるすばらしさだ。

雲ノ平から見る薬師岳（撮影：川嶋新太郎）

薬師沢源流から薬師岳を望む（撮影：川井靖元）

data

●アクセス
起点は電鉄富山駅（富山地方鉄道）（※）
電鉄富山駅→有峰口駅（富山地方鉄道約50分）→折立（富山地方鉄道バス約55分）

●山小屋
薬師岳山荘　076-451-9222
五色ヶ原山荘　076-482-1940
スゴ乗越小屋　076-482-1418
太郎平小屋　080-1951-3030
薬師沢小屋　076-482-1418

●問い合わせ
富山地方鉄道テレホンセンター
076-432-3456
アルプス第一交通配車センター　0261-22-2121
立山黒部貫光営業予約センター（アルペンルート）
076-432-2819
くろよん総合予約センター（黒部湖遊覧船）
0261-22-0804
富山市観光協会大山支部　076-481-1900

折立コース

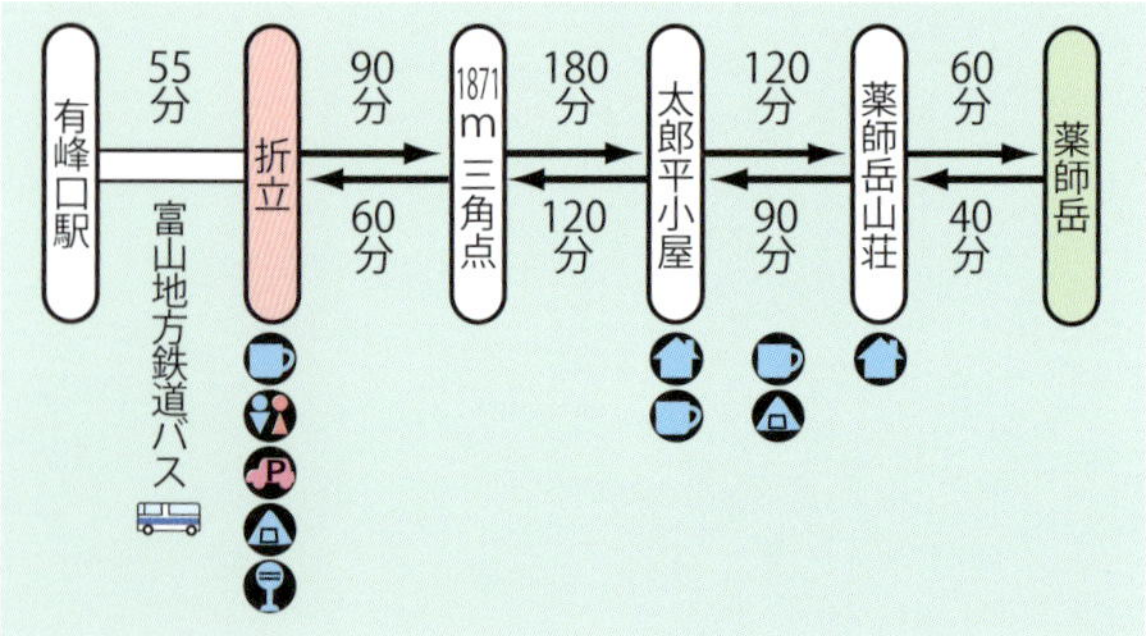

有峰口駅
55分
富山地方鉄道バス
折立
90分
60分
1871m三角点
180分
120分
太郎平小屋
120分
90分
薬師岳山荘
60分
40分
薬師岳

※＝電鉄富山駅はJR富山駅と近接している。富山駅からは有峰口・折立行きの直通バスもある。

五色ヶ原は雲上の楽園。池塘《ちとう》が点在し、多くの高山植物が咲き競う。麓《ふもと》の有峰地区には鎌倉・室町時代から人々が住んでいた。人々は薬師岳を尊崇し、体を清めて頂上まで「裸足詣《はだしもうで》」をしたという。有峰湖は有峰ダムの建設によって和田川を堰《せ》き止めてできた人造湖。周囲はミズナラやブナ、カツラなどの巨木がある。宝来島はダムができる前にあった吉事山の頂上部分で、ダム完成を記念して建てられた有峰神社がある。

宿泊施設(数字は収容人数) キャンプ場 水場 トイレ 危険箇所 ロープウェイ リフト おもなバス停 温泉 紅葉の名所 花の名所 好展望 観光ポイント 駐車場

黒部五郎岳・水晶岳※・鷲羽岳

北アルプス最深部にそびえる展望抜群の峰々

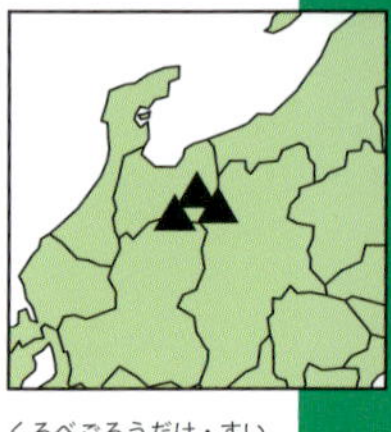

くろべごろうだけ・すいしょうだけ・わしばだけ
黒部五郎岳　2840m
水晶岳 2986m
鷲羽岳　2924m
上級者向け

黒部五郎岳　3泊4日、水晶岳2泊3日/3泊4日、鷲羽岳・水晶岳縦走　2泊3日

見どころ：眺望、花、紅葉、氷河地形、池塘、火山地形 1/25000 地形図：笠ヶ岳、三俣蓮華岳、烏帽子岳、薬師岳

黒部川源流部に

黒部五郎岳、水晶岳、鷲羽岳は立山《たてやま》連峰の南、北アルプスの最深部に位置する峰々である。この三峰は比較的近くにありながら、それぞれ特色がある。また一帯は日本有数の急流河川である黒部川《くろべがわ》の源流部にあたり、高山植物も豊富だ。さらにカールや池塘《ちとう》、火山湖などが、この山域の魅力をいっそう高める。

〈黒部五郎岳〉

「五郎」はゴローにちなむ

黒部五郎岳は、三俣蓮華《みつまたれんげ》岳《だけ》から薬師《やくし》岳、そして立山連峰に伸びる稜線《りょうせん》上に位置する。この山を近くから見ると、その山容は男性的なたくましさがある。「五郎」とは「ゴロー」にちなみ、岩がゴロゴロしているという意味である。確かに山頂付近は、岩礫《がんれき》が積み重なっている。

別天地「黒部五郎カール」

北東側斜面には黒部五郎カールとよばれる圏谷がある。このカールには羊背岩《ようはいがん》とよばれる岩が緑のハイマツの中に突き出し、独特の光景をつくりだしている。これらの岩には氷河によって削られた溝が残っている。こうした岩の間を清流が流れ、ミヤマキンポウゲなどの高山植物が咲く。

五郎平は草原状の開けた場所で、池塘が光り、夏にはコバイケイソウが見事な群落を見せてくれる。

北アルプスの峰々を一望

黒部五郎岳の頂上からの展望はすばらしい。南東側には三俣蓮華岳が間近に迫り、遠くには槍《やり》・穂高《ほたか》連峰を望む。北側に目を向けると薬師岳、剱《つるぎ》岳や立山連峰がそびえている。ほかの北アルプスの峰々も一望できる。

〈水晶岳〉

黒部源流域の最高峰

水晶岳は南峰と北峰からなる双耳《そうじ》峰《ほう》の岩峰である。黒部五郎岳、鷲羽岳など黒部源流部の山域でもっとも高い。北方に赤牛《あかうし》岳へと連なる峰々の西側を流れるの

鷲羽岳から水晶岳を望む（撮影：鈴木克洋）

黒部五郎岳（撮影：川井靖元）

小池新道コース／黒部五郎カールコース／折立コース

新穂高温泉		鏡平		双六岳		三俣蓮華岳		黒部五郎小舎		黒部五郎岳		太郎平小屋		折立
	305分		220分		60分		90分		150分		300分		210分	
	210分		160分		60分		140分		120分		330分		300分	

※＝深田久弥『日本百名山』では「黒岳」と表記。

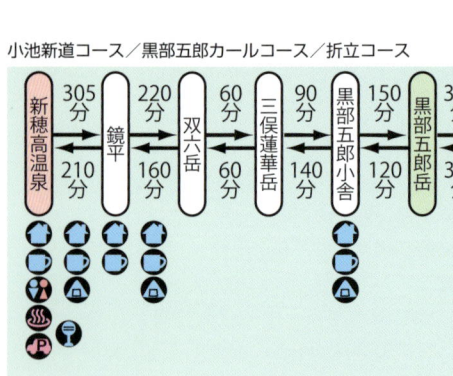

富山湾
黒部川
剱岳 2999m
欅平
立山 3015m
大日岳 2498m
浄土山 2831m
室堂
一の越山荘
立山町
富山平野
鷲岳 2617m
黒部ダム
富山市
五色ヶ原山荘
五色ヶ原
ロッジくろよん
弥陀ヶ原
越中沢岳 2591m
富山県
黒部湖
薬師岳 2926m
間山 2585m
スゴ乗越小屋
平ノ小屋
赤牛岳 2864m
150 太郎平小屋
ゴールデンウィーク、6月上旬～10月下旬
薬師岳山荘
烏帽子岳へ
奥黒部ヒュッテ
折立 1350m
有峰口駅から折立行きバスで約55分。
富山駅からの直通バスもある
野口五郎小屋
野口五郎岳 2924m
黒部川
水晶岳 2978m
(標高点は2986m)
富山市
太郎兵衛平
折立
竜晶池
2862m
真砂岳
飛騨へ
2661m 北ノ俣岳
高天原山荘
高天原
水晶小屋
有峰湖
真川
水晶池
広い稜線の道。
悪天候時注意
雲ノ平山荘
2825m
8 北ノ俣避難小屋
休止中
雲ノ平
祖父岳
岩苔乗越
鷲羽岳 2924m
飛越新道、神岡へ
2840m
薬師沢小屋
黒部五郎小舎 160
7月中旬～9月下旬
黒部源流
鷲羽池
長野県
飛騨市
黒部五郎岳
三俣蓮華岳 2841m
大町市
飛越新道起点 1400m
湯俣～三俣山荘間の伊藤新道は荒廃しており、渡渉箇所も多いので上級者以外は利用不可
打保橋 1000m
濃飛バス神岡営業所から
打保橋行きバスで約1時間
五郎沢
三俣山荘 80
7月上旬～10月中旬
黒部乗越
黒部五郎カール
季節風の影響で東面はスプーンですくい取ったような形の氷河圏谷になる
双六岳 2860m
岡山大学医学部・
香川大学医学部診療所
7月下旬～8月下旬
五郎平
2755m
200 双六小屋
6月中旬～10月中旬
双六池
樅沢岳
富山大学診療所
7月下旬～8月下旬
金木戸谷
槍ヶ岳へ
大ノマ岳 2662m
2588m
弓折岳
笠ヶ岳山荘 100
6月下旬～10月中旬
抜戸岳 2813m
秩父平
大ノマ乗越
笠ヶ岳 2897m
2737m
鏡平
鏡平山荘 120
7月中旬～10月中旬
播隆平
杓子平
小池新道コース
秩父沢
高山市
岐阜県
60 わさび平小屋
7月中旬～10月中旬
穴毛谷
左俣谷
新穂高温泉 1050m
高山駅から新穂高ロープウェイ行きバスで約1時間40分
松本駅から新穂高ロープウェイ行きバスで約2時間。
宿泊施設多数
右俣谷
槍ヶ岳へ
白出沢
穂高岳山荘へ
新穂高温泉
新穂高ロープウェイ
※図は南からの鳥瞰

雲ノ平は祖父岳の火山活動によってできた日本でもっとも高い溶岩台地である。池塘と岩と豊富な高山植物が織り成す光景は見事で、日本庭園、ギリシャ庭園、スイス庭園などと名づけられている。高天原は北アルプスの秘境とよばれ、高山植物の宝庫である。近くの竜晶池の周囲は静寂そのもの。神秘的な雰囲気にあふれ、時がたつのを忘れてしまいそうな場所である。

宿泊施設（数字は収容人数） キャンプ場 水場 トイレ 危険箇所 診療所 ロープウェイ リフト おもなバス停 温泉 紅葉の名所 花の名所 好展望 観光ポイント 駐車場

が黒部川の上流部で、「上《かみ》ノ廊下《ろうか》」とよばれる。同じ峰々の東側を流れるのが、黒部川の支流である東沢谷《ひがしさわ》である。

黒岳の別名

水晶岳という名は、かつてこの山から水晶が採れたことにちなんでいる。今ではこの名のほうが、一般的だが、深田百名山では、黒岳と記している。

岩峰だけに周囲の山と比較すると山体の色がひときわ黒く、黒岳とよばれるようになったという。とくに雲《くも》ノ平から見ると、その黒さがきわだっている。

申し分のない展望

水晶岳は北アルプスのほぼ中央に位置するだけに、山頂からの展望は申し分がない。ここから見る薬師岳はいちだんと大きい。南方遠くには槍・穂高連峰を望む。

高天原《たかまがはら》上方の水《すい》晶《しょう》池は、周囲のダケカンバとの調和が美しい。その名のとおり湖面に水晶岳を映し出す。

樅沢岳《もみさわだけ》から鷲羽岳を望む（撮影：鈴木克洋）

〈鷲羽岳〉

鷲が羽ばたくような山容

鷲羽岳は、いわゆる裏銀座ルート上の山である。裏銀座は烏帽子《えぼし》岳から野口五郎岳、鷲羽岳、三俣蓮華岳、双六《すごろく》岳を通り、西鎌《にしかま》尾根をたどって槍ヶ岳に至るルートだ。

山体は花崗岩《かこう》からなり、三俣蓮華岳方面から見ると頂上部が鋭角に突き出ていて、すっきりした山容を見せる。山名の由来のとおり、鷲が羽ばたく姿に似ている。

神秘的な鷲羽池

山頂からの展望は360度まったく隔てるものがなく、絶景が広がる。とくにここから見る槍ヶ岳は印象的だ。

南東側の中腹は火口となっており、火山湖である鷲羽池が神秘的なたたずまいを見せている。周辺は鷲羽池火山とよばれ、約12万年前に最初の爆発があったという。

朝の水晶岳ー赤岳付近（撮影：鈴木克洋）

data

●アクセス
〈黒部五郎岳〉
起点は高山駅（JR 高山本線）
高山濃飛バスセンター（※）→新穂高温泉（濃飛バス約 1 時間 40 分）
〈水晶岳・鷲羽岳〉
起点は信濃大町駅（JR 大糸線）
信濃大町駅→高瀬ダム（タクシー約 45 分）

●山小屋
烏帽子小屋　090-3149-1198
野口五郎小屋　090-3149-1197
水晶小屋　090-4672-8108
三俣山荘　090-4672-8108
雲ノ平山荘　070-3937-3980
高天原山荘　076-482-1418
黒部五郎小舎　0577-34-6268
双六小屋　0577-34-6268
鏡平山荘　0577-34-6268
わさび平小屋　0577-34-6268
太郎平小屋　080-1951-3030
五色ヶ原山荘　076-482-1940
奥黒部ヒュッテ　076-463-1228
平ノ小屋　090-2039-8051
ロッジくろよん　076-463-6350
一の越山荘　090-1632-4629
スゴ乗越小屋　076-482-1418
薬師岳山荘　076-451-9222
湯俣温泉晴嵐荘　090-5535-3667
七倉山荘　0261-22-4006
船窪小屋　0261-83-2014

●問い合わせ
富山市役所　076-431-6111
高山市役所　0577-32-3333
大町市役所　0261-22-0420
富山市観光協会大山支部　076-481-1900
大町市観光協会　0261-22-0190

ブナ立尾根コース／裏銀座コース／小池新道コース

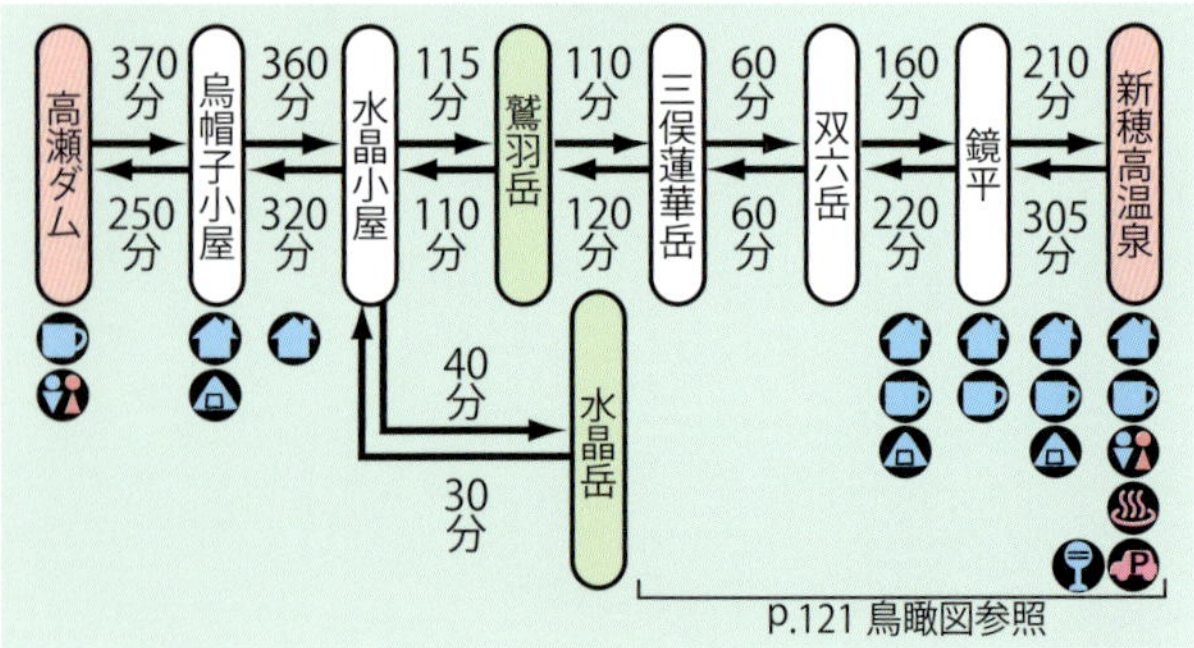

高瀬ダム
370分
250分
烏帽子小屋
360分
320分
水晶小屋
115分
110分
鷲羽岳
110分
120分
三俣蓮華岳
60分
60分
双六岳
160分
220分
鏡平
210分
305分
新穂高温泉
40分
30分
水晶岳
p.121 鳥瞰図参照

※＝高山濃飛バスセンターは JR 高山駅と隣接している。

槍ヶ岳 3180m
西岳 2758m
東鎌尾根
表銀座コース
大天井岳、燕岳、常念岳へ
わさび平小屋
7月中旬～10月中旬
鏡平山荘
7月中旬～10月中旬
西鎌尾根
樅沢岳 2755m
双六小屋
笠ヶ岳
新穂高温泉 1050m
高山駅から新穂高ロープウェイ行きバスで約1時間40分、
松本駅から新穂高ロープウェイ行きバスで約2時間。
宿泊施設多数
双六岳
2860m
三俣蓮華岳 2841m
飛越新道起点 1400m
打保橋 1000m
濃飛バス神岡営業所から打保橋行きバス約1時間
北ノ俣避難小屋
休止中
黒部五郎岳 2840m
黒部五郎カール
黒部五郎小舎
赤木岳 2622m
中俣乗越
鷲羽岳 2924m
鷲羽池
2813m
三俣山荘
黒部源流
祖父岳 2825m
岩苔乗越
雲ノ平
北ノ俣岳 2661m
薬師岳山荘
薬師沢小屋
太郎平小屋
水晶小屋
7月中旬～9月下旬
2986m
水晶岳
雲ノ平山荘
7月上旬～10月中旬
テント場は山荘より徒歩25分
薬師岳 2926m
太郎兵衛平
湯俣温泉晴嵐荘
7月上旬～10月中旬
湯俣
湯俣山荘
休業中
真砂岳 2862m
五郎池
水晶池
高天原
高天原峠
折立 1350m
有峰口駅から折立行きバスで約55分。
富山駅からの直通バスもある
高瀬川
野口五郎岳 2924m
野口五郎小屋
7月初旬～9月下旬
東沢谷
三ツ岳 2845m
赤牛岳 2864m
竜晶池
長野県
大町市
裏銀座コース
烏帽子岳～鷲羽岳～双六岳～西鎌尾根間を経由して槍ヶ岳に至る縦走路
高天原山荘
7月上旬～9月下旬
女性専用の露天風呂もある
富山県
富山市
間山 2585m
黒部川
ブナ立尾根
日本三大急登のひとつ
烏帽子小屋
7月上旬～10月上旬
烏帽子岳 2628m
スゴ乗越小屋
7月中旬～9月下旬
高瀬ダム 1250m
信濃大町駅からタクシーで約45分
七倉からタクシーで約15分
越中沢岳 2591m
七倉、葛温泉、大町へ
七倉 1250m
信濃大町駅からタクシーで30分
船窪小屋
7月上旬～10月中旬
七倉山荘
4月中旬～11月下旬
五色ヶ原山荘
7月上旬～10月上旬
2616m 鳶山
2617m 鷲岳
五色ヶ原
針ノ木岳 2821m
針ノ木峠 2536m
浄土山 2831m
奥黒部ヒュッテ
7月中旬～10月上旬
2992m
3015m
扇沢へ
東一ノ越
立山
一ノ越
一の越山荘
4月下旬～10月中旬
船窪岳へ
平ノ渡場
渡し舟。運航時間に注意
平ノ小屋
6月下旬～10月下旬
室堂
剱岳、大日岳へ
立山町
室堂 2450m
信濃大町駅からバスなどを乗り継ぎ約2時間30分、
富山駅から直通バスで約2時間30分など
数種類の交通手段がある。
宿泊施設多数。立山黒部アルペンルートの核心部
黒部湖
ロッジくろよん
4月下旬～11月上旬
黒部ダム 1300m
下廊下、欅平へ
※図は北からの鳥瞰

宿泊施設(数字は収容人数) キャンプ場 水場 トイレ 危険箇所 診療所 ロープウェイ リフト おもなバス停 温泉 紅葉の名所 花の名所 好展望 観光ポイント 駐車場

槍ヶ岳

空を突く姿が印象的な雄峰

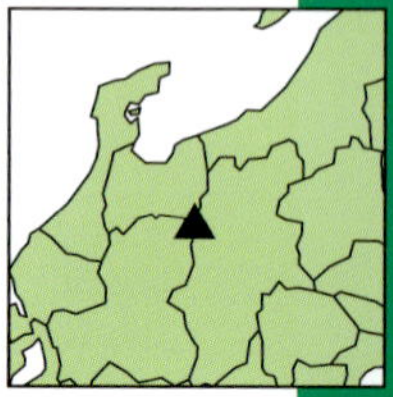

やりがたけ
3180m
上級者向け
2泊3日

見どころ：眺望、花、雪渓、紅葉、湖沼、氷河地形、岩峰
1/25000 地形図：上高地、穂高岳、槍ヶ岳、笠ヶ岳

槍ヶ岳（撮影：尾崎友保）

北アルプスの象徴

槍ヶ岳は鋭角に突き出たピラミダルな岩峰が印象的な雄峰である。遠くからもそれと知れる北アルプスの象徴的な山だ。

槍ヶ岳からは北鎌《きたかま》尾根、東鎌尾根、西鎌尾根、そして大キレットを越えて穂高《ほたか》へと続く稜線《りょうせん》と、四方に尾根が伸びている。東鎌尾根は表銀座、西鎌尾根は裏銀座という登山コースに連なる。北鎌尾根は槍ヶ岳の槍の穂先である頂上へ直登する難易度が高いバリエーションルートだ。

氷河がつくった姿

槍ヶ岳が現在のような尖《とが》った姿になったのは、この山に連なる４つの沢の氷河の侵食と強風による風食のためと推測される。

４つの沢のひとつである槍沢《やりさわ》は氷河活動によってできたU字谷であり、天《てん》狗原《ぐっぱら》は氷河公園の別名をもつカールである。ここにある天狗池の水面に映る「逆さ槍」の姿は風情がある。

槍沢には色合いを競うようにさまざまな高山植物が咲く。また、紅葉の季節もすばらしい。

開山者播隆上人

開山者は播隆《ばんりゅう》上人という浄土《じょうど》宗の僧侶であり、1828（文政11）年に初登頂して、阿弥陀如来《あみだにょらい》・観《かん》世音菩薩《ぜおんぼさつ》・文殊菩薩《もんじゅぼさつ》の三尊を安置した。彼はその後も弟子たちとともに登頂し、槍の穂先に鎖をかけた。槍沢の登山道上部には彼が寝泊りしたと伝えられる岩窟「坊主岩小舎《ぼうずいわごや》」がある。

槍の穂先は大展望台

槍の穂先にあたる頂上は狭く、小さな祠《ほこら》がある。北アルプスの山々だけでなく、富士山《ふじさん》、八《やつ》ヶ岳、南アルプス、中央アルプスなどが一望できる。とくに頂上で見る御来光は感動的で、モルゲンロートに輝く穂高の峰々がすばらしい。

槍沢から望む槍ヶ岳（撮影：鈴木菊雄）

槍沢コース

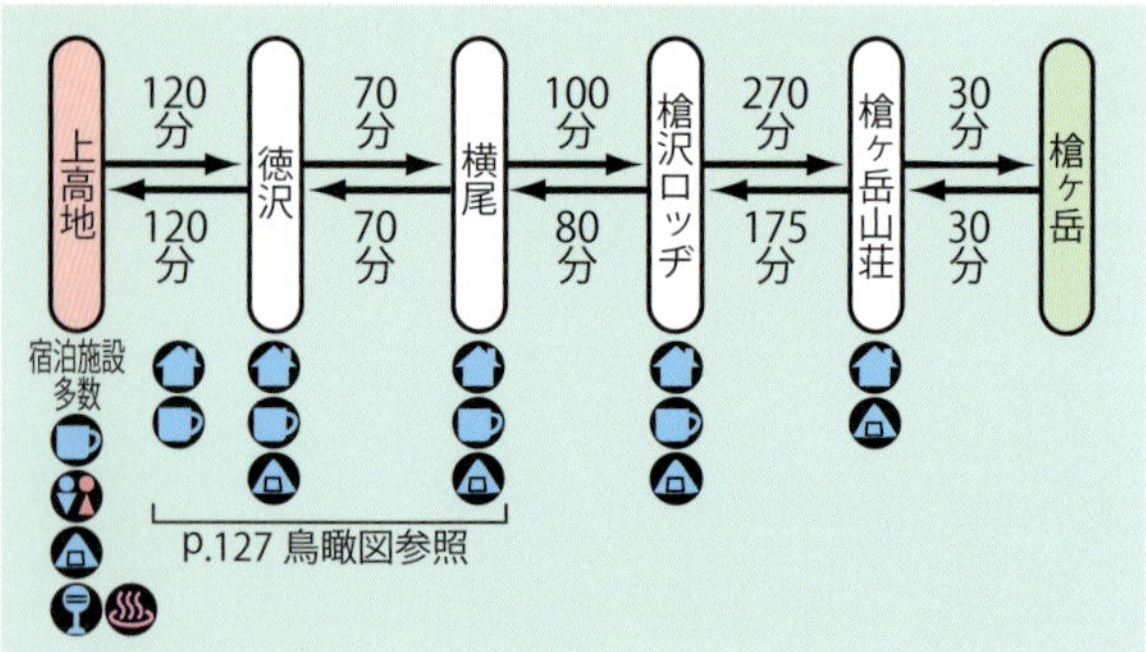

上高地
120分
120分
徳沢
70分
70分
横尾
100分
80分
槍沢ロッヂ
270分
175分
槍ヶ岳山荘
30分
30分
槍ヶ岳
宿泊施設多数
p.127 鳥瞰図参照

data

●アクセス
起点は松本駅（松本電鉄）（※1）もしくは高山駅（JR高山本線）
松本駅→新島々（松本電鉄約30分）→上高地バスターミナル（松本電鉄バス約1時間10分）（※2）
高山濃飛バスセンター（※3）→新穂高温泉（濃飛バス約1時間40分）

●山小屋
槍沢ロッヂ　0263-35-7200
槍ヶ岳殺生ヒュッテ　0263-77-1488
槍ヶ岳山荘　0263-35-7200
ヒュッテ大槍　0263-32-1535
ヒュッテ西岳　0263-77-1488
南岳小屋　0263-35-7200

●問い合わせ
アルピコ交通新島々営業所　0263-92-2511
濃飛バス高山営業所　0577-32-1160
アルピコタクシー（松本地区）0263-87-0555
相互タクシー　0263-26-0005
新興タクシー　0577-32-1700
松本市安曇支所　0263-94-2301
松本市アルプス山岳郷　0263-94-2221
上高地ビジターセンター　0263-95-2606

※1＝諏訪バスは川中島バスと合併してアルピコ交通に。松本電鉄という名称は、通称として残されている。
※2＝松本バスターミナルから上高地への直行便もあるが、一部ダイヤに限られる。
※3＝高山濃飛バスセンターはJR高山駅と隣接している。

槍ヶ岳の山頂直下では基礎的な岩登りの技術が必要。季節や時間帯によっては渋滞が発生する
槍ヶ岳山荘
4月下旬〜11月上旬
東京慈恵会医科大学槍ヶ岳診療所
7月下旬〜8月下旬
黒部五郎岳
笠ヶ岳
双六岳
三俣蓮華岳
鷲羽岳
槍ヶ岳
3180m
槍ヶ岳殺生ヒュッテ
6月中旬〜10月中旬
裏銀座コース
北鎌尾根
上級者に人気がある岩稜。新田次郎の小説『孤高の人』で知られる加藤文太郎、登山手記『風雪のビヴァーク』の松濤明の遭難の地としても知られる
もろい岩に注意
大キレット
穂高岳への縦走路には、ハシゴや鎖が設置されているが、それなりの力量が必要
大喰岳
3101m
飛騨乗越
3020m
(8月上旬ころまで)
中岳
3084m
南岳
3033m
北鎌独標
2899m
急傾斜
南岳小屋
7月上旬〜10月上旬
槍沢
ヒュッテ大槍
2884m
7月上旬〜10月上旬
穂高岳へ
ところどころ足場が悪い
モレーンにつけられた道
坊主岩小舎
播隆上人が槍ヶ岳開山時の根拠地にしていた。現在も天候の急変時などに利用価値がある
湯俣へ
東鎌尾根
お花畑とハイマツの急登
2595m
天狗池
2524m
天狗原(氷河公園)
観光ポスターなどで槍の穂先を映し出しているのは神秘的なこの天狗池。7月下旬くらいまで雪の下に埋もれていることが多い。槍沢から登り、槍ヶ岳〜大喰岳〜中岳と縦走して天狗原経由で下山するのはおすすめコースのひとつ
大町市
西岳
2758m
大天井岳へ
水俣乗越
2348m
赤沢山
2670m
表銀座コース
中房温泉を起点にして燕岳〜大天井岳〜西岳〜東鎌尾根を経由して槍ヶ岳に至る縦走路。北アルプスの代表的人気ルート
ヒュッテ西岳
7月上旬〜10月上旬
大曲り
このあたりの上部から、傾斜がきつくなる
2094m
横尾尾根
ババ平
1987m
赤沢岩小舎
長野県
中山
2492m
槍沢
うっそうとした樹林帯のダラダラ登り
槍沢ロッヂ
4月下旬〜11月上旬
1773m
松本市
二ノ俣谷
槍見河原
1705m
一ノ俣谷
常念岳に源を発する。滝が連続し、すばらしい景観だが、危険なので一般登山者は踏み込めない
上高地へ
槍ヶ岳山荘のテント場近くの飛騨乗越《ひだのっこし》は標高3020m、日本で最も高い峠である。槍ヶ岳、大喰《おおばみ》岳《だけ》、中岳《なかだけ》、南岳《みなみだけ》はいずれも3000m峰。槍ヶ岳から南岳までの登山道をたどれば雲上の散歩を楽しめる。南岳からは、北穂高岳へ伸びる峻険な大キレットの岩峰も望める。
※図は東からの鳥瞰
この図の左側にp.127「穂高岳」鳥瞰図がきます

宿泊施設(数字は収容人数)　キャンプ場　水場　トイレ　危険箇所　診療所　ロープウェイ　リフト　おもなバス停　温泉　紅葉の名所　花の名所　好展望　観光ポイント　駐車場

穂高岳

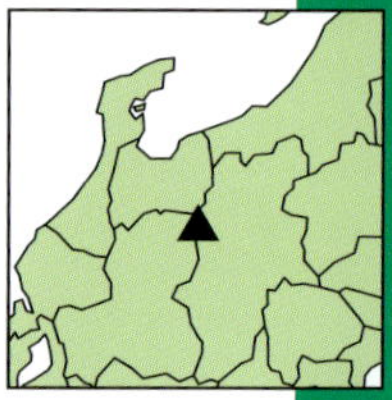

ほたかだけ

北穂高岳　3106m
奥穂高岳　3190m
前穂高岳　3090m
西穂高岳　2909m
涸沢岳　3110m
上級者向け
2泊3日

見どころ：眺望、花、雪渓、紅葉、氷河地形、岩峰
1/25000 地形図：上高地、穂高岳、笠ヶ岳

岩峰が並び立つ日本のアルピニズムの聖地

盟主・奥穂高

穂高岳とは北穂高岳、奥穂高岳、涸沢岳《からさわだけ》、前穂高岳、西穂高岳、明神岳《みょうじんだけ》などからなる岩峰群である。奥穂高岳は、北アルプスの最高峰で、日本第3位の標高を誇る。北アルプスの盟主ともよばれ、アルピニストたちの人気も高い。

穂高見神の降臨伝説

穂高という名称について、ある説では江戸時代に上高地《かみこうち》を訪れた人物の文章に「秀高嶽《ほたかだけ》」という記述があり、それが穂高に転じたのだろうという。

奥穂高岳は、神代の昔、海の神、綿津見神《わたつみのかみ》の子である穂高見神《ほたかみのかみ》が山頂に降臨したと伝えられる山だ。奥穂高岳の山頂にある祠《ほこら》は、安曇野《あずみの》市に本社がある穂高神社の嶺宮《みねみや》であり、海神である穂高見神を主祭神としている。

高い山に海神とは不思議な取り合わせだが、安曇野とは九州で活躍した海人《かいじん》である安曇氏が移ったことに由来する地名だという。

乗鞍岳より穂高岳を望む（撮影：飯田信義）

屏風岩と涸沢カール

横尾《よこお》から穂高へのコースに入ると、屏《びょう》風岩《ぶいわ》が大きな迫力で迫ってくる。穂高への前線基地となる涸沢《からさわ》カールは日本を代表する氷河圏谷である。ここからお花畑越しに見上げる穂高の秀峰群は感動的だ。紅葉もすばらしく錦繍《きんしゅう》を実感する。

涸沢カールから奥穂高岳へはザイテングラードとよばれる支稜《しりょう》をたどる。

言葉がないほどの眺望

最高峰の奥穂高岳からの眺望は言葉もないくらいだ。北には大キレットの向こうに槍《やり》ヶ岳《たけ》、その背後に立山《たてやま》や後立山《うしろたてやま》の峰々も見える。南には上高地が小さく見え、乗鞍岳《のりくらだけ》や御嶽山《おんたけさん》も望める。文字どおり360度の大パノラマが展開する。西穂高岳方面に見える岩塔は前衛を意味するジャンダルムだ。

秋彩の涸沢（撮影：鈴木克洋）

涸沢コース

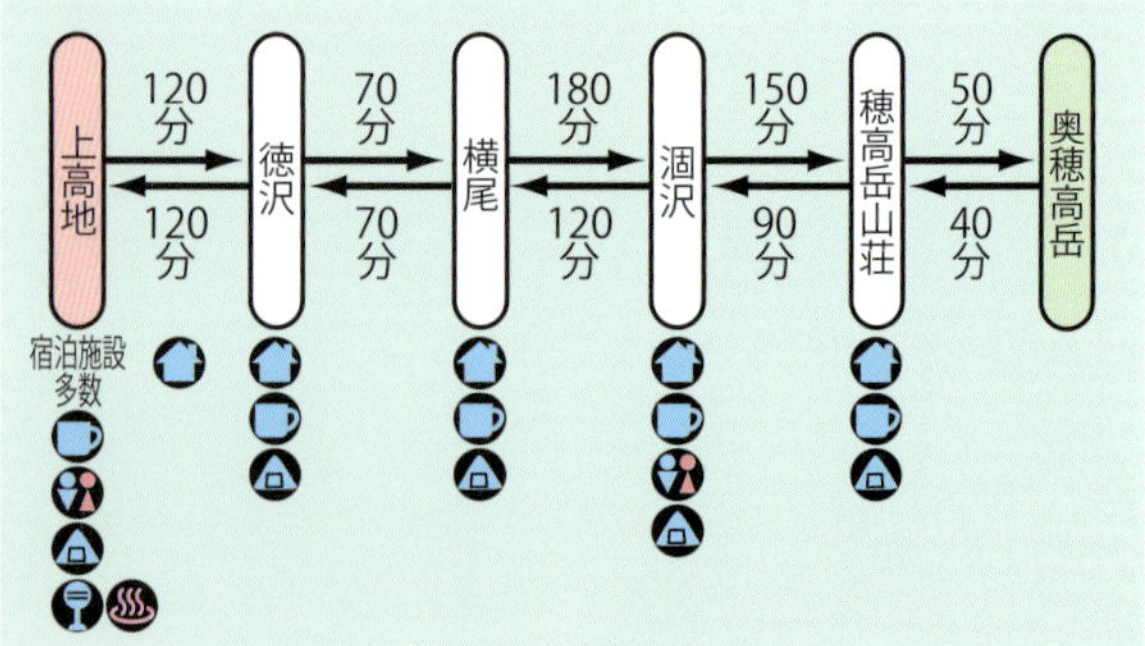

上高地
120分
120分
徳沢
70分
70分
横尾
180分
120分
涸沢
150分
90分
穂高岳山荘
50分
40分
奥穂高岳
宿泊施設多数

data

●アクセス
起点は松本駅（松本電鉄）（※ 1）もしくは高山駅（JR 高山本線）
松本駅→新島々（松本電鉄約 30 分）→上高地バスターミナル（松本電鉄バス約 1 時間 10 分）（※ 2）
高山濃飛バスセンター（※ 3）→新穂高温泉（濃飛バス約 1 時間 40 分）

●山小屋
横尾山荘　0263-95-2421
涸沢小屋　090-2204-1300
涸沢ヒュッテ　090-9002-2534
穂高岳山荘　090-7869-0045
北穂高小屋　090-1422-8886
西穂山荘　0263-36-7052
岳沢小屋　090-2546-2100
明神館　0263-95-2036

●問い合わせ
アルピコ交通新島々営業所
0263-92-2511
濃飛バス高山営業所　0577-32-1160
アルピコタクシー（松本地区）　0263-87-0555
新興タクシー　0577-32-1700
松本市アルプス山岳郷　0263-94-2221
高山警察署新穂高臨時派出所・登山指導センター　0578-89-3610

※ 1= 諏訪バスは川中島バスと合併してアルピコ交通に。松本電鉄という名称は、通称として残されている。
※ 2= 松本バスターミナルから上高地への直行便もあるが、一部ダイヤに限られる。
※ 3= 高山濃飛バスセンターは JR 高山駅と隣接している。

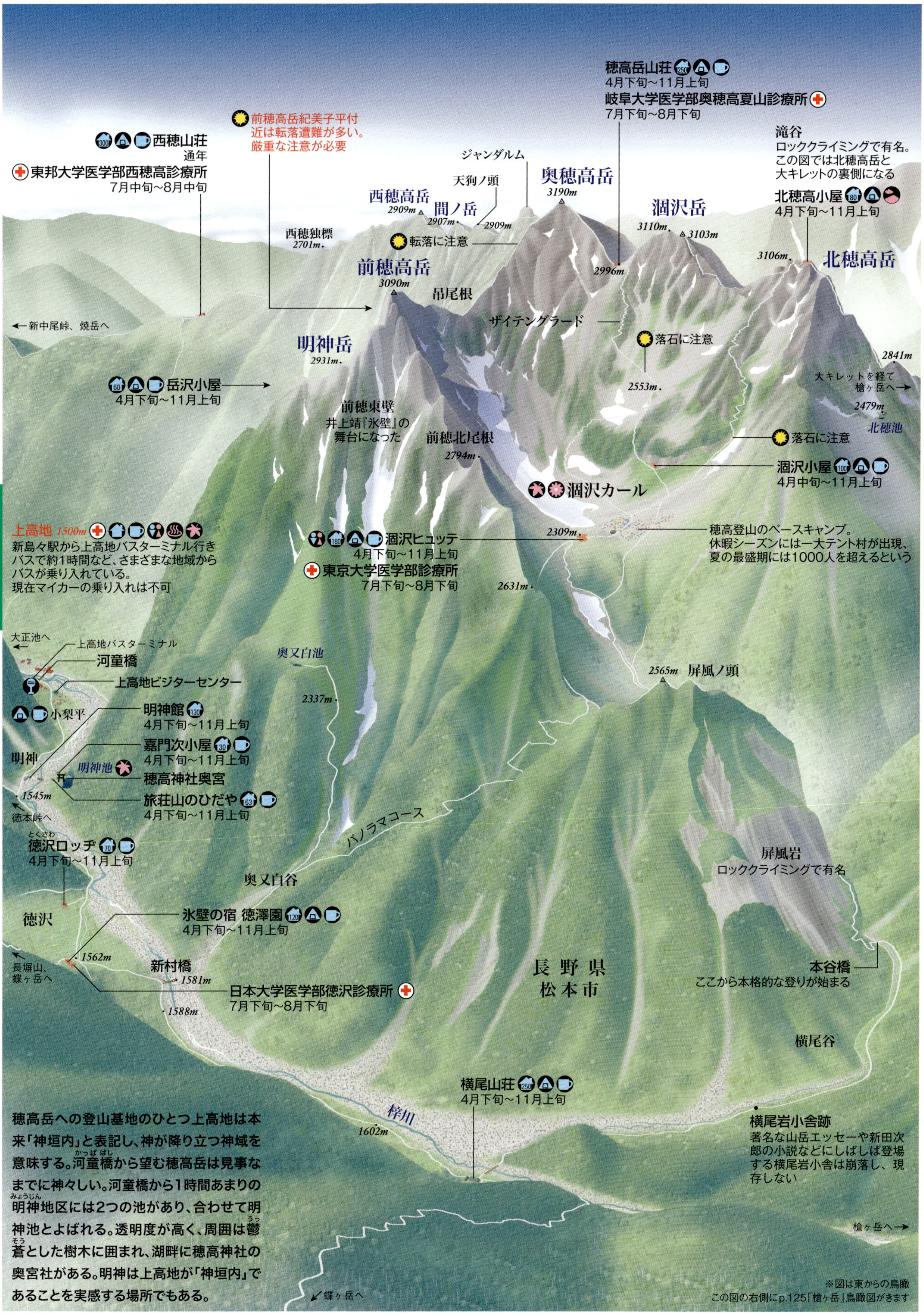
穂高岳山荘
4月下旬～11月上旬
岐阜大学医学部奥穂高夏山診療所
7月下旬～8月下旬
前穂高岳紀美子平付
近は転落遭難が多い。
厳重な注意が必要
西穂山荘
通年
東邦大学医学部西穂高診療所
7月中旬～8月中旬
滝谷
ロッククライミングで有名。
この図では北穂高岳と
大キレットの裏側になる
北穂高小屋
4月下旬～11月上旬
ジャンダルム
天狗ノ頭
奥穂高岳
3190m
西穂高岳
2909m
間ノ岳
2907m
2909m
涸沢岳
3110m
3103m
西穂独標
2701m
転落に注意
3106m
北穂高岳
前穂高岳
3090m
2996m
吊尾根
←新中尾峠、焼岳へ
ザイテングラード
明神岳
2931m
落石に注意
2841m
岳沢小屋
4月下旬～11月上旬
2553m
大キレットを経て
槍ヶ岳へ→
前穂東壁
井上靖『氷壁』の
舞台になった
2479m
北穂池
前穂北尾根
2794m
落石に注意
涸沢小屋
4月中旬～11月上旬
涸沢カール
上高地 1500m
新島々駅から上高地バスターミナル行き
バスで約1時間など、さまざまな地域から
バスが乗り入れている。
現在マイカーの乗り入れは不可
涸沢ヒュッテ
4月下旬～11月上旬
2309m
穂高登山のベースキャンプ。
休暇シーズンには一大テント村が出現、
夏の最盛期には1000人を超えるという
東京大学医学部診療所
7月下旬～8月下旬
2631m
大正池へ
上高地バスターミナル
河童橋
奥又白池
上高地ビジターセンター
2565m
屏風ノ頭
2337m
小梨平
明神館
4月下旬～11月上旬
嘉門次小屋
4月下旬～11月上旬
明神
明神池
穂高神社奥宮
1545m
旅荘山のひだや
4月下旬～11月上旬
徳本峠へ
徳沢《とくさわ》ロッヂ
4月下旬～11月上旬
パノラマコース
屏風岩
ロッククライミングで有名
奥又白谷
徳沢
氷壁の宿 徳澤園
4月下旬～11月上旬
1562m
長塀山、
蝶ヶ岳へ
新村橋
1581m
長野県
松本市
本谷橋
ここから本格的な登りが始まる
日本大学医学部徳沢診療所
7月下旬～8月下旬
1588m
横尾谷
横尾山荘
4月下旬～11月上旬
梓川
1602m
横尾岩小舎跡
著名な山岳エッセーや新田次
郎の小説などにしばしば登場
する横尾岩小舎は崩落し、現
存しない
槍ヶ岳へ→
蝶ヶ岳へ
※図は東からの鳥瞰
この図の右側にp.125「槍ヶ岳」鳥瞰図がきます

穂高岳への登山基地のひとつ上高地は本来「神垣内」と表記し、神が降り立つ神域を意味する。河童橋《かっぱばし》から望む穂高岳は見事なまでに神々しい。河童橋から1時間あまりの明神《みょうじん》地区には2つの池があり、合わせて明神池とよばれる。透明度が高く、周囲は鬱《うっ》蒼《そう》とした樹木に囲まれ、湖畔に穂高神社の奥宮社がある。明神は上高地が「神垣内」であることを実感する場所でもある。

宿泊施設(数字は収容人数)　キャンプ場　水場　トイレ　危険箇所　診療所　ロープウェイ　リフト　おもなバス停　温泉　紅葉の名所　花の名所　好展望　観光ポイント　駐車場

常念岳

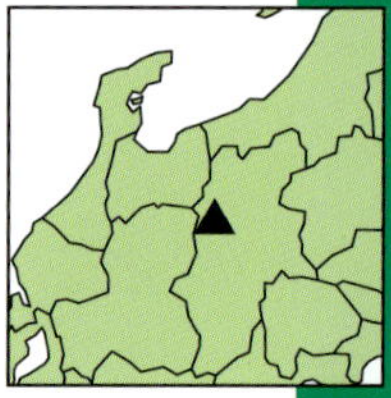

じょうねんだけ
2857m
中級者向け
1泊2日

見どころ：眺望、花、紅葉
1/25000 地形図：信濃小倉、穂高岳、槍ヶ岳

三角錐の山容は安曇野の象徴

常念岳（撮影：羽田栄治）

常念山脈の主峰

常念岳は、ピラミッドのような三角錐の山容で遠方からもわかりやすい。安曇《あずみ》野《の》の象徴ともいわれ、この地を見守るようにそびえている。

常念岳は常念山脈の主峰である。この山脈は槍《やり》・穂《ほ》高《たか》連峰と平行するように、常念岳を中心に南は蝶《ちょう》ヶ岳、徳本《とくごう》峠、霞沢岳《かすみざわだけ》へ、北は常念乗越《じょうねんのっこし》を越えて大天《おてん》井岳《しょうだけ》、燕岳《つばくろだけ》へと続く。また常念山脈はフォッサマグナ（大地溝帯）の西縁にあたり、東面は急斜面、西面は緩やかな傾斜となっている非対称山稜である。

常念坊の雪形

「常念」という名の由来についてはいくつかの説がある。一説によれば、質のよい樹木を得ようとこの山に入った者が、常に念仏の声が聞こえたので、逃げ帰ったことから命名されたという。

田植えが始まるころになると、前常念岳の直下に僧衣をまとった僧侶が合掌しながら念仏を唱えるような形をした雪形が現れる。前述の由来にもとづいてか、地元ではこの雪形を「常念坊」とよんでいる。

安曇野の光城山から見た春の常念岳（撮影：羽田栄治）

槍・穂高の好展望台

一《いち》ノ沢《さわ》の登山口から登って間もなくのところに、「山の神」と名づけられた鳥居と祠《ほこら》がある。脇にはトチの大木があり、祠を日差しから守っているようだ。中腹にある王滝は、清流が勢いよく流れる気持ちのよい場所だ。「常念乗越」はコマクサの名所である。

常念岳山頂は大きな岩が積み重なり、その上に祠がある。対面に望む槍・穂高連峰は圧巻。いつまでも飽きない雄大な眺めが展開する。蝶ヶ岳へのコースをたどると、所々にお花畑が広がる。

一ノ沢コース／三股コース

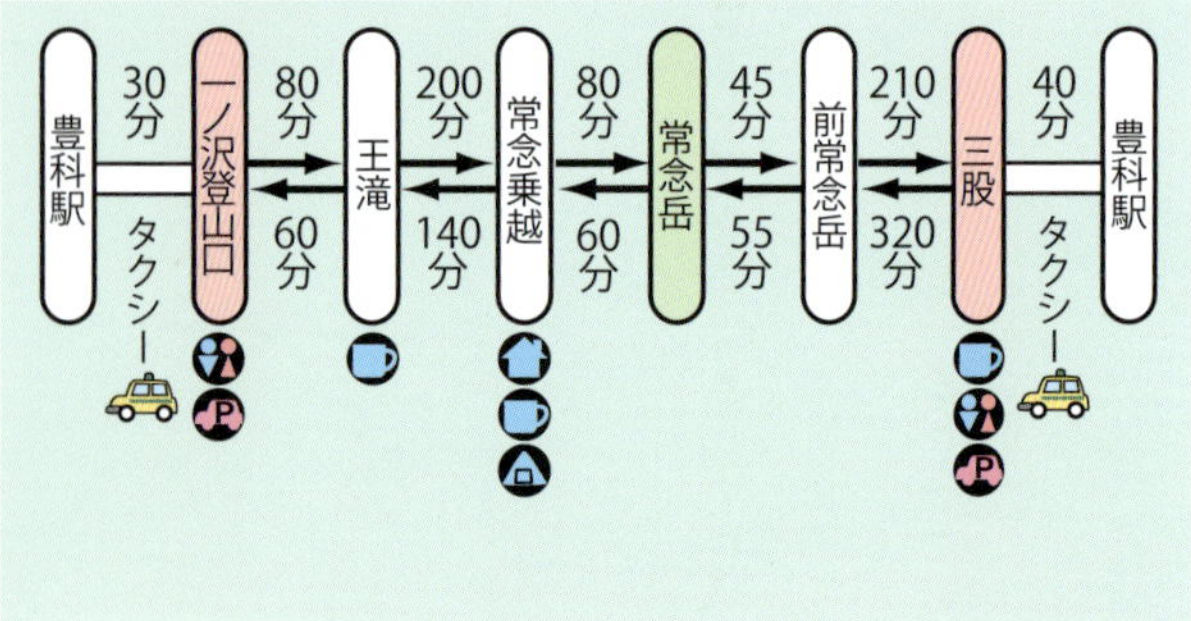

豊科駅
30分
タクシー
一ノ沢登山口
80分
60分
王滝
200分
140分
常念乗越
80分
60分
常念岳
45分
55分
前常念岳
210分
320分
三股
40分
タクシー
豊科駅

data

●アクセス
起点は豊科駅（JR 大糸線）
豊科駅→一ノ沢登山口（タクシー約 30 分）
豊科駅→三股（タクシー約 40 分）
●山小屋
常念小屋　090-1430-3328
蝶ヶ岳ヒュッテ　090-1056-3455
燕山荘　090-1420-0008
大天荘　090-8729-0797
大天井ヒュッテ　0263-35-7200
●問い合わせ
南安タクシー　0263-72-2855
安曇観光タクシー　0263-82-3113
安曇野市穂高支所　0263-82-3131
安曇野市観光協会　0263-82-3133
松本市安曇支所　0263-94-2301
松本市アルプス山岳郷　0263-94-2221

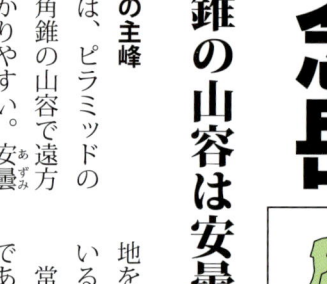

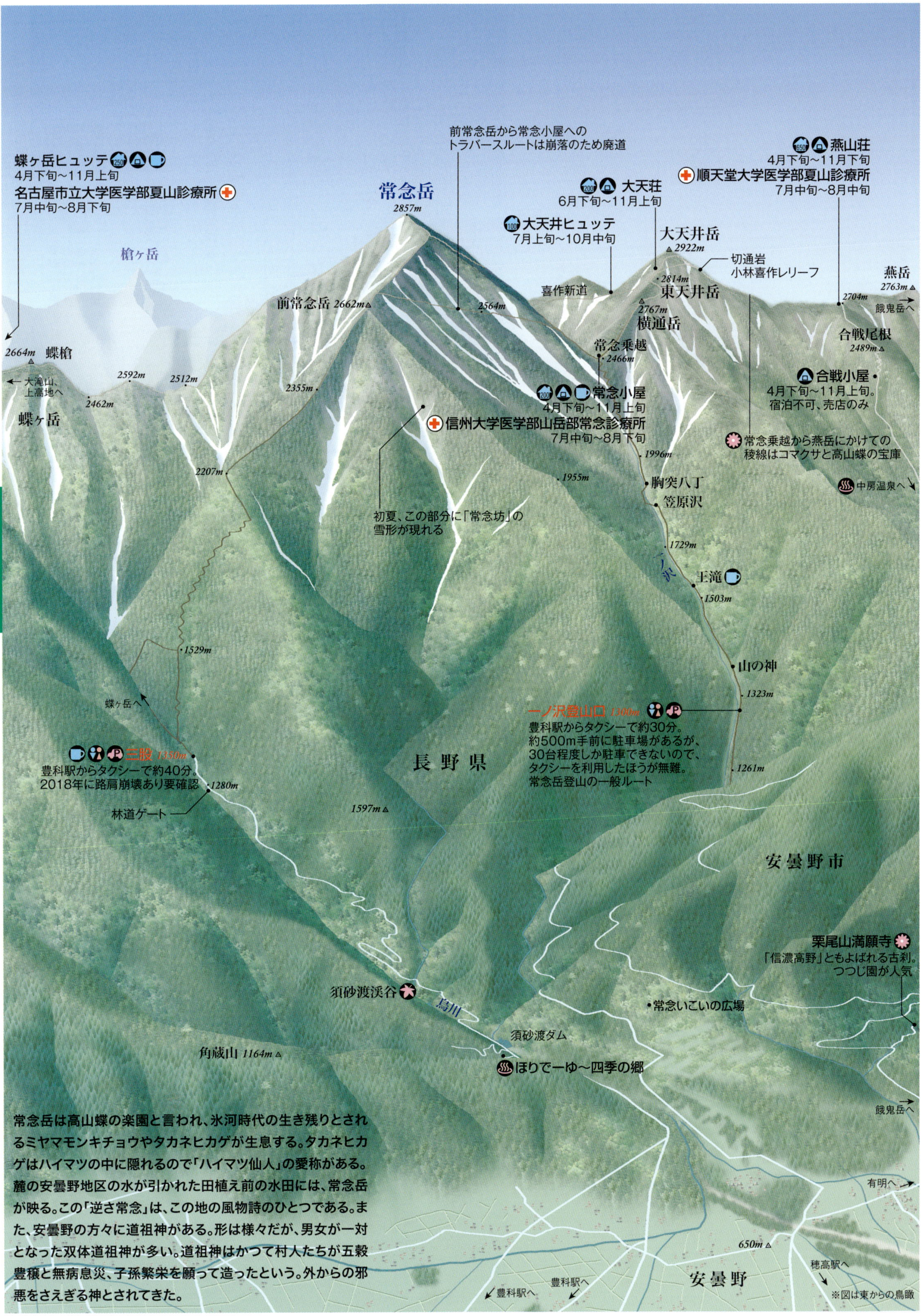

蝶ヶ岳ヒュッテ
4月下旬〜11月上旬
名古屋市立大学医学部夏山診療所
7月中旬〜8月下旬
槍ヶ岳
2664m
蝶槍
←大滝山、上高地へ
2592m
2512m
2462m
蝶ヶ岳
前常念岳から常念小屋への
トラバースルートは崩落のため廃道
常念岳
2857m
前常念岳 2662m
2564m
2355m
2207m
大天井ヒュッテ
7月上旬〜10月中旬
大天荘
6月下旬〜11月上旬
大天井岳
2922m
切通岩
小林喜作レリーフ
喜作新道
2814m
東天井岳
2767m
横通岳
常念乗越
2466m
燕山荘
4月下旬〜11月下旬
順天堂大学医学部夏山診療所
7月中旬〜8月中旬
燕岳
2763m
2704m
餓鬼岳へ
合戦尾根
2489m
合戦小屋
4月下旬〜11月上旬。
宿泊不可、売店のみ
常念乗越から燕岳にかけての
稜線はコマクサと高山蝶の宝庫
中房温泉へ
常念小屋
4月下旬〜11月上旬
信州大学医学部山岳部常念診療所
7月中旬〜8月下旬
1996m
1955m
胸突八丁
笠原沢
初夏、この部分に「常念坊」の
雪形が現れる
1729m
一ノ沢
王滝
1503m
山の神
1529m
蝶ヶ岳へ
1323m
一ノ沢登山口 1300m
豊科駅からタクシーで約30分。
約500m手前に駐車場があるが、
30台程度しか駐車できないので、
タクシーを利用したほうが無難。
常念岳登山の一般ルート
1261m
三股 1350m
豊科駅からタクシーで約40分。
2018年に路肩崩壊あり要確認
1280m
林道ゲート
長野県
1597m
安曇野市
栗尾山満願寺
「信濃高野」ともよばれる古刹。
つつじ園が人気
須砂渡渓谷
烏川
須砂渡ダム
常念いこいの広場
ほりでーゆ〜四季の郷
角蔵山 1164m
餓鬼岳へ
有明へ
650m
穂高駅へ
豊科駅へ
豊科駅へ
安曇野
※図は東からの鳥瞰

常念岳は高山蝶の楽園と言われ、氷河時代の生き残りとされるミヤマモンキチョウやタカネヒカゲが生息する。タカネヒカゲはハイマツの中に隠れるので「ハイマツ仙人」の愛称がある。麓の安曇野地区の水が引かれた田植え前の水田には、常念岳が映る。この「逆さ常念」は、この地の風物詩のひとつである。また、安曇野の方々に道祖神がある。形は様々だが、男女が一対となった双体道祖神が多い。道祖神はかつて村人たちが五穀豊穣と無病息災、子孫繁栄を願って造ったという。外からの邪悪をさえぎる神とされてきた。

宿泊施設（数字は収容人数） キャンプ場 水場 トイレ 危険箇所 診療所 ロープウェイ リフト おもなバス停 温泉 紅葉の名所 花の名所 好展望 観光ポイント 駐車場

笠ヶ岳

「笠」の端正さがきわだつ奥飛騨の秀峰

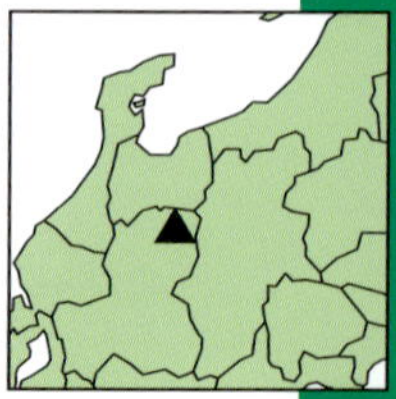

かさがたけ
2898m
中級者向け
1泊2日

見どころ：眺望、花、紅葉、樹林帯、奇岩、岩峰、氷河地形
1/25000 地形図：笠ヶ岳、三俣蓮華岳

笠ヶ岳（撮影：尾崎友保）

堂々たる山容を誇る

笠ヶ岳は名前のとおり、どの方向からも笠の形をした端正な姿を見せる岐阜県の最高峰だ。その堂々とした山容は笠の形とともに、この山を特徴づけている。

東面は穴《あな》毛《げ》谷《だに》のように急峻な斜面となっているが、西面は緩やかな非対称山《さん》稜《りょう》である。

お花畑と岩峰群

笠《かさ》新道《しんどう》は笠ヶ岳へ最も短時間で登ることができるコースだ。登山口からしばらくは気持ちがよい美しいブナ林が続く。カールである杓《しゃく》子《し》平《だいら》にはすばらしいお花畑が広がり、笠ヶ岳も見える。稜線上のコースは抜《ぬけ》戸《ど》岩とよばれる奇岩の間を通っている。

クリヤ谷のコースは標高差1900mもあり、上級者が下りに使うことが多い（道も荒廃）。途中に見える錫《しゃく》杖《じょう》岳《だけ》の岩峰群の威容は形容する言葉がないほどだ。稜線上の雷《らい》鳥《ちょう》岩はハイマツから抜け出るように立つ岩塔である。

古くから信仰の対象

笠ヶ岳は古くから信仰の対象となり、元禄年間に鉈《なた》で彫った仏で有名な円空《えんくう》も登ったという。ほかにも南《なん》斎《えい》という僧侶が登り、阿弥《あみ》陀《だ》像などを奉納した。また、槍《やり》ヶ岳の開山者として知られる播《ばん》隆《りゅう》上人も登っている。彼は笠ヶ岳から槍ヶ岳を見て、その開山を決意したと伝えられる。播隆にちなんで名づけられた播《ばん》隆《りゅう》平《だいら》はカール地形で、その底部に小さな池がある。

雲海越しに名峰を眺望

笠ヶ岳では雲海やブロッケン現象が発生しやすい。播隆もこの山に登頂したときブロッケン現象を見て「阿弥陀仏の出現」と感激したと記録にある。

頂上からの眺めは普段でもすばらしいが、雲海の向こうに見える槍《やり》・穂《ほ》高《たか》の連峰の姿は感動的だ。剱《つるぎ》岳や立山《たてやま》など北アルプス北部の山々も望め、遠くには白《はく》山《さん》も見える。クリヤ谷側には小さな祠《ほこら》が建つ。周囲は小岩が積み上げられ塀のようになって、祠を風雨から守っている。

笠ヶ岳（撮影：尾崎友保）

data

●アクセス
起点は高山駅（JR 高山本線）
高山濃飛バスセンター（※）→新穂高温泉（濃飛バス約1時間40分）
●山小屋
笠ヶ岳山荘　0578-89-2404
●問い合わせ
濃飛バス高山営業所　0577-32-1160
新興タクシー　0577-32-1700
山都タクシー　0577-32-2323
高山市役所　0577-32-3333
高山警察署新穂高臨時派出所・登山指導センター　0578-89-3610

笠新道コース

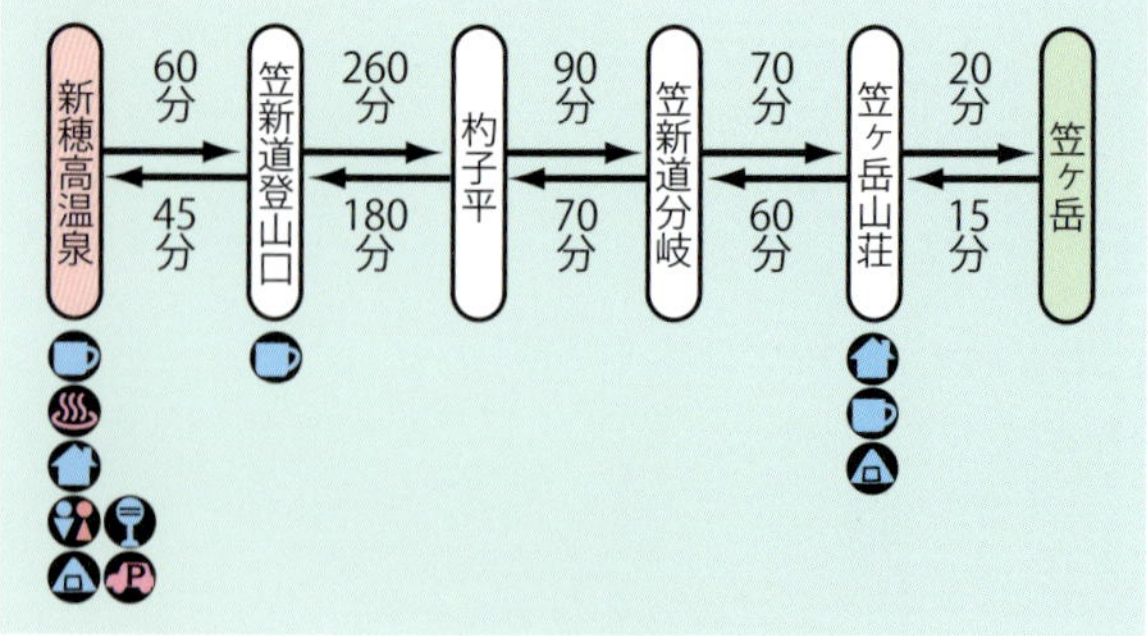
新穂高温泉
60分
45分
笠新道登山口
260分
180分
杓子平
90分
70分
笠新道分岐
70分
60分
笠ヶ岳山荘
20分
15分
笠ヶ岳

※＝高山濃飛バスセンターは JR 高山駅と隣接している。

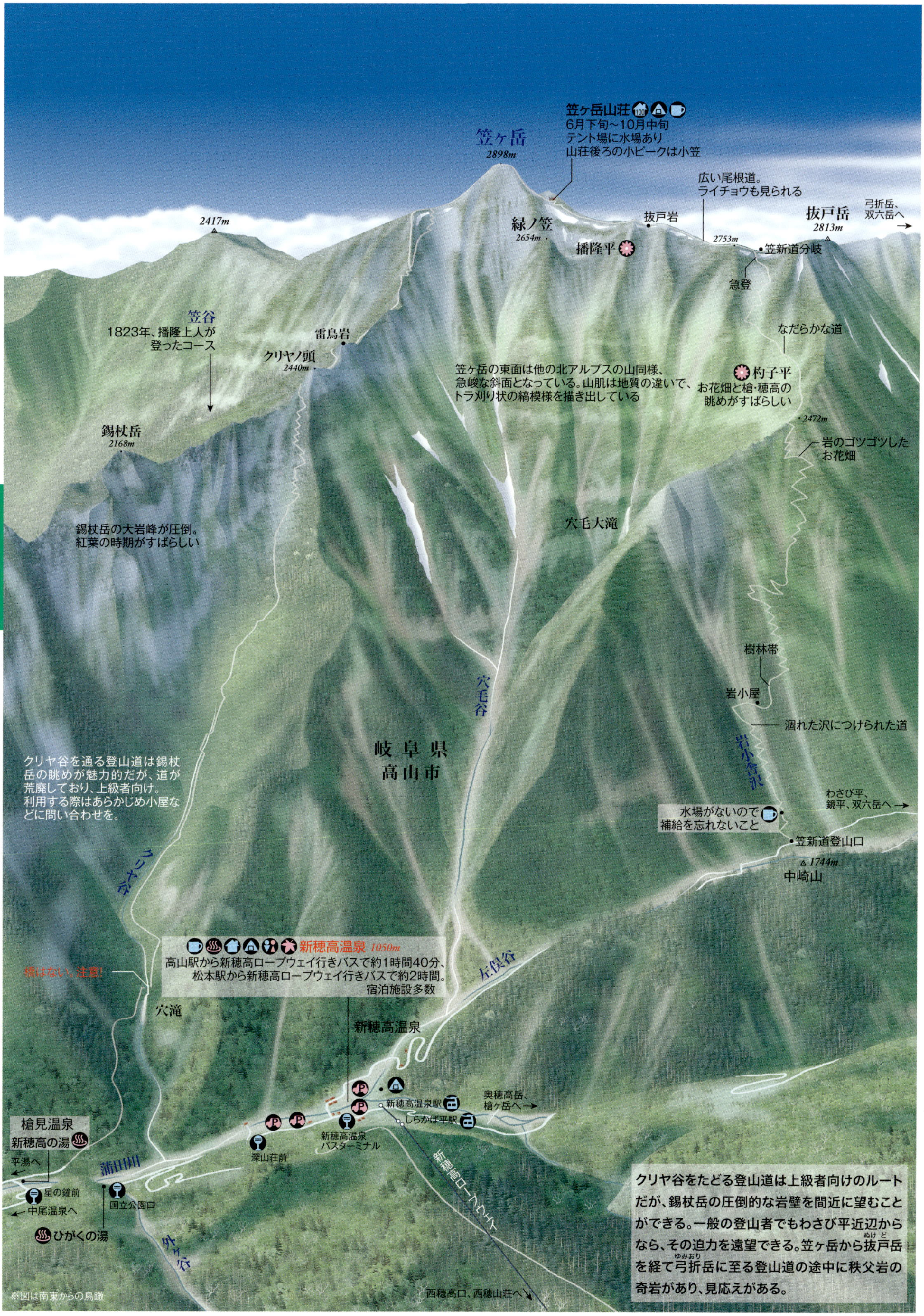
笠ヶ岳山荘
6月下旬～10月中旬
テント場に水場あり
山荘後ろの小ピークは小笠
笠ヶ岳
2898m
広い尾根道。
ライチョウも見られる
抜戸岳
2813m
弓折岳、
双六岳へ
緑ノ笠
2654m
抜戸岩
播隆平
2753m
笠新道分岐
急登
2417m
笠谷
1823年、播隆上人が
登ったコース
雷鳥岩
クリヤノ頭
2440m
なだらかな道
笠ヶ岳の東面は他の北アルプスの山同様、
急峻な斜面となっている。山肌は地質の違いで、
トラ刈り状の縞模様を描き出している
杓子平
お花畑と槍・穂高の
眺めがすばらしい
錫杖岳
2168m
2472m
岩のゴツゴツした
お花畑
錫杖岳の大岩峰が圧倒。
紅葉の時期がすばらしい
穴毛大滝
樹林帯
岩小屋
穴毛谷
涸れた沢につけられた道
岐阜県
高山市
岩小舎沢
クリヤ谷を通る登山道は錫杖
岳の眺めが魅力的だが、道が
荒廃しており、上級者向け。
利用する際はあらかじめ小屋な
どに問い合わせを。
わさび平、
鏡平、双六岳へ
水場がないので
補給を忘れないこと
笠新道登山口
1744m
中崎山
クリヤ谷
新穂高温泉 1050m
高山駅から新穂高ロープウェイ行きバスで約1時間40分、
松本駅から新穂高ロープウェイ行きバスで約2時間。
宿泊施設多数
橋はない、注意!
左俣谷
穴滝
新穂高温泉
奥穂高岳、
槍ヶ岳へ
新穂高温泉駅
しらかば平駅
槍見温泉
新穂高の湯
新穂高温泉
バスターミナル
深山荘前
平湯へ
蒲田川
星の鐘前
中尾温泉へ
国立公園口
新穂高ロープウェイ
ひがくの湯
外ヶ谷
※図は南東からの鳥瞰
西穂高口、西穂山荘へ

クリヤ谷をたどる登山道は上級者向けのルートだが、錫杖岳の圧倒的な岩壁を間近に望むことができる。一般の登山者でもわさび平近辺からなら、その迫力を遠望できる。笠ヶ岳から抜戸《ぬけど》岳を経て弓折《ゆみおり》岳に至る登山道の途中に秩父岩の奇岩があり、見応えがある。

宿泊施設（数字は収容人数）　キャンプ場　水場　トイレ　危険箇所　ロープウェイ　リフト　おもなバス停　温泉　紅葉の名所　花の名所　好展望　観光ポイント　駐車場

焼岳

噴煙を上げる上高地の前衛

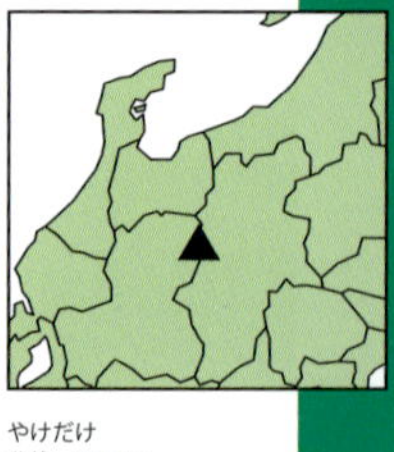

やけだけ
北峰 2444m
南峰 2455m
中級者向け
日帰り

見どころ：眺望、紅葉、火山風景
1/25000 地形図：上高地、焼岳、三俣蓮華岳

上高地から望む焼岳（撮影：鈴木克洋）

北アルプス唯一の活火山

焼岳は穂高《ほたか》連峰から連なる主稜線《しゅりょうせん》にあり、上高地《かみこうち》の入り口付近にそびえていることから「上高地の前衛」とも形容される。河童橋《かっぱばし》から梓川《あずさがわ》の下流方向に見える焼岳は美しい。

北峰、南峰からなる双耳《そうじ》峰《ほう》であり、北アルプスで唯一の活動中の火山だ。頂上には溶岩ドームがあり、火口も見られる。有名な大《たい》正池《しょういけ》は、1915（大正4）年、焼岳の大噴火で梓川がせき止められてつくられた。

1962（昭和37）年の噴火以来、長く登山が規制されていたが、現在は緩和されている。ただし、南峰は今も登山禁止である。

4つの登山道

焼岳への登山道は上高地の田代橋近くからのコースがよく使われる。

ほかにも、中《なか》ノ湯《ゆ》からと岐阜県の中尾《なかお》温泉からのコースがあり、また西《にし》穂高《ほたか》岳に続く稜線上のルートもある。

鳥瞰図では見えないが、中尾温泉からのコースには白水ノ滝を望むポイントがあり、上部には秀綱《ひでつな》神社がある。ところどころにはヒカリゴケも見られる。

焼岳火口湖（撮影：川井靖元）

荒涼の地から見る絶景

新中尾峠から焼岳山頂へと向かうとしばらくは草原状の尾根が続く。しかし山頂が近くなる8合目付近からは火山特有の荒々しい光景が展開する。

北峰の山頂付近はいっそう荒涼としている。火口壁は荒々しく、噴煙も見られる。旧火口の底にはコバルトブルーに輝く火口湖があり、新火口インキョ穴は深く地底に向かっている。

しかし、山頂からの展望は見事だ。穂高の峰々や笠《かさ》ヶ岳を望み、眼下には大正池をはじめ上高地が見える。

上高地コース

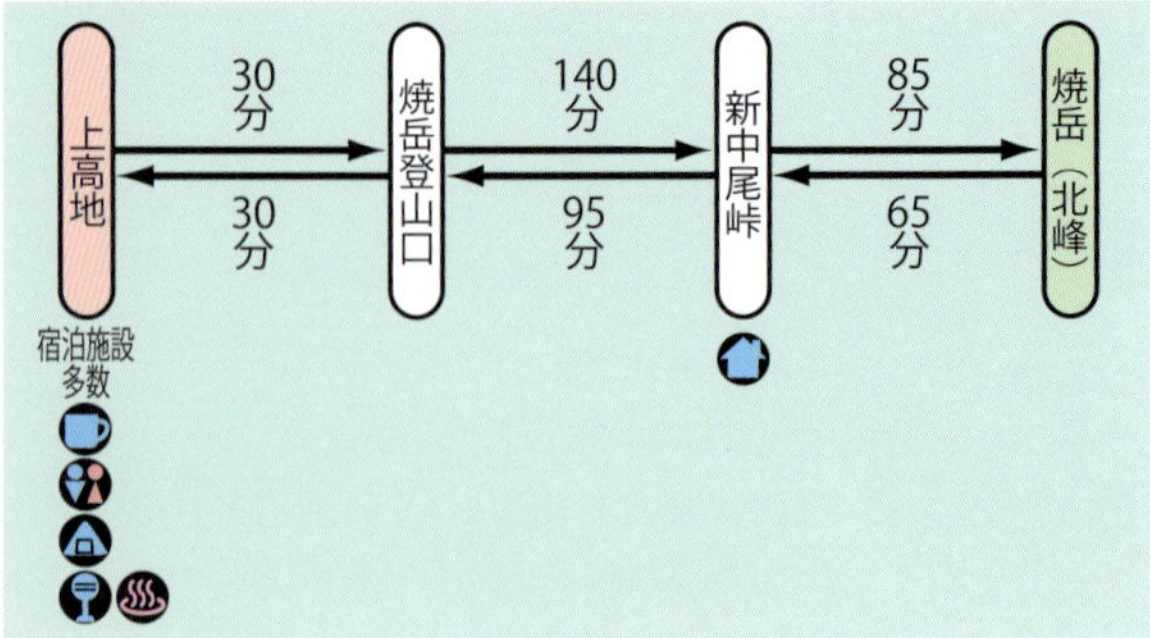
上高地
30分
30分
焼岳登山口
140分
95分
新中尾峠
85分
65分
焼岳（北峰）
宿泊施設多数

※＝高山濃飛バスセンターはJR高山駅と隣接している。

data

●アクセス
起点は松本駅（松本電鉄）もしくは高山駅（JR高山本線）
松本駅→新島々（松本電鉄約30分）→帝国ホテル前（松本電鉄バス約1時間5分）
高山濃飛バスセンター（※）→中の湯（濃飛バス約1時間10分）

●山小屋
焼岳小屋　0263-94-2307
大滝山荘　0263-58-2210

●問い合わせ
アルピコ交通新島々営業所　0263-92-2511
濃飛バス高山営業所　0577-32-1160
アルピコタクシー（松本地区）
0263-87-0555
新興タクシー　0577-32-1700
松本市安曇支所　0263-94-2301
松本市アルプス山岳郷　0263-94-2221
上高地ビジターセンター　0263-95-2606
高山市役所　0577-32-3333
高山警察署新穂高臨時派出所・登山指導センター　0578-89-3610

上高地にある大正池。湖面から突き出た枯木の光景は有名である。朝靄《あさもや》がかかるといっそう幻想的になる。これらの枯木は水没した樹木が枯れて幹だけが残ったものだが、年々少なくなっている。湖面に映る焼岳の姿は美しい。田代池も大正池と同様に焼岳の噴火によってできた。底には湧泉があるため、冬でも全面氷結はしない。

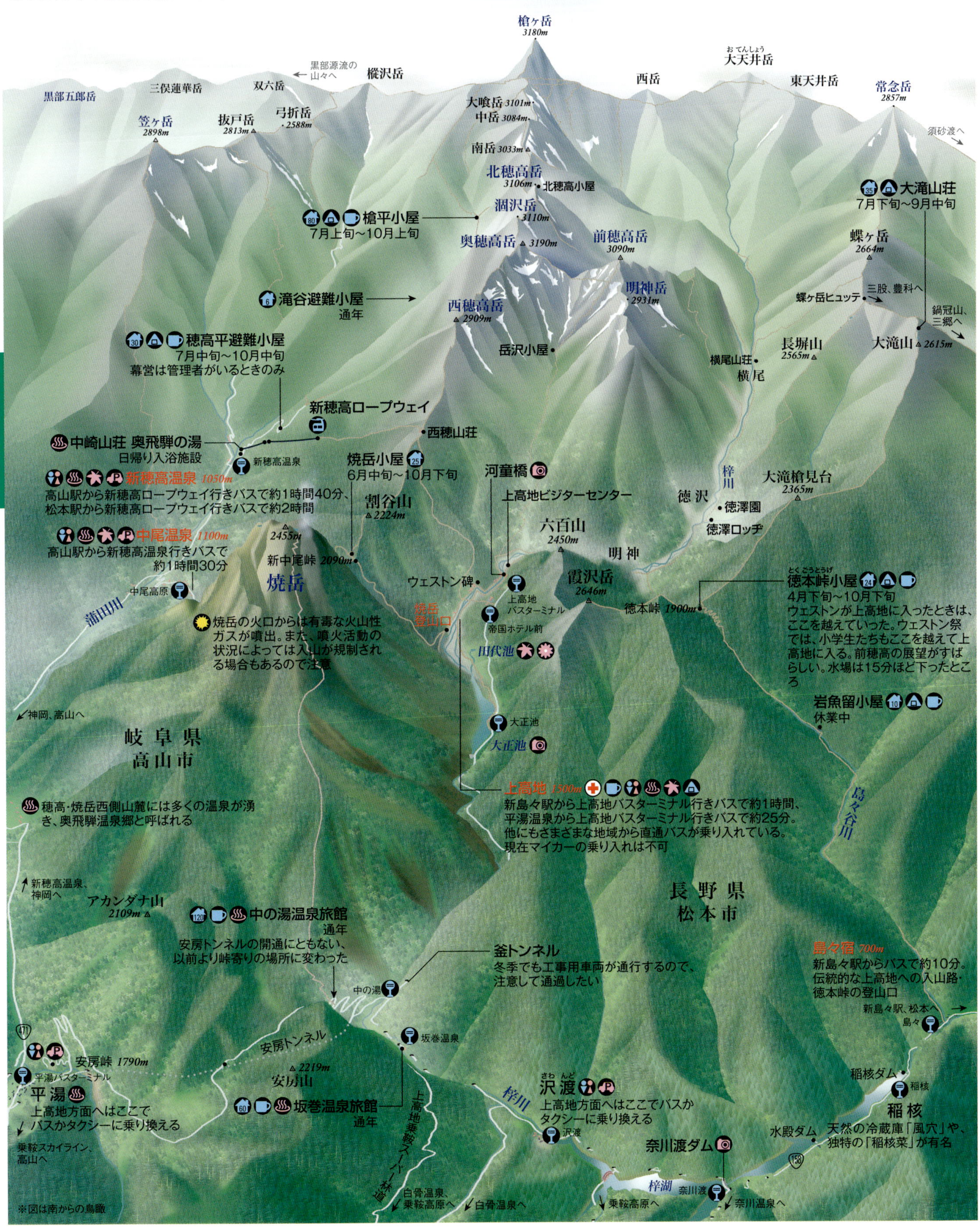

槍ヶ岳 3180m
黒部源流の山々へ
槍沢岳
西岳
大天井岳《おてんしょう》
東天井岳
常念岳 2857m
須砂渡へ
黒部五郎岳
三俣蓮華岳
双六岳
笠ヶ岳 2898m
抜戸岳 2813m
弓折岳 2588m
大喰岳 3101m
中岳 3084m
南岳 3033m
北穂高岳 3106m
北穂高小屋
涸沢岳 3110m
奥穂高岳 3190m
前穂高岳 3090m
明神岳 2931m
西穂高岳 2909m
岳沢小屋
槍平小屋 7月上旬～10月上旬
滝谷避難小屋 通年
大滝山荘 7月下旬～9月中旬
蝶ヶ岳 2664m
蝶ヶ岳ヒュッテ
三股、豊科へ
鍋冠山、三郷へ
大滝山 2615m
長塀山 2565m
横尾山荘
横尾
穂高平避難小屋 7月中旬～10月中旬 幕営は管理者がいるときのみ
新穂高ロープウェイ
西穂山荘
中崎山荘 奥飛騨の湯 日帰り入浴施設
新穂高温泉
焼岳小屋 6月中旬～10月下旬
河童橋
上高地ビジターセンター
梓川
大滝槍見台 2365m
徳沢
徳澤園
徳澤ロッヂ
新穂高温泉 1050m
高山駅から新穂高ロープウェイ行きバスで約1時間40分、松本駅から新穂高ロープウェイ行きバスで約2時間
割谷山 2224m
六百山 2450m
明神
中尾温泉 1100m
高山駅から新穂高温泉行きバスで約1時間30分
2455m
新中尾峠 2090m
ウェストン碑
上高地バスターミナル
霞沢岳 2646m
徳本峠 1900m
徳本峠小屋《とくごうとうげ》 4月下旬～10月下旬 ウェストンが上高地に入ったときは、ここを越えていった。ウェストン祭では、小学生たちもここを越えて上高地に入る。前穂高の展望がすばらしい。水場は15分ほど下ったところ
中尾高原
焼岳
蒲田川
焼岳登山口
帝国ホテル前
田代池
焼岳の火口からは有毒な火山性ガスが噴出。また、噴火活動の状況によっては入山が規制される場合もあるので注意
神岡、高山へ
大正池
岩魚留小屋 休業中
岐阜県 高山市
上高地 1500m
新島々駅から上高地バスターミナル行きバスで約1時間、平湯温泉から上高地バスターミナル行きバスで約25分。他にもさまざまな地域から直通バスが乗り入れている。現在マイカーの乗り入れは不可
島々谷川
穂高・焼岳西側山麓には多くの温泉が湧き、奥飛騨温泉郷と呼ばれる
新穂高温泉、神岡へ
アカンダナ山 2109m
中の湯温泉旅館 通年 安房トンネルの開通にともない、以前より峠寄りの場所に変わった
長野県 松本市
釜トンネル 冬季でも工事用車両が通行するので、注意して通過したい
島々宿 700m
新島々駅からバスで約10分。伝統的な上高地への入山路・徳本峠の登山口
中の湯
新島々駅、松本へ
島々
坂巻温泉
安房トンネル
471
安房峠 1790m
安房山 2219m
平湯バスターミナル
平湯 上高地方面へはここでバスかタクシーに乗り換える
坂巻温泉旅館 通年
上高地乗鞍スーパー林道
沢渡《さわんど》 上高地方面へはここでバスかタクシーに乗り換える
稲核ダム
稲核
稲核 天然の冷蔵庫「風穴」や、独特の「稲核菜」が有名
水殿ダム
奈川渡ダム
158
梓湖
奈川渡
乗鞍スカイライン、高山へ
白骨温泉、乗鞍高原へ
白骨温泉へ
乗鞍高原へ
奈川温泉へ
※図は南からの鳥瞰

宿泊施設(数字は収容人数) キャンプ場 水場 トイレ 危険箇所 診療所 ロープウェイ リフト おもなバス停 温泉 紅葉の名所 花の名所 好展望 観光ポイント 駐車場

乗鞍岳

気軽に楽しめる3000m峰

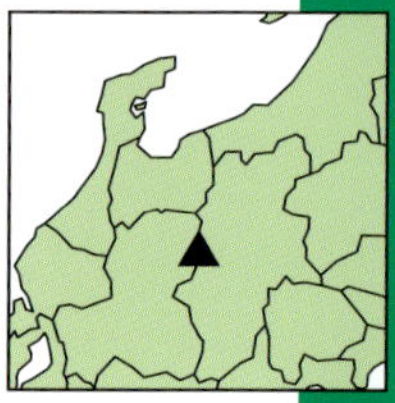

のりくらだけ
剣ヶ峰 3026m
初級者向け
日帰り

見どころ：眺望、花、雪渓、紅葉、湖沼、火山地形
1/25000 地形図：乗鞍岳、梓湖

位ヶ原の秋（撮影：花香勇）

峰々が連なる火山帯

乗鞍岳とは単一の山をさす名称ではなく、大規模な火山群の総称である。稜《りょう》線《せん》に連なる峰は、名前があるものだけで23もある。湖沼や平原も方々に点在する。乗鞍岳は北アルプスの最南端に位置し、岐阜県と長野県にまたがってそびえる。頂上直下まで車道が通り（上部はマイカー規制がある）、気軽に楽しめる3000m峰として親しまれている。

乗鞍岳は優美かつ壮大な山容を特色とし、飛騨《ひだ》側からは頂上部がたるんで見える。その姿が馬の背にかける鞍《くら》に似ていることから鞍《くら》ヶ峰と名づけられ、後に乗鞍岳とよばれるようになったという。

修験・信仰の山

開山は807（大同2）年、坂上田村麻呂《さかのうえのたむらまろ》によると伝えられるが確かではない。1680年代に円空《えんくう》が西面中腹の大丹生《おおはにゅう》池《いけ》に自ら彫った千体の仏像を沈め、ここに住むといわれた魔人を封じたという伝説もある。その後も行者たちの修験の山として崇《あが》められてきた。

また江戸時代の初期、信州側の麓《ふもと》には銀山が栄え、金山様《かなやまさま》（鍛冶屋の神）を飾り、近隣の人々が朝《あさ》日大権現《ひだいごんげん》を奉じて乗鞍岳に登ったという。

豊かな高山植物

駐車場がある畳平《たたみだいら》には乗鞍本宮神社中之社があり、大山津見《おおやまつみ》大神など四神を祀《まつ》る。近くに広がるお花畑は高山植物の宝庫だ。イワギキョウ、クロユリ、コマクサ、ハクサンイチゲなどが美しく咲き競う。

畳平から摩利支天《まりしてん》岳の中腹を巻いて1時間30分あまりで最高峰の剣《けん》ヶ峰に着く。途中、朝日《あさひ》岳と蚕玉《こだま》岳の鞍部《あんぶ》から見る権現《ごんげん》池は神秘的だ。

2つの祠《ほこら》が建つ頂上

剣ヶ峰頂上には立派な鳥居があり、朝日権現社と乗鞍本宮神社奥宮の2つの神社の祠が背中合わせで建つ。眺望もすばらしい。北に槍《やり》・穂高《ほたか》連峰を望み、南には御嶽山《おんたけさん》が大きくそびえる。白山《はくさん》や中央アルプス、富士山《ふじさん》までが一望できる。

ミツガシワと乗鞍岳（撮影：飯田信義）

乗鞍畳平コース

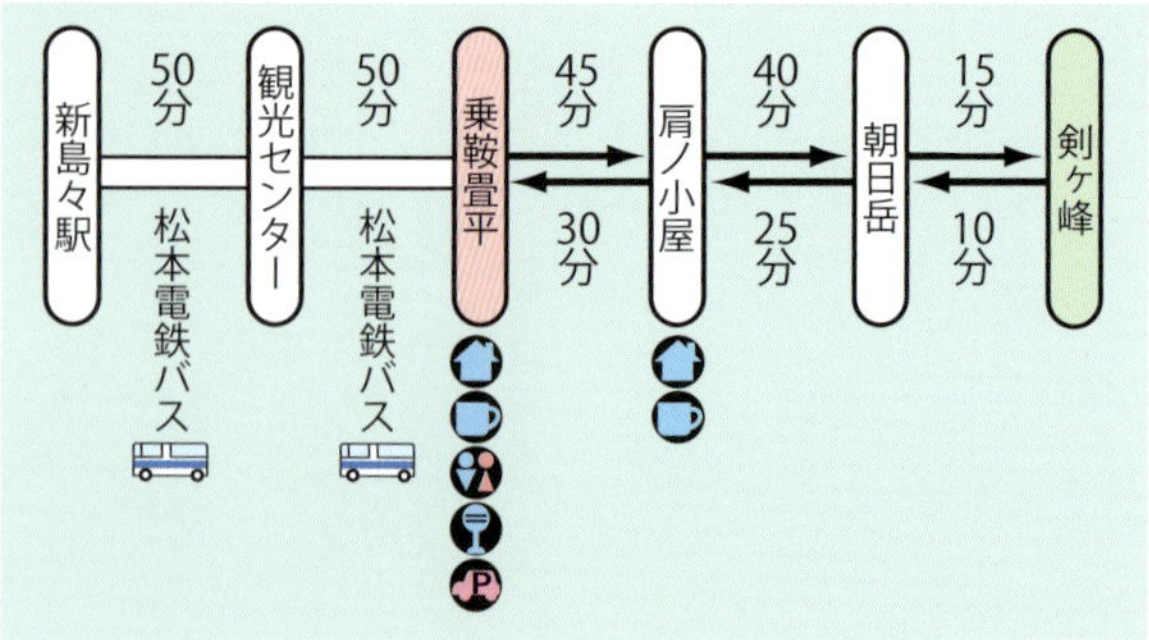

新島々駅
50分
観光センター
50分
乗鞍畳平
45分
30分
肩ノ小屋
40分
25分
朝日岳
15分
10分
剣ヶ峰
松本電鉄バス
松本電鉄バス

※ 1＝ほおのき平～乗鞍畳平間、観光センター～乗鞍畳平間をシャトルバスで運行。
※ 2＝高山濃飛バスセンターはJR高山駅と隣接している。

data

●アクセス
起点は松本駅（松本電鉄）もしくは高山駅（JR高山本線）
松本駅→新島々（松本電鉄約30分）→観光センター（松本電鉄バス約50分）→乗鞍畳平（松本電鉄バス約50分）（※1）
高山濃飛バスセンター（※2）→ほおのき平（濃飛バス約45分）→乗鞍畳平（濃飛バス約45分）（※1）

●山小屋
乗鞍山の宿銀嶺荘　0577-79-2026
乗鞍白雲荘　090-3480-3136
肩ノ小屋　0263-93-2002
位《くらい》ヶ原《はら》山荘　090-9001-7362
BELL 鈴蘭小屋　0263-93-2001

●問い合わせ
アルピコ交通新島々営業所　0263-92-2511
濃飛バス高山営業所　0577-32-1160
乗鞍バスターミナル（乗鞍総合案内所）090-8671-3191
アルピコタクシー（松本地区）0263-87-0555
新興タクシー　0577-32-1700
松本市安曇支所　0263-94-2301
松本市アルプス山岳郷　0263-94-2221
高山市役所　0577-32-3333
のりくら観光協会乗鞍高原観光案内所　0263-93-2147
飛騨乗鞍観光協会　0577-78-2345

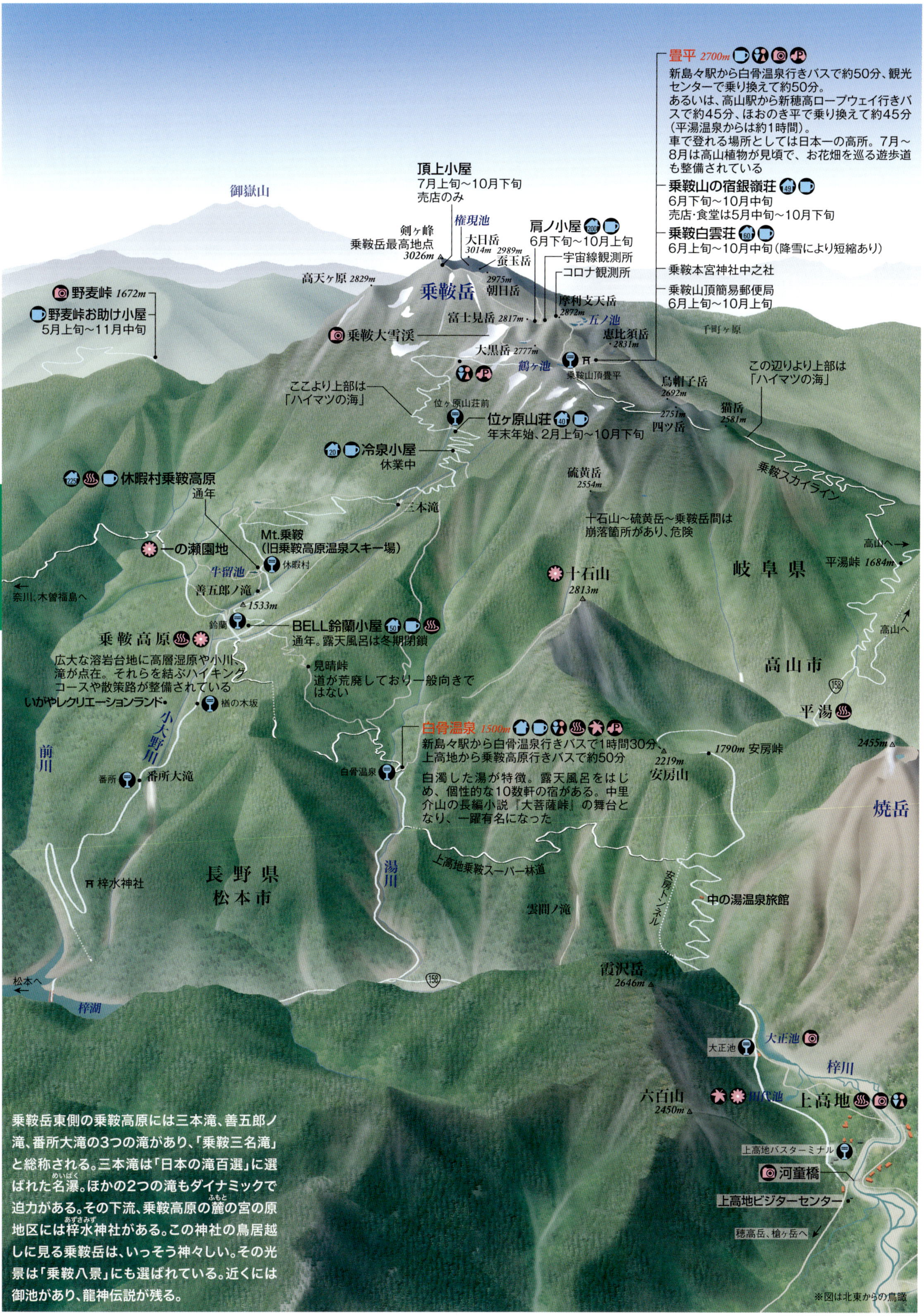
御嶽山
頂上小屋
7月上旬～10月下旬
売店のみ
権現池
剣ヶ峰
乗鞍岳最高地点
3026m
大日岳
3014m
2989m
蚕玉岳
2975m
朝日岳
高天ヶ原 2829m
乗鞍岳
肩ノ小屋
6月下旬～10月上旬
宇宙線観測所
コロナ観測所
摩利支天岳
2872m
五ノ池
富士見岳 2817m
恵比須岳
2831m
大黒岳 2777m
鶴ヶ池
乗鞍山頂畳平
畳平 2700m
新島々駅から白骨温泉行きバスで約50分、観光センターで乗り換えて約50分。
あるいは、高山駅から新穂高ロープウェイ行きバスで約45分、ほおのき平で乗り換えて約45分(平湯温泉からは約1時間)。
車で登れる場所としては日本一の高所。7月～8月は高山植物が見頃で、お花畑を巡る遊歩道も整備されている
乗鞍山の宿銀嶺荘
6月下旬～10月中旬
売店・食堂は5月中旬～10月下旬
乗鞍白雲荘
6月上旬～10月中旬(降雪により短縮あり)
乗鞍本宮神社中之社
乗鞍山頂簡易郵便局
6月上旬～10月上旬
千町ヶ原
野麦峠 1672m
野麦峠お助け小屋
5月上旬～11月中旬
乗鞍大雪渓
ここより上部は
「ハイマツの海」
位ヶ原山荘前
位ヶ原山荘
年末年始、2月上旬～10月下旬
冷泉小屋
休業中
烏帽子岳
2692m
2751m
四ツ岳
猫岳
2581m
この辺りより上部は
「ハイマツの海」
乗鞍スカイライン
硫黄岳
2554m
休暇村乗鞍高原
通年
三本滝
十石山～硫黄岳～乗鞍岳間は
崩落箇所があり、危険
高山へ
平湯峠 1684m
一の瀬園地
Mt.乗鞍
(旧乗鞍高原温泉スキー場)
休暇村
牛留池
善五郎ノ滝
1533m
奈川、木曽福島へ
十石山
2813m
岐阜県
高山へ
鈴蘭
BELL鈴蘭小屋
通年。露天風呂は冬期閉鎖
乗鞍高原
広大な溶岩台地に高層湿原や小川、滝が点在。それらを結ぶハイキングコースや散策路が整備されている
見晴峠
道が荒廃しており一般向きではない
いがやレクリエーションランド
檜の木坂
小大野川
高山市
158
平湯
前川
白骨温泉 1500m
新島々駅から白骨温泉行きバスで1時間30分、上高地から乗鞍高原行きバスで約50分
白濁した湯が特徴。露天風呂をはじめ、個性的な10数軒の宿がある。中里介山の長編小説『大菩薩峠』の舞台となり、一躍有名になった
2219m
安房山
1790m 安房峠
2455m
番所
番所大滝
白骨温泉
焼岳
上高地乗鞍スーパー林道
梓水神社
長野県
松本市
湯川
安房トンネル
中の湯温泉旅館
雲間ノ滝
158
霞沢岳
2646m
松本へ
梓湖
大正池
梓川
六百山
2450m
田代池
上高地
上高地バスターミナル
河童橋
上高地ビジターセンター
穂高岳、槍ヶ岳へ
※図は北東からの鳥瞰

乗鞍岳東側の乗鞍高原には三本滝、善五郎ノ滝、番所大滝の3つの滝があり、「乗鞍三名滝」と総称される。三本滝は「日本の滝百選」に選ばれた名瀑《めいばく》。ほかの2つの滝もダイナミックで迫力がある。その下流、乗鞍高原の麓《ふもと》の宮の原地区には梓水《あずさみず》神社がある。この神社の鳥居越しに見る乗鞍岳は、いっそう神々しい。その光景は「乗鞍八景」にも選ばれている。近くには御池があり、龍神伝説が残る。

宿泊施設(数字は収容人数) キャンプ場 水場 トイレ 危険箇所 ロープウェイ リフト おもなバス停 温泉 紅葉の名所 花の名所 好展望 観光ポイント 駐車場

御嶽山※1

花と山上湖が魅力的な霊山

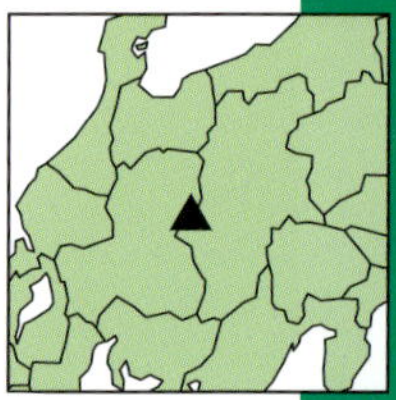

おんたけさん
剣ヶ峰　3067m
中級者向け
1泊2日

見どころ：眺望、花、雪渓、紅葉、湖沼、火山地形
1/25000地形図：御嶽山、御岳高原、木曽西野、胡桃島

春の御嶽山（撮影：飯田信義）

台形の山容をもつ独立峰

御嶽山は北アルプス連峰から離れた独立峰で、今なお活動を続けている成層火山だ。2014年に7年ぶりに噴火し、多数の犠牲者を出し、噴火警戒レベルが引き上げられた。

山頂部は広大で最高峰剣《けん》ヶ峰を中心に、継母《ままはは》岳、継子《ままこ》岳、摩利支天《まりしてん》山などの峰々が並ぶ。山裾も広く、台形の山容をもつ。

盛んな霊山登拝

修験者たちはかつてこの山を敬意を込めて「王の御嶽《みたけ》」とよび、やがて「王《おう》嶽《だけ》」となり、後に御嶽に転じたという。

江戸時代の後期、御嶽講が広まり、御嶽山への信仰登山が盛んになった。とくに黒沢口《くろさわぐち》からの登山道には多くの霊神碑とよばれる石碑がある。

5つの山上湖

頂上部には、噴火口の跡である一ノ池から五ノ池まで5つの山上湖がある。このうち一ノ池は水がない火口湖だ。

二ノ池は標高2908mにある日本最高所の湖である。三ノ池は日本最深の高山湖だ。御神水《ごしんすい》とよばれ、湖畔には鳥居と祠《ほこら》がある。四ノ池は池というよりも湿原地帯で、さまざまな高山植物が咲く。融雪時には中央を小川が流れ、幻の滝となって落差90mを水が落下する。五ノ池は季節によって水が枯れる不思議な池だ。付近は夏には高山植物の宝庫となる。

山頂に立派な祠

御嶽山は信仰の山だけに方々に祠がある。このうち王滝《おうたき》頂上の山頂にあるのが王滝頂上神社だ。奥ノ院との間に、溶岩が固まり、ブリッジ状になった「日の門」がある。日の門の空洞からは剣ヶ峰を望むことができる。最高峰の剣ヶ峰山頂に立つのは御嶽神社奥社である。剣ヶ峰山頂からは360度の展望が広がる。

晩秋の御嶽山（撮影：飯田信義）

王滝口コース／黒沢口コース

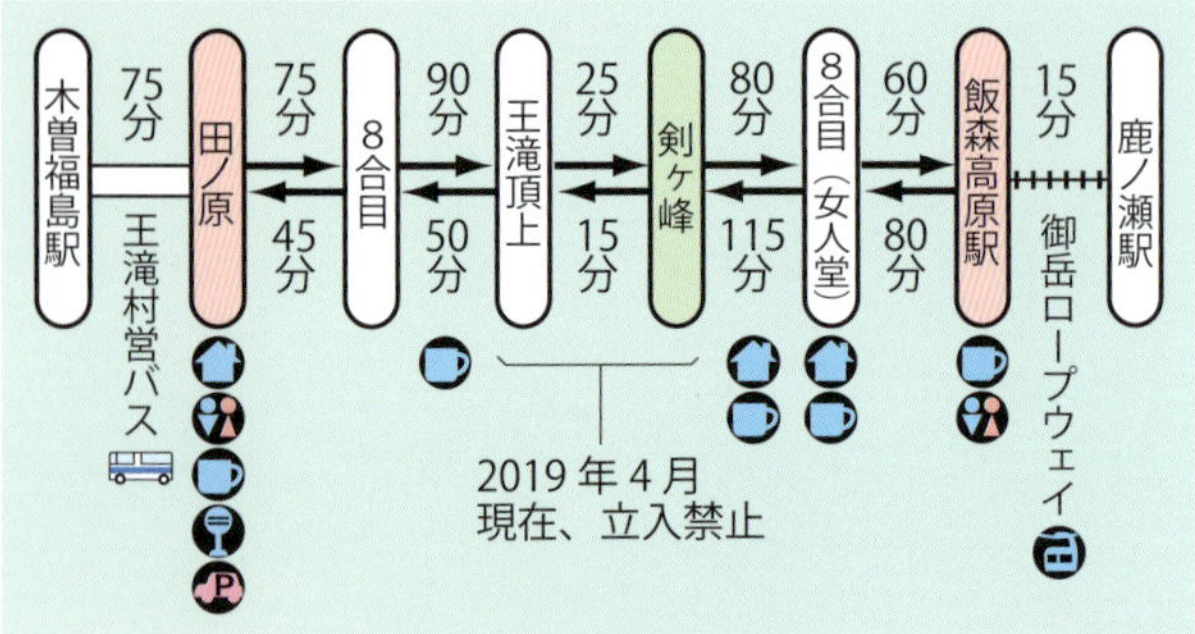
木曽福島駅
75分
王滝村営バス
田ノ原
75分
45分
8合目
90分
50分
王滝頂上
25分
15分
剣ヶ峰
80分
115分
8合目（女人堂）
60分
80分
飯森高原駅
15分
御岳ロープウェイ
鹿ノ瀬駅
2019年4月
現在、立入禁止

※ 1＝深田久弥『日本百名山』では「御嶽」と表記。
※ 2＝営業などについては山小屋にお問い合わせください。

data

●アクセス
起点は木曽福島駅（JR中央本線）
木曽福島駅→田ノ原（王滝村営バス約1時間15分）
木曽福島駅→御岳ロープウェイ（木曽町生活交通システムバス約1時間）

●山小屋（※2）
田の原山荘　0264-48-2537
八海山荘　0264-48-2536
八海山小屋　0264-46-2126
金剛堂（女人堂）090-8329-1385
石室山荘　0264-46-2016
二の池ヒュッテ　090-4368-1787
飛騨頂上御嶽五の池小屋
090-7612-2458
行場山荘　090-4380-5200

●問い合わせ
おんたけ交通　0264-22-2444
御岳ロープウェイ　0264-46-2525
おんたけタクシー　0264-22-2525
木曽交通　0264-22-3666
王滝村役場　0264-48-2001
王滝観光総合事務所　0264-48-2257
木曽町役場　0264-22-3000
木曽町観光協会　0264-22-4000

宿泊施設（数字は収容人数） キャンプ場 水場 トイレ 危険箇所 ロープウェイ リフト おもなバス停 温泉 紅葉の名所 花の名所 好展望 観光ポイント 駐車場

美ヶ原・八ヶ岳・秩父・多摩・南関東

東京からほど近いところにある名山である。いずれの山も古くから人々とつながりを持ち、歴史を刻んできた。信仰の山として、里山として、人々の暮らしに深く結びついてきた。いま水源地として生活を支え、リゾートやレジャーの地として身近にある。

美ヶ原（撮影：飯田信義）

美ヶ原

名前のとおりの広大な山上の楽園

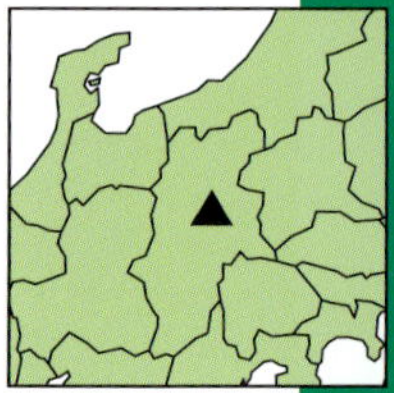

うつくしがはら
王ヶ頭　2034m
初級者向け
日帰り

見どころ：眺望、花、紅葉
1/25000 地形図：和田、山辺

台地状の高原

美ヶ原は八《やつ》ヶ岳中信高原国定公園の北端に位置する台地状の広大な高原である。その広さは、東西5kmに及ぶという。上部までは車道が通り、ホテルや美術館などの施設もある。

この高原は火山性堆積物が隆起し、頂上部が浸食されて形成されたと考えられている。頂上部の標高は1800～2000m前後で、最高点は王《おう》ヶ頭《とう》である。ほかに王《おう》ヶ鼻《はな》、茶臼山《ちゃうすやま》、牛《うし》伏山《ぶせやま》、武石峰《たけしみね》、焼《やけ》山《やま》などの峰が並ぶ。

レンゲツツジの美ヶ原。茶臼山付近（撮影：鈴木克洋）

名だたる峰々の好展望地

山や自然を主題に多くの作品を残した詩人の尾崎喜《おざきき》八《はち》は、美ヶ原の光景について「登リツイテ不意ニヒラケタ眼前ノ風景ニ、シバラクハ世界ノ天井ガ抜ケタカト思ウ」と書き記した。この一節を含む詩「美ヶ原熔岩台地」は、美ヶ原のシンボルである美《うつく》しの塔に銘文として刻まれている。

美しの塔がある一帯は牧場となっており、360度の展望が広がる楽園のような場所だ。北アルプス、御《おん》嶽山《たけさん》、南アルプス、中央アルプス、八ヶ岳などの名だたる高峰が一望できる。

御嶽信仰による石仏群

美ヶ原はマツムシソウ、レンゲツツジ、ハクサンフウロ、ヤナギランなどさまざまな花が咲く。また三城《さんじろ》牧場から上部にかけては、多くの蝶が舞う。

王ヶ頭や王ヶ鼻、牛伏山からの展望もすばらしい。王ヶ鼻の山頂には石仏群があり、すべて御嶽山の方向を向いている。これはかつて美ヶ原が御嶽信仰の山であり、これらの石仏もその信仰によって立てられたものであるからという。

美ヶ原高原（撮影：飯田信義）

三城荘口コース／山本小屋コース

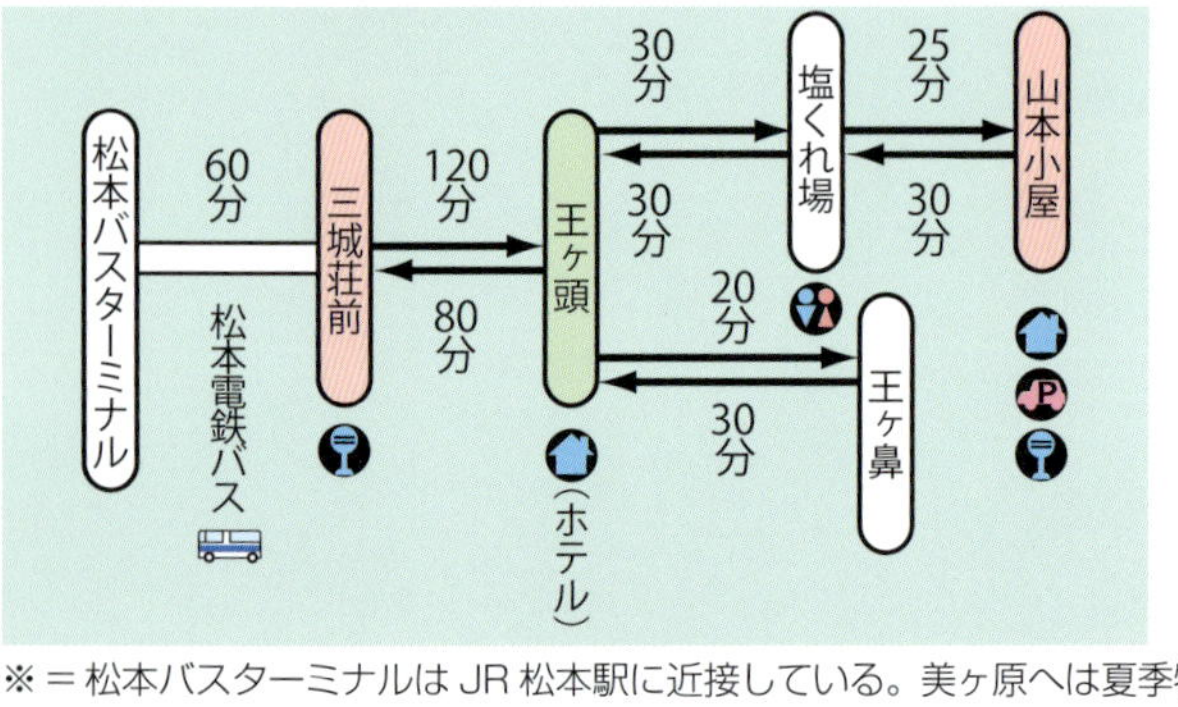
松本バスターミナル
60分
松本電鉄バス
三城荘前
120分
80分
王ヶ頭
（ホテル）
30分
30分
塩くれ場
25分
30分
山本小屋
20分
30分
王ヶ鼻

※＝松本バスターミナルはJR松本駅に近接している。美ヶ原へは夏季特定日の運行。

data

●アクセス
起点は松本駅（JR中央本線）
松本バスターミナル（※）→三城荘前（松本電鉄バス約1時間）
松本バスターミナル（※）→山本小屋（松本電鉄バス約1時間40分）

●山小屋
美ヶ原高原ホテル山本小屋　0268-86-2011
王ヶ頭ホテル　0263-31-2751
山荘ピリカ　0263-31-2122
桜清水コテージ　0263-31-2314

●問い合わせ
アルピコ交通松本バスターミナル
0263-32-0910
千曲バス　0267-62-0081
松本タクシー　0263-33-1141
アルピコタクシー（松本地区）
0263-87-0555
上田タクシー　0268-22-0055
松本市役所　0263-34-3000
長和町役場和田庁舎　0268-88-2345
上田市役所　0268-22-4100
信州・長和町観光協会　0268-68-0006
美ヶ原自然保護センター　0263-31-2807

乗鞍岳
穂高連峰
槍ヶ岳
北アルプス
燕岳
松本盆地
武石峠
武石峰
1973m
浅間温泉、松本市街へ
上田へ
松本市
焼山
1907m
美ヶ原牧場
王ヶ頭にはたくさんのアンテナが設置され松本市内からもよく見える
美ヶ原自然保護センター
美ヶ原高原 1900m
王ヶ鼻 2008m
王ヶ頭
2034m
八丁ダルミ
王ヶ頭ホテル
通年
ダテ河原
上田へ
白樺平
桜清水コテージ
4月下旬～11月上旬
1977m
鹿伏山
美ヶ原
牛伏山
1990m
上田市
どのコースも山頂まで急登
美ヶ原高原ホテル山本小屋
通年
美ヶ原牧場
美ヶ原高原美術館
美しの塔
山本小屋
美ヶ原台上
塩くれ場
ビーナスライン
松本市街へ
三城 1400m
松本バスターミナルから美ヶ原高原美術館行きバスで約1時間
山本小屋ふる里館 1960m
4月下旬～11月中旬、12月上旬～3月下旬
松本バスターミナルから美ヶ原高原美術館行きバスで約1時間40分。
物見石山へ
三城荘前
三城牧場
三城いこいの広場
三城
山荘ピリカ
4月中旬～10月下旬
百曲り
扉峠へ
よもぎこば林道
2006m
茶臼山
陣ヶ坂
扉峠へ
※図は南東からの鳥瞰
松本市街、扉峠、霧ヶ峰へ

深田久弥は『日本百名山』の中で、高原の意味合いに触れた後、「そういう高原の中で第一に挙げたいのが美ヶ原である。ここほどその条件にかなった所もないだろう」と絶賛している。広々とした一帯に牛馬が放牧される光景は、アルプそのものである。美ヶ原は日本のアルプの代表といえる。また三城牧場から標高1700m付近にかけては、蝶の楽園である。珍しい高山蝶も見られる。王ヶ鼻は王ヶ頭の西に突き出た所で、松本側に鋭く切れ落ちた断崖である。

宿泊施設（数字は収容人数） キャンプ場 水場 トイレ 危険箇所 ロープウェイ リフト おもなバス停 温泉 紅葉の名所 花の名所 好展望 観光ポイント 駐車場

霧ヶ峰

数百種類の植物が彩る高原

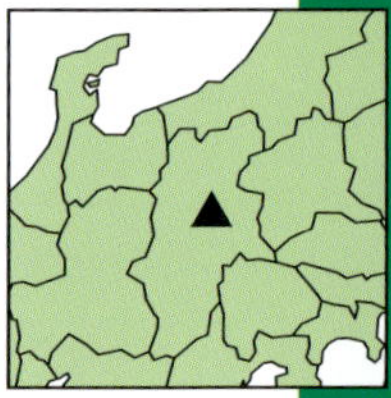

きりがみね
車山　1925m
初級者向け
日帰り

見どころ：眺望、花、紅葉、湿原、湖沼
1/25000 地形図：霧ヶ峰、南大塩

なだらかな溶岩台地

霧ヶ峰は長野県のほぼ中央、諏訪湖《すわこ》の北東部に位置する高原状の溶岩台地である。起伏はなだらかで、山中をビーナスラインが通り、宿泊施設も多い。

最高峰は車山《くるまやま》であり、ほかに鷲《わし》ヶ峰、男女倉《おめくら》山、南《みなみ》の耳《みみ》、蝶々《ちょうちょう》深山《みやま》などの峰が連なる。

太古から人間とのかかわり

霧ヶ峰の魅力のひとつは八《や》島《しま》ヶ原《はら》、踊り場、車山の3つの高層湿原を擁していることである。こうした霧ヶ峰の湿原は「霧ヶ峰湿原植物群落」として国の天然記念物に指定され、ワタスゲやアヤメ、ニッコウキスゲやレンゲツツジなど数百種類の植物を見ることができる。

また八島ヶ原湿原や踊り場湿原からは旧石器時代のものと思われる石器が発見されている。霧ヶ峰一帯は黒曜石の産地であり、古来から人間とかかわりをもった地域であることがわかる。

ニッコウキスゲが咲く霧ヶ峰（撮影：飯田信義）

武士たちの信仰を集める

八島ヶ原湿原の南端にある旧御射山《もとみさやま》遺跡は、鎌倉時代、諏訪神社下社の御狩神事が行われた場所である。武士たちの信仰を集め、流鏑馬《やぶさめ》などを行い、豊作を祈ったという。祠《ほこら》があり、土を階段状に形づくったコロシアム「土壇」が遺跡として残る。

展望がよい峰々の頂上部

車山という名称は、諏訪湖側から見ると大八車《だいはちぐるま》の形をしていることに由来するという。その山頂部からは八《やつ》ヶ岳、南アルプス、北アルプス、中央アルプスなどが見渡せる。蝶々深山、鷲ヶ峰からも360度の展望が開ける。

シシウドと八島ヶ池（撮影：川井靖元）

車山周遊コース

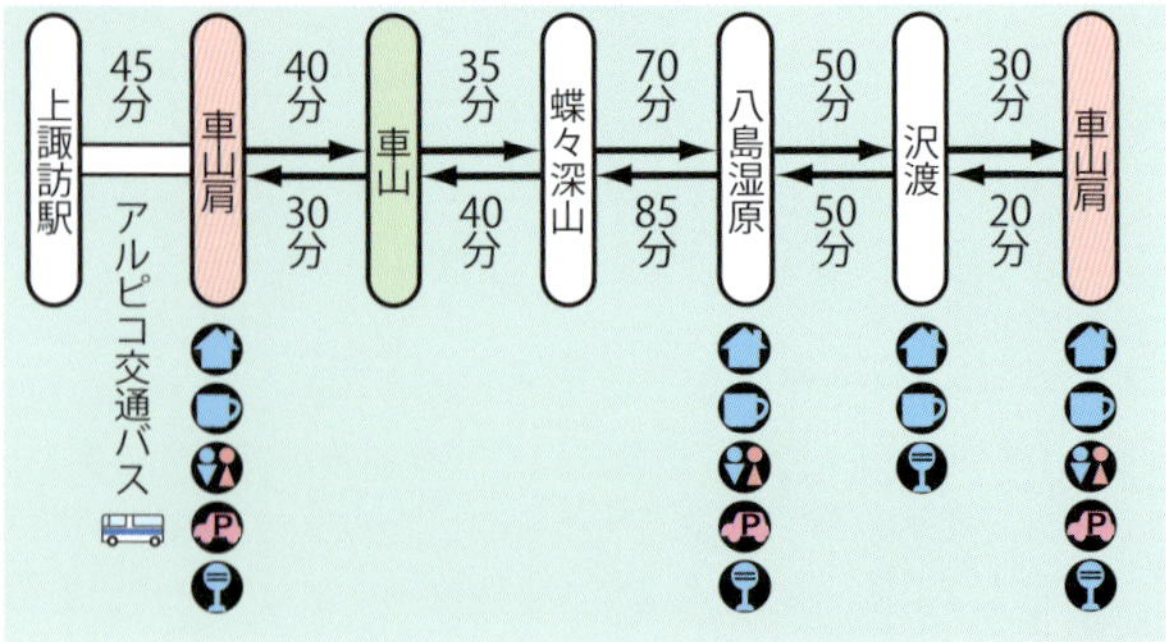
上諏訪駅
45分
アルピコ交通バス
車山肩
40分
30分
車山
35分
40分
蝶々深山
70分
85分
八島湿原
50分
50分
沢渡
30分
20分
車山肩

data

●アクセス
起点は上諏訪駅（JR中央本線）もしくは茅野駅（JR中央本線）
上諏訪駅→車山肩（アルピコ交通バス約45分）
茅野駅→車山高原（アルピコ交通バス約1時間）
●山小屋
八島山荘　0266-58-5357
鷲が峰ひゅって　0266-58-8088
ヒュッテ・ジャヴェル　0266-58-5205
クヌルプ・ヒュッテ　0266-58-5624
ころぼっくるひゅって　0266-58-0573
ヒュッテみさやま　0266-75-2370
●問い合わせ
アルピコ交通茅野駅前案内所
0266-72-2151
アルピコタクシー（諏訪地区）
0266-71-1181
諏訪交通　0266-52-1190
諏訪市役所　0266-52-4141
茅野市役所　0266-72-2101
下諏訪町役場　0266-27-1111
車山高原観光協会　0266-68-2626
霧ヶ峰自然保護センター　0266-53-6456
八島ビジターセンターあざみ館
0266-52-7000

四阿山
浅間山
蓼科山
和田峠
標高1531m。中山道最大の難所だったが、現在は役目を終えている。付近で産出する黒曜石は、日本各地の遺跡から発見され、一大拠点だったことがうかがえる
上田、佐久へ
鷲ヶ峰
1798m
美ヶ原、佐久へ
八島ヶ原湿原
花が咲きみだれる天上の楽園。国の天然記念物に指定されている
男女倉山
1776m
1838m
物見石
蝶々深山
1836m
車山
車山気象レーダー観測所
1925m
車山高原 1560m
上諏訪駅、茅野駅からバスで約1時間、白樺湖からバスで約20分
総合案内所
車山高原
白樺湖
車山湿原
クヌルプ・ヒュッテ
4月～11月
霧ヶ峰
上諏訪駅からバスで約45分
車山肩
伊那丸富士見台
富士見台
鎌ヶ池
鬼ヶ泉水
八島ヶ池
八島湿原 1650m
上諏訪駅からバスで約50分（特定日運行）
八島湿原
沢渡
ヒュッテ・ジャヴェル
通年
ビーナスライン
ころぼっくるひゅって
通年
霧ヶ峰
霧ヶ峰 1670m
茅野駅からバスで約1時間10分、上諏訪駅からバスで約40分、白樺湖からバスで約40分
霧ヶ峰自然保護センター
グライダー滑走路
ゲーロッ原
八島山荘
4月下旬～11月中旬
7月中旬～8月中旬以外の期間休業あり
鷲が峰ひゅって
通年（厳冬期要連絡）
八島ビジターセンターあざみ館
踊り場湿原（池のくるみ）
池のくるみ
2軒の山小屋が通年営業
ジャコッ原
霧ヶ峰農場
ヒュッテみさやま
4月下旬～10月下旬
旧御射山遺跡
鎌倉時代の遺跡。ここで神事としての鹿狩りや流鏑馬などが行われた。現在も階段状の観客席が残る
142
諏訪白樺湖小諸線
茅野、諏訪へ
長野県
毒沢温泉
立石公園
角間川
諏訪市
中山道
下諏訪町
諏訪盆地
間欠泉センター
北澤美術館
片倉館
上諏訪駅足湯
甲州街道
諏訪大社下社春宮
柿蔭山房（島木赤彦旧宅）
中央本線
20
湖畔公園
上諏訪駅
茅野、甲府へ
砥川
下諏訪温泉
諏訪大社下社秋宮
上諏訪温泉
辰野へ
辰野、塩尻へ
下諏訪駅
諏訪湖
※図は南西からの鳥瞰

霧ヶ峰の南西の麓《ふもと》には下諏訪《しもすわ》町があり、諏訪湖が広がる。御柱祭《おんばしらさい》で有名な諏訪大社《すわたいしゃ》には4つの境内地があるが、そのうち下社春宮《しもしゃはるみや》、下《しも》社秋宮《しゃあきみや》は下諏訪町にある。また鳥瞰図からはずれるが、諏訪湖をはさんで上社本宮《かみしゃほんみや》が諏訪市に、上社前宮《かみしゃまえみや》が茅野《ちの》市にある。諏訪大社は日本屈指の古社で、本殿とされる建物がない。それぞれの境内は歴史に裏打ちされた風格があり、厳かな雰囲気に包まれている。

70 宿泊施設（数字は収容人数）　キャンプ場　水場　トイレ　危険箇所　ロープウェイ　リフト　おもなバス停　温泉　紅葉の名所　花の名所　好展望　観光ポイント　駐車場

蓼科山

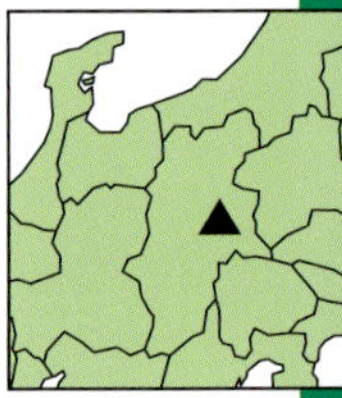

たてしなやま
2531m
初級者向け
日帰り

見どころ：眺望、花、紅葉、火山地形、樹林帯、湖沼
1/25000 地形図：蓼科山、蓼科

諏訪富士ともよばれる展望抜群の秀峰

蓼科山と白樺湖（撮影：飯田信義）

八ヶ岳連峰北端の独立峰

蓼科山は八ヶ岳連峰の北端に位置する二重式火山である。頂上部は溶岩ドームとなっており、火口跡も見られる。円錐形の山容をもち、独立峰《どくりつほう》としてすっきりとそびえる端正な姿から諏《す》訪《わ》富士《ふじ》ともよばれる。

一帯は風が強く、枝が一方だけに伸びている木が目立つ。また南西斜面にはシラビソなどが枯れて生木との間に縞《しま》模様をつくりだす縞枯れ現象も見られる。

女神が住む山

蓼科山はその優雅な山容からか、女《め》の神山《かみやま》という別名があり、古来女神が住む山とされてきた。

また大きな水がめとしての機能もあり、麓《ふもと》を流れる川を通して、人々を潤してきたことから水の神、農耕神として崇《あが》められてきたという。山《さん》麓《ろく》一帯では、さまざまな黒曜石遺跡があり、人々の生活と密接に結びついてきた山であることをうかがわせる。

蓼科山と霧氷と落葉松の紅葉

大展望台の頂上

天祥《てんしょう》寺《じ》原《はら》はササの中にカラマツの木々が立ち、夏には花が咲く気持ちがよい場所だ。

山頂付近は岩がゴロゴロしており、その間からガンコウランやコケモモが姿を見せる。山頂はほぼ円形で、直径は100mあまりもある。そのほぼ中央に蓼科神社奥宮の鳥居と祠《ほこら》が立っている。

山頂からはさえぎるものがない360度の展望が開ける。八ヶ岳はもちろんのこと、霧《きり》ヶ峰、美《うつくし》ヶ原、浅間山《あさまやま》、南北および中央のアルプス、富士山《ふじさん》、上越《じょうえつ》の山々、秩父《ちちぶ》山塊まで見渡せる。

data

●アクセス
起点は茅野駅（JR 中央本線）
茅野駅→東白樺湖（アルピコ交通バス約 45 分）＝白樺湖バスステーション→蓼科牧場（立科町営バス約 10 分）
茅野駅→蓼科山登山口（アルピコ交通バス約 1 時間 35 分）

●山小屋
北横岳ヒュッテ　090-7710-2889
縞枯山荘　0266-67-5100
双子池ヒュッテ　090-4821-5200
大河原ヒュッテ　0266-79-5494
蓼科山荘　0266-76-5620
蓼科山頂ヒュッテ　090-7258-1855

●問い合わせ
アルピコ交通茅野駅前案内所
0266-72-2151
立科町営バス（たてしなスマイル交通）
0267-56-2311
アルピコタクシー（諏訪地区）　0266-71-1181
北八ヶ岳ロープウェイ（※）　0266-67-2009
ゴンドラリフト（白樺高原総合観光センター）0267-55-6201
茅野市役所　0266-72-2101

蓼科牧場コース

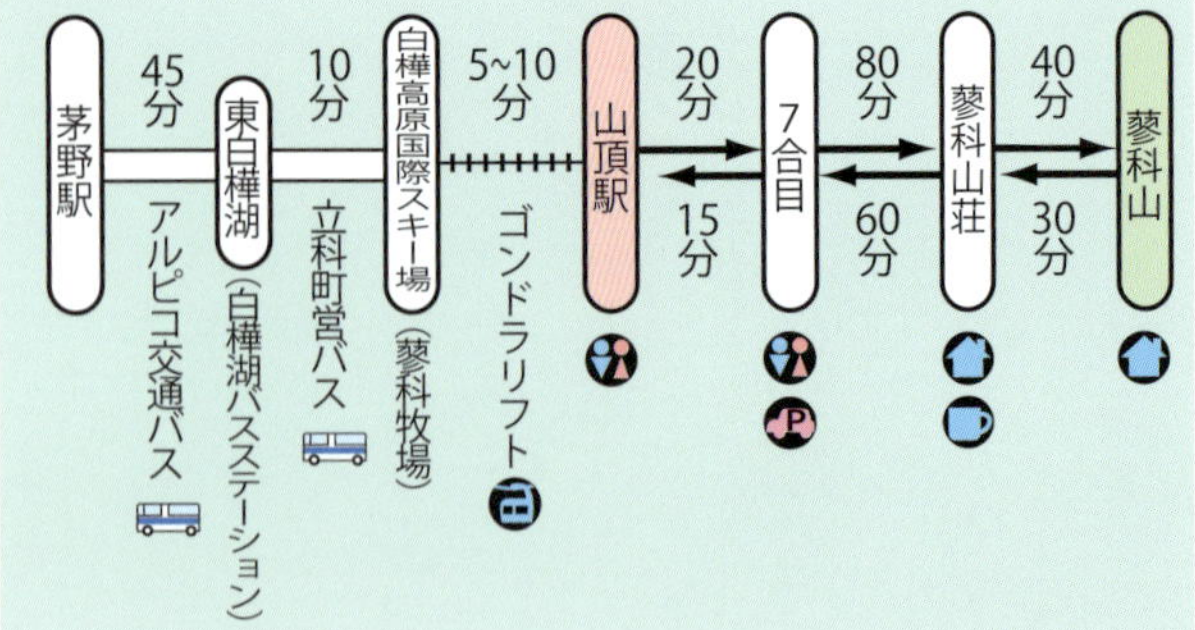
茅野駅
45分
アルピコ交通バス
東白樺湖
（白樺湖バスステーション）
10分
立科町営バス
白樺高原国際スキー場
（蓼科牧場）
5~10分
ゴンドラリフト
山頂駅
20分
15分
7合目
80分
60分
蓼科山荘
40分
30分
蓼科山

※＝ピラタス蓼科ロープウェイは北八ヶ岳ロープウェイに名称変更。

赤岳
天狗岳
富士山
佐久盆地
白駒池
茶臼山
縞枯山
縞枯れ現象で有名。その原因は南からの強風とも、台風による倒木ともいわれるが、はっきりとはわかっていない
坪庭
コイワカガミやハクサンシャクナゲなど、30種類以上の高山植物を遊歩道から見ることができる。1周30分ほど。ロープウェイからすぐのところにある
横岳
2480m 2473m
30 北横岳ヒュッテ
通年
予約がない日は休業
七ツ池
縞枯山荘
諏訪盆地
雨池
80 双子池ヒュッテ
5月下旬～11月上旬
亀甲池
双子池
広い山頂は360度の展望台。
蓼科神社奥宮がある
2531m
2234m 双子山
43 蓼科山頂ヒュッテ
4月下旬～11月上旬
ピラタス蓼科スノーリゾート
北八ヶ岳ロープウェイ
大河原ヒュッテ 20
6月上旬～10月、予約がない日は休業
蓼科山
シラビソ林の中の急登
大河原峠
2090m
天祥寺原、竜源橋へ
大きなゴロ石の道
蓼科湖、茅野へ
展望がよい草原
2113m
天祥寺原、竜源橋へ
蓼科温泉
竜源橋 1700m
竜源橋
蓼科山荘 50
4月下旬～11月上旬
将軍平
女神茶屋 1720m
茅野駅から車山高原行きバスで約1時間35分（特定日運行）
蓼科山登山口
2354m
スズラン峠
白樺湖へ
長野県
白樺高原
蓼科山7合目
1900m
御泉水（ゴンドラリフト山頂駅）
立科町
御泉水自然園
170haにわたって広がる亜寒帯樹の原生林。300種類を超す高山植物や野鳥も見られる
ゴンドラリフト
白樺湖へ
白樺高原国際スキー場
蓼科スカイライン
蓼科牧場
立科町歴史民俗資料館
女神湖
茅野駅から約45分の東白樺湖（白樺湖バスステーション）で、立科町営バスに乗り換え約10分、蓼科牧場下車。あるいは、佐久平駅から約40分の立科町役場前で立科町営バスに乗り換え、蓼科牧場までは約25分
1855m
竜ヶ峰
夢の平
女神湖
諏訪白樺湖小諸線
長和町
上田、望月、小諸へ
※図は北からの鳥瞰

横岳（北横岳）の周辺にはいくつかの池がある。亀甲池は水面下に亀甲模様が見られることから名づけられた。七ツ池は樹林に囲まれひっそりとたたずんでいる。雄池《おいけ》と雌池《めいけ》からなる双子池《ふたごいけ》周辺は気持ちが洗われる別天地である。女神湖は「女の神山」蓼科山を湖面に映すことに由来する名称である。

宿泊施設（数字は収容人数） キャンプ場 水場 トイレ 危険箇所 ロープウェイ リフト おもなバス停 温泉 紅葉の名所 花の名所 好展望 観光ポイント 駐車場

八ヶ岳

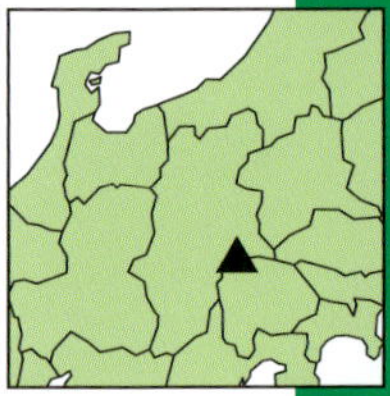

やつがたけ
赤岳　2899m
中級者向け
1泊2日

見どころ：眺望、花、紅葉、岩稜、火山地形、樹林帯
1/25000 地形図：八ヶ岳東部、八ヶ岳西部

花咲く稜線に好展望の峰が連なる山塊

主峰赤岳（右）と阿弥陀岳（左）（撮影：川井靖元）

南と北で山容が異なる

八ヶ岳は、八ヶ岳中信高原国定公園にある南北約30km、東西約15kmに及ぶ山塊である。フォッサマグナ（大地溝帯）の中央にできた火山群で、噴火と隆起による造山活動を繰り返し、さらに風雨による浸食が加わって、現在の秀麗な山容となった。

一般に夏沢峠《なつざわ》を境にして南側を「南八ヶ岳」、北側を「北八ヶ岳」とよぶ。南八ヶ岳は主峰赤《あか》岳を中心に、阿弥陀《あみだ》岳、横《よこ》岳、硫黄《いおう》岳、権現《ごんげん》岳などが峰を連ねる岩稜《がんりょう》地帯である。一方北八ヶ岳は、根石《ねいし》岳、天狗《てんぐ》岳、縞枯山《しまがれやま》、北横《きたよこ》岳などがあり、なだらかな山容を特色として、湖沼が点在する。

信仰色豊かな山域

八ヶ岳の「八つ」は何を指すかについては諸説がある。多くの峰が連なっていることを表すというのが有力。

八ヶ岳では古くから信仰登山が行われてきた。とくに江戸中期からは、赤岳講や赤岳神門講の信者たちによる信仰登山が盛んだったという。権現岳や阿弥陀岳、地蔵《じぞう》ノ頭《かしら》、行者《ぎょうじゃ》小屋といった信仰的な趣がある名称も多い。権現岳山頂近くには檜峰《ひみね》神社が、阿弥陀岳頂上には石仏や石碑がある。赤岳天望荘近くの地蔵ノ頭にも地蔵が鎮座している。

眺望に優れた峰々

稜線上にはさまざまな高山植物が咲き競い、八ヶ岳をいっそう魅力あるものにしている。

主峰赤岳は八ヶ岳の最高峰でもあり、頂上は南峰と北峰に分かれる。南峰には赤岳神社の祠《ほこら》がある。南北いずれの峰からも眺望はすばらしく、八ヶ岳の峰々はもちろん、中部山岳地帯の山々や富士山《ふじさん》、秩父《ちちぶ》山塊、浅間山《あさまやま》がきれいに一望できる。

阿弥陀岳や硫黄岳、権現岳などほかの峰からの眺望もすばらしい。

首都圏からの便がよく、登山客でにぎわう。

晩秋の赤岳（撮影：鈴木菊雄）

地蔵尾根コース

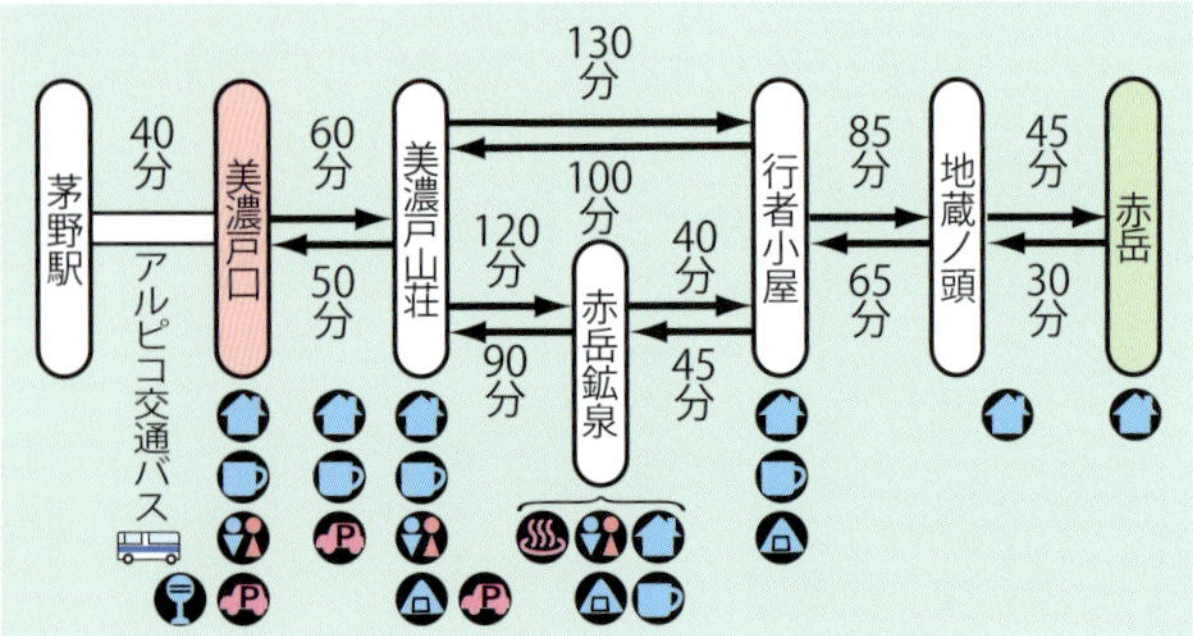

data

●アクセス
起点は茅野駅（JR中央本線）
茅野駅→美濃戸口（アルピコ交通バス約40分）
●山小屋
青年小屋　0551-36-2251
権現小屋　0551-36-2251
キレット小屋　090-4716-2008
八ヶ岳山荘　0266-74-2728
美濃戸高原ロッヂ　0266-74-2102
美濃戸山荘　0266-74-2728
美濃戸高原やまのこ村　0467-87-0549
赤岳山荘　0266-74-2272
赤岳鉱泉　090-4824-9986
行者小屋　090-4740-3808
赤岳天望荘　0266-74-2728
赤岳頂上山荘　090-2214-7255
硫黄岳山荘　0266-73-6673
●問い合わせ
アルピコ交通茅野駅前案内所
0266-72-2151
アルピコタクシー（諏訪地区）　0266-71-1181
茅野市役所　0266-72-2101
北杜市役所　0551-42-1111

赤岳天望荘 200
4月下旬～11月上旬、
12月下旬～2月下旬
180 硫黄岳山荘
4月下旬～11月上旬
地蔵ノ頭
赤岳頂上山荘 250
5月下旬～11月上旬
信州側はキバナシャクナゲの群生地
硫黄岳 2742m
横岳 2829m
赤岳 2899m
竜頭峰
牛首山・清里へ
根石岳 2603m
天狗岳 2646m
夏沢鉱泉へ
行者小屋へ
行者小屋へ
2805m
阿弥陀岳
長い鉄バシゴ
檜峰神社
権現岳 2715m
蓼科山
横岳
峰ノ松目 2567m
200 行者小屋
ゴールデンウィーク、6月上旬～11月上旬、
年末年始、1～3月の週末
2400m
権現小屋 150
4月下旬～11月上旬
250 赤岳鉱泉 2340m
通年
135 キレット小屋
7月中旬～10月中旬
水場まで徒歩約3分
三ツ頭 2580m
前三ツ頭 2364m
青年小屋 150
4月下旬～11月上旬
水場まで歩4分
甲斐大泉へ
2524m
西岳 2398m
編笠山
行者小屋へは南沢、
赤岳鉱泉へは北沢の道を行く
北沢
林道終点 1949m
南沢
茅野市
御小屋山 2137m
130 赤岳山荘
通年
美濃戸山荘 100
4月下旬～10月中旬、年末年始
諏訪神社奥社
美濃戸高原やまのこ村 80
通年
雲海
美濃戸口
美濃戸口 1500m
茅野駅からバスで約40分（平日は特定日運行）
1560m
観音平
八ヶ岳山荘 150
通年
美濃戸高原ロッヂ
原村
立場川
長野県
富士見町
富士見高原
富士見高原スノーリゾート
山梨県
原村へ
鹿の湯
乙事諏訪神社
諏訪、名古屋へ
鉢巻道路
三里ヶ原
八ヶ岳公園道路
清里、野辺山へ
中央自動車道
北杜市
信濃境駅
小海線の野辺山駅は、JR線で最も標高が高い駅である（1346m）
延命の湯
小淵沢戦国の館
野辺山駅へ
茅野、下諏訪へ
中央本線
井戸尻遺跡
小淵沢IC
小海線
甲府・東京へ
塩沢温泉
小淵沢駅
小淵沢郷土資料館
甲府へ
高福寺
甲州街道
20
甲府へ
釜無川
※図は南西からの鳥瞰

阿弥陀岳中腹の御小屋山《おこや》は諏訪大社《すわたいしゃ》の社有地で神聖な場所である。御柱の木遣《きやり》唄の一節には「御小屋の山の樅《もみ》の木は里に下りて神となる」とあるように、御柱祭に使われる諏訪大社上社の御柱は御小屋山から伐り出される。山中に御小屋明神の祠があり、その前で御柱祭に際して伐採奉告祭が催される。しかし近年は用材が不足して、別の場所から調達されている。

宿泊施設（数字は収容人数） キャンプ場 水場 トイレ 危険箇所 ロープウェイ リフト おもなバス停 温泉 紅葉の名所 花の名所 好展望 観光ポイント 駐車場

両神山

神とのかかわりが深い奥秩父の名峰

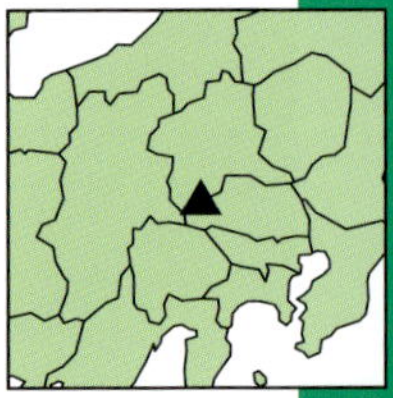

りょうかみさん
1723m
中級者向け
日帰り

見どころ：眺望、花、紅葉、岩稜、樹林帯、渓谷
1/25000 地形図：両神山、長又

特徴的な鋸歯状の稜線

両神山は秩父《ちちぶ》山塊の北東の端に位置する。秩父の多くの山が樹林で覆われているのに対し、両神山は岩《がん》稜《りょう》に特色がある。その鋸《のこぎり》の歯のような稜線は、遠方からもそれとわかる。山体は主に硬《かた》いチャートとよばれる堆積岩と粘板岩からなり、深い谷を形成している。

両神は神に由来

両神山という山名は、伊邪那岐命《いざなぎのみこと》と伊邪那美命《いざなみのみこと》の2神を祀《まつ》っていることに由来するという。また、日本武尊《やまとたけるのみこと》が東征したおり、筑波山《つくばさん》から8日間にわたりこの山を見ていたという八《よう》日見《かみ》伝説にちなむという説もある。さらには竜神を祀っているからともいう。

いずれにしても両神山は信仰と深くかかわった山であり、山頂から少し下ったところに両神神社と御嶽神社がある。また八丁《はっちょう》峠方面の西岳の近くには竜頭《りょうかみ》神社の奥社がある。また、登山口の日向大谷《ひなたおおや》には両神神社里宮があり、一対の狛狼が参拝者を迎えてくれる。秩父の人々は狼を眷属《けんぞく》として敬っていたという。

大パノラマの頂上

薄川《すすきがわ》沿いの登山道は、その昔、修験者たちが登った道であり、石碑や石仏が多い。春にはニリンソウやネコノメソウが咲く。5月中旬頃《ころ》に咲くヤシオツツジの彩りは見事だ。

山頂は狭く、石の祠《ほこら》が安置されている。眺めは抜群で、360度さえぎるものがない大パノラマが展開する。奥秩父の山々や八ヶ《やつ》岳、北アルプス、赤城山《あかぎやま》など上州《じょうしゅう》の山塊、男体山《なんたいさん》などが一望できる。

八丁峠への縦走路から秩父方面を望む（撮影：神田道雄）

秩父御岳山より望む両神山（撮影：神田道雄）

日向大谷コース

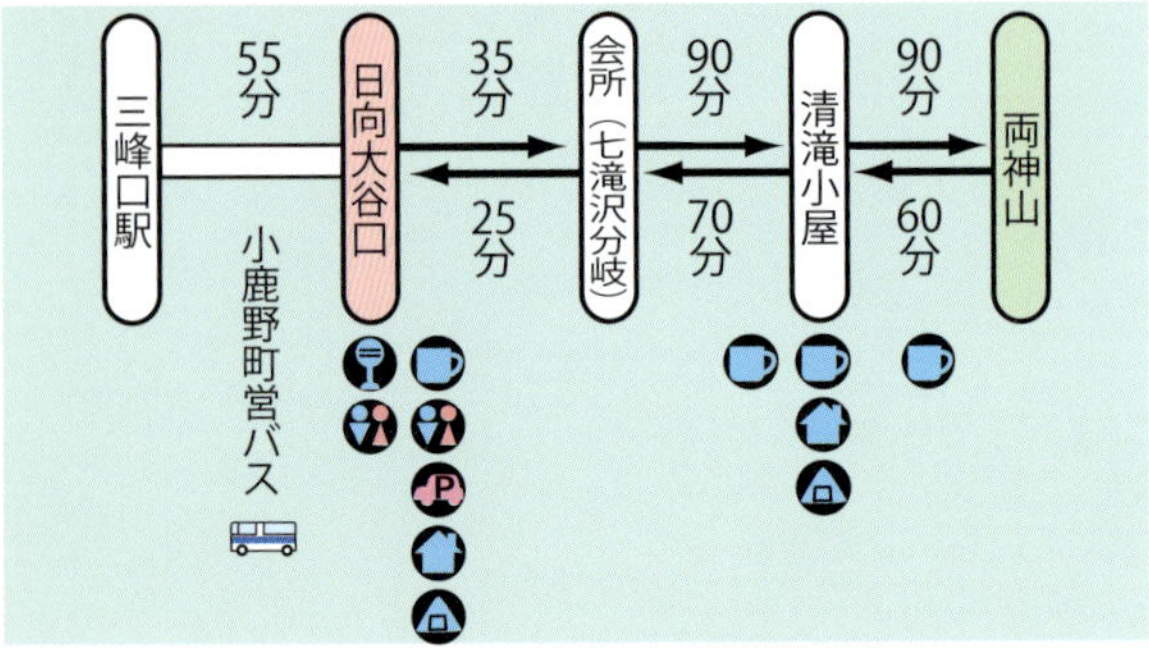
三峰口駅
55分
日向大谷口
35分
25分
会所（七滝沢分岐）
90分
70分
清滝小屋
90分
60分
両神山
小鹿野町営バス

data

●アクセス
起点は西武秩父駅（西武秩父線）もしくは三峰口駅（秩父鉄道）
三峰口駅→日向大谷口（小鹿野町営バス約55分）
西武秩父駅→両神庁舎前（小鹿野町営バス約50分）→日向大谷口（小鹿野町営バス約30分）

●山小屋
清滝小屋　0494-79-1100
民宿両神山荘　0494-79-0593

●問い合わせ
西武観光バス秩父営業所 0494-22-1635
小鹿野町営バス　0494-79-1122
秩父観光タクシー　0494-22-5611
秩父丸通タクシー　0494-22-3633
小鹿野町役場　0494-75-1221

※図は東からの鳥瞰

両神山
360度の展望。山頂付近や岩稜にはヤシオツツジなどのツツジ類が咲き誇る
1723m
両神神社奥ノ院
小さい鎖場
富士見坂
八丁峠への道は危険箇所が多く一般向きではない
東岳
1660m
八丁峠へ
秩父市
梵天ノ頭
1477m
1383m
大峠
白井差峠、中双里へ
ノゾキ岩
両神神社本社
御嶽神社
急登
横岩
鎖場
急登
一位ヶタワ
御手洗場
清滝
弘法ノ井戸
昇竜ノ滝
ニリンソウ群落
三笠山
白滝
80
清滝小屋
管理人不在
避難小屋として利用可。
水場は冬期凍結の可能性あり
養老滝
産泰尾根
白井差渓谷
小森川
白井差 850m
三峰口駅から日向大谷口行きバスで約15分の小森バス停で、白井差口行きに乗り換えて約30分、終点で下車して徒歩約30分。なお、西武秩父駅からは薬師の湯で白井差口行きに乗り換え
白井差からのルートを登る場合は、予約制となっており地権者に連絡する。環境整備料として1000円が必要で、1日30人限定
白井差口
小鹿野、秩父へ
ニリンソウ群落
七滝沢
天理岳
樹林帯のゆるやかな道
会所
埼玉県
日向大谷 700m
三峰口駅から日向大谷口行きバスで約55分、終点下車。西武秩父駅からは薬師の湯行きバスで約50分の両神庁舎前バス停で、日向大谷口行きに乗り換えて約30分、終点下車
民宿両神山荘
50
905m
通年
小鹿野町
玉すだれ滝
腰越滝
両神神社里宮
楢尾沢峠
観光釣り場
日向大谷口
納宮、国道299号へ
薄川
小鹿野、秩父へ

両神山は、奥秩父の山塊から少し離れて聳えている。こうした位置と独特の山容から「奥秩父の異端児」とされる。頂上のある峰は剣ヶ峰と呼ばれ、最高点は大きな岩の上である。両神山は新緑や紅葉の季節には特にすばらしく、この山の魅力をいっそう際立たせる。両神神社本社近くのノゾキ岩からは、すばらしい展望が開けるが、切り立った断崖絶壁なので十分に注意したい。

宿泊施設（数字は収容人数） キャンプ場 水場 トイレ 危険箇所 ロープウェイ リフト おもなバス停 温泉 紅葉の名所 花の名所 好展望 観光ポイント 駐車場

雲取山

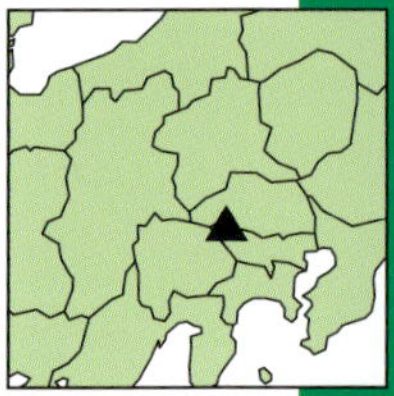

くもとりやま
2017m
中級者向け
1泊2日

見どころ：眺望、花、紅葉、樹林帯
1/25000 地形図：三峰、雲取山、丹波、武蔵日原

秩父と奥多摩の境にそびえる東京都の最高峰

七ツ石山から望む雲取山（撮影：竹内康雄）

奥多摩の盟主

雲取山は秩父多摩甲斐《ちちぶたまかい》国立公園のなかにあって、秩父連峰の東に位置する。秩父と奥多摩《おくたま》の両山系が接する場所にそびえ、標高が2017mと奥秩父の山の中でも高いほうではないが、首都圏に近いこともあって四季を通じて登山者が絶えない。奥多摩の盟主ともいわれ、東京都の最高峰でもある。

雲取山から北は秩父の三《みつ》峯《みね》への稜線となり、南東は奥多摩へ石《いし》尾根が続く。西へ続くのは奥秩父の主脈縦走路となる稜線である。

修験の場として

秩父側の登山口となるのは三峯《みつみね》神社である。「三峯」とは妙法《みょうほう》ヶ岳、白岩山《しらいわやま》、雲取山の三山を指す。かつては修験者たちによる「三山がけ」が行われた。そもそも雲取山という名称も、霊山として知られた熊野《くまの》の大《おお》雲取山《くもとりやま》にちなんだものという。山名の由来についてはほかにも、標高が高く雲に隠れる山だからというものもあるようだ。

眺望に優れた山頂

雲取山にはオオシラビソやシラビソ、トビヒ、コメツガなどの樹木が多く、美しい原生林が続く。一帯は多摩川の源流域にあたり、東京都の水源でもある。

七《なな》ツ石山《いしやま》から小雲取山《こくもとりやま》へと伸びる石尾根は西側の展望が開け、開放的な気分に浸れる場所だ。

雲取山の山頂は東京都、山梨県、埼玉県の境が接するところで、南端には避難小屋が建つ。とくに南側の展望がすばらしく、大菩薩《だいぼさつ》連嶺《れんれい》や奥秩父の山々、南アルプスの峰々、それに富士《ふじ》山《さん》がきれいに見える。

登山コースも多く、四季折々を通じて楽しめる。

雲取山山頂から石尾根を望む
（撮影：竹内康雄）

雲取山山頂から見る富士山
（撮影：竹内康雄）

鴨沢コース

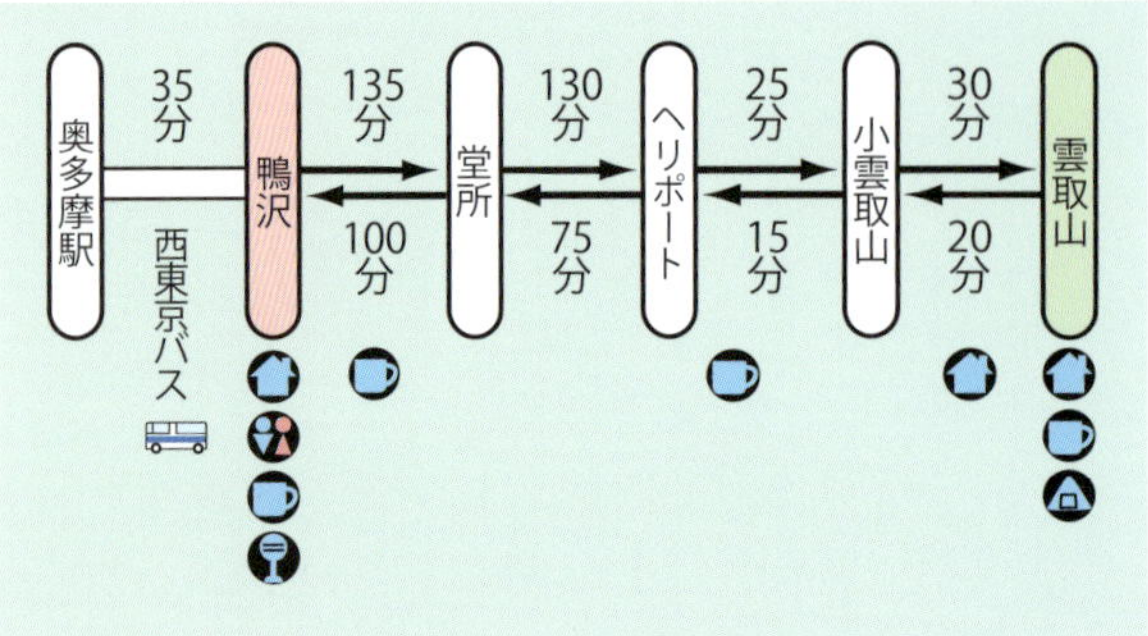

奥多摩駅
35分
西東京バス
鴨沢
135分
100分
堂所
130分
75分
ヘリポート
25分
15分
小雲取山
30分
20分
雲取山

data

●アクセス
起点は奥多摩駅（JR青梅線）もしくは三峰口駅（秩父鉄道）
奥多摩駅→鴨沢（西東京バス約35分）
奥多摩駅→お祭（西東京バス約40分）
三峰口駅→三峯神社（西武観光バス約50分）

●山小屋
雲取山荘　0494-23-3338
雲取山避難小屋　042-521-2947
三条の湯　0428-88-0616
鴨沢山の家　0428-86-2182
鷹ノ巣山避難小屋　042-521-2947
七ツ石小屋　090-8815-1597
丹波山村交流促進センター
0428-88-0930

●問い合わせ
西東京バス氷川車庫　0428-83-2126
西武観光バス秩父営業所　0494-22-1635
秩父丸通タクシー　0494-22-3633
奥多摩町役場　0428-83-2111
丹波山村役場　0428-88-0211
奥多摩観光協会　0428-83-2152
秩父観光協会大滝支部　0494-55-0707

甲武信ヶ岳
笠取山
西沢渓谷
白石山
三峰山 1100m
三峰口駅から三峯神社行きバスで約50分。西武秩父駅からは約1時間15分
三峯神社興雲閣
通年
1102m
1112m 三峯神社
妙法ヶ岳
1332m
三峯奥宮
霧藻ヶ峰
1523m
霧藻ヶ峰休憩所
売店あり
宿泊は要予約。
土日祝に不定期営業
埼玉県
秩父市
雲取山荘
通年
旧雲取ヒュッテ
白岩山
1921m
芋ノ木ドッケ
白岩小屋
閉鎖。
水場まで徒歩5分
柳沢峠、塩山へ
飛龍山
(大洞山)
2077m
三ツ山
1949m
雲取山
2017m
三条ダルミ
小雲取山
1937m
前飛竜
1954m
岩岳
1520m
雲取山避難小屋
通年
1813m
日原へ
丹波渓谷
熊倉山
1624m
三条の湯
通年
ヘリポート
雲取奥多摩小屋
閉鎖。水場まで5分(要確認)
石尾根
山梨県
七ツ石山
1757m
七ツ石神社
青岩鍾乳洞
見学には装備が必要。
事前に三条の湯に連絡を
日原へ
高丸山
1733m
1704m
日原鍾乳洞
サオラ峠
車はここまで入れるが、あらかじめ林道の状態を問い合わせたほうがよい
1416m
七ツ石小屋
通年
日陰名栗山
1725m
鷹ノ巣山へ
丹波山村
丹波川
丹波天平
1343m
後山林道
後山川
堂所
防火帯として木が伐採された尾根が雲取山まで断続的に続く
丹波
丹波山村交流促進センター
4月〜11月
丹波山温泉のめこい湯
656m
赤指山
小袖川
1333m
鷹ノ巣山避難小屋
通年
1054m
小袖
峰谷川
鷹ノ巣山へ
お祭 570m
奥多摩駅から丹波行きバスで約40分、お祭バス停下車
お祭
1075m
峰
東京都
奥多摩町
大月へ
小菅村
鴨沢
鴨沢 540m
奥多摩駅から鴨沢西または丹波行きバスで約35分、鴨沢バス停下車
留浦
鴨沢山の家
通年
小留浦
534m
川野
青梅街道
青梅へ
小河内神社
浮橋
通称ドラム缶橋。
歩行者専用
奥多摩湖
山のふるさと村
ビジターセンター、キャンプ場などがあり、奥多摩の自然を知り、親しむことのできる東京都の施設。工芸教室や自然体験プログラムもある
ビジターセンター
檜原村へ
※図は南東からの鳥瞰
登山口、登山道は主要なもののみ

秩父側の登山口となる三峯神社は日本武尊《やまとたけるのみこと》の東征伝説にちなむ古社。秩父三社のひとつに数えられる。境内は杉の巨木に囲まれ、神域としての雰囲気が漂う。本殿をはじめ随身門《ずいしんもん》など、風格のある建物が並ぶ。鳥瞰図にはないが、奥多摩の日原《にっぱら》には日原鍾乳洞《にっぱらしょうにゅうどう》がある。かつては修験者たちの修行の場であったという。内部は年間を通じて気温11度で、神秘的な光景が広がる。

宿泊施設(数字は収容人数) キャンプ場 水場 トイレ 危険箇所 ロープウェイ リフト おもなバス停 温泉 紅葉の名所 花の名所 好展望 観光ポイント 駐車場

甲武信ヶ岳※

豊かな原生林と水源を擁する名山

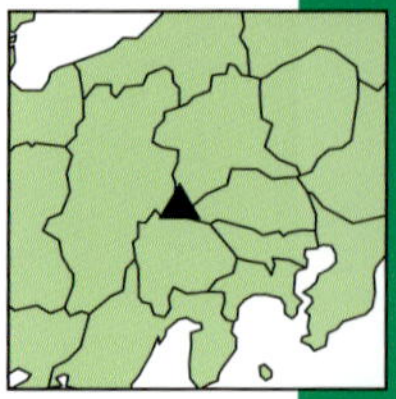

こぶしがたけ（こぶしだけ）
2475m
中級者向け
1泊2日

見どころ：眺望、花、紅葉、樹林帯
1/25000地形図：居倉、金峰山、雁坂峠、中津峡

木賊山から見た甲武信ヶ岳山頂（撮影：山口千恵子）

3河川の分水嶺

甲武信ヶ岳は山梨県、埼玉県、長野県の３県にまたがり、奥秩父《おくちちぶ》主脈の中心部に位置する。北へ伸びる稜線《りょうせん》は三宝山《さんぽうざん》を越えて十文字《じゅうもんじ》峠へと続く。また南東側の稜線は木賊山《とくさやま》を経て雁坂《かりさか》峠へ続き、南西側をたどると国師《こくし》ヶ岳から金峰山《きんぷさん》へ至る。

甲武信ヶ岳は千曲川《ちくまがわ》（信《しな》濃川《のがわ》）、笛吹川《ふえふきがわ》（富士川《ふじがわ》の支流）、荒川《あらかわ》の源流部であり、これら3河川の分水嶺でもある。

「甲武信」の由来

甲武信ヶ岳という名は、甲州、武州、信州の国境が接することにちなむという。また別な説では、拳《こぶし》のような山容から拳《こぶし》ヶ岳とよばれ、甲武信の文字をあてたという。

円錐形の山容

ヌク沢沿いの登山道をたどると、戸渡《とわたり》尾根に出て、木賊山が大きく迫る。この付近は見事なシャクナゲの群生地であり、6月に美しい花を咲かせる。気持ちが安らぐ場所である。木賊山の中腹から見る甲武信ヶ岳は円錐形に先が尖《とが》っており、頂上部まで緑の原生林に覆われていて印象深い山容を示してくれる。

武信白岩山《ぶしんしろいわやま》と三宝山の鞍《あん》部《ぶ》にある尻岩は言葉どおり、中央が大きく割れ、おもしろい形をしている。近くには武信白岩山の山頂部が岩峰として鋭くそびえるが、崩壊が進み、山頂への立入りは禁止されている。

富士山《ふじさん》の展望ポイント

木賊山と甲武信ヶ岳との鞍部に建つ甲武信小屋付近はシラベやオオシラビソに囲まれている。

甲武信ヶ岳山頂からはすばらしい展望が開ける。国師ヶ岳、金峰山、八《やつ》ヶ岳、南アルプスの白峰《しらね》三山、雲《くも》取山《とりやま》などが見渡せる。とくに南側は富士山の展望ポイントである。

この山頂からは、日本百名山中43座が見えるという話もある。

甲武信ヶ岳から見る富士山
（撮影：紺野研一）

徳ちゃん新道コース

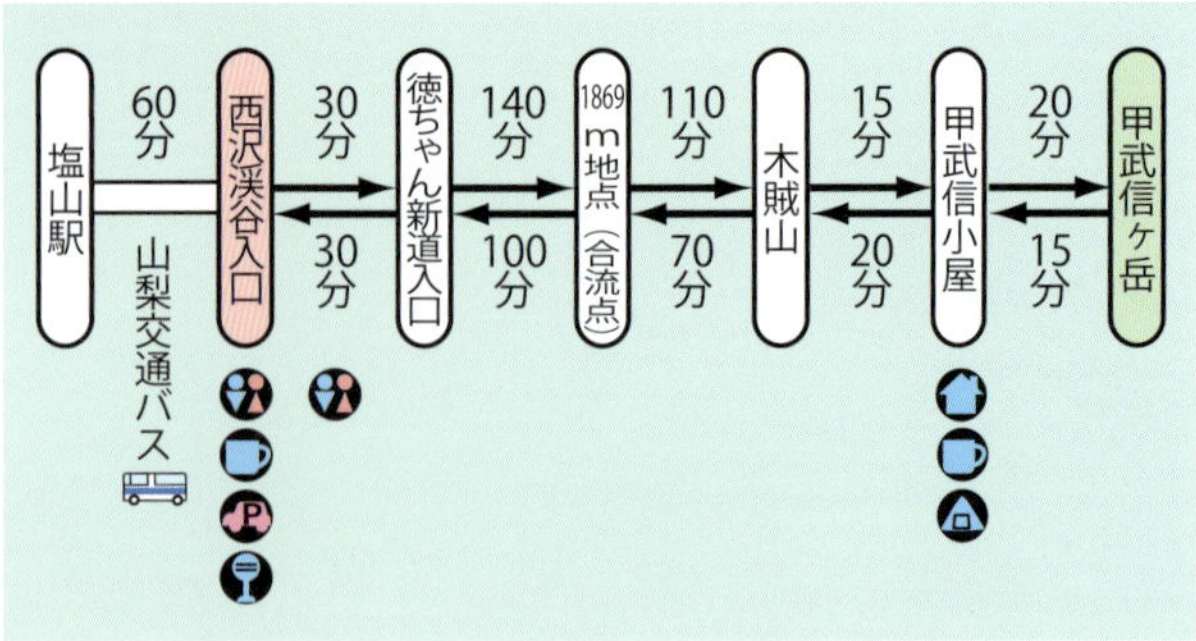
塩山駅
60分
山梨交通バス
西沢渓谷入口
30分
30分
徳ちゃん新道入口
140分
100分
1869m地点（合流点）
110分
70分
木賊山
15分
20分
甲武信小屋
20分
15分
甲武信ヶ岳

※＝深田久弥『日本百名山』では「甲武信岳」と表記。

data

●アクセス
起点は塩山駅（JR中央本線）もしくは信濃川上駅（JR小海線）、三峰口駅（秩父鉄道）
塩山駅→西沢渓谷入口（山梨交通バス約1時間）
信濃川上駅→梓山（川上村営バス約25分）
三峰口駅→秩父湖（西武観光バス約30分）→栃本関所跡（秩父市営バス約15分）
●山小屋
破風山（笹平）避難小屋　0494-23-1511
甲武信小屋　090-3337-8947
十文字小屋　090-1031-5352
大弛小屋　090-7605-8549
●問い合わせ
山梨交通塩山営業所　0553-33-3141
川上村営バス（川上村役場）　0267-97-2121
西武観光バス秩父営業所　0494-22-1635
秩父市営バス（秩父市役所市民部市民生活課）　0494-26-1133
塩山タクシー塩山駅前営業所　0553-32-3200
川上観光タクシー　0267-97-2231
秩父丸通タクシー　0494-22-3633
山梨市観光協会　0553-20-1400
秩父観光協会大滝支部　0494-55-0707

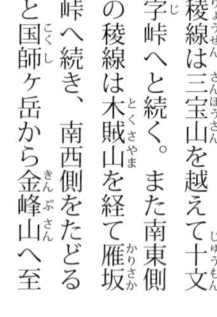

佐久平
大弛峠 2360m
塩山駅からバス・乗合タクシーで約1時間25分（P.154参照）。
国師ヶ岳側の斜面に岩と樹木の配置が美しい、「夢ノ庭園」とよばれる場所がある
大弛小屋 30
4月下旬〜11月下旬
金峰山へ
川上へ
牧丘へ
奥千丈岳へ
国師ヶ岳
2592m
2601m
北奥千丈岳
2465m
2295m
2236m
2224m
東梓
2272m
国師のタル
長野県
川上村
千曲川
千曲源流遊歩道
両門ノ頭
山梨県側の眺望がよい
2263m
富士見
2373m
2396m
甲武信ヶ岳
2475m
樹林帯の尾根道。
あまり展望は得られない
2469m
木賊山
十文字峠
180 十文字小屋
4月下旬〜11月下旬、年末年始。
水場まで徒歩約5分
毛木平 1450m
信濃川上駅から川端下行きバスで約25分、
梓山バス停下車徒歩約1時間30分
150 甲武信小屋
4月下旬〜11月下旬、
水場まで徒歩約10分
三宝山
2483m
毛木平、
梓山へ
武信白岩山
大山
尻岩
埼玉県
秩父市
西破風山
2318m
雁坂嶺、
笠取山へ
2111m
10 破風山（笹平）避難小屋
通年
緊急時のみ使用可
水場まで約20分
東沢渓谷
ナメ滝が連続する美しい沢。沢登りのコースとして人気が高い。危険箇所が多く上級者向け
釜沢
鶏冠山
2115m
シャクナゲの群生
戸渡尾根
1869m
（合流点）
東沢
鶏冠谷
展望のきかない急登
硅石採掘場跡
黒金山
2232m
1648m
森林軌道跡。施設が老朽化しており要注意
西沢
七ツ釜五段ノ滝
三重ノ滝
1599m
ヌク沢
徳ちゃん新道入口
村営西沢山荘
廃業
西沢渓谷
「森林浴の森百選」に選ばれている。1周約10kmのハイキングコースがある。紅葉をはじめ、春の新緑や初夏のシャクナゲが美しい
大滝・秩父へ
雁坂トンネル
これより奥は一般車両通行禁止
道の駅みとみ
西沢渓谷入口 1100m
塩山駅からバスで約1時間
東沢山荘
売店・食事のみ
山梨県
山梨市
140
雁峠、笠取山へ
広瀬湖
一般車両通行禁止
広瀬ダム
笛吹川
甲府へ
※図は南東からの鳥瞰
登山道は主要なもののみ

甲武信ヶ岳の山頂は中央分水嶺上にある。北は十文字峠から三国峠、浅間山、谷川岳、蔵王や十勝岳を経て宗谷岬まで続き、西は金峰山《きんぷさん》から乗鞍岳、人形峠、英彦山、久住山を経て、佐多岬へと至る。甲武信ヶ岳に降った雨は、稜線で振り分けられ、千曲川から日本海へ、あるいは荒川と笛吹川から太平洋へと流れる。

宿泊施設（数字は収容人数） キャンプ場 水場 トイレ 危険箇所 ロープウェイ リフト おもなバス停 温泉 紅葉の名所 花の名所 好展望 観光ポイント 駐車場

金峰山・瑞牆山

好対照の山容をもつ奥秩父の2つの名峰

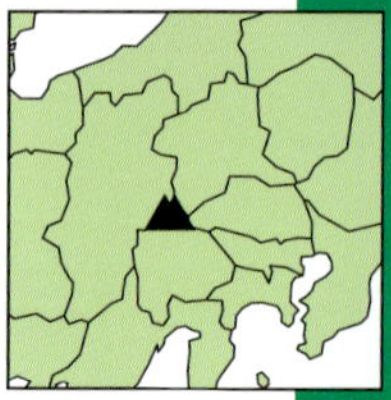

晩秋の瑞牆山（撮影：飯田信義）

きんぷさん
みずがきやま
金峰山　2599m
瑞牆山　2230m
中級者向け
1泊2日

見どころ：眺望、花、紅葉、樹林帯、巨岩・奇岩、渓谷、岩峰群
1/25000 地形図：金峰山、瑞牆山

奥秩父の盟主と岩峰群

金峰山は奥秩父《おくちちぶ》主脈の西端に位置し、瑞牆山はその主脈からわずかに西にずれてそびえている。

両峰は近くにありながら、その山容は大きく異なる。金峰山はどっしりと構えた山容で、奥秩父の盟主とよばれる。一方、鋭い岩峰群からなる瑞牆山は、穏やかな山容が多い奥秩父の山々のなかではきわだって特異な姿をしている。

以前、長野県側では「きんぽうさん」とよんでいたが、近年統一された。

山岳信仰の山

金峰山の山頂には蔵《ざ》王権現《おうごんげん》が祀《まつ》られ、古くから信仰の山であった。山名も、修験道場として有名な奈良県吉《よし》野《の》の金《きん》峰《ぷ》山《せん》（金峯山）にちなんだものとされる。山頂にある五《ご》丈岩《じょういわ》はこの山のシンボルであり、金峰山信仰の神体であった。金桜《かなざくら》神社の奥の院があり、現在も鳥居と祠《ほこら》が祀《まつ》られている。

瑞牆山も信仰の山であり、修験者たちによる登拝が行われた。「瑞牆」とは明治時代に名づけられた名称であり、神社の周囲にめぐらす垣根のことである。弘法岩《こうぼういわ》と名づけられた岩の基部にはカンマンボロン(「不《ふ》動尊大日如来《どうそんだいにちにょらい》」の意)という梵字《ぼんじ》のように見える跡があり、空海《くうかい》が彫ったのだという伝説がある。

いずれの山頂も好展望

金峰山の山頂付近は奥秩父の山には珍しくハイマツで覆われている。山頂からの展望は雄大そのもの。富《ふ》士山《じさん》や奥秩父の山々、八《やつ》ヶ岳や南アルプス、北アルプス、中央アルプスなどを一望できる。

瑞牆山の岩峰群は花崗岩《かこうがん》でできており、巨岩・奇岩には鋸岩《のこぎりいわ》、大ヤスリ岩、小ヤスリ岩、十一面岩などの名前がつけられている。山頂は岩が突き出た部分で、展望もすばらしい。

国師岳より金峰山遠望
（撮影：羽田栄治）

川端下《かわはげ》コース／富士見平コース

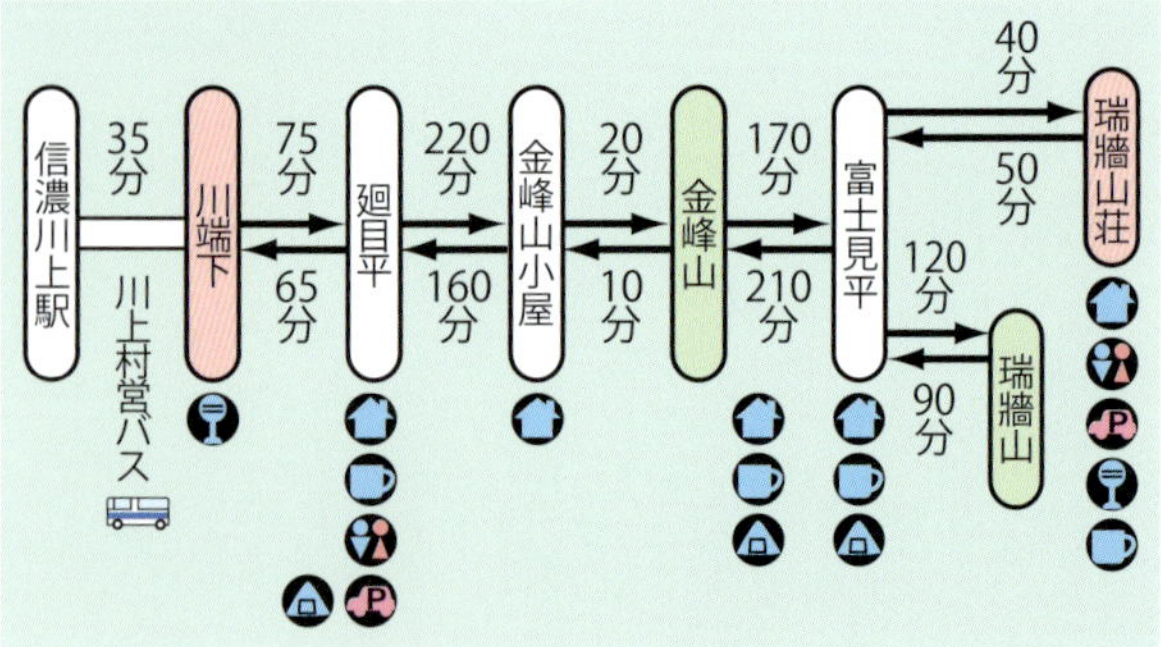

※＝柳平で乗合タクシーに乗り換え。運行日注意。

data

●アクセス
起点は信濃川上駅（JR 小海線）もしくは韮崎駅（JR 中央本線）
信濃川上駅→川端下（川上村営バス約35分）
韮崎駅→瑞牆山荘（山梨峡北交通バス約1時間15分）
塩山駅→大弛峠（栄和交通バス・乗合タクシー約1時間25分）（※）

●山小屋
金峰山小屋　0267-99-2030
大日小屋　090-7254-5698
富士見平小屋　090-7254-5698
瑞牆山荘　0551-45-0521
金峰山荘　0267-99-2428
大弛小屋　090-7605-8549

●問い合わせ
川上村営バス（川上村役場）
0267-97-2121
山梨峡北交通　0551-42-2343
栄和交通　0553-26-2344
川上観光タクシー　0267-97-2231
須玉三共タクシー　0551-42-2328
北杜市役所　0551-42-1111
増富ラジウム温泉峡観光案内所
0551-45-0600

※図は南西からの鳥瞰
中腹に大日如来を意味する「カンマンボロン」という梵字に見えるへこみがある
小川山
山頂は樹林に覆われている
2418m
2347m
2290m
瑞牆山
2230m
2213m
大ヤスリ岩
2058m
八丁平
2062m
飯盛山
2116m
奇岩と倒木の間を縫う急登。ハシゴ、固定ロープあり
洞ノ岩(弘法岩)
大日小屋
通年(管理人不在)
最初のハシゴ
桃太郎岩
天鳥川
瑞牆山の眺めがよい
富士見平
富士見平小屋
4月上旬～翌1月3日、1月～3月末は3人以上の予約で。
1722m
美しいミズナラの林
林道に出合う
瑞牆山荘 1520m
韮崎駅から瑞牆山荘行きバスで約1時間15分
春にはミツバツツジ、初夏のシャクナゲも美しい
急登
瑞牆山荘
3月上旬～11月下旬、年末年始
上記以外は不定期営業
樹林帯のなだらかな登り
登山口から山頂までほぼ全山秋の紅葉がすばらしい
黒森へ
増富ラジウム温泉郷へ

高尾山
陣馬山
大菩薩嶺
大菩薩峠
柳沢峠
甲府盆地
大弛峠 2365m
塩山駅からバス・乗合タクシーで約1時間25分
大弛小屋
4月下旬～11月下旬
広瀬湖
西沢渓谷
北奥千丈岳
2601m
国師ヶ岳
2592m
奥千丈岳
2409m
山梨県
上黒平 1250m
深田久弥の入山ルート。利用者が少なく踏み跡が不明瞭な部分あり。御室小屋も使用不能
夢ノ庭園
国師のタル
朝日峠
朝日岳
2579m
鉄山
2531m
金峰山
2599m
賽ノ河原
五丈岩
千代ノ吹上
金峰山小屋
4月下旬～11月下旬、年末年始。1月の週末(完全予約制)
大日小屋
通年(管理人不在)
大日岩
2201m
富士見平小屋
4月上旬～翌1月3日、1月～3月末は3人以上の予約で。
金峰渓谷
小川山
2418m
1906m
屋根岩
川端下
2230m
廻目平《まわりめだいら》 1570m
信濃川上駅から川端下行きバスで約35分、終点下車徒歩約75分
ロッククライミングのメッカ。多くの若者でにぎわう
金峰山荘
4月下旬～11月下旬
瑞牆山
瑞牆山荘 1520m
韮崎駅から瑞牆山荘行きバスで約1時間15分
瑞牆山荘
3月上旬～11月下旬、年末年始
上記以外は不定期営業
須玉、韮崎へ
川上村
小川
高登谷山
1846m
須玉、韮崎へ
信州峠
長野県
馬越峠
1882m
天狗山
川上村役場
小海、佐久へ
大深山《おおみやま》遺跡
縄文時代中期の大規模な住居跡をはじめ、大量の土器・石器が出土している。付近は公園として整備され、出土品は川上村文化センターで見学できる。
男山
1851m
南牧村
大蔵峠
信濃川上
JR小海線
佐久広瀬
千曲川
佐久へ
野辺山、佐久へ
野辺山、佐久へ
※図は北西からの鳥瞰
大日《だいにち》小屋付近から見上げる大日岩は迫力がある巨岩である。千代《ちよ》ノ吹上《ふきあげ》は恐ろしいほどの断崖絶壁。昔、女人禁制の金峰山に夫婦で登ろうとし、この付近で女房の千代が滑落してしまった。夫はこれをたたりとして恐れ、断食して必死に祈ると、谷底から吹き上げられて千代が戻ってきたという伝説がある。

宿泊施設(数字は収容人数) キャンプ場 水場 トイレ 危険箇所 ロープウェイ リフト おもなバス停 温泉 紅葉の名所 花の名所 好展望 観光ポイント 駐車場

大菩薩嶺※

味わい深い樹林と好展望の名山

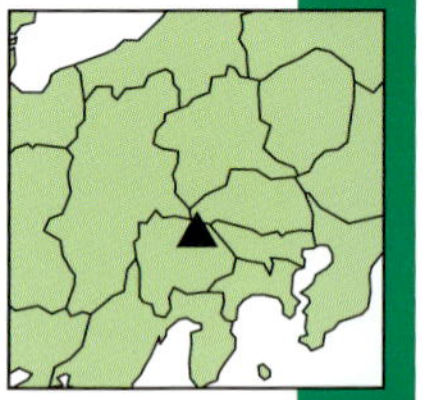

だいぼさつれい
2057m
中級者向け
日帰り /1 泊 2 日

見どころ：眺望、花、紅葉、樹林帯
1/25000 地形図：大菩薩峠、柳沢峠、七保、丹波

カヤトの斜面が広がる大菩薩嶺（撮影：羽田栄治）

大菩薩連嶺の主峰

大菩薩連嶺《だいぼさつれんれい》は山梨県東部に位置し、甲州市、大月市、北都留郡にまたがって連なる山塊である。大菩薩嶺はこの山塊の北側に位置し、大菩薩連嶺の主峰であり、富士川《ふじかわ》、多摩川《たまがわ》、相模《さがみ》川の分水嶺である。大菩薩嶺の南面は緩やかで、稜線《りょうせん》上の縦走路は富士山《ふじさん》の好展望ルートとして知られる。

「大菩薩」の由来

中里介山《なかざとかいざん》の小説で有名な大菩薩峠は、大菩薩嶺の山頂から南東に下ったところで、かつては多摩川上流の丹波《たば》地区と甲府盆地を結ぶ峠道の一角だった。明治以前は現在の賽《さい》ノ河原付近が峠だったという。

一説には旧峠に妙見大菩《みょうけんだいぼ》薩《さつ》を祀《まつ》っていたことが山名の由来になったという。ほかにも平安末期、源氏の武将が奥州に出陣しようとしてこの峠付近に至り、麓《ふもと》を見たときに白旗が見え、これを軍神の加護であると考えて「南無八幡大菩《なむはちまんだいぼ》薩《さつ》」と唱えたことにちなむという説もある。

別天地の丸川峠

丸川《まるかわ》峠への上部はブナなどの樹木が続く気持ちのよいルートである。

大菩薩峠

大菩薩峠（撮影：羽田栄治）

丸川峠は季節の花に囲まれる場所で、レンゲツツジやヤナギランの群生地として知られる。展望もよく、富士山や南アルプス、奥秩《おくちち》父《ぶ》の峰々、八《やつ》ケ岳などを望む。丸川荘の主人は小屋の仕事の合間に木彫りによる創作を行う。観音像などさまざまな作品があり、小屋内にも展示してある。

展望に優れた雷岩

山頂は樹林に囲まれていて、展望はあまりよくない。むしろ山頂から少し離れた雷《かみなり》岩付近の展望が優れている。とくに富士山や南アルプスの眺めがすばらしい。雷岩は、雷雲の通り道だったことから名づけられたとされる。

山頂から大菩薩峠に至る一帯は草原状になっていて、南西面が大きく開けているが、反対側の北東面は樹林帯だ。

裂石《さけいし》コース／上日川《かみひかわ》峠コース

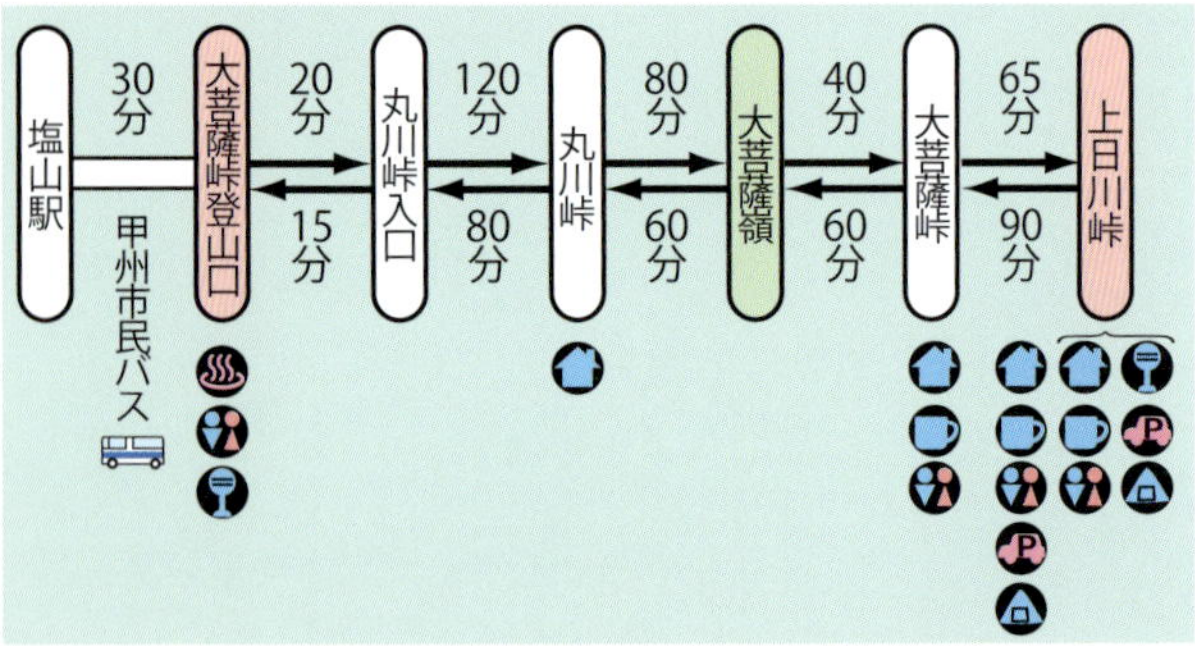
塩山駅
30分
甲州市民バス
大菩薩峠登山口
20分
15分
丸川峠入口
120分
80分
丸川峠
80分
60分
大菩薩嶺
40分
60分
大菩薩峠
65分
90分
上日川峠

※＝深田久弥『日本百名山』では「大菩薩岳」と表記。

data

●アクセス
起点は塩山駅（JR 中央本線）もしくは甲斐大和駅（JR 中央本線）、奥多摩駅（JR 青梅線）
塩山駅→大菩薩峠登山口（甲州市民バス約 30 分）
甲斐大和駅→上日川峠（栄和交通バス約 40 分）
奥多摩駅→丹波（西東京バス約 1 時間）
●山小屋
丸川荘　090-3243-8240
福ちゃん荘　090-3147-9215
ロッヂ長兵衛　0553-33-4641
介山荘　0553-33-2816
●問い合わせ
甲州市民バス　0553-32-2111
栄和交通　0553-26-2344
西東京バス氷川車庫　0428-83-2126
塩山タクシー塩山駅前営業所　0553-32-3200
甲州市役所　0553-32-2111
丹波山村役場　0428-88-0211
甲州市観光協会　0553-32-2111

大菩薩嶺
山頂は樹林に
覆われ、ともすると見すごす
2057m
樹林帯
雲取山
雷岩
神部岩
妙見ノ頭
市営休憩所
賽ノ河原
親不知ノ頭
大菩薩峠
1897m
熊沢山
石丸峠へ
介山荘
70
通年（不定休につき要予約）
稜線上は
夏から秋にかけて
お花畑になる
樹林の中の道
丸川荘
25
通年（12～4月は土日祝のみ）
柳沢峠へ
1697m
丸川峠 1670m
小さな笹原
急坂
唐松尾根
草原の道。
大菩薩峠から雷岩まで
好展望
石丸峠へ
幅広い登山道
なだらかな道
勝縁荘
休業中
富士見山荘
休業中
ミズナラなどの
広葉樹の森
新緑が美しい
福ちゃん荘
80
4月上旬～11月下旬、年末年始、
上記以外の週末は要相談。
収容人数は団体で80名、
個人で60名
丸川峠入口
千石茶屋
雲峰寺
武田家代々の祈願所。
山門、本堂など主な建造物
は信玄の父信虎が再建した
柳沢峠、
青梅へ
車道と登山道が並行している
裂石温泉
上日川峠 1580m
甲斐大和駅からバスで約40分
塩山駅からタクシーで約40分、
または大菩薩峠登山口から徒歩約2時間
塩山市街へ
重川
ロッヂ長兵衛
30
通年（12～4月は土日祝・年末年始のみ）
大菩薩峠登山口 900m
塩山駅から大菩薩峠登山口行きバスで約30分
山梨県
甲州市
大菩薩の湯
下日川峠、嵯峨塩温泉へ
日川
上日川ダム湖
※図は南からの鳥瞰

雲峰寺《うんぽうじ》は、行基《ぎょうき》の開山と伝えられる名刹《めいさつ》。行基がこの地で修行しているとき、雷鳴がとどろき巨岩が裂けて、割れ目から萩の巨木が生え、十一面観音が現れたとの伝説がある。登山口の裂石《さけいし》という地名はその伝説にちなむ。山頂近くの雷岩《かみなりいわ》は神成岩《かみなりいわ》とも書かれ、神が依る岩とされる。かつてはここで雨乞いが行われたという。一説によれば標高2000m地点にある神《かん》部岩《べいわ》も神の依り代とされる。

宿泊施設（数字は収容人数） キャンプ場 水場 トイレ 危険箇所 ロープウェイ リフト おもなバス停 温泉 紅葉の名所 花の名所 好展望 観光ポイント 駐車場

丹沢山

緩急の変化に富む首都圏近郊の山塊

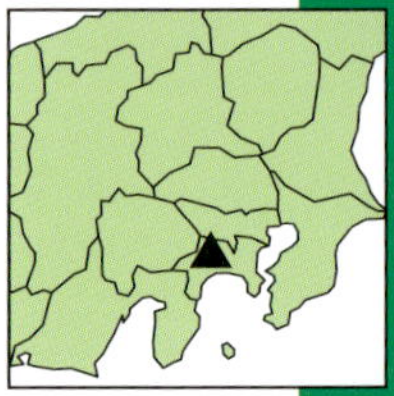

たんざわやま（たんざわさん）
蛭ヶ岳　1673m
丹沢山　1567m
中級者向け
1泊2日／日帰り

見どころ：眺望、花、紅葉、樹林帯、渓谷
1/25000地形図：秦野、大山、青野原、中川

秦野市から見た丹沢の遠望

複雑な地形の中級山岳

丹沢山塊は丹沢山地ともよばれ、主に神奈川県に属する山域である。丹沢山はこの山域の一峰の名称だが、広義には丹沢山塊全体を指す。

丹沢山塊の広さは東西約40km、南北約20kmに及び、塔《とう》ノ岳、蛭《ひる》ヶ岳、鍋割《なべわり》山《やま》、檜洞丸《ひのきぼらまる》など峰々が連なる。標高1200～1600mとそれほど高くはない中級山岳だが、谷と尾根が入り組んだ複雑な地形で、緩急の変化が大きい。

近辺はフィリピン海プレートと北米プレート、太平洋プレート、ユーラシアプレートの境界にあたる場所であり、関東大震災の震源地ともなった。

丹沢の尾根

ヤビツ峠から塔ノ岳への稜線《りょうせん》は丹沢表尾根とよばれ、展望がよい。塔ノ岳から丹沢山、最高峰の蛭ヶ岳、八丁坂《はっちょうざか》ノ頭《かしら》を経て、焼山《やけやま》に至る稜線は丹沢主脈とよばれ、丹沢山塊を南北に横断する。蛭ヶ岳から西に伸びて檜洞丸方面に至る稜線は丹沢主稜である。

塔ノ岳から望む富士山

修験者によって開かれた

丹沢を構成する峰の多くは修験者たちによって開かれた。行者《ぎょうじゃ》ヶ岳や不動《ふどう》ノ峰などの名称にその名残が見られる。塔ノ岳の頂上にはかつて尊仏《そんぶつ》岩とよばれる岩があり、大日如来《だいにちにょらい》が祀《まつ》られていたという。山小屋の尊仏山荘という名はそのことにちなむ。

峰々からの展望

塔ノ岳、蛭ヶ岳、鍋割山などの頂上からの展望がすばらしく、富士山《ふじさん》が見事だ。

丹沢山は津久井《つくい》・愛甲《あいこう》・足柄上《あしがらかみ》の三郡が境を接し、かつて「三境の峰」とよばれていた。山頂付近はブナの原生林が多い。山頂は広いが、見晴らしはあまりきかない。

ヤビツ峠コース／大倉尾根コース

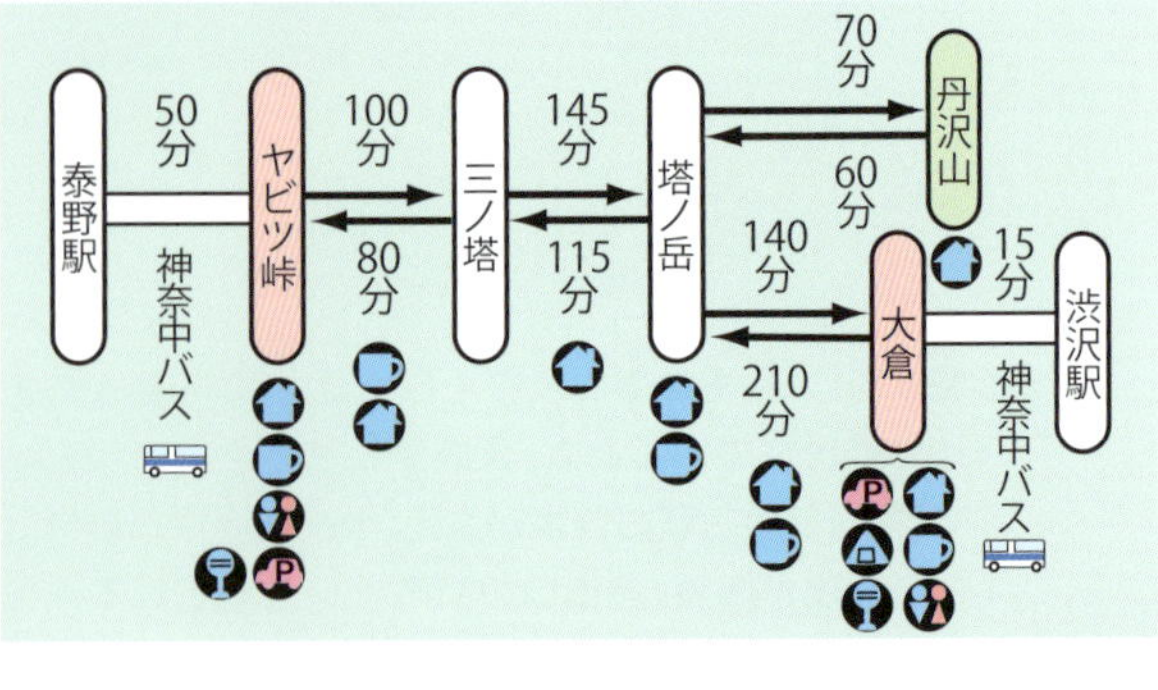

data

●アクセス
起点は秦野駅（小田急線）もしくは、渋沢駅（小田急線）
秦野駅→ヤビツ峠（神奈中バス約50分）
渋沢駅→大倉（神奈中バス約15分）
●山小屋
駒止茶屋　0463-88-3186
堀山の家　090-7710-0770
花立山荘　0463-82-6192
鍋割山荘　0463-87-3298
みやま山荘　0463-81-8662
尊仏山荘・尊仏小屋　070-2796-5270
木ノ又小屋　090-3597-2016
烏尾山荘　090-7909-3165
●問い合わせ
神奈川中央交通西（神奈中グループバス）
秦野営業所　0463-81-1803
神奈中ハイヤー（秦野地区）0463-30-5330
秦野市役所　0463-82-5111
伊勢原市役所　0463-94-4711
松田町役場　0465-83-1221
山北町役場　0465-75-1122
秦野市観光協会　0463-82-8833
伊勢原市観光協会　0463-73-7373

※図は東からの鳥瞰
谷あいなど隠れる部分にある山小屋は省略、
記載されている小屋も営業期間などの詳細情報は省いた。
登山口情報は表丹沢の主要なもののみ表示

富士山
南アルプス
駿河湾
愛鷹山《あしたかやま》
静岡県
山中湖
山梨県
御殿場市街
箱根山
不老山
928m
世附川
道志川
大室山
1587m
丹沢湖
南足柄市
山北町
伊勢沢ノ頭
1086m
酒匂川
箒沢へ
石棚山
1351m
青ヶ岳山荘 25
檜洞丸
1600m
犬越路へ
玄倉へ
玄倉
檜岳
1167m
ユーシン渓谷
臼ヶ岳
1460m
蛭ヶ岳
1673m
八丁坂ノ頭・焼山へ
秦野峠
雨山
1176m
鍋割山
1273m
ユーシンロッヂ 186
休業中
不動ノ峰
1614m
鬼ヶ岩
1608m
蛭ヶ岳山荘 81
小田原へ
開成町
JR御殿場線
新松田
松田
宇津茂 300m
小田急線新松田駅から
バスで約25分
松田町
鍋割山荘 70
花立山荘 140
玄倉川
塔ノ岳
1491m
日高
竜ヶ馬場
丹沢山
1567m
みやま山荘 30
大倉 290m
渋沢駅からバスで約15分。
宿泊施設多数、ビジターセンターなど
諸施設も充実
後沢乗越
中山峠
堀山の家 20
1128m
新大日
尊仏山荘・尊仏小屋 150
木ノ又小屋 24
新大日茶屋 20 休業中
西峰
1352m
中峰
1360m
東峰
1345m
小田原へ
駒止茶屋 33
見晴茶屋
905m
大倉尾根（バカ尾根）
1209m
行者ヶ岳
浄徳院菖蒲園
四十八瀬川
三ノ塔
1205m
1136m
烏尾山
表尾根
長尾尾根
厚木へ
渋沢
小田急小田原線
水無川
県立秦野戸川公園
三ノ塔登山口
三ノ塔尾根
二ノ塔
烏尾山荘 6
1047m
1004m
秦野市
246
菩提原
神奈川県
899m
岳ノ台
大山
1252m
阿夫利神社
879m
厚木、東京へ
ヤビツ峠 761m
秦野駅からバスで約50分
国民宿舎丹沢ホーム 60
903m
清川村
高畑山
766m
源実朝公御首塚
秦野市田原ふるさと公園
札掛
宮ヶ瀬湖へ
金目川
蓑毛
大日堂
秦野市街、二宮へ
大山不動尊
阿夫利神社下社
二重滝
893m
新家
三峰山
935m
中津川
大山ケーブル駅 300m
伊勢原駅からバスで約30分
770m
見晴台
宮ヶ瀬湖へ
不動尻
伊勢原市
日向渓谷
鐘ヶ嶽
561m
伊勢原市日向
ふれあい学習センター
石雲寺
伊勢原市街へ
浄発願寺
厚木市
日向薬師 150m
伊勢原駅からバスで約20分
日向薬師
広沢寺温泉 130m
本厚木駅からバスで約40分
伊勢原市街・平塚へ
広沢寺
厚木へ
七沢温泉
宮ヶ瀬湖へ

丹沢山塊の東端に位置する大山には阿夫利《あふり》神社がある。大山は「あふり山」という別名があり、「雨降り」を意味するという。修験の山として名を知られたが、江戸時代には大山講が盛んになり、一般の人々の信仰も集めた。麓の日向薬師《ひなたやくし》は行基《ぎょうき》の開山と伝えられる日本三薬師のひとつである。

70 宿泊施設(数字は収容人数)　キャンプ場　水場　トイレ　危険箇所　ロープウェイ　リフト　ケーブルカー　おもなバス停　温泉　紅葉の名所　花の名所　好展望　観光ポイント　駐車場

富士山

高さと美しさをあわせもつ日本の象徴

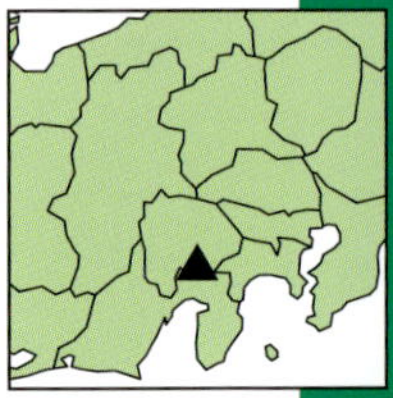

ふじさん
剣ケ峯　3776m
中級者向け
1泊2日

見どころ：眺望、火山地形
1/25000 地形図：富士山、須走、天母山、印野

富士山ー奥庭の紅葉（撮影：飯田信義）

大きな存在感

いうまでもなく富士山は日本の最高峰である。しかし、人を引きつけるのは高さばかりではない。どの方向から見ても円錐形の端正な姿は、きわだって美しい。日本各地に「○○富士」と名づけられた山があるのも、富士山の存在の大きさを示すものであろう。

コニーデ型の火山

富士山は山梨県と静岡県の境にまたがる、典型的なコニーデ型火山である。山頂の噴火口は直径約700m、深さはおよそ240mである。裾野も広く、基底部の直径は40kmほどにもなる。これまで幾度も噴火を繰り返し、現在の山容となった。

伝説と信仰の山

火山としての恐ろしさと姿の美しさは多くの伝説を生み、信仰の対象となってきた。当初、信仰登山の中心にあったのは修験者たちで、山頂にあるといわれる浄土を求めた。その後、富士山そのものを神体とする富士講が広まった。

神体としての富士山

頂上部には信仰にちなむ名称が多く、神域のたたずまいである。

火口は大内院とよばれ、幽宮《かくれのみや》とされ、人の立ち入りが禁じられている。その火口を取り囲むように最高点の剣《けん》ヶ峯のほか、白山《はくさん》岳、久須志《くすし》岳（薬師ヶ岳）、成就《じょうじゅ》ヶ岳（勢至《せいし》ヶ岳）、大《だい》日《にち》岳（朝日《あさひ》岳）、伊豆《いず》ヶ岳（阿弥陀《あみだ》岳）、三島《みしま》岳（文《もん》殊《じゅ》ヶ岳）、駒《こま》ヶ岳（浅間《あさま》ヶ岳）の8峰がある。これらの8峰は八神峰《はっしんぽう》とよばれ、久須志岳と駒ヶ岳の下部にはそれぞれ久須志神社、富士浅間大社の奥宮がある。

もちろん展望の良さはいうまでもない。山頂部で見るご来光は感動的だ。

（8ページ「富士山に登る」参照）

忍野からの富士山（撮影：川井靖元）

吉田口コース

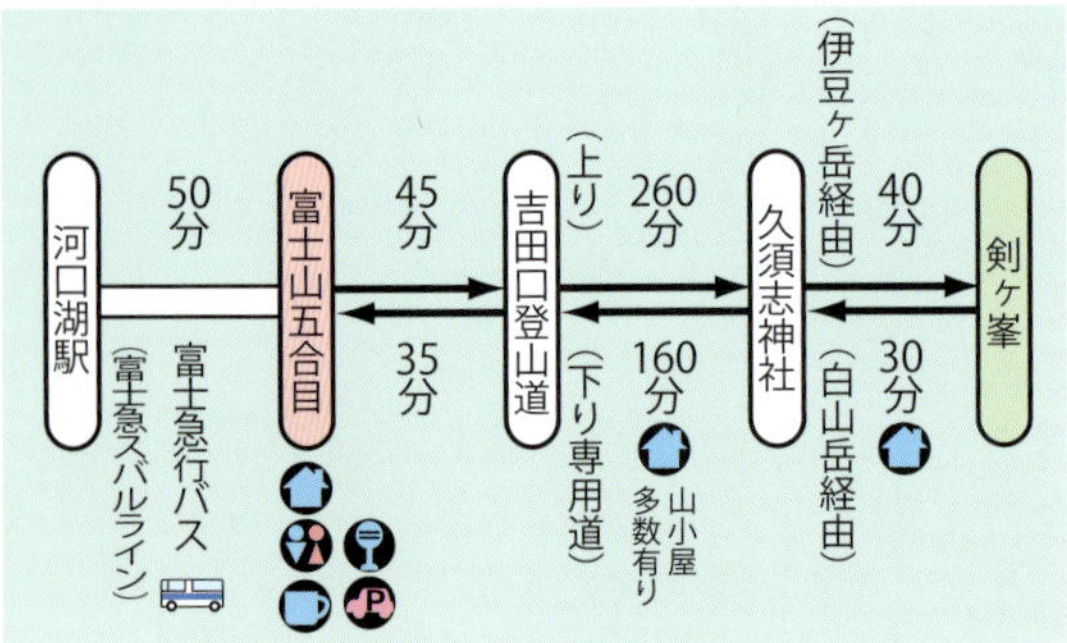
剣ヶ峯
40分
（伊豆ヶ岳経由）
30分
（白山岳経由）
久須志神社
260分
（上り）
160分
（下り専用道）
山小屋
多数有り
吉田口登山道
45分
35分
富士山五合目
50分
富士急行バス
（富士急スバルライン）
河口湖駅

data

●アクセス
起点は河口湖駅（富士急行）、御殿場駅（JR御殿場線）、富士宮駅（JR身延線）ほか
河口湖駅→富士山5合目（富士急山梨バス約50分）、御殿場駅→御殿場口新5合目（富士急行バス約40分）、河口湖駅→赤池（富士急山梨バス約30分）、御殿場駅→須走口5合目（富士急行バス約1時間）、富士宮駅→富士宮口5合目（富士急静岡バス約1時間20分）

●山小屋
多数につき以下に照会ください
○吉田口登山道
富士山吉田口旅館組合ホームページ
http://www.mtfuji.jpn.org/index.htm
○須走口登山道
小山町観光協会　0550-76-5000
○御殿場口登山道
御殿場市役所観光交流課　0550-82-4622
○富士宮口登山道
富士山表富士宮口登山組合　0544-27-5240

●問い合わせ
富士急山梨バス　0555-72-6877
富士急静岡バス鷹岡営業所　0545-71-2495
富士急行御殿場営業所　0550-82-1333
富士急山梨ハイヤー　0555-22-1800
石川タクシー富士宮　0544-24-2222

富士山
山頂 3776m
ちなみに噴火口最深地点の標高は3535m
剣ヶ峯
富士山特別地域気象観測所（旧富士山測候所）
富士山最高地点はここ。
現在は自動気象観測装置が置
かれ無人化されている
久須志神社
山頂郵便局
7月10日ごろ~8月20日ごろ
銀明水
富士浅間大社奥宮
金明水
白山岳 3756m
遠州灘
9合 3600m
8合5勺 3450m
本8合 3360m
須走口と吉田口の合流点。吉田口に下山する場合、
注意しないと須走口方面へ入り込みやすい
御前崎
伊豆半島
駿河湾
8合 3400m
御殿場口の山室は7合から8合の間に数軒
7合 3040m
6合 2840m
本7合 3140m
8合 3020m
救護所 7月中旬~8月中旬
吉田口登山道は5合目から山頂まで多くの山室がある
宝永山 2693m
愛鷹山
須走口の山室は
本8合までの間に数軒
7合 2920m
富士山5合目 2305m
小御岳神社
本栖湖
精進湖
7合 2700m
富士宮口登山道
富士宮口5合目 2400m
6合 2620m
御胎内神社
本5合 2420m
御庭／奥庭
4合 2060m
精進口 900m
精進口登山道
6合 2390m
泉ヶ滝
3合 1786m
新5合 1550m
砂払5合 2230m
安全指導センター
御座石浅間神社
樹海台
青木ヶ原樹海
御殿場口新5合目 1450m
須走口5合目 1959m
古御岳神社
4合 2010m
富岳風穴
紅葉台
御室浅間神社
吉田口（河口湖口）登山道
御殿場口登山道
富士スバルライン
鳴沢氷穴
西湖
須走口登山道
御殿場市
静岡県
3合 1840m
鳴沢村
2合 1710m
小田原・沼津へ
小室浅間神社
1合 1516m
須走IC
山梨県
139
138
馬返
小山町
大石茶屋
甲府へ
中の茶屋
付近はフジザクラ、レンゲツツジの名所
富士河口湖町
137
籠坂峠
富士ビジターセンター
富士吉田IC
河口湖IC
河口湖駅
河口湖
三ツ峠山へ
山中湖村
吉田口登山道
富士急ハイランド
河口湖温泉郷
山中湖温泉
山中湖IC
東富士五湖有料道路
富士急ハイランド駅
河口湖富士山パノラマ
ロープウェイ
413
山中湖
北口本宮富士浅間神社 850m
138
平野温泉
桂川
富士山駅
富士急行線
忍野温泉
忍野八海
富士吉田市
月江寺駅
下吉田駅
西桂町
忍野村
不動湯
中央自動車道
139
大月へ
※図は北東方向からの鳥瞰

富士山麓には、本栖湖《もとすこ》、精進湖《しょうじこ》、西湖《さいこ》、河口湖《かわぐちこ》、山中湖《やまなかこ》という、富士山の噴火による堰止湖があり、総称して富士五湖《ふじごこ》とよばれる。本栖湖、精進湖、西湖は、かつては剗《せ》の海《うみ》という湖であったものが分断されたもので、現在でも地下でつながっていると考えられている。キャンプ場や釣り場をはじめミュージアム、温泉、遊園地などレジャー施設が豊富にあり、多くの客で賑わっている。

宿泊施設（数字は収容人数） キャンプ場 水場 トイレ 危険箇所 診療所 ロープウェイ リフト おもなバス停 温泉 紅葉の名所 花の名所 好展望 観光ポイント 駐車場

天城山

植生豊かな伊豆の主脈

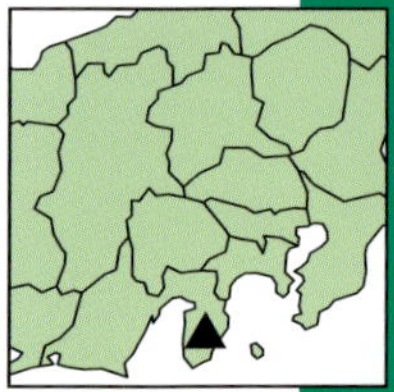

あまぎさん
万三郎岳 1406m
初級者向け
日帰り

見どころ：眺望、花、湖沼、樹林帯
1/25000 地形図：湯ヶ島、湯ヶ野、天城山

万三郎岳の紅葉

伊豆半島の火山群

天城山は、伊豆《いず》半島中央部に連なる火山群の総称であり、天城山というピークはない。中央火口丘である白田山《しらたやま》、最高峰の万三郎《ばんざぶろう》岳、万二郎《ばんじろう》岳などが連なる（※）。山容は全体的になだらかで、山体は安山岩に玄武岩などが混じる。

天狗伝説

天城山は「高くそびえる天の城」という意味があるという。また、昔からのアマギアマチャの生産地だったことにちなんでよばれたという説もある。

伝説によれば、主峰の万三郎岳、万二郎岳は、昔この地に住んでいた天狗の兄弟の名前にちなむという。

魅力的なブナの原生林

縦走路の所々からは富士《ふじ》山《さん》や駿河《するが》湾を望むが、万三郎岳や万二郎岳の頂上は樹木に囲まれてあまり展望はきかない。

天城山の魅力は豊かな植生である。方々にスギ、ヒノキ、ブナなどの原生林が残り、登山者を楽しませてくれる。皮子平《かわごだいら》は噴火口の跡で、溶岩の森ともよばれる。苔《こけ》むす中に伸びるブナの原生林が見事だ。ヒメシャラの大群落も見ることができる。

万三郎岳と万二郎岳の間にある石楠立《はなたて》付近は、シャクナゲの群生地である。天城山のシャクナゲは、アマギシャクナゲとよばれ、この地の固有種である。石楠立から万二郎岳の間は馬の背とよばれ、アセビのトンネルになっている。

天城の瞳

火口湖である八丁池《はっちょういけ》は「天城の瞳」とよばれ、ブナ林に囲まれた神秘的な雰囲気が漂う場所だ。天然記念物のモリアオガエルの生息地でもある。ほとりには、水神さんの像がある。

ここをさらに下れば、『伊豆の踊子』（川端康成《かわばたやすなり》）や『天城越え』（松本清張《まつもとせいちょう》）で有名な旧天城山トンネル（正式名称は天城山隧道）に着く。国の重要文化財に指定されている。

アマギシャクナゲ（撮影：川井靖元）

data

●アクセス
起点は修善寺駅（伊豆箱根鉄道）もしくは伊東駅（JR伊東線、伊豆急行線）
修善寺駅→天城峠（新東海バス約45分）
伊東駅→天城高原ゴルフ場（伊豆東海バス約1時間）
●問い合わせ
伊豆東海バス伊東事業所　0557-37-5121
新東海バス修善寺事業所
0558-72-1841
東豆自動車　0557-37-3511
伊豆急東海タクシー　0557-55-1555
伊豆市役所　0558-72-1111
伊豆市観光協会天城支部 0558-85-1056

万三郎・万二郎縦走コース／天城峠コース

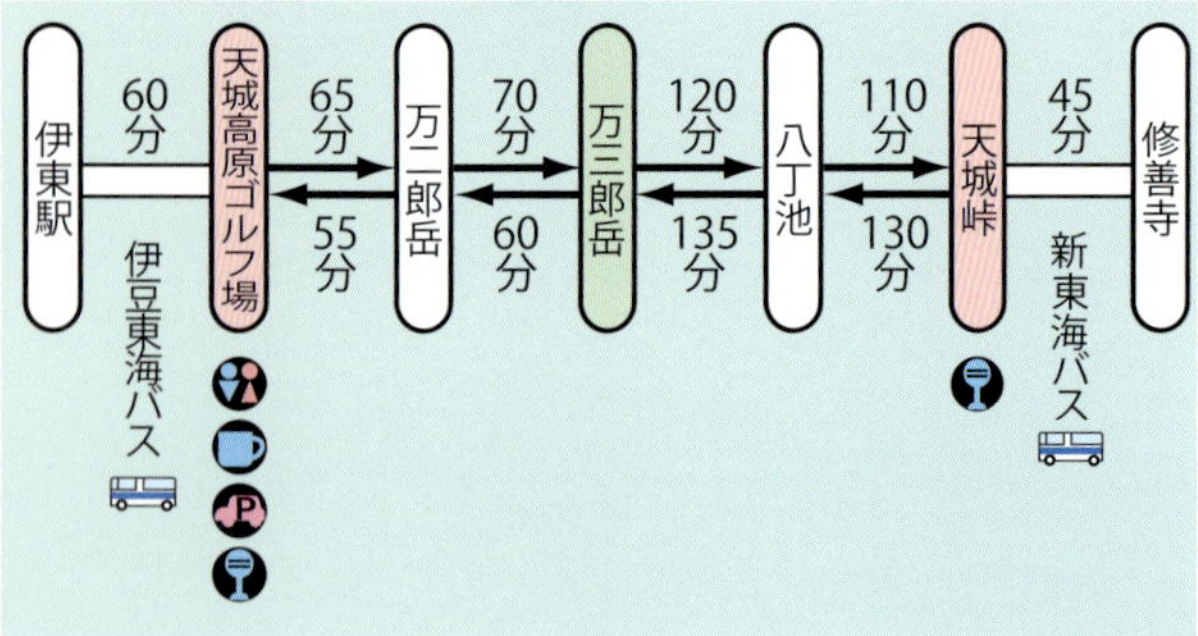
伊東駅
60分
伊豆東海バス
天城高原ゴルフ場
65分
55分
万二郎岳
70分
60分
万三郎岳
120分
135分
八丁池
110分
130分
天城峠
45分
新東海バス
修善寺

※＝万三郎、万二郎は、「ばんざぶろう、ばんじろう」のほか「まんざぶろう、まんじろう」ともよばれる。

伊豆大島
利島
新島
式根島
神津島
爪木崎《つめきざき》
石廊崎へ
下田
相模湾
河津
河津町
稲取岬
稲取
熱川
東伊豆町
河津ループ橋
414
椎の木上
河津七滝
旧天城トンネル
942m
天城峠
修善寺駅から河津駅行き
バスで約45分
見晴台
八丁池
水生地下バス停へ
伊東、熱海へ
伊東市
万二郎岳
1300m
石楠立
万三郎岳
1406m
片瀬峠
白田山
1197m
白田峠
昭和の森
滑沢渓谷
遠笠山
1197m
天城高原
ゴルフ場
天城山
火口跡
昭和の森会館
伊豆近代文学博物館
森林博物館
太郎杉
万二郎岳登山口 1050m
天城高原ゴルフ場
涸沢分岐
皮子平
伊東駅から天城高原ゴルフ場行き
バスで約1時間
道の駅
天城越え
矢筈山
816m
天城高原
浄蓮の滝
浄蓮ノ滝
山頂や稜線ではほとんど展望が
得られないが、シャクナゲなどの
花木やブナやヒメシャラの豊
かな森林が美しい
修善寺駅～河津駅間を結ぶ路線バス
は、浄蓮の滝から椎の木上にかけて、
バス停以外でも乗降できる
鹿路庭峠
伊豆高原へ
岩山
602m
丸野山
696m
大幡野高原
松崎へ
伊豆スカイライン
万城ノ滝
523m
国士越
湯ヶ島温泉
嵯峨沢温泉
月ヶ瀬温泉
ワサビ田
伊豆市筏場地区など、天城山麓
の谷あいでは美しい棚田状のワ
サビ田を見ることができる。田を
縫う水の音が心地よい
大見川
414
熱海峠へ
土肥へ
136
狩野川
上白岩遺跡
関東では珍しいストーンサークル
（環状列石）がある。縄文時代中～
後期の遺跡
歴史民俗資料館
静岡県
修善寺温泉
弘法大師を開基とする修禅寺をは
じめ、数多い史跡が独特の雰囲気
をもたらしている
戸田へ
指月殿
独鈷ノ湯
修禅寺
修善寺
修善寺IC
136
伊豆市
牧之郷
伊豆箱根鉄道
修善寺道路
大仁温泉
熊坂IC
大仁
伊豆の国市
狩野川記念公園
三島へ
大仁南IC
※図は北からの鳥瞰

浄蓮《じょうれん》ノ滝は「日本の滝百選」にも選ばれた名瀑《めいばく》。落差25mを豪快に流れ落ちる。周囲は原生林に囲まれ、柱状節理の岩肌とのコントラストも見事である。滑沢《なめさわ》渓谷は長さ500mに及ぶ安山岩の一枚岩の上を渓流が流れる。近くには、天城山中最大といわれる太郎杉がある。樹齢400年以上、「天城山中で迷ったら、太郎杉を探せ」と言い伝えられるほどの巨木である。

宿泊施設（数字は収容人数） キャンプ場 水場 トイレ 危険箇所 ロープウェイ リフト おもなバス停 温泉 紅葉の名所 花の名所 好展望 観光ポイント 駐車場

中央アルプス・南アルプス

「木曽谷と伊那谷の間を仕切って、蜒々と連なった山脈」（『日本百名山』）。深田が屏風だと形容した中央アルプスは、急峻な登山道と大きな瀑布が特徴だ。その東側に、くさびを打ち込んだごとく南アルプスが連なる。ひとつひとつの山が大きい。

北岳（撮影：鈴木菊雄）

木曽駒ヶ岳

豊富な高山植物が咲き競う中央アルプスの最高峰

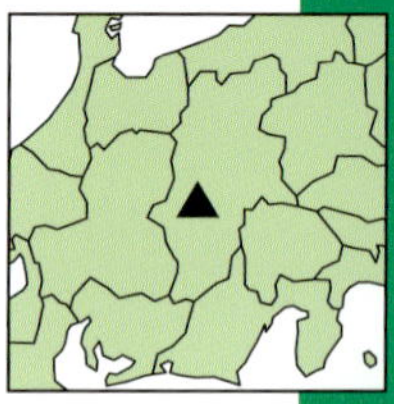

きそこまがたけ
2956m
中級者向け
1泊2日

見どころ：眺望、花、紅葉、岩稜、氷河地形、湖沼
1/25000 地形図：木曽駒ヶ岳

木曽駒ヶ岳の千畳敷カール（提供：アフロ）

三十六峰八千谷

木曽駒ヶ岳は中央アルプスの最高峰である。本峰を含め、中《なか》岳、宝剣《ほうけん》岳、伊《い》那《な》前《まえ》岳などを含む山域の総称として木曽駒ヶ岳とする場合もある。

山体のほとんどは花崗岩《かこうがん》でできており、地殻変動による隆起が断続的に繰り返され、さらに氷河と強風による浸食が加わって、現在の山容をつくった。その急峻な山容は「三十六峰八千谷」と形容される　濃《のう》ケ池《いけ》、駒飼《こまかい》ノ池《いけ》などの山上湖と方々に広がるお花畑がこの山の彩りをさらに豊かにしている。

「駒」の雪形にちなむ

木曽駒ヶ岳も日本各地に点在する駒ヶ岳と同様、その名の由来は「駒」の雪形である。この山に住む神がその駒に乗って麓《ふもと》に下り、春の到来を告げたとされる。また天災などにかかわる畏怖の対象でもあった。1532（天文元）年には麓の神官によって、山頂に駒ヶ岳神社が建てられた。

伊那前岳の山頂直下に勒銘石《ろくめいせき》がある。これは1784（天明4）年に高遠《たかとお》藩が領内を検分したときに石英ひん岩に銘文を刻んだものだ。

魅力的なカール

千畳敷《せんじょうじき》は典型的なカールで、お花畑が展開する。とくにコバイケイソウの大群落は見事である。ここには信州駒ヶ岳神社の鳥居と祠《ほこら》がある。濃ケ池もカールで、高山植物の宝庫といわれる場所である。

息をのむほどの展望

江戸時代に法師が錫杖《しゃくじょう》を献じたと伝わる宝剣《ほうけん》岳は岩峰である。登るにしたがって頂上部の天狗《てんぐ》岩の奇岩が大きな迫力を見せる。頂上は岩頭のようになっていてきわめて狭いが、展開する景観はすばらしい。

木曽駒ヶ岳山頂からの展望も見事だ。北アルプス、乗鞍《のりくら》岳、南アルプスが一望でき、御嶽山《おんたけさん》が目前にそびえる。山頂には木曽側と伊《い》那《な》側にそれぞれ駒ヶ岳神社がある。

頂上近くにはこの山域の固有種であるコマウスユキソウが咲く。

駒ヶ岳ロープウェイコース

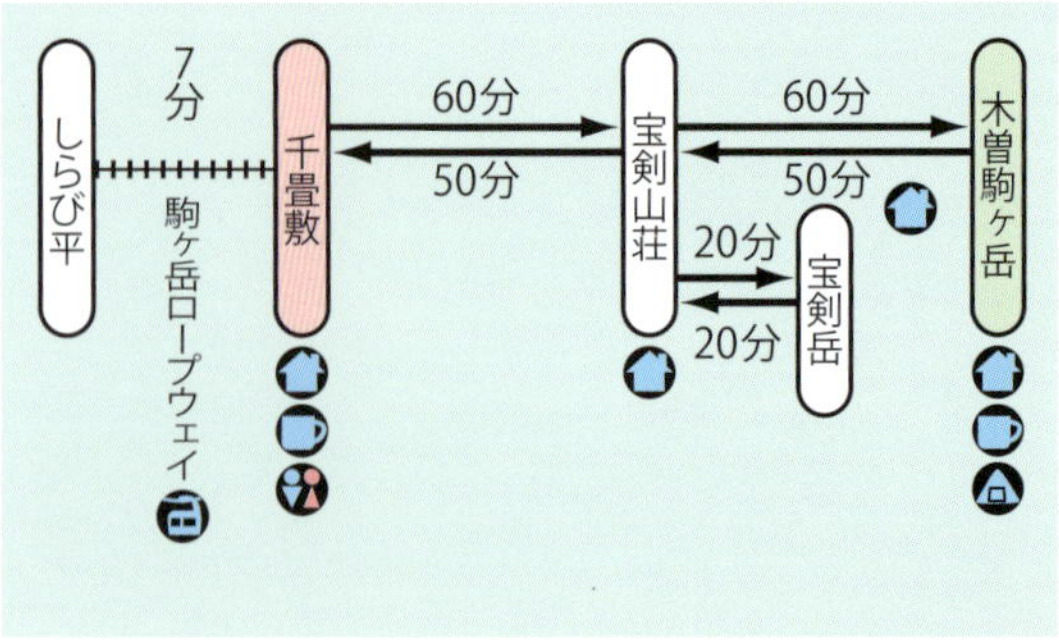

しらび平
7分
駒ヶ岳ロープウェイ
千畳敷
60分
50分
宝剣山荘
60分
50分
20分
20分
宝剣岳
木曽駒ヶ岳

data

●アクセス
起点は駒ヶ根駅（JR 飯田線）
駒ヶ根駅→しらび平（中央アルプス観光 / 伊那バス約 45 分）
しらび平→千畳敷（駒ヶ岳ロープウェイ約 7 分）

●山小屋
宝剣山荘　090-5507-6345
西駒山荘　090-2660-0244
玉乃窪山荘　0264-52-2682
頂上木曽小屋　0264-52-3882
駒ヶ岳頂上山荘　090-5507-6345
天狗荘　090-5507-6345
檜尾避難小屋（駒ヶ根市役所）0265-83-2111
池山小屋（林内作業所）（駒ヶ根市役所）0265-83-2111
木曽駒ヶ岳七合目避難小屋（p.169）（木曽町役場）0264-22-3000
ホテル千畳敷　0265-83-5201

●問い合わせ
中央アルプス観光（ロープウェイ）
0265-83-3107
伊那バス駒ヶ根営業所　0265-83-4115
丸八タクシー　0265-82-4177
駒ヶ根市役所　0265-83-2111
伊那市役所　0265-78-4111
宮田村役場　0265-85-3181
駒ヶ根市観光振興センター　0265-81-7700
伊那市観光協会 0265-78-4111

山頂は360度の大展望。固有種のコマウスユキソウが生息する
玉乃窪山荘 100
6月下旬～10月中旬
9月以降は土日、連休のみ開設
天狗荘 200
7月上旬～10月上旬
宝剣山荘 120
4月上旬～11月上旬、年末年始
頂上木曽小屋 100
ゴールデンウィーク、6月上旬～11月上旬
木曽駒ヶ岳
駒ヶ岳神社
2956m
勒銘石
木曽前岳
北に宝剣岳、木曽駒ヶ岳、南に空木岳を望む、360度の展望。おとずれる登山客はそれほど多くない
不慣れな人は転落の危険あり
天狗岩
切り立った痩せ尾根
宝剣岳
2931m
広々した稜線
三ノ沢岳
2847m
七曲（島田娘）
2858m
2925m
中岳
乗越浄土
2883m
伊那前岳
駒飼ノ池
濃ヶ池
西駒山荘 40
7月中旬～10月中旬
将棊頭山
2730m
2661m
桂小場へ
遭難慰霊碑（聖職の碑）
檜尾岳
2728m
2711m
2536m
お花畑の道
落石には注意
千畳敷カール
駒ヶ岳頂上山荘 100
7月上旬～10月上旬
空木岳へ
檜尾避難小屋 20
通年
千畳敷
2608m
一丁ヶ池～千畳敷を結ぶ長谷部新道は廃道になった
駒ヶ岳ロープウェイ
丁ヶ池
千畳敷 2650m
駒ヶ根駅からしらび平までロープウェイ線バスで約45分、そこからロープウェイで約7分。通年営業のため、厳冬期の千畳敷カールを訪れることもできる
しらび平～千畳敷間の登山道は荒廃・通行不可
ウドンヤ峠
2208m
ホテル千畳敷 72
通年
伊勢滝
伊勢滝付近
北御所登山口～檜尾岳の道はやや荒れている
しらび平
1700m
盛夏・紅葉期はロープウェイが混雑する
北御所谷
1991m
宮田高原～伊勢滝間は一般車通行禁止
空木岳へ
池山小屋 20
通年
1774m
池山
長野県
黒川
北御所登山口
不動滝
1551m
宮田高原
駒ヶ根市
三本木地蔵
宮田高原 1300m
伊勢滝方面への入山口。路線バスはない
宮田村
黒川平～しらび平間は一般車通行禁止。マイカーの場合は駒ヶ根高原に多数ある駐車場のいずれかでバスに乗り換える（バス停は図に示したもの以外にも多数ある）
黒川平
駒ヶ根高原
こまくさの湯
駒ヶ池
大沼湖
駒ヶ池
旧竹村家住宅
太田切川
光前寺
平安時代初期建立の名刹。信濃五大寺のひとつ
810m
駒ヶ根高原 850m
駒ヶ根駅からロープウェイ線バスで約15分、菅の台バスセンター下車。宿泊施設多数。文化財などの見どころも多い
岡谷、東京へ
中央自動車道
駒ヶ根IC
名古屋へ
駒ヶ根市街へ
※図は南東からの鳥瞰
駒ヶ根高原から池山尾根をたどるコース下部には、三本木地蔵がある。2本のヒノキの木の間に地蔵があり、趣がある場所だ。かつては3本のヒノキがあったようだ。駒ヶ根高原の駒ヶ池の湖面に木曽駒ヶ岳や宝剣岳が映り、気持ちが安らぐ。光前寺は不動明王を本尊とする天台宗の寺。参道は杉の巨木が続き、庭園は国の名勝に指定されている。

宿泊施設（数字は収容人数） キャンプ場 水場 トイレ 危険箇所 ロープウェイ リフト おもなバス停 温泉 紅葉の名所 花の名所 好展望 観光ポイント 駐車場

空木岳

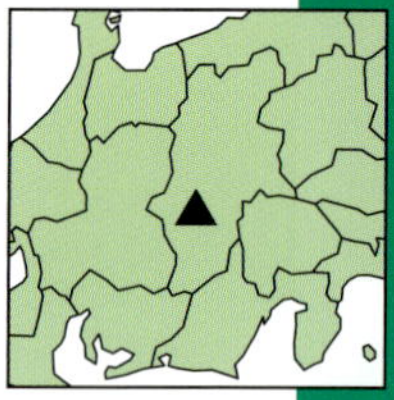

うつぎだけ
2864m
中級者向け
1泊2日

見どころ：眺望、花、紅葉、氷河地形、岩稜
1/25000 地形図：空木岳、赤穂、木曽須原

中央アルプス屈指の雄大さを誇る名峰

伊那前岳より空木岳を望む　（撮影：秋和俊夫）

中央アルプス第二の高峰

空木岳は、木《き》曽《そ》駒《こま》ヶ岳の南方、中央アルプスのほぼ中央に位置する。木曽駒ヶ岳に次ぐ、中央アルプス第二の高峰である。中央アルプスのなかでも、抜きん出て雄大な山容をもち、上部は空木カールなどの氷河地形となっている。

ウツギの花にちなむ

「空木」という名称は伊《い》那《な》谷《だに》側から見上げる残雪の模様が、ウツギの花が咲いているようすに似ていることにちなむという。北西側の鞍《あん》部《ぶ》は木《き》曽《そ》殿《どの》越《こし》とよばれる。源平の昔、木《き》曽《そ》義《よし》仲《なか》がここを越えて敵に攻め入ったことから名づけられたという。近くに「木曽義仲の力水」とよばれる水場がある。

シンボルの駒石

池《いけ》山《やま》尾根は登山口から頂上部まで一気にせりあがる長大な尾根で、空木岳の雄大な山容を特色づけている。その上部には、空木岳のシンボルとされる巨大な花《か》崗《こう》岩《がん》の岩石「駒石」が塔のように立っている。

その下に展開する空木カールは、空《うつ》木《ぎ》平《だいら》ともよばれる氷河地形である。地下水が豊富で、チングルマをはじめさまざまな高山植物が咲き競う。

白と緑のコントラスト

空木岳の頂上部は花崗岩からなるが、風化が進んで砂《さ》礫《れき》で覆われている。白い砂礫とハイマツの緑のコントラストが、この山の美しさをいっそうきわだたせている。

山頂からの展望は見事である。北アルプス、南アルプス、八《やつ》ヶ岳、乗《のり》鞍《くら》岳や御《おん》嶽《たけ》山《さん》を一望する大パノラマが展開する。とりわけ南方に見える南《みなみ》駒《こま》ヶ岳の姿がすばらしい。

空木岳山頂　（撮影：紺野研一）

檜尾岳コース／池山小屋コース

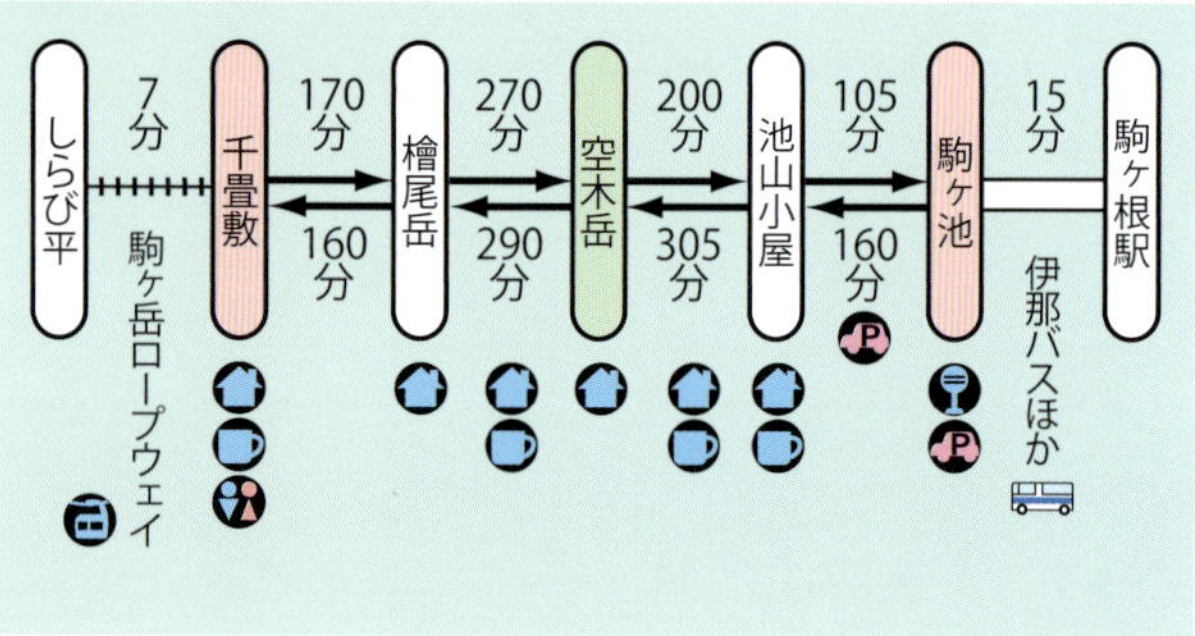
しらび平
7分
駒ヶ岳ロープウェイ
千畳敷
170分
160分
檜尾岳
270分
290分
空木岳
200分
305分
池山小屋
105分
160分
駒ヶ池
15分
伊那バスほか
駒ヶ根駅

data

●アクセス
起点は駒ヶ根駅（JR 飯田線）
駒ヶ根駅→しらび平（中央アルプス観光 / 伊那バス約 45 分）
しらび平→千畳敷（駒ヶ岳ロープウェイ約 7 分）
駒ヶ根駅→駒ヶ池（中央アルプス観光 / 伊那バス約 15 分）
●山小屋
木曽殿山荘　0573-72-4380
空木駒峰ヒュッテ　FAX 0265-83-6816
空木平避難小屋　0265-83-2111
摺鉢窪避難小屋　0265-86-3111
越百小屋　090-7699-9337
安平路避難小屋　0265-22-4852
ホテル千畳敷　0265-83-5201
●問い合わせ
中央アルプス観光（ロープウェイ）0265-83-3107
伊那バス駒ヶ根営業所　0265-83-4115
赤穂タクシー　0265-83-5221
駒ヶ根市役所　0265-83-2111
伊那市役所　0265-78-4111
駒ヶ根市観光振興センター 0265-81-7700
伊那市観光協会　0265-78-4111

恵那山
安平路避難小屋
通年
安平路山
2363m
摺古木山
2169m
飯田盆地
念丈岳
2291m
奥念丈岳
2303m
越百小屋
7月上旬～10月中旬は管理人駐在。期間外は避難小屋を開放
越百山
2613m
大平宿
飯田と木曽谷を結ぶ街道上に発達した宿場町
南木曽町
中津川、名古屋へ
切れ落ちた尾根
仙涯嶺
2734m
2841m
南駒ヶ岳
摺鉢窪カール
摺鉢窪避難小屋
通年。
水は天水を利用
2798m
赤椰岳
空木岳
2864m
空木駒峰ヒュッテ
7月中旬～10月中旬。
管理人が不在の日がある
やや足場が悪い
木曽義仲の力水
大桑村
伊奈川ダム 1100m
須原駅からタクシーで約25分。
水場は南駒ヶ岳、越百山両方面とも途中の沢が使える
木曽谷
JR中央本線
空木カール
2680m
木曽殿越
熊沢岳
2778m
飯島町
空木平避難小屋
通年。
夏は水がない場合も
駒石
木曽殿山荘
7月上旬～10月上旬
須原
シオジ平自然園 1350m
閉園中
与田切川
七久保駅へ
飯島へ
中小避難小屋
通年
2608m
檜尾岳
2728m
檜尾避難小屋
三ノ沢岳
2847m
金懸小屋
通年
敬神ノ滝山荘
7月上旬～8月下旬
池山尾根
2536m
七曲(島田娘)
2858m
宝剣岳
2931m
頂上木曽小屋
上松町
倉本
JR倉本駅 700m
池山小屋
駒ヶ根へ
滑落事故多し
駒ヶ根市
中岳
2925m
木曽駒ヶ岳
2956m
木曽川
千畳敷 2650m
ホテル千畳敷
千畳敷
宝剣山荘
天狗荘
千畳敷カール
2826m
木曽前岳
1774m
池山
駒飼ノ池
伊那前岳
2883m
玉乃窪山荘
駒ヶ岳頂上山荘
上松Aコース
濃ヶ池
駒ヶ根高原 850m
木曽駒ヶ岳七合目避難小屋
通年
2730m
将棊頭山
上松道2合目 1100m
上松駅からタクシーで約15分
太田切川
駒ヶ根へ
1551m
西駒山荘
アルプス山荘
通年
宮田高原
宮田へ
宮田村
行者岩
2658m
茶臼山
駒の湯 1000m
木曽福島駅からタクシーで約10分
宮田高原 1500m
塩尻市
木曽町
大樽小屋
2094m
通年。
水場は徒歩約10分、
枯れる場合あり
大原(木曽駒高原スキー場、休業中) 1350m
木曽福島駅から
大原上行きバスで終点まで約20分、
そこから徒歩約40分
木曽福島へ
長野県
奈良井川
桂小場 1250m
伊那市駅からタクシーで約25分。
駐車スペースが小さいので、混雑期の自家用車の利用は避けたほうがよい
伊那市
小黒川
伊那市街へ
※図は北からの鳥瞰
駒ヶ根高原、千畳敷、宮田高原についての詳細は
p. 167「木曽駒ヶ岳」鳥瞰図をごらんください

空木岳は中央アルプスのほぼ中央に位置し、ひときわ高くそびえている。山頂一帯は花崗岩の大岩がおもちゃ箱をひっくり返したように転がり、多種の高山植物が咲く。白い花崗岩とハイマツの緑のコントラストが美しい。中央アルプスの地質のほとんどが花崗岩類の岩石で形成され、稜線はすべて花崗岩。花崗岩は、節理に沿って割れ、奇峰として有名な瑞牆山《みずがきやま》のような姿や鳳凰三山のオベリスクのような岩塔を残す。個性的な山の登場に一役買っている。

宿泊施設(数字は収容人数)　キャンプ場　水場　トイレ　危険箇所　ロープウェイ　リフト　おもなバス停　温泉　紅葉の名所　花の名所　好展望　観光ポイント　駐車場

恵那山

豊かな原生林が味わい深い信仰の山

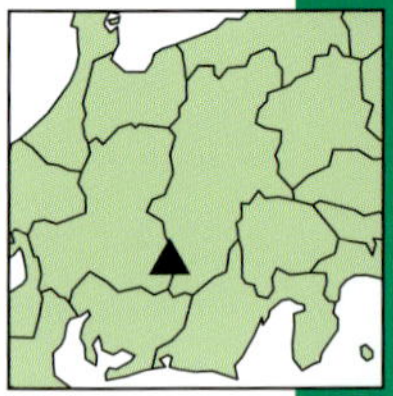

えなさん
2191m
中級者向け
日帰り

見どころ：眺望、花、紅葉、樹林帯
1/25000 地形図：中津川、伊那駒場、美濃焼山

恵那山地の盟主

恵那山は中央アルプスの南端に位置し、恵那山地の最高峰であり、その盟主とたたえられる。船を伏せたような山容から、船伏山《ふなふせやま》という別名もある。山体のほとんどは花崗岩《かこうがん》からなるが、頂上部は石英斑岩《はんがん》などが混じる。

恵那山遠望（撮影：山根繭）

天照大神にちなむ山名

恵那山は「胞山《えなさん》」とも書く。これは天照大神《あまてらすおおみかみ》が誕生したとき、その胞衣（へその緒）を埋めたという伝説にちなんでいる。頂上には恵那神社の奥宮があり、伊邪那岐命《いざなぎのみこと》と伊邪那美命《いざなみのみこと》の両神を祀《まつ》っている。

恵那山は役小角《えんのおづぬ》によって開山されたと伝えられる。御嶽山《おんたけさん》と関係が深いことで知られる覚明《かくみょう》行者もここで修行したという。かつては恵那講の信者たちによる恵那山への信仰登山が盛んに行われた。神坂《みさか》峠から頂上に至る登山道の上部には一ノ宮から六ノ宮まで小さな祠《ほこら》があり、頂上近くの奥宮に導いてくれているかのようだ。

魅力的な原生林

この山の特色のひとつが豊富な樹林帯である。高度を上げるにつれて亜高山の樹林が多くなり、コメツガ、シラベ、オオシラビソなどが幹を伸ばし、原生林独特の幽玄さを醸し出している。また、かつては西面一帯にヒノキの美林があったという。

山頂からの展望はあまりよくない。しかし山頂小屋の裏手の巨岩に登ると、南アルプスや中央アルプス主脈の雄大な峰々が見渡せ、太平洋を望める。

ウェストンにより紹介される

恵那山の名が知られることになったのは、日本近代登山の父といわれる英国宣教師ウォルター・ウェストンによる。1893（明治26）年5月、恵那山に登り世界に紹介した。これを記念して登山口である川上《かおれ》にウェストン公園が作られ、毎年5月にウェストン祭が行われている

富士見台高原から見た恵那山

黒井沢コース／神坂峠コース

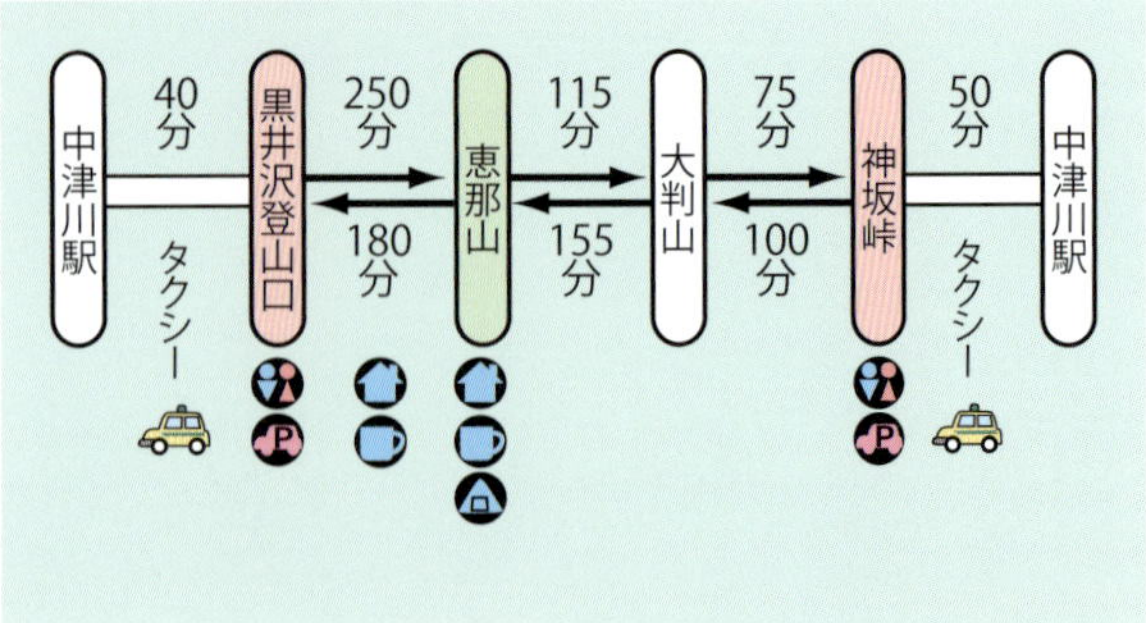
中津川駅
40分
タクシー
黒井沢登山口
250分
180分
恵那山
115分
155分
大判山
75分
100分
神坂峠
50分
タクシー
中津川駅

data

●アクセス
起点は中津川駅（JR 中央本線）
中津川駅→黒井沢登山口（タクシー約40分）
中津川駅→神坂峠（タクシー約50分）
●山小屋
神坂小屋　0573-66-1111
萬岳荘　070-2667-6618
恵那山山頂小屋　0573-66-1111
野熊ノ池避難小屋　0573-66-1111
●問い合わせ
北恵那交通本社　0573-66-1555
東鉄タクシー　0573-78-2135
飯田タクシー　0265-22-1111
中津川市役所　0573-66-1111
阿智村役場　0265-43-2220

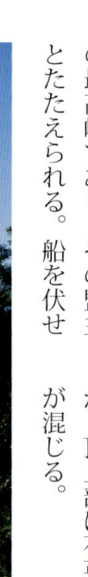

伊那盆地
飯田市街
園原の里（神坂神社）1050m
飯田駅からタクシーで約1時間。中世の歴史が残る。義経が駒をとめたという「駒つなぎの桜」は美しい
神坂神社
日本武尊命が腰掛けたとされる石や万葉歌碑などがある
昼神温泉
中央自動車道
阿智川
園原IC
153
長野県
阿智村
妻籠へ
清内路峠
256
萬岳荘 45
4月下旬～11月中旬
神坂小屋 15
通年
富士見台
1739m
神坂山
1684m
神坂峠 1569m
中津川駅からタクシーで約50分。
古代には信濃坂といわれ、東山道最大の難所だった。
多くの国の史跡・神坂峠遺跡がある
鳥越峠
大判山
1696m
強清水 1110m
中津川駅からタクシーで約30分
アップダウンを繰り返す道
天狗ナギ
一ノ宮
2127m
2191m
恵那神社奥宮
2190m
クマザサの茂る尾根道
1992m
稲武へ
野熊ノ池避難小屋 4
通年
名古屋へ
中央自動車道
恵那山トンネル
霧ヶ原
馬籠へ
恵那山山頂小屋 15
通年
水場まで徒歩約15分
恵那山
尾根を離れると針葉樹の原生林に入る
カラマツ林
1733m
野熊ノ池
急登
営林署避難小屋
闇がり谷
1273m
黒井沢
黒井沢登山口 1180m
中津川駅から恵那山ウェストン公園行きバスで約25分、終点下車。そこから徒歩約3時間。
または、タクシーで中津川駅から約40分
一ツ沢
正根谷
岐阜県
中津川市
中津川
859m
恵那神社
毎年9月には、江戸元禄期ころから伝わるという恵那文楽が奉納される
川上《かおれ》
570m
中津川市街へ
363
恵那山ウェストン公園前
明智へ
車で黒井沢まで入る場合は事前に林道の状況を確認する
恵那神社は鬱蒼《うっそう》とした林に覆われている。本殿前には２本のスギの巨木が立っており、夫婦《めおと》杉《すぎ》とよばれる。阿智《あち》村の神坂神社には、樹齢2000年以上というトチやスギの巨木がある。
※図は南西からの鳥瞰

宿泊施設（数字は収容人数） キャンプ場 水場 トイレ 危険箇所 ロープウェイ リフト おもなバス停 温泉 紅葉の名所 花の名所 好展望 観光ポイント 駐車場

甲斐駒ヶ岳

端正な姿でそびえる南アルプス北端の雄峰

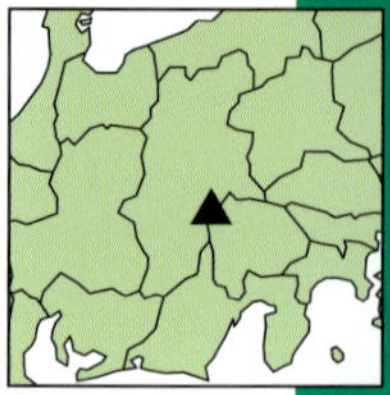

かいこまがたけ
2967m
上級者向け
日帰り/1泊2日

見どころ：眺望、花、紅葉、樹林帯、岩峰
1/25000 地形図：甲斐駒ヶ岳、長坂上条、仙丈ヶ岳

小仙丈ヶ岳より甲斐駒ヶ岳（撮影：川井靖元）

白さできわだつ頂上部

甲斐駒ヶ岳は、山梨県北《ほく》杜《と》市と長野県伊那《いな》市にまたがり、南アルプスの北端に位置する。甲斐駒ヶ岳は山梨県側からの呼び名であり、伊那の人々は木曽駒ヶ岳を西駒ヶ岳、甲斐駒ヶ岳を東駒ヶ岳とよんできた。

ピラミッドのような端正な姿で、しかも雄々しい。頂上部は雪で覆われているかのように白い。これは花《か》崗岩《こうがん》と白砂のためである。この白さから別名「白崩《しろくずれ》山《やま》」ともよばれた。

甲斐駒ヶ岳は峻険な地形で知られる。黒戸《くろと》尾根の登山道は登山口から標高差2200mもあり、日本屈指の急登ルートである。

神馬が住む信仰の山

甲斐駒ヶ岳は、日本各地にある駒ヶ岳のなかの最高峰である。駒ヶ岳の由来は、神馬が住むという伝説に由来する。また、ここで生まれた馬を聖徳太子《しょうとくたいし》に献じたという伝説もある。

開山は、1816（文化13）年弘幡《こうばん》行者によると伝えられる。黒戸尾根の登山口には横手《よこて》駒ヶ岳神社、竹《ちく》宇《う》駒ヶ岳神社の2つの神社があり、山頂にその奥宮がある。信者たちが日の出を迎えた8合目の御来迎場には大きな石碑がある。また、山頂の南西にある岩峰は摩《ま》利支天《りしてん》とよばれ、山頂には剣が立っている。

甲斐駒ヶ岳は信仰の山であり、黒戸尾根は登拝路であった。このため無数の石仏や石碑がある。

申し分のない展望

駒津峰《こまつみね》や双児山《ふたごやま》から見る甲斐駒ヶ岳はいっそう迫力がある。

甲斐駒ヶ岳の山頂は広々として、南アルプス屈指の申し分ない展望が広がる。近くには北《きた》岳、仙丈《せんじょう》ヶ岳、鳳凰《ほうおう》三山などの南アルプスの峰々、そして北アルプスや富士山《ふじさん》などが一望できる。

深田久弥は「もし日本の十名山を選べと言われたとしても、私はこの山を落さない」といっている。

甲斐駒ヶ岳山頂（撮影：清水隆雄）

黒戸尾根コース

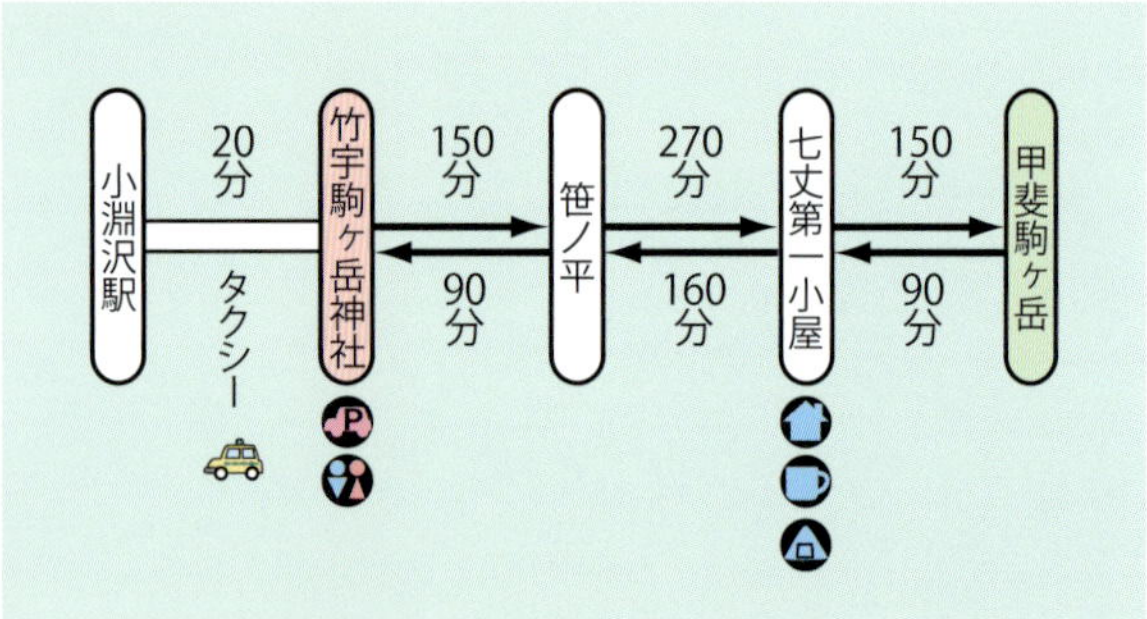
小淵沢駅
20分
タクシー
竹宇駒ヶ岳神社
150分
90分
笹ノ平
270分
160分
七丈第一小屋
150分
90分
甲斐駒ヶ岳

※＝竹橋（東京）から尾白川渓谷入口行きの夜行バス「毎日あるぺん号」が運行（運行日注意）。
また、JRバス関東がJR茅野駅から仙流荘行き、JR木曽福島駅から仙流荘行きを運行（運行日注意）。

data

●アクセス
起点は小淵沢駅、長坂駅、日野春駅（JR中央本線）あるいは甲府駅（JR中央本線）、伊那市駅（JR飯田線）
小淵沢駅もしくは日野春駅→竹宇駒ヶ岳神社（タクシー約20分）
甲府駅→広河原（山梨交通約2時間）→北沢峠（南アルプス市営バス約25分）
伊那市駅→高遠（JRバス約30分）→仙流荘（長谷循環バス約30分）→北沢峠（南アルプス林道バス約1時間）

●山小屋
七丈小屋　090-3226-2967
仙水小屋　0551-28-8173

●問い合わせ
小淵沢タクシー　0551-36-2525
北杜市民バス（北杜市役所）　0551-42-1321
北杜市役所白州総合支所　0551-42-1117
北杜市観光協会　0551-47-4747
YKタクシー（韮崎）　0551-22-2435
芦安観光タクシー　055-288-2053
白川タクシー　0265-72-2151
伊那・つばめタクシー　0265-76-5111

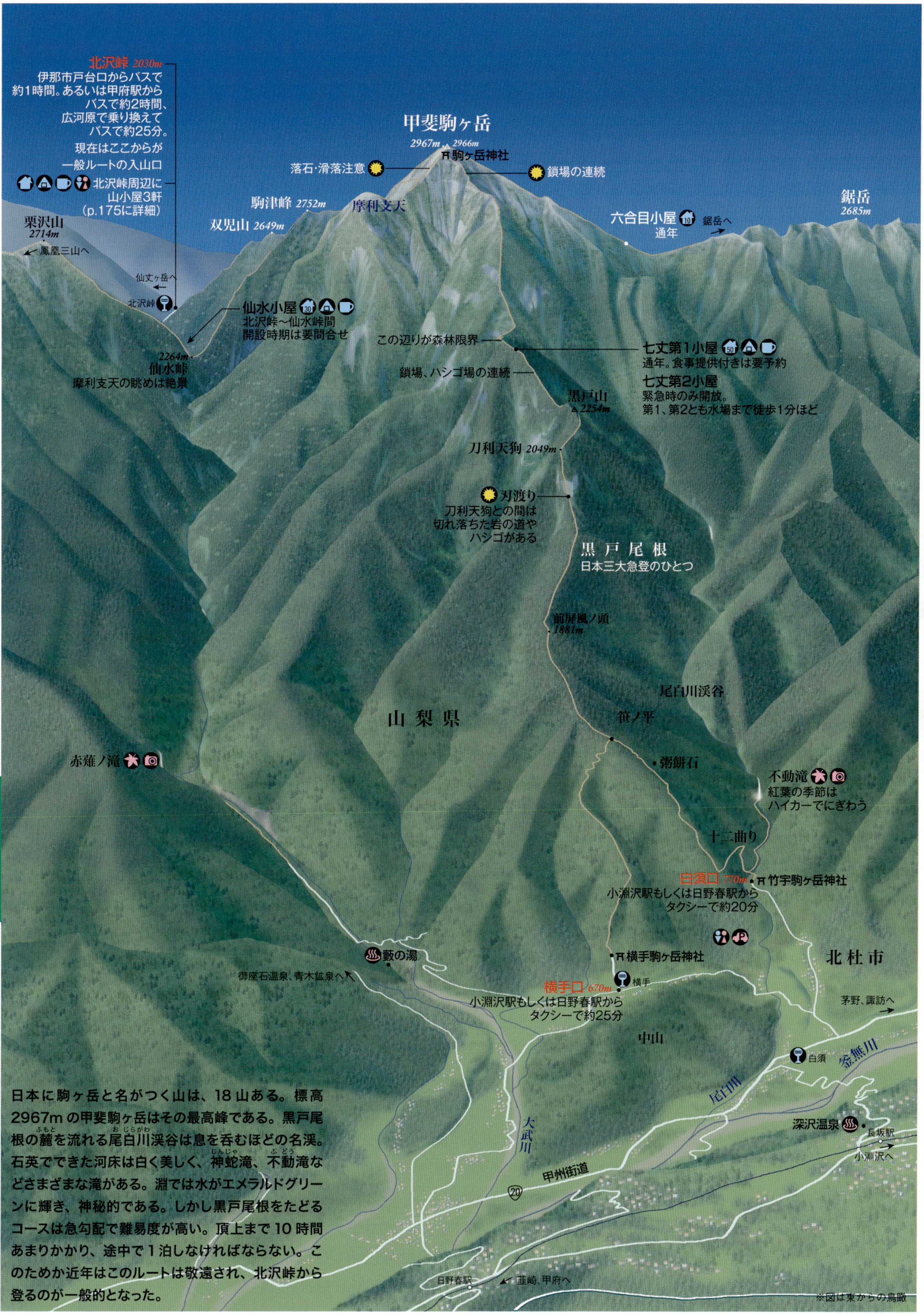

甲斐駒ヶ岳
2967m 2966m
駒ヶ岳神社
落石・滑落注意
鎖場の連続
北沢峠 2030m
伊那市戸台口からバスで約1時間。あるいは甲府駅からバスで約2時間、広河原で乗り換えてバスで約25分。
現在はここからが一般ルートの入山口
北沢峠周辺に山小屋3軒（p.175に詳細）
栗沢山 2714m
鳳凰三山へ
仙丈ヶ岳へ
北沢峠
駒津峰 2752m
双児山 2649m
摩利支天
六合目小屋 10 通年
鋸岳へ
鋸岳 2685m
仙水小屋 30
北沢峠～仙水峠間開設時期は要問合せ
2264m 仙水峠
摩利支天の眺めは絶景
この辺りが森林限界
七丈第1小屋 50
通年。食事提供付きは要予約
七丈第2小屋
緊急時のみ開放。
第1、第2とも水場まで徒歩1分ほど
鎖場、ハシゴ場の連続
黒戸山 2254m
刀利天狗 2049m
刃渡り
刀利天狗との間は切れ落ちた岩の道やハシゴがある
黒戸尾根
日本三大急登のひとつ
前屏風ノ頭 1881m
尾白川渓谷
山梨県
笹ノ平
粥餅石
赤薙ノ滝
不動滝
紅葉の季節はハイカーでにぎわう
十二曲り
白須口 770m
竹宇駒ヶ岳神社
小淵沢駅もしくは日野春駅からタクシーで約20分
北杜市
藪の湯
御座石温泉、青木鉱泉へ
横手駒ヶ岳神社
横手
横手口 670m
小淵沢駅もしくは日野春駅からタクシーで約25分
茅野、諏訪へ
中山
白須
釜無川
尾白川
大武川
深沢温泉
長坂駅
小淵沢へ
甲州街道
20
日野春駅
韮崎、甲府へ
※図は東からの鳥瞰

日本に駒ヶ岳と名がつく山は、18山ある。標高2967mの甲斐駒ヶ岳はその最高峰である。黒戸尾根の麓《ふもと》を流れる尾白川《おじらがわ》渓谷は息を呑むほどの名渓。石英でできた河床は白く美しく、神蛇《じんじゃ》滝、不動《ふどう》滝などさまざまな滝がある。淵では水がエメラルドグリーンに輝き、神秘的である。しかし黒戸尾根をたどるコースは急勾配で難易度が高い。頂上まで10時間あまりかかり、途中で1泊しなければならない。このためか近年はこのルートは敬遠され、北沢峠から登るのが一般的となった。

宿泊施設（数字は収容人数） キャンプ場 水場 トイレ 危険箇所 ロープウェイ リフト おもなバス停 温泉 紅葉の名所 花の名所 好展望 観光ポイント 駐車場

仙丈ヶ岳※

高山植物が豊富な「南アルプスの女王」

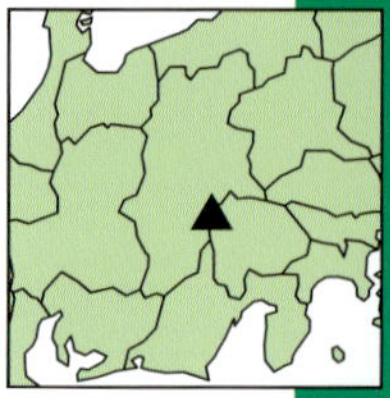

せんじょうがたけ（せんじょうだけ）
3033m
中級者向け
1泊2日

見どころ：眺望、花、紅葉、樹林帯、渓流
1/25000地形図：仙丈ヶ岳

おおらかな山容

仙丈ヶ岳は南アルプスの北端に位置する3000m峰である。その優美な山容から「南アルプスの女王」と称される。

「仙丈」とは、中央アルプスの千畳敷《せんじょうじき》などと同じで、「とても高い」あるいは「広い」という意味である。高くて広いが、なだらかな傾斜でとくに峻険なところがない……これが仙丈ヶ岳の特色でもある。

山体は硬砂岩、粘板岩、チャートなどによって構成され、頂上部に大仙丈沢カール、小仙丈《こせんじょう》沢カール、藪沢《やぶさわ》カールの3つのカールがある。とくに藪沢カールは穂《ほ》高《たか》の涸沢《からさわ》カール、立《たて》山《やま》の山崎《やまさき》カールとともに日本の三大カールとされる。

仙丈ヶ岳に咲くキバナシャクナゲ（撮影：清水隆雄）

咲き乱れる高山植物

仙丈ヶ岳の魅力のひとつは豊富な高山植物である。とくにカールや馬ノ背付近はお花畑が広がり、キバナシャクナゲ、センジョウナズナ、センジョウチドリなどのこの山の固有種が咲く。ほかにもシナノキンバイ、ハクサンイチゲ、ミヤマシオガマ、クロユリなどその種類は60種類にも及ぶという。

山頂部は尾根の十字路

藪沢新道は沢沿いに登るルートで、途中には滝がある。

仙丈ヶ岳の山頂部は馬ノ背への尾根、塩見《しおみ》岳まで続く仙塩《せんしお》尾根、小仙丈ヶ岳への小仙丈尾根、地蔵《じぞう》尾根と4つの尾根の交差点になっている。山頂からの展望も見事だ。甲斐《かい》駒《こま》ヶ岳が間近にそびえ、北《きた》岳をはじめとする白峰《しらね》三山、鳳凰《ほうおう》三山などの南アルプスの峰々、中央アルプス、北アルプス、富士山《ふじさん》などの山々も一望できる。

小仙丈ヶ岳から見る仙丈ヶ岳も美しい。

甲斐駒ヶ岳から見た仙丈ヶ岳
（撮影：清水隆雄）

馬ノ背コース／小仙丈ヶ岳コース

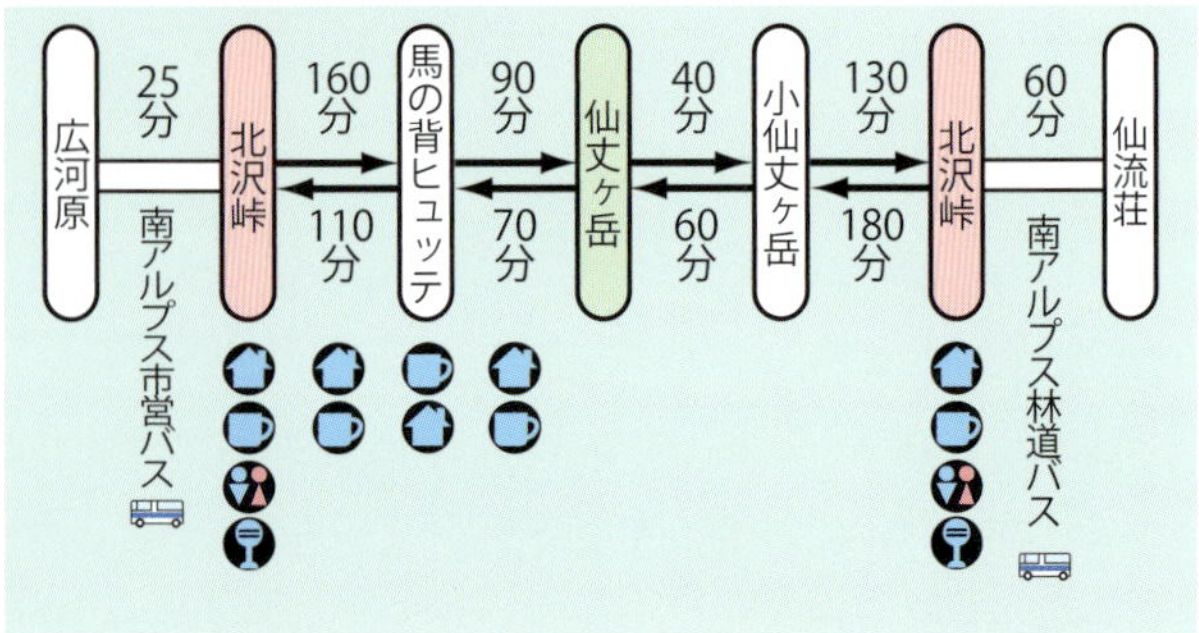

data

●アクセス
起点は甲府駅（JR中央本線）もしくは伊那市駅（JR飯田線）
甲府駅→広河原（山梨交通バス約2時間）→北沢峠（南アルプス市営バス約25分）
伊那市駅→高遠（JRバス約30分）→仙流荘（長谷循環バス約30分）→北沢峠（南アルプス林道バス約1時間）

●山小屋
北沢峠こもれび山荘　080-8760-4367
南アルプス市長衛小屋　090-8485-2967
仙水小屋　0551-28-8173
大平山荘　0265-78-3761
馬の背ヒュッテ　090-2135-2500
藪沢小屋　0265-98-3130
仙丈小屋　090-1883-3033

●問い合わせ
山梨交通バス　055-223-0821
南アルプス市営バス　055-282-2016
南アルプス林道バス営業所　0265-98-2821
JRバス関東中央道支店　0265-73-7171
YKタクシー（甲府）　055-237-2121
芦安観光タクシー　055-285-3555
白川タクシー　0265-72-2151
南アルプス市役所　055-282-1111
伊那市役所長谷総合支所　0265-98-2211

※＝深田久弥『日本百名山』では「仙丈岳」と表記。

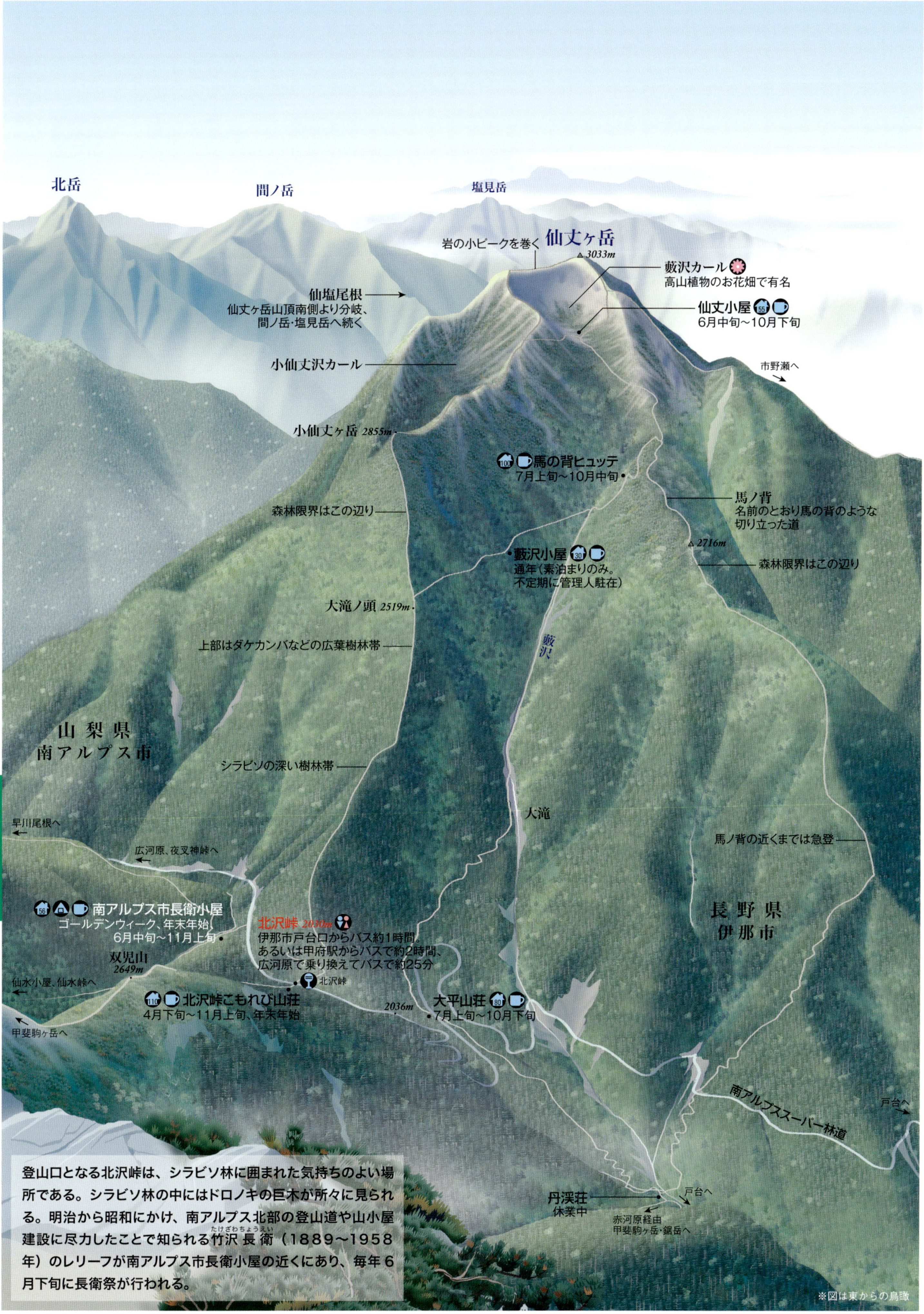
北岳
間ノ岳
塩見岳
岩の小ピークを巻く
仙丈ヶ岳
3033m
藪沢カール
高山植物のお花畑で有名
仙塩尾根
仙丈ヶ岳山頂南側より分岐、
間ノ岳・塩見岳へ続く
仙丈小屋
6月中旬～10月下旬
小仙丈沢カール
市野瀬へ
小仙丈ヶ岳 2855m
馬の背ヒュッテ
7月上旬～10月中旬
森林限界はこの辺り
馬ノ背
名前のとおり馬の背のような
切り立った道
藪沢小屋
通年（素泊まりのみ。
不定期に管理人駐在）
2716m
森林限界はこの辺り
大滝ノ頭 2519m
藪沢
上部はダケカンバなどの広葉樹林帯
山梨県
南アルプス市
シラビソの深い樹林帯
大滝
早川尾根へ
馬ノ背の近くまでは急登
広河原、夜叉神峠へ
南アルプス市長衛小屋
ゴールデンウィーク、年末年始、
6月中旬～11月上旬
北沢峠 2030m
伊那市戸台口からバス約1時間、
あるいは甲府駅からバスで約2時間、
広河原で乗り換えてバスで約25分
長野県
伊那市
双児山
2649m
仙水小屋、仙水峠へ
北沢峠
北沢峠こもれび山荘
4月下旬～11月上旬、年末年始
2036m
大平山荘
7月上旬～10月下旬
甲斐駒ヶ岳へ
南アルプススーパー林道
戸台へ
丹渓荘
休業中
戸台へ
赤河原経由
甲斐駒ヶ岳・鋸岳へ
※図は東からの鳥瞰

登山口となる北沢峠は、シラビソ林に囲まれた気持ちのよい場所である。シラビソ林の中にはドロノキの巨木が所々に見られる。明治から昭和にかけ、南アルプス北部の登山道や山小屋建設に尽力したことで知られる竹沢《たけざわ》 長衛《ちょうえい》（1889～1958年）のレリーフが南アルプス市長衛小屋の近くにあり、毎年6月下旬に長衛祭が行われる。

宿泊施設（数字は収容人数）　キャンプ場　水場　トイレ　危険箇所　ロープウェイ　リフト　おもなバス停　温泉　紅葉の名所　花の名所　好展望　観光ポイント　駐車場

鳳凰山

南アルプスの北部に位置する「白砂青松の山」

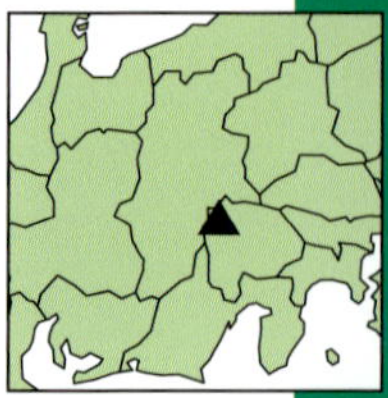

ほうおうざん
観音岳　2841m
中級者向け
1泊2日

見どころ：眺望、花、紅葉、樹林帯、岩塔
1/25000 地形図：鳳凰山、夜叉神峠、仙丈ヶ岳

仙丈ヶ岳より鳳凰三山を望む（撮影：清水隆雄）

鳳凰三山の名で知られる

鳳凰山は南アルプスの北部にある山塊である。この山塊は一般に「鳳凰三山」という名で親しまれている。鳳凰三山とは、薬師《やくし》岳、観音《かんのん》岳、地蔵《じぞう》岳の三山を指す。山体は花崗《かこう》岩からなる。山頂部は花崗岩が露出しており、その白さとハイマツの緑のコントラストが美しく「白《はく》砂青松《しゃせいしょう》の山」といわれる。

シンボルのオベリスク

鳳凰山という山名は、一説には仏法の王を意味する法王に由来するという。ほかにも、山容が大きな鳥が翼を広げたように見え、「鳳凰」とよばれるようになったという説もある。

鳳凰山は古くからの信仰の山である。開山は奈良時代から平安時代の初めのころといわれる。後に鳳凰山大神の信仰が広まり、登拝も盛んになった。

ホウオウシャジン
（撮影：清水隆雄）

地蔵岳の岩塔はオベリスクとよばれ、この山のシンボルである。このオベリスクは地蔵仏とされる。周辺の賽《さい》ノ河原にはたくさんの子授け地蔵が祀《まつ》られている。かつてこの地蔵の1体を持ち帰ると子どもを授かり、2体にして返すという風習があった。

いずれの山頂も好展望

鳳凰山は高山植物の宝庫としても知られる。タカネビランジ、ハクサンイチゲなどとともに、この山域の固有種ホウオウシャジンが咲く。ドンドコ沢には五色《ごしき》ノ滝、白糸《しらいと》ノ滝、鳳凰ノ滝、南精進《みなみしょうじん》ヶ滝など、迫力がある滝が相次ぐ。

三山のいずれの山頂からもすばらしい展望が開ける。白峰《しらね》三山、甲斐駒《かいこま》ヶ岳、富士山《ふじさん》、八《やつ》ヶ岳などが一望できる。

ドンドコ沢コース

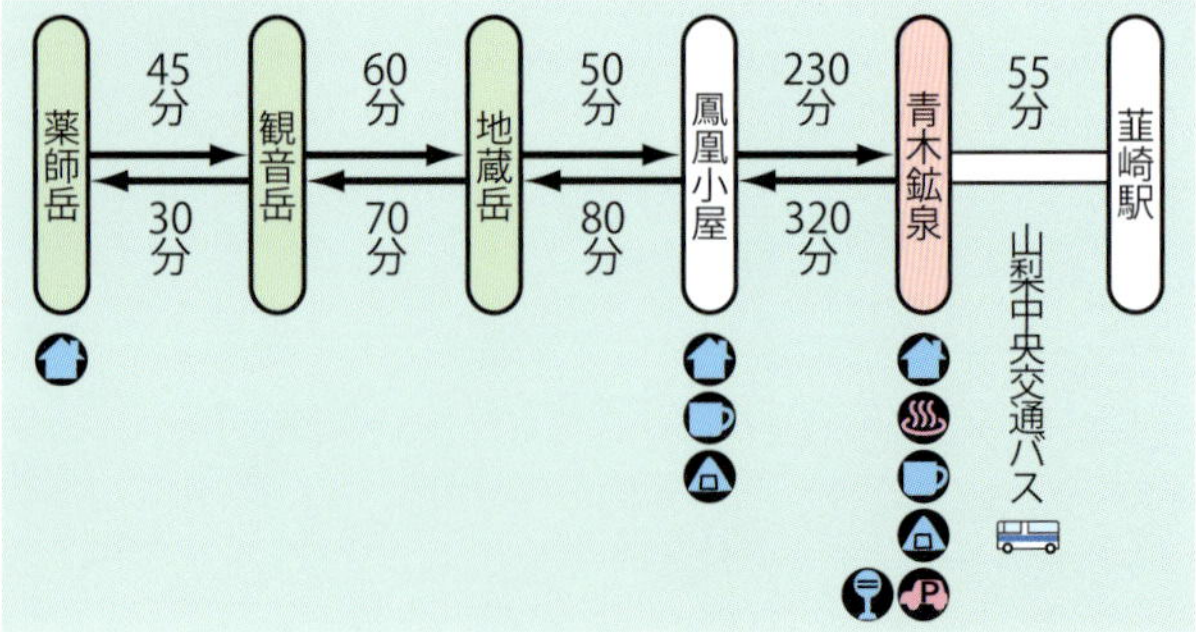

data

●アクセス
起点は甲府駅（JR中央本線）もしくは韮崎駅（JR中央本線）
甲府駅→夜叉神峠登山口（山梨交通バス約1時間15分）
韮崎駅→青木鉱泉（山梨中央交通バス約55分）

●山小屋
鳳凰小屋　0551-27-2018
薬師岳小屋　0551-22-6682
南御室小屋　0551-22-6682
夜叉神峠小屋　055-288-2402
夜叉神ヒュッテ　080-2182-2992
御座石温泉　0551-27-2018
青木鉱泉　0422-51-2313
甘利山グリーンロッジ　0551-22-1111

●問い合わせ
山梨交通バス　055-223-0821
山梨中央交通バス　055-262-0777
芦安観光タクシー　055-285-3555
YKタクシー（甲府）　055-237-2121
韮崎タクシー　0551-22-2235
南アルプス市役所　055-282-1111
韮崎市役所　0551-22-1111

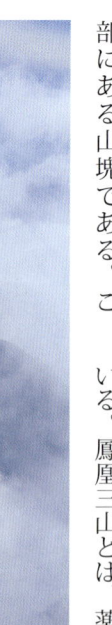

鳳凰三山の南端に位置する夜叉神峠は、白峰《しらね》三山（北岳、間ノ岳、農鳥《のうとり》岳）の絶好の展望ポイント。かつてこの峠には大きな自然災害をもたらす荒ぶる神が住んでいて、人々は「夜叉神の祟《たた》り」として恐れていたという。祠《ほこら》を立てて祀《まつ》ると祟りは止み、豊作の神、縁結びの神となったと伝えられる。夜叉神峠はヤナギランの群生地としても知られる。

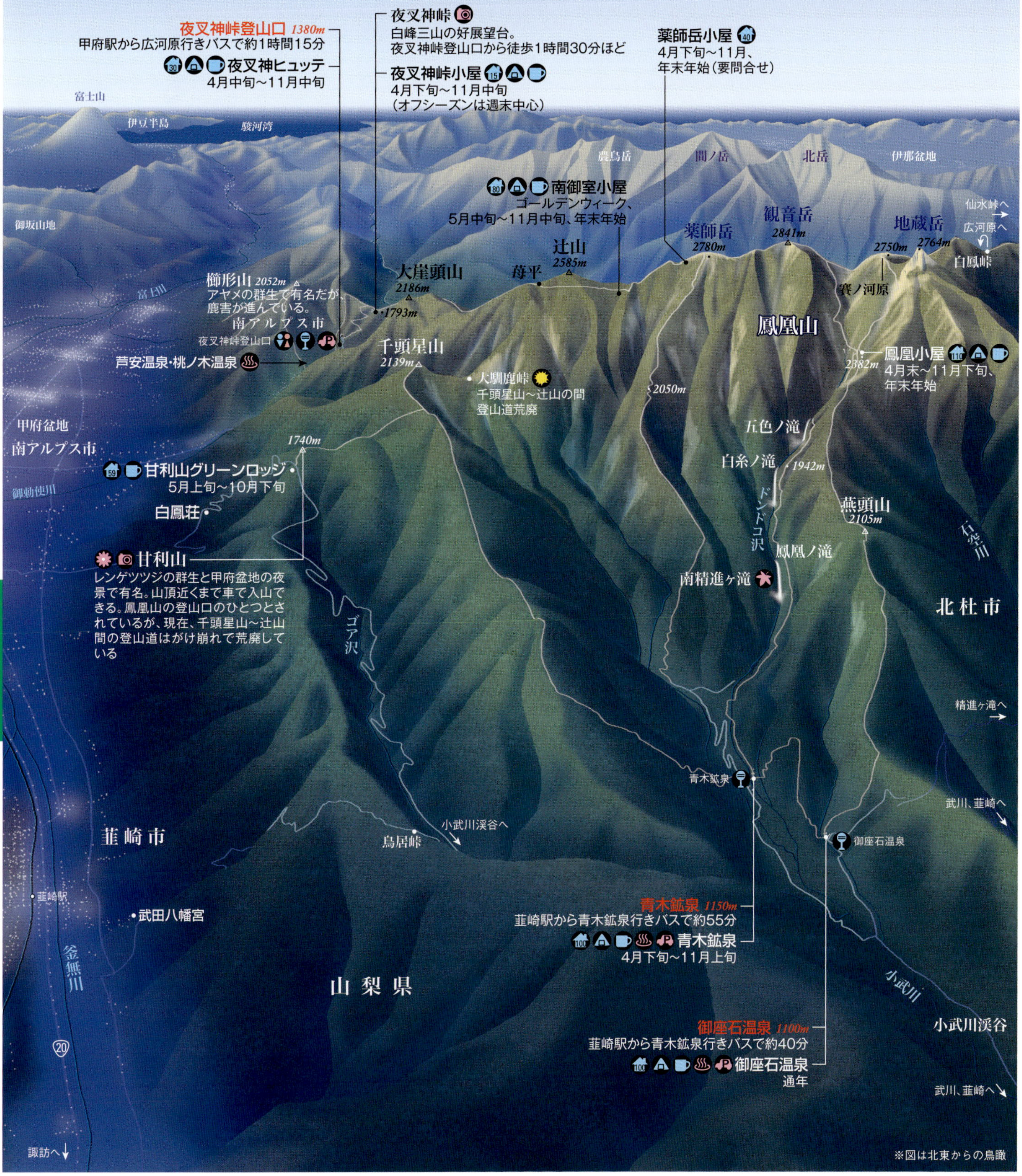

夜叉神峠登山口 1380m
甲府駅から広河原行きバスで約1時間15分
夜叉神ヒュッテ
4月中旬～11月中旬
夜叉神峠
白峰三山の好展望台。
夜叉神峠登山口から徒歩1時間30分ほど
夜叉神峠小屋
4月下旬～11月中旬
（オフシーズンは週末中心）
薬師岳小屋
4月下旬～11月、
年末年始（要問合せ）
富士山
伊豆半島
駿河湾
農鳥岳
間ノ岳
北岳
伊那盆地
南御室小屋
ゴールデンウィーク、
5月中旬～11月中旬、年末年始
御坂山地
観音岳
2841m
薬師岳
2780m
地蔵岳
2750m
2764m
仙水峠へ
広河原へ
白鳳峠
辻山
2585m
大崖頭山
2186m
苺平
櫛形山 2052m
アヤメの群生で有名だが、
鹿害が進んでいる。
富士川
南アルプス市
夜叉神峠登山口
·1793m
賽ノ河原
鳳凰山
千頭星山
2139m
芦安温泉・桃ノ木温泉
鳳凰小屋
2382m
4月末～11月下旬、
年末年始
大馴鹿峠
千頭星山～辻山の間
登山道荒廃
2050m
甲府盆地
南アルプス市
五色ノ滝
1740m
甘利山グリーンロッジ
5月上旬～10月下旬
白糸ノ滝
1942m
御勅使川
白鳳荘
燕頭山
2105m
ドンドコ沢
甘利山
レンゲツツジの群生と甲府盆地の夜景で有名。山頂近くまで車で入山できる。鳳凰山の登山口のひとつとされているが、現在、千頭星山～辻山間の登山道はがけ崩れで荒廃している
鳳凰ノ滝
石空川
南精進ヶ滝
北杜市
ゴア沢
精進ヶ滝へ
青木鉱泉
武川、韮崎へ
韮崎市
鳥居峠
小武川渓谷へ
御座石温泉
韮崎駅
武田八幡宮
青木鉱泉 1150m
韮崎駅から青木鉱泉行きバスで約55分
青木鉱泉
4月下旬～11月上旬
釜無川
山梨県
小武川
御座石温泉 1100m
韮崎駅から青木鉱泉行きバスで約40分
御座石温泉
通年
小武川渓谷
20
武川、韮崎へ
諏訪へ
※図は北東からの鳥瞰

宿泊施設（数字は収容人数） キャンプ場 水場 トイレ 危険箇所 ロープウェイ リフト おもなバス停 温泉 紅葉の名所 花の名所 好展望 観光ポイント 駐車場

北岳

鋭角的にそびえる日本第二の高峰

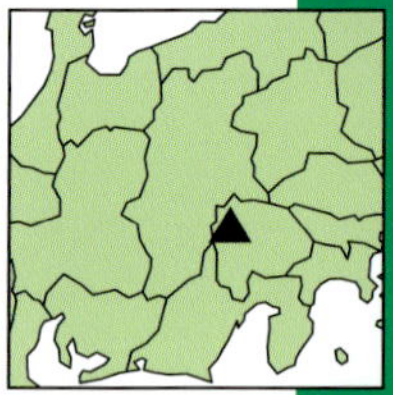
▲

きただけ
3193m
中級者向け
1泊2日

見どころ：眺望、花、紅葉、樹林帯、雪渓、岩壁
1/25000 地形図：仙丈ヶ岳、鳳凰山

白根御池より北岳を望む（撮影：川井靖元）

きわだつ雄大さ

北岳は富士山《ふじさん》に次ぐ日本第二の高峰であり、白峰《しらね》三山の主峰である。巨大な山塊でありながら山梨県一県の中にそびえ、かつては甲《か》斐《い》ケ根《ね》とよばれたこともある。

他の山から見る北岳は、頂上部が鋭角的にそびえる雄大な山容がきわだつ。東斜面の大《おお》樺《かんば》沢《さわ》上部の北岳バットレスは標高差600mの大岩壁で、見る者を圧倒する。

かつては信仰の対象

北岳は、白峰三山の最北に位置することにちなんだよび名だという。白峰三山とは、北岳を含んでその南に連なる間《あい》ノ岳、農鳥《のうとり》岳を指すが、その間の中白峰山、西農鳥岳も含めての総称である。

記録によれば、かつて北岳山頂には大日如来《だいにちにょらい》の像が安置してあったという。その後、明治時代になって麓《ふもと》の行者が夜叉神《やしゃじん》峠付近に里宮、白根御池《しらねおいけ》付近に中宮、頂上に本宮を建てたとされる。

豊富な高山植物

北岳は花の山でもあり、方々にお花畑が展開する。

草すべりから小太郎《こたろう》尾根にかけての登山道脇や大樺沢二俣《ふたまた》付近にはシナノキンバイやハクサンイチゲなど多くの花が咲く。山頂から北岳山荘に向かう斜面には、この山域の固有種であるキタダケソウが可憐な白い花を見せる。

山頂からの大展望

大樺沢は夏でも大きな雪渓が残るところだ。大樺沢二俣から見上げる北岳はいっそう迫力がある。

頂上からの展望は、言葉がないほど見事である。間近に間ノ岳が迫り、農鳥岳方面に尾根が続くのが見える。さらに鳳凰《ほうおう》三山や甲斐《かい》駒《こま》ヶ岳、富士山《ふじさん》、奥秩父《おくちちぶ》山塊、北アルプス、中央アルプスなど本州中部の主だった峰が一望できる。

キタダケソウ（撮影：清水隆雄）

大樺沢コース／草すべりコース

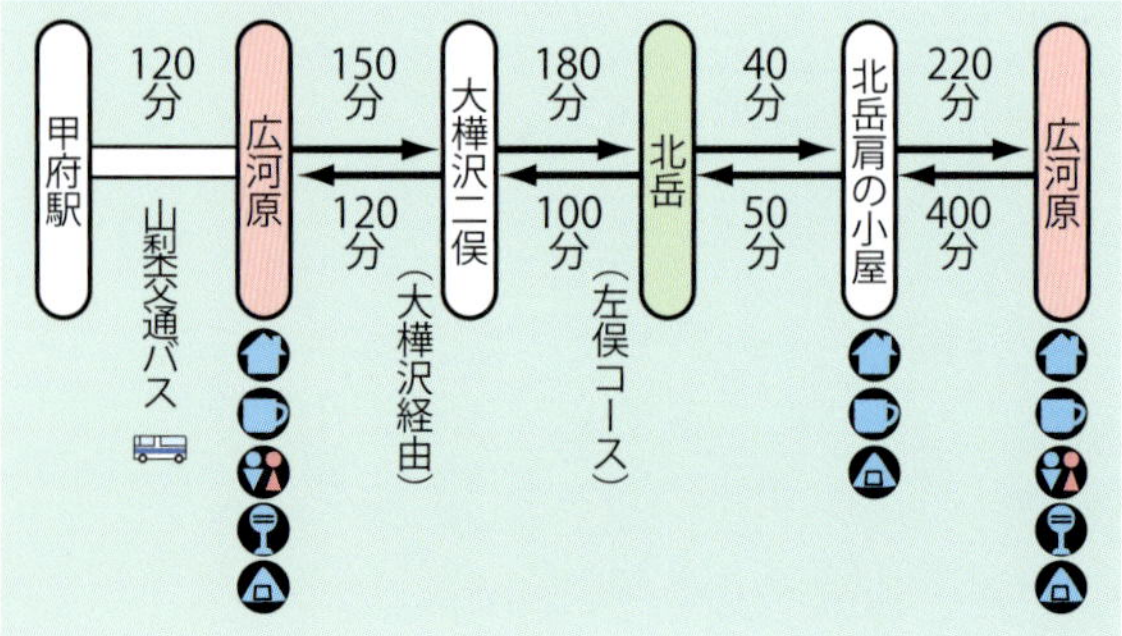
甲府駅
120分
山梨交通バス
広河原
150分
120分
大樺沢二俣
(大樺沢経由)
180分
100分
北岳
(左俣コース)
40分
50分
北岳肩の小屋
220分
400分
広河原

data

●アクセス
起点は甲府駅（JR中央本線）
甲府駅→広河原（山梨交通バス約2時間）
●山小屋
南アルプス市広河原山荘　090-2677-0828
南アルプス市両俣小屋　090-4529-4947
南アルプス市白根御池小屋　090-3201-7683
南アルプス市池山御池小屋　055-282-6294
北岳肩の小屋　090-4606-0068
南アルプス市山梨県北岳山荘　090-4529-4947
●問い合わせ
山梨交通バス　055-223-0821
YKタクシー（甲府）　055-237-2121
芦安観光タクシー　055-285-3555
南アルプス市役所　055-282-1111
野呂川広河原インフォメーションセンター
090-2673-2406

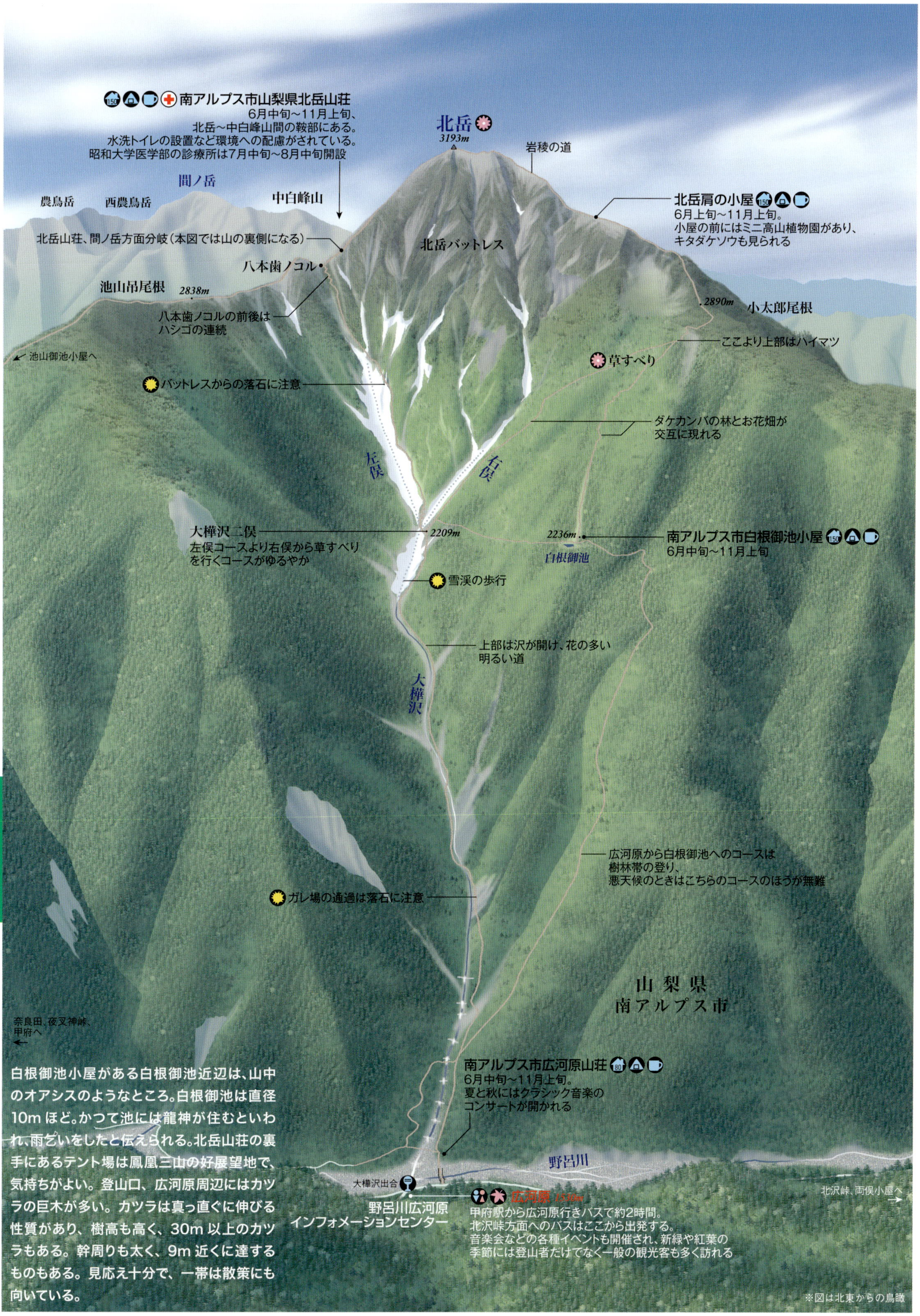
南アルプス市山梨県北岳山荘
6月中旬〜11月上旬、
北岳〜中白峰山間の鞍部にある。
水洗トイレの設置など環境への配慮がされている。
昭和大学医学部の診療所は7月中旬〜8月中旬開設
北岳
3193m
岩稜の道
間ノ岳
農鳥岳
西農鳥岳
中白峰山
北岳肩の小屋
6月上旬〜11月上旬。
小屋の前にはミニ高山植物園があり、
キタダケソウも見られる
北岳山荘、間ノ岳方面分岐（本図では山の裏側になる）
八本歯ノコル
北岳バットレス
池山吊尾根
2838m
2890m
小太郎尾根
八本歯ノコルの前後は
ハシゴの連続
ここより上部はハイマツ
池山御池小屋へ
草すべり
バットレスからの落石に注意
ダケカンバの林とお花畑が
交互に現れる
左俣
右俣
大樺沢二俣
左俣コースより右俣から草すべり
を行くコースがゆるやか
2209m
2236m
南アルプス市白根御池小屋
6月中旬〜11月上旬
白根御池
雪渓の歩行
上部は沢が開け、花の多い
明るい道
大樺沢
広河原から白根御池へのコースは
樹林帯の登り、
悪天候のときはこちらのコースのほうが無難
ガレ場の通過は落石に注意
山梨県
南アルプス市
奈良田、夜叉神峠、
甲府へ
南アルプス市広河原山荘
6月中旬〜11月上旬。
夏と秋にはクラシック音楽の
コンサートが開かれる
野呂川
大樺沢出合
野呂川広河原
インフォメーションセンター
広河原
甲府駅から広河原行きバスで約2時間。
北沢峠方面へのバスはここから出発する。
音楽会などの各種イベントも開催され、新緑や紅葉の
季節には登山者だけでなく一般の観光客も多く訪れる
北沢峠、両俣小屋へ
※図は北東からの鳥瞰

白根御池小屋がある白根御池近辺は、山中のオアシスのようなところ。白根御池は直径10mほど。かつて池には龍神が住むといわれ、雨乞いをしたと伝えられる。北岳山荘の裏手にあるテント場は鳳凰三山の好展望地で、気持ちがよい。登山口、広河原周辺にはカツラの巨木が多い。カツラは真っ直ぐに伸びる性質があり、樹高も高く、30m以上のカツラもある。幹周りも太く、9m近くに達するものもある。見応え十分で、一帯は散策にも向いている。

宿泊施設（数字は収容人数） キャンプ場 水場 トイレ 危険箇所 診療所 ロープウェイ リフト おもなバス停 温泉 紅葉の名所 花の名所 好展望 観光ポイント 駐車場

間ノ岳

巨大な山容を誇る日本3位の高峰

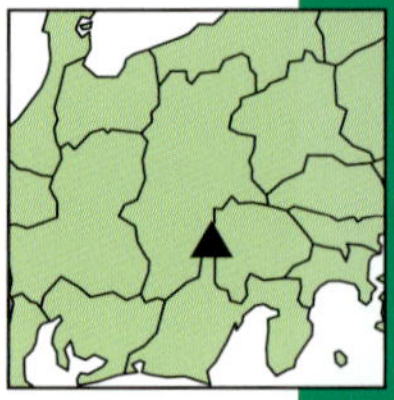

あいのだけ
3190m
中級者向け
1泊2日（北岳と合わせ）

見どころ：眺望、花、紅葉、樹林帯、氷河地形
1/25000地形図：間ノ岳、仙丈ヶ岳、鳳凰山、奈良田

堂々とした山容

間ノ岳は白峰《しらね》三山の一峰で、日本第3位の高峰である。北岳から見えるその山容はじつに大きく堂々としていて、ドーム状の山頂部が印象的な山である。野呂《のろ》川から早《はや》川に至る水系と大《おお》井《い》川との分水嶺でもある。

間ノ岳は北《きた》岳から農鳥《のうとり》岳に至る白峰三山の稜線と、仙塩《せんしお》尾根から塩見《しおみ》岳を経て荒川《あらかわ》岳、赤石《あかいし》岳へと続く稜線の分岐点でもある。

東面上部は細沢《ほそざわ》カールとよばれる圏谷である。

間ノ岳の由来

間ノ岳という山名は、白峰三山のうち、北岳と農鳥岳の間に位置するためという。山梨県側から見ると、農鳥岳と同じく、農鳥の雪形ができる。昔の記録では間ノ岳を農鳥岳、現在の農鳥岳を別当代《べっとうしろ》と記している。このため、明治時代には山名をめぐって論争があった。しかし、先に農鳥岳の雪形が発見されたため、間ノ岳の名称が定着したという。

豊かな高山植物

ほかの白峰三山がそうであるように、豊かな山域である。高山植物の豊かな山域である。とくに細沢カールは花の名所。7月のシナノキンバイの大群落は見事で、斜面が黄色で埋まるほどだ。ほかにもハクサンイチゲや、ミネウスユキソウ、オヤマノエンドウなどの高山植物が咲き競う。

広々とした頂上

頂上は岩礫《がんれき》で覆われ、広々としている。展望もよく、北岳のピラミッド形の山容が大きく迫り、甲斐《かい》駒《こま》ヶ岳をはじめ南アルプスの峰々が一望できる。本州中部の主だった山も見渡せる。

北岳山頂より間ノ岳を望む（撮影：清水隆雄）

間ノ岳山頂から富士山を望む（撮影：清水隆雄）

大樺沢コース／農鳥岳コース

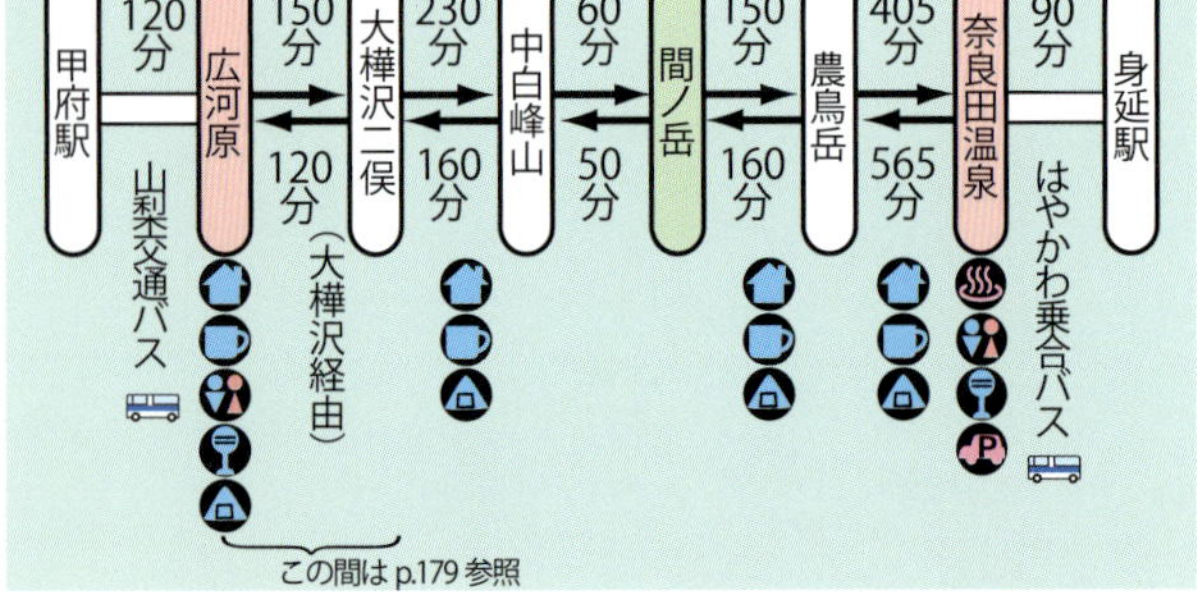
甲府駅
120分
山梨交通バス
広河原
150分
120分
大樺沢二俣
（大樺沢経由）
230分
160分
中白峰山
60分
50分
間ノ岳
150分
160分
農鳥岳
405分
565分
奈良田温泉
90分
はやかわ乗合バス
身延駅
この間はp.179参照

data

●アクセス
起点は甲府駅（JR中央本線）もしくは身延駅（JR身延線）
甲府駅→広河原（山梨交通バス約2時間）
身延駅→奈良田温泉（はやかわ乗合バス約90分）

●山小屋
南アルプス市広河原山荘　090-2677-0828
南アルプス市両俣小屋　090-4529-4947
南アルプス市白根御池小屋　090-3201-7683
南アルプス市池山御池小屋　055-282-6294
北岳肩の小屋　090-4606-0068
南アルプス市山梨県北岳山荘　090-4529-4947
農鳥小屋　0556-48-2533
大門沢小屋　090-7635-4244
静岡市営熊の平小屋（特種東海フォレスト）0547-46-4717

●問い合わせ
山梨交通バス　055-223-0821
はやかわ乗合バス（早川町役場）　0556-45-2511
YKタクシー（甲府）　055-237-2121
芦安観光タクシー　055-285-3555
すみせタクシー　0556-45-2062
南アルプス市役所　055-282-1111
野呂川広河原インフォメーションセンター　090-2673-2406

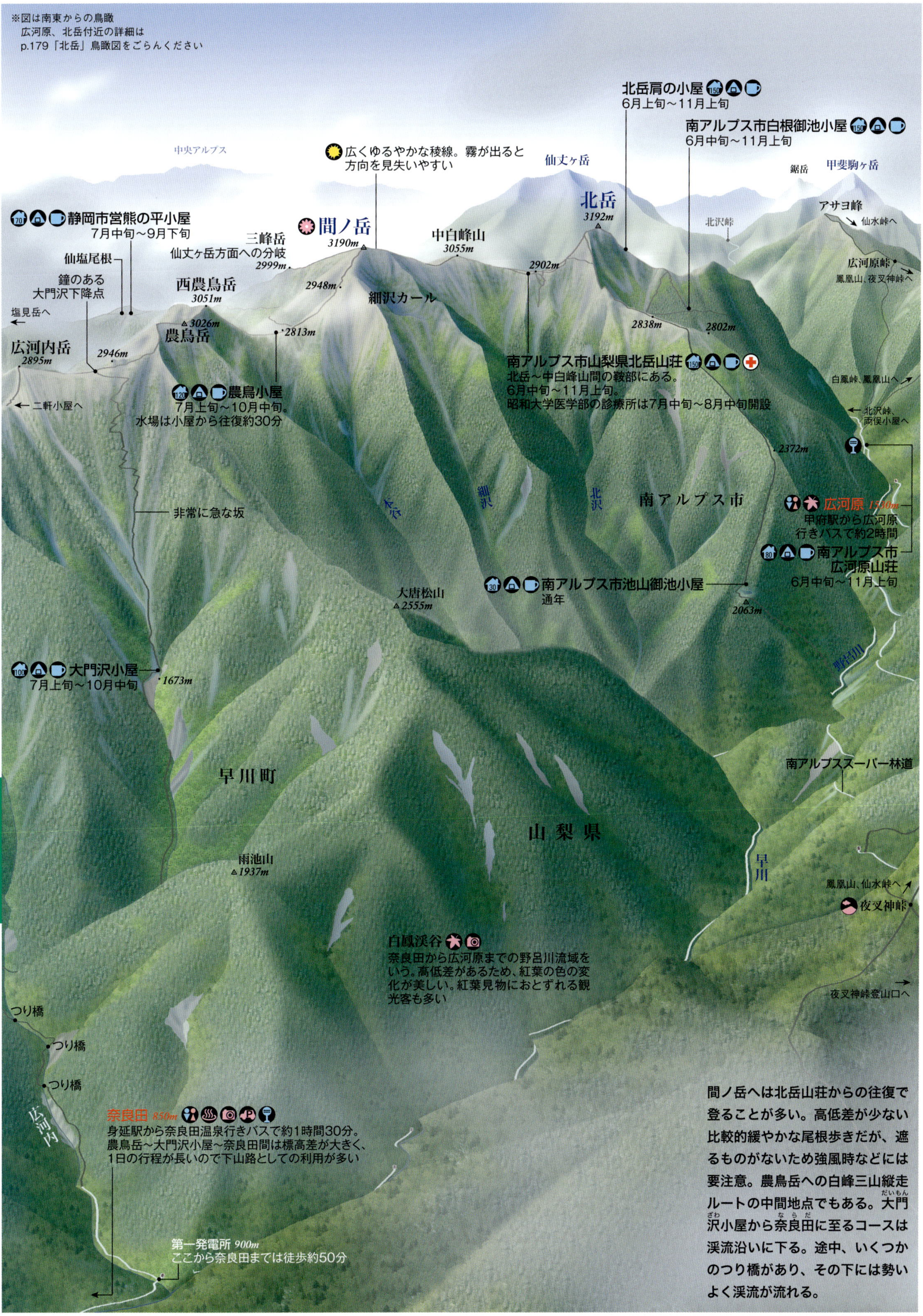
※図は南東からの鳥瞰
広河原、北岳付近の詳細は
p.179「北岳」鳥瞰図をごらんください
中央アルプス
広くゆるやかな稜線。霧が出ると方向を見失いやすい
仙丈ヶ岳
北岳肩の小屋
6月上旬～11月上旬
南アルプス市白根御池小屋
6月中旬～11月上旬
鋸岳
甲斐駒ヶ岳
アサヨ峰
仙水峠へ
北沢峠
北岳
3192m
静岡市営熊の平小屋
7月中旬～9月下旬
間ノ岳
3190m
三峰岳
仙丈ヶ岳方面への分岐
2999m
中白峰山
3055m
2902m
広河原峠
鳳凰山、夜叉神峠へ
仙塩尾根
鐘のある
大門沢下降点
西農鳥岳
3051m
2948m
細沢カール
2838m
2802m
塩見岳へ
3026m
農鳥岳
2813m
広河内岳
2895m
2946m
南アルプス市山梨県北岳山荘
北岳～中白峰山間の鞍部にある。
6月中旬～11月上旬。
昭和大学医学部の診療所は7月中旬～8月中旬開設
白鳳峠、鳳凰山へ
二軒小屋へ
農鳥小屋
7月上旬～10月中旬。
水場は小屋から往復約30分
北沢峠、両俣小屋へ
2372m
大井川
細沢
北沢
南アルプス市
非常に急な坂
広河原 1530m
甲府駅から広河原行きバスで約2時間
南アルプス市広河原山荘
6月中旬～11月上旬
南アルプス市池山御池小屋
通年
大唐松山
2555m
2063m
野呂川
大門沢小屋
7月上旬～10月中旬
1673m
南アルプススーパー林道
早川町
山梨県
早川
雨池山
1937m
鳳凰山、仙水峠へ
夜叉神峠
白鳳渓谷
奈良田から広河原までの野呂川流域をいう。高低差があるため、紅葉の色の変化が美しい。紅葉見物におとずれる観光客も多い
夜叉神峠登山口へ
つり橋
つり橋
つり橋
広河内
奈良田 850m
身延駅から奈良田温泉行きバスで約1時間30分。
農鳥岳～大門沢小屋～奈良田間は標高差が大きく、1日の行程が長いので下山路としての利用が多い
第一発電所 900m
ここから奈良田までは徒歩約50分

間ノ岳へは北岳山荘からの往復で登ることが多い。高低差が少ない比較的緩やかな尾根歩きだが、遮るものがないため強風時などには要注意。農鳥岳への白峰三山縦走ルートの中間地点でもある。大門《だいもん》沢《ざわ》小屋から奈良田《ならだ》に至るコースは渓流沿いに下る。途中、いくつかのつり橋があり、その下には勢いよく渓流が流れる。

宿泊施設（数字は収容人数） キャンプ場 水場 トイレ 危険箇所 診療所 ロープウェイ リフト おもなバス停 温泉 紅葉の名所 花の名所 好展望 観光ポイント 駐車場

塩見岳

南アルプス中央部にそびえる巨大な雄峰

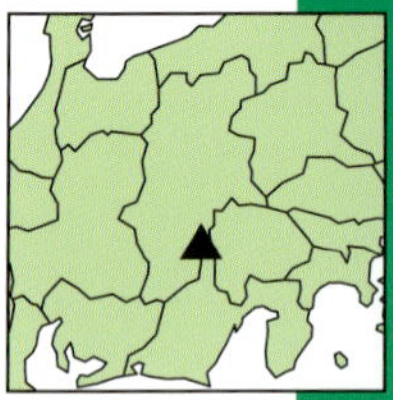

しおみだけ
3047m
中級者向け
1 泊 2 日

見どころ：眺望、花、紅葉、樹林帯、巨岩
1/25000 地形図：鹿塩、信濃大河原、塩見岳

西農鳥岳山頂付近から望む塩見岳（撮影：神田道雄）

巨大な兜のような山容

塩見岳は南アルプス北部の南端近くに位置する雄峰である。東峰と西峰からなる双耳峰《そうじほう》で、三角点がある西峰より東峰がわずかに高い。西峰から西方に伸びる岩稜線上には大きな天狗《てんぐ》岩があり、塩見岳の前衛のように構えている。北側は塩見岳バットレスとよばれる岩稜であり、大きな迫力がある。周囲に並ぶ高峰がないので独立峰の風格をもち、山頂部は大きな兜のようである。

塩見岳の北側は仙塩《せんしお》尾根が伸び仙丈《せんじょう》ヶ岳や間《あい》ノ岳・北《きた》岳へ連なり、南は荒川《あらかわ》三山を経て赤石《あかいし》岳へと連なる。

頂上直下では、南アルプスの別名「赤石山脈」の由来となった赤色チャートの岩石が見られる。

山名は塩にちなむ？

塩見岳という名称の由来は、山頂から海が見えたからとも、麓《ふもと》に塩の生産地があったからともいわれる。確かに麓には、塩原や塩川、鹿塩《かしお》など塩がつく地名が多い。村人たちが塩がなく困っているのを見た弘法大師がこの山頂に登り、海を望んで谷に塩をよんだとの伝説もある。

感動的な展望

塩見岳頂上からの眺めは、感動的だ。北岳をはじめとする南アルプス北部の山々、荒川三山や赤石岳など南部の峰々も一望できる。富士山はとりわけ美しい。

日本一高い峠

塩見岳登山の前線基地となる三伏峠《さんぷく》は、峠と名がつくなかで日本一標高が高い峠である。この峠を境に南アルプスは南北に分かれる。

三伏峠からサンプクリンドウ、クロユリ、マルバタケブキなどが咲くお花畑越しに見る塩見岳は見事である。

鹿塩温泉、塩湯荘（撮影：清水隆雄）

鳥倉登山口コース

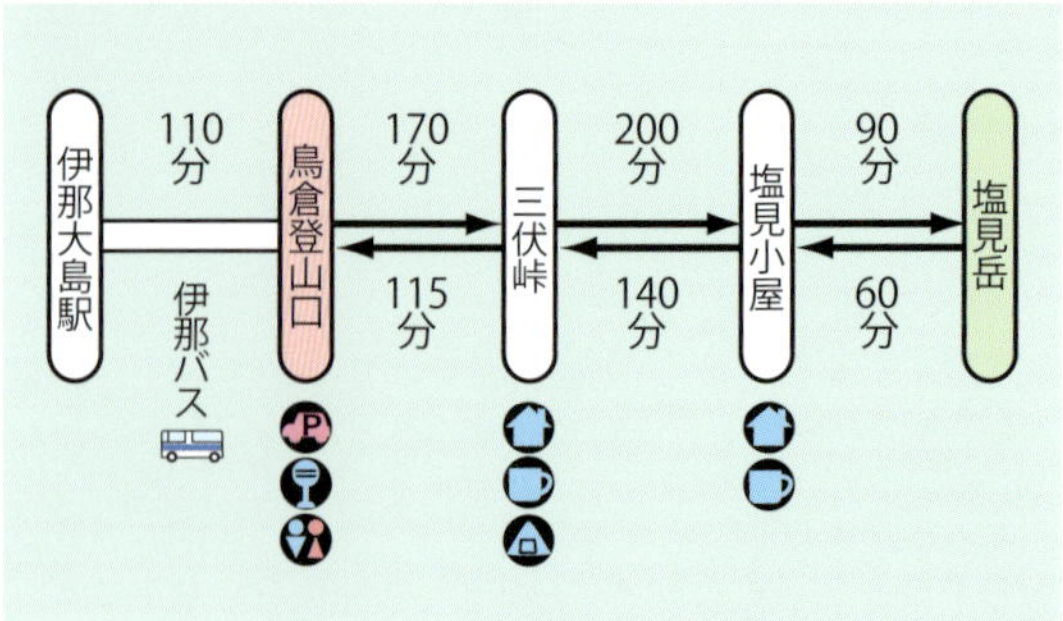

伊那大島駅
110分
伊那バス
鳥倉登山口
170分
115分
三伏峠
200分
140分
塩見小屋
90分
60分
塩見岳

data

●アクセス
起点は伊那大島駅（JR 飯田線）
伊那大島駅→鳥倉登山口（伊那バス約 1 時間 50 分）
●山小屋
塩見小屋（伊那市観光） 0265-94-6001
三伏峠小屋 0265-39-3110
●問い合わせ
伊那バス松川営業所 0265-36-2135
マルモタクシー 0265-36-3333
アルプスタクシー 0265-39-2306
大鹿村役場 0265-39-2001
伊那市役所長谷総合支所
0265-98-2211
大鹿村観光協会 0265-39-2929

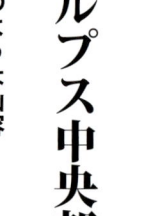

塩見岳
塩見とは、海が見えるからついた山名だという説があるくらい、山頂からの遠望は抜群。実際には三角点のある西峰より東峰のほうが標高が高い
3047m
塩見岳バットレス
天狗岩
蝙蝠岳へ
富士山
蝙蝠岳
2865m
仙塩尾根
間ノ岳、仙丈ヶ岳へ
北荒川岳
2698m
2719m
2542m
碎石に覆われた急な道
2766m
塩見小屋
7月上旬～10月中旬
水場まで15分
ハイマツの尾根
権右衛門山
2682m
三伏峠
峠と名がつくなかでは日本でいちばん標高の高い「峠」。かつては伊那谷と駿河を結んでいた。お花畑やハイマツがある
2784m
シラビソ林の中をいったん下る
烏帽子岳
2726m
小河内岳、赤石岳へ
本谷山
2658m
2608m
ハイマツの尾根
三伏山
三伏峠小屋
2607m
7月1日～9月30日
水場まで往復25分
針葉樹林帯
伊那市
豊口山
2231m
鳥倉林道終点 1600m
三伏峠まで3時間ほど
ブナ林の中の小休憩所
大曲
小瀬戸 1250m
大曲まで車で入れる
鳥倉登山口
伊那大島駅から
バスで約1時間50分
(夏季のみ)
高遠へ
長野県
塩川
塩川ルート
道路崩壊のため通行不可
小河内沢
夕立神パノラマ公園
御所平
小渋温泉、赤石岳登山口へ
塩川 1330m
塩川小屋
休業中
鳥倉林道へ
鳥倉山
2023m
向山牧場
信濃宮
大河原城址
福徳寺
香坂高宗の墓
大池パラグライダーエリア
小渋川
鹿塩温泉
深山にもかかわらず湯は海水並みの塩分濃度
大磧神社
毎年5月3日に大鹿歌舞伎が上演される
飯田、佐久間湖へ
152
駿木城址
大鹿村
秋葉街道
市場神社
毎年10月第3日曜日に大鹿歌舞伎が上演される
青木川
中央構造線博物館
日本で唯一の中央構造線の専門博物館。日本列島やアルプスのMRIを見ているようで、おもしろい。村営
大鹿村役場
鹿塩川
小渋湖、駒ケ根、飯田へ
152
駒ケ根、高遠へ
※図は西からの鳥瞰

麓の大鹿村は南北に中央構造線が走り、国道152号線沿いには、その露頭が見られる場所がある。福徳寺《ふくとくじ》の本堂は長野県最古の木造建築といわれ、国の重要文化財の指定を受けている。鳥倉林道の途中にある夕立神パノラマ公園は四方が開け、360度の展望が楽しめる。南アルプス、中央アルプス、伊那山脈の峰々が一望でき、「パノラマ」の名に恥じない。

宿泊施設(数字は収容人数) キャンプ場 水場 トイレ 危険箇所 ロープウェイ リフト おもなバス停 温泉 紅葉の名所 花の名所 好展望 観光ポイント 駐車場

東岳※・赤石岳・聖岳

高山植物が彩る南アルプス南部の核心部

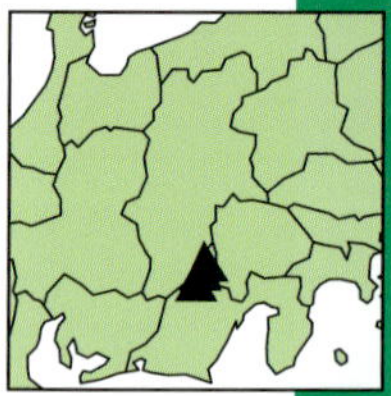

ひがしだけ・あかいしだけ・ひじりだけ
東岳　3141m
赤石岳　3121m
聖岳　3013m
上級者向け
東岳　1泊2日
赤石岳　1泊2日
聖岳　3泊4日
※コースによって、所要タイムは大きく異なる。
赤石岳・東岳縦走　2泊3日

見どころ：眺望、花、紅葉、滝、樹林帯、氷河地形
1/25000 地形図：塩見岳、赤石岳、上河内岳

赤石富士見から望む盛夏の東岳（撮影：鈴木菊雄）

重量感のある山容

東岳・赤石岳・聖岳は、南アルプス南部の主峰の峰々である。いずれの峰も3000mを超え、東岳を除けば、長野県と静岡県の県境に連なる。その東岳の位置も県境からわずかに静岡県側にずれるだけだ。

これらの峰々はアプローチがたいへんで、登山口から山頂までの標高差も大きい。しかしこの山域は高山植物の宝庫であり、重量感のある山容の山々が並ぶ。それだけに南アルプスらしい雰囲気をもった山として、登山者の人気が高い。

〈東岳〉

荒川三山の主峰

東岳は、前岳《まえ》、中岳《なか》とともに荒川《あらかわ》三山とよばれる。東岳は高峰が連なる南アルプスのなかでも北岳《きた》、間ノ岳《あい》に次ぐ高さがあり、日本第6位の標高を誇る。

荒川三山のなかで最も東に位置しているので、「東岳」とよばれているが、悪沢岳という独特の別名がある。北側の山腹を流れる沢が険悪で、悪沢とよばれたことにちなむという。

明治時代の後期に東岳に登頂した登山者の記録によれば、そのときすでに山頂には3つの祠《ほこら》と御幣があったという。古くから麓《ふもと》の人々の信仰の対象であったことがうかがわれる。

頂上からの眺望は見事である。とくにここから見ると赤石岳の重量感のある山容はいっそうきわだつ。

〈赤石岳〉

雄大で赤く輝く山

赤石岳は、その雄大さと堂々とした風格のある山容から南アルプスの盟主とよばれる。北への稜線は荒川三山、小河内岳《こごうち》を経て塩見《しおみ》岳へと続き、南への稜線は兎《うさぎ》岳を経て聖岳に至る。

赤石岳はかつては信仰の山であり、とくに明治の中ごろには敬神講の信者たちによる登拝が盛んだったようだ。

南アルプスの別名「赤石山脈」は、赤石岳にちなんでいる。赤石岳という山名は、静岡県側から見た場合のよび名である。静岡県側の山腹を流れる赤石沢付近にラジオラリア（放散虫の化石）という赤紫の粘板岩が多く見られるからである。

モルゲンロートやアーベンロートに赤く輝く赤石岳は神々しい。

見事な頂上

赤石岳の山頂を深田《ふかだ》久《きゅう》弥《や》は『日本百名山』のなかで「これほど寛容と威厳を兼ねそなえた頂上はほかに

朝日の聖岳（撮影：鈴木菊雄）

※＝深田久弥『日本百名山』では「悪沢岳」と表記。

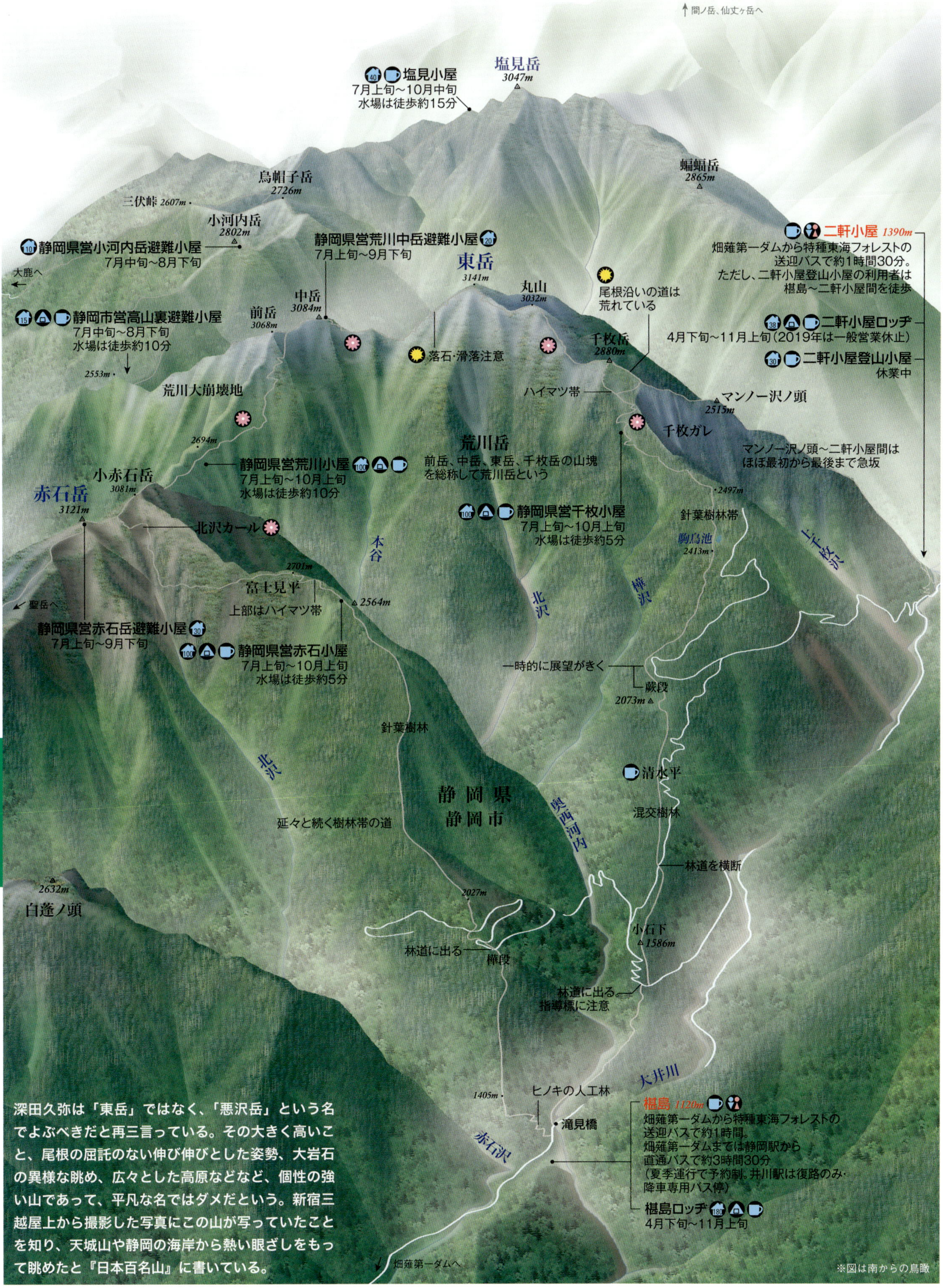

深田久弥は「東岳」ではなく、「悪沢岳」という名でよぶべきだと再三言っている。その大きく高いこと、尾根の屈託のない伸び伸びとした姿勢、大岩石の異様な眺め、広々とした高原などなど、個性の強い山であって、平凡な名ではダメだという。新宿三越屋上から撮影した写真にこの山が写っていたことを知り、天城山や静岡の海岸から熱い眼ざしをもって眺めたと『日本百名山』に書いている。

宿泊施設（数字は収容人数） キャンプ場 水場 トイレ 危険箇所 ロープウェイ リフト おもなバス停 温泉 紅葉の名所 花の名所 好展望 観光ポイント 駐車場

※図は北西からの鳥瞰

あるまい」と絶賛している。広い山頂には一等三角点がある。これは日本で最も高い位置にある一等三角点である。頂上からの展望も申し分がない。

〈聖岳〉

奥深い聖なる山

三峰のうち最も南に位置するのが聖岳である。前聖岳と奥聖岳があるが、一般に前聖岳を聖岳と呼んでいる。聖岳（前聖岳）は、南アルプス最南端の3000m峰である。

聖岳という山名の由来については諸説がある。その一説によれば沢登りのときに沢筋の岩壁をトラバースする「ヘツル」が転じたとする。しかし、麓の下栗地区から見る聖岳は「聖」の名にふさわしく、世俗と離れた奥深い聖なる山であることを想起させるに十分である。

椹島《さわらじま》から聖岳登山口を経て、聖平に至る聖沢沿いに登るコースの途中、滝見《たきみ》台からは大きい落差のある滝を見ることができる。

聖平は草原状の平坦地で、無数の倒木がある。この独特の風景は、1959（昭和34）年の伊勢湾台風の被害によるものだという。

南アルプスの峰々を一望

聖岳の頂上部は花崗岩《かこうがん》の岩稜《がんりょう》地帯である。頂上からの展望はすばらしく、南アルプスのおもだった峰が望める。近くにそびえる雄大な赤石岳と東岳、その向こうに塩見岳、さらに遠くには北岳や仙丈《せんじょう》ヶ岳が一望される。聖平から南に延びる稜線上にある上河内《かみこうち》岳山頂からの眺めも特筆ものだ。

data

●アクセス
起点は静岡駅（JR東海道本線、東海道新幹線）もしくは平岡駅（JR飯田線）
静岡駅→畑薙第一ダム（しずてつジャストラインバス約3時間30分）→椹島（特種東海フォレスト送迎バス約1時間）
平岡駅→便ヶ島（タクシー約1時間20分）

●山小屋
※印は特種東海フォレスト
静岡県営小河内岳避難小屋（※）0547-46-4717
二軒小屋ロッヂ（※） 0547-46-4717
二軒小屋登山小屋（※） 0547-46-4717
静岡県営千枚小屋（※） 0547-46-4717
広河原小屋 0265-39-2001
静岡県営荒川小屋（※） 0547-46-4717
静岡県営赤石岳避難小屋（※） 0547-46-4717
静岡県営赤石小屋（※） 0547-46-4717
静岡市営百間洞山の家（※） 0547-46-4717
長野県営兎岳避難小屋 0260-34-5111
椹島ロッヂ（※） 0547-46-4717
静岡市営高山裏避難小屋（※） 0547-46-4717
静岡県営荒川中岳避難小屋（※）0547-46-4717
静岡県営聖平小屋 080-1560-6309
静岡県営茶臼小屋 080-1560-6309
横窪沢小屋 080-1560-6309
ウソッコ沢小屋 080-1560-6309

●問い合わせ
特種東海フォレスト事業開発部 0547-46-4717
しずてつジャストライン 054-252-0505
信南交通和田車庫 0260-34-2031
静鉄タクシー配車センター 054-281-5111
静岡市井川支所 054-260-2211
飯田市役所 0265-22-4511
川根本町役場総合支所 0547-59-3111
井川観光協会 054-260-2377

※図は南からの鳥瞰
小赤石岳 3081m
荒川岳へ
静岡県営赤石岳避難小屋
7月上旬～9月下旬
3121m
2827m
静岡市営百間洞山の家
7月上旬～9月下旬
赤石岳
富士見平
静岡県営赤石小屋
7月上旬～10月上旬
水場は徒歩約5分
2564m
大沢岳
2819m
大沢渡へ
百間平
2782m
2807m
中盛丸山
崩壊地の断崖の上を
通る
前聖岳
3013m
奥聖岳
2982m
2978m
2738m
兎岳
2818m
2799m
2796m
北沢
白蓬ノ頭
2632m
聖岳
『日本百名山』での標高は3011m（前聖）
滑りやすい砂礫の斜面
長野県営兎岳避難小屋
通年
2662m
樺段
椹島 1120m
椹島ロッヂ
（p.185に詳細）
聖平
聖岳登山口へ登山道が続いている
静岡県営聖平小屋
7月中旬～9月下旬
西沢
2478m
薊畑
2314m
2383m
2561m
2702m
上河内岳
2803m
聖岳登山口 1100m
畑薙第一ダムから井川観光協会の登山バスで
約1時間10分（要予約。宿泊条件あり）。
または椹島から徒歩約45分。
椹島ロッヂの宿泊者は翌朝の送迎
バスで、聖岳登山口での途中下車可（要確認）
二軒小屋へ
竹内門
2549m
便ヶ島へ
聖沢吊橋
出会所小屋跡
赤石沢
赤石ダム湖
大井川
お花畑
船窪地形の底に、亀甲状土が見られる。
これは土壌の凍結･融解の繰り返しでで
きる構造土の一種で、南アルプスではこ
こ以外に光岳で見ることができる
2555m
茶臼岳
2604m
2505m
仁田池
樺段
静岡県営茶臼小屋
7月中旬～9月下旬
横沢
1932m
横窪沢
広葉樹林帯の急登
光岳へ
横窪沢小屋
7月中旬～8月下旬
横窪峠
上河内沢
上部は展望のない樹林帯
畑薙大吊橋から茶臼小屋を経由して聖
岳に向かうコースは登山道がよく整備さ
れている
ウソッコ沢小屋
通年
アイマタ沢
ヤレヤレ峠 1080m
畑薙大吊橋
畑薙第一ダムから徒歩約50分。全長
182mの糸を渡したような吊り橋。渡っ
てみる価値あり
仁田河内沢
畑薙湖
畑薙第一ダム 950m
静岡駅から直通バスで約3時間30分
（夏季運行で予約制。井川駅は復路
のみ･降車専用バス停）
静岡市街へ

大井川にある畑薙《はたなぎ》第一ダムは、東岳、赤石岳、聖岳への登山の基点であり、南アルプスの玄関口である。これより上流はマイカー規制が行われており、登山口までは徒歩、あるいは二軒小屋や椹島ロッヂなどに宿泊し、営業する特種東海フォレストの送迎バスを利用することになる。畑薙大吊橋は長さ180mあまり、水面からの高さは約 30m。歩道部が狭く、渡るとスリルが満点で「これぞ吊橋！」と実感する。周辺は紅葉の名所。前岳と小赤石岳の間の鞍部である大聖寺平(p.186) は名前の通り、気持ちが安らぐ平坦地。展望もよい。

宿泊施設（数字は収容人数） キャンプ場 水場 トイレ 危険箇所 ロープウェイ リフト おもなバス停 温泉 紅葉の名所 花の名所 好展望 観光ポイント 駐車場

光岳

南アルプス最深部にそびえる高峰

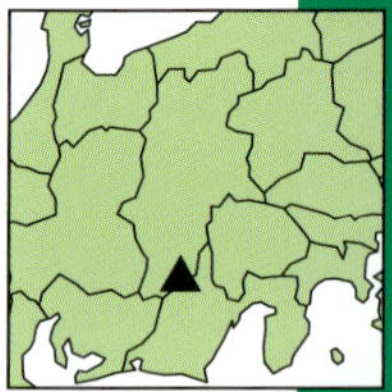

てかりだけ
2592m
上級者向け
2泊3日

見どころ：眺望、花、樹林帯、岩塔
1/25000地形図：上河内岳、畑薙湖、光岳

ハイマツ群生地の南限

光岳は南アルプス南部主稜の南端に位置する山である。2500m以上の山の国内最南端でもあり、これより南に光岳以上の標高の山はない。またハイマツの群生地の南限としても知られる。

光岳（中央奥）（撮影：鈴木隆雄）

山頂から北にイザルガ岳・易老岳《いろう》へ至る稜線が茶臼《ちゃうす》岳を越えて聖岳《ひじり》へと続く。途中、仁田岳《にった》への分岐点は希望峰《きぼう》と名づけられている。南は信濃俣へ、西は加《か》加森《かもり》山、池口岳へと稜線が続く。

日光で光る岩塔

光岳という味わいのある名称は、山頂から南西にある白っぽい石灰岩の2つの岩塔が午後の日差しに照らされて、テカリと光ることに由来するとされる。この2つの岩塔は「光《てかり》岩」と名づけられ、シラビソの原生林の中にそびえ、葉の緑とのコントラストが美しい。

アースハンモック

光岳小屋近くのセンジヶ原は、山の奥深くにある楽園のような湿原だ。付近は周氷河地形といわれ、土壌が亀甲模様になったアースハンモックが見られる。これは土壌が凍結と融解を幾度も繰り返すうちに、礫《れき》が分離してできるという。

北側が開けた山頂

光岳山頂付近はフォッサマグナと中央構造線に挟まれた場所で、石灰岩が方々に露出している。北側が開けており、茶臼岳、上河内《かみこうち》岳を望み、聖岳や赤石岳《あかいし》が見渡せる。

光岳からやや北東に位置するイザルガ岳の山頂は広々としていて、360度の展望が広がる。

光岳の光岩（撮影：鈴木隆雄）

畑薙第一ダムコース

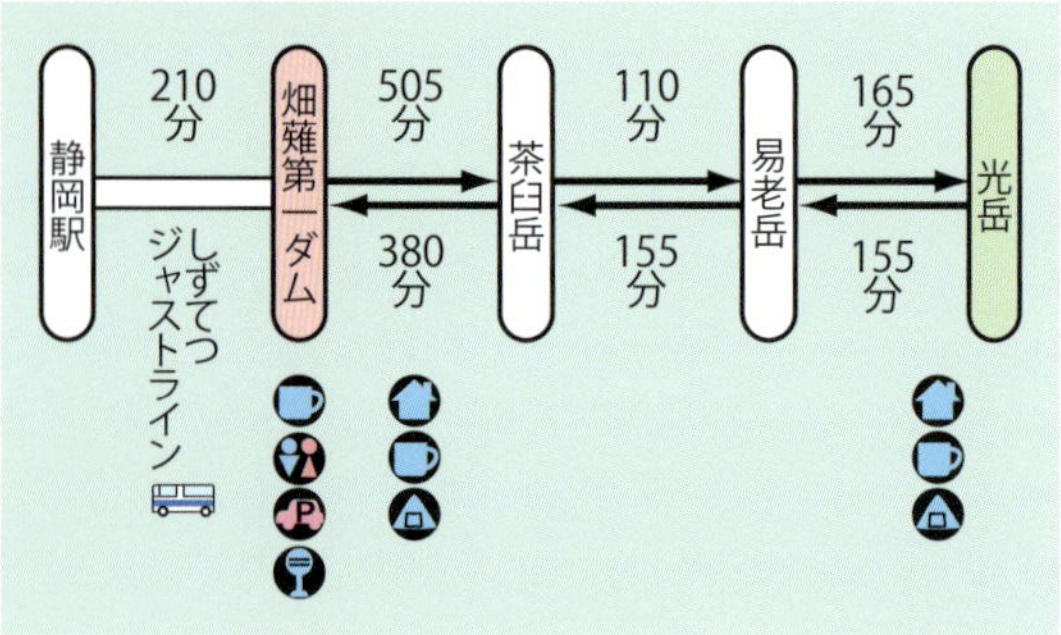
静岡駅
210分
しずてつジャストライン
畑薙第一ダム
505分
380分
茶臼岳
110分
155分
易老岳
165分
155分
光岳

data

●アクセス
起点は静岡駅（JR東海道本線、東海道新幹線）、もしくは平岡駅（JR飯田線）
静岡駅→畑薙第一ダム（しずてつジャストラインバス約3時間30分）
平岡駅→易老渡（タクシー約1時間10分）
●山小屋
県営光岳小屋　0466-27-7659
椹島ロッヂ　0547-46-4717
静岡市営高山裏避難小屋　0547-46-4717
静岡県営聖平小屋　080-1560-6309
静岡県営茶臼小屋　080-1560-6309
横窪沢小屋　080-1560-6309
ウソッコ沢小屋　080-1560-6309
●問い合わせ
特種東海フォレスト事業開発部
0547-46-4717
しずてつジャストライン　054-252-0505
信南交通和田車庫　0260-34-2031
静鉄タクシー配車センター　054-281-5111
静岡市井川支所　054-260-2211
飯田市役所　0265-22-4511
川根本町役場総合支所　0547-59-3111
井川観光協会　054-260-2377

南アルプス南部は、豊かな自然が残ることで知られる。特に光岳山頂から南西部1115haは、環境省から大井川源流部として「原生自然環境保全地域」に指定されている。「原生自然環境保全地域」に指定されているのは全国で5地域、本州ではここだけである。「原生自然環境保全地域」は「自然環境保全法」に基づいて指定されるもので、「自然環境が人の活動によって影響を受けることなく原生の状態を維持しており」、その「自然環境を保全することが特に必要」な地域のこと。

宿泊施設（数字は収容人数） キャンプ場 水場 トイレ 危険箇所 ロープウェイ リフト おもなバス停 温泉 紅葉の名所 花の名所 好展望 観光ポイント 駐車場

北陸・近畿・中国・四国

『日本百名山』には関西方面の山が少ない。選択基準の１５００ｍを越える山が少ないためだと深田は書いているが、紀伊半島の山々をはじめとし、魅力のある山が多々存在する。なかでも百名山に選ばれた山は、名山揃いだ。個性ある山容に四季折々の姿が美しい。

伊吹山（撮影：尾崎友保）

白山

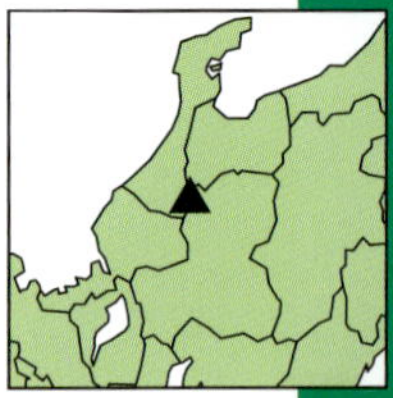

はくさん
御前峰　2702m
中級者向け
1泊2日

見どころ：眺望、花、紅葉、樹林帯、火山地形
1/25000地形図：白山、加賀市ノ瀬

古くから畏敬された北陸の「白き山」

草紅葉の白山山頂付近（撮影：鈴木菊雄）

京都に最も近い高峰

白山はさまざまな峰からなり、石川、福井、富山、岐阜の4県にまたがってそびえる大きな山塊である。

この白山の中心となるのが最高峰の御前峰《ごぜんがみね》、大汝峰《おおなんじみね》、剣《けん》ヶ峰《みね》の白山三峰である。普通、白山登頂とはこの三峰に登ることである。

白山は京都に最も近い2000m以上の峰である。山名に示される通り降雪が多く、古来都の人々は「白き山」として関心を寄せ、和歌などに詠んできた。

日本三霊山のひとつ

白山は立山《たてやま》、富士山《ふじさん》とともに日本三霊山といわれ、畏敬の対象であり、古くからの信仰の山である。717（養老元）年、越前《えちぜん》生まれの僧侶であった泰澄《たいちょう》によって開山され、その後、方々から禅定道《ぜんじょうどう》とよばれる修行のための登山道が開かれた。

白山比咩《しらやまひめ》神社は、全国各地の白山神社の総本社であるが、御前峰山頂付近にはその奥宮がある。また大汝峰の頂上には石積みの塀に囲まれた大汝神社の祠《ほこら》がある。

「ハクサン」の植物名

白山は高山植物の宝庫として名高い。京都に近いこともあって早くから植物の研究が行われ、ハクサンコザクラやハクサンフウロ、ハクサンイチゲなど名称に「ハクサン」をつけられ、標準和名となった植物も多い。とくにクロユリの群生は有名である。田中澄江の『花の百名山』にも選ばれている。

お花畑とすばらしい展望

白山は火山であり、最新の噴火は17世紀半ばころであるという。山頂部には翠《みどり》ヶ池《いけ》や千蛇《せんじゃ》ヶ池《いけ》などの火口湖がある。ほうぼうにお花畑が広がり、頂上付近には雪渓が残る。

御前峰の眺望はすばらしい。どの方向にも隔てるものがなく、北アルプスや東海・近畿のおもな山も見渡せる。

山上の火口湖と剣ヶ峰、御前峰
（撮影：川井靖元）

観光新道コース／砂防新道コース

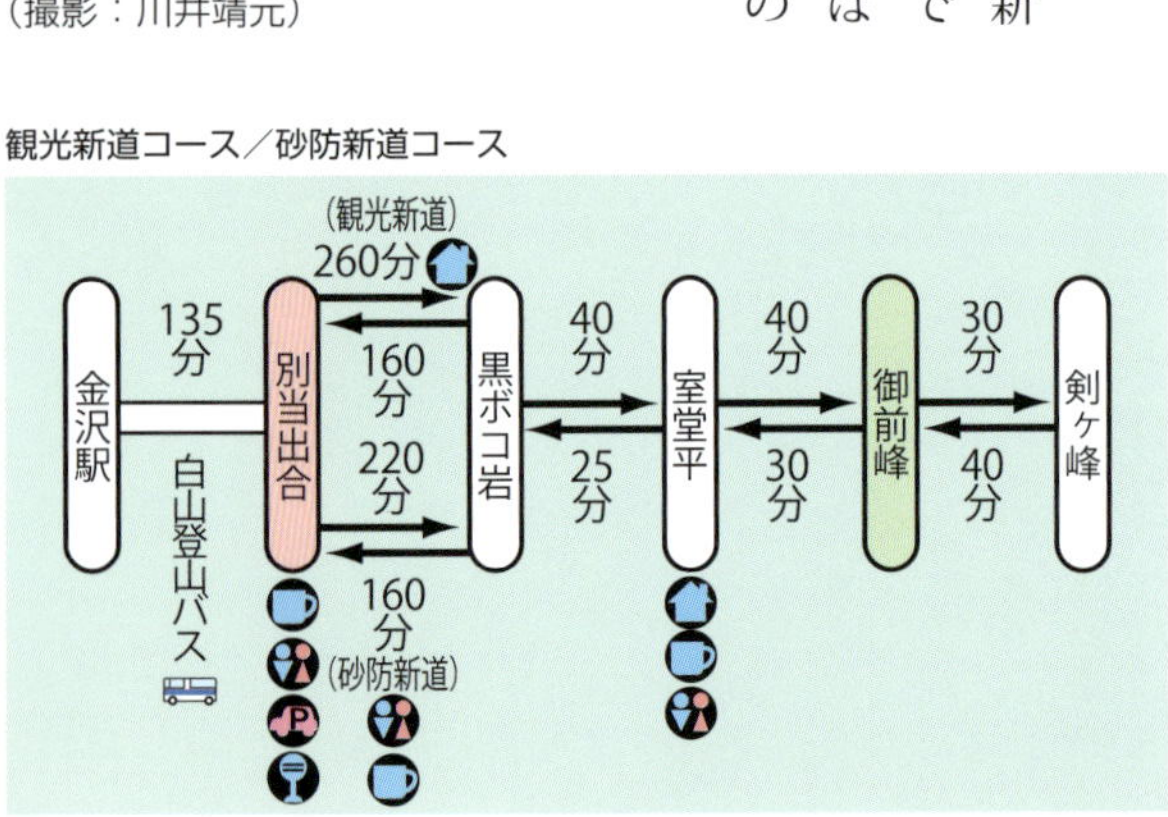

data

●アクセス
起点は金沢駅（JR北陸新幹線ほか）
金沢駅→別当出合（白山登山バス約2時間15分）

●山小屋
白山室堂　076-273-1001
白山南竜山荘　076-259-2022
殿ヶ池避難小屋　076-255-5321
甚之助避難小屋　076-255-5321
チブリ尾根避難小屋　076-255-5321
小桜平避難小屋　076-255-5321
大倉山避難小屋　05769-6-1311
ゴマ平避難小屋　076-255-5321
シナノキ平避難小屋　076-255-5321

●問い合わせ
北陸鉄道テレホンサービスセンター（白山登山バス）　076-237-5115
白山タクシー　05769-5-2341
大和タクシー　076-266-5166
白山市白峰市民サービスセンター　076-259-2011
白山市観光情報センター（道の駅しらやまさん）　076-273-4851
石川県白山自然保護センター　076-255-5321

天生峠
五箇山、砺波へ
三方岩岳
1736m
野谷荘司山
1797m
白川郷へ
北縦走路
妙法山
1776m
白川郷
岐阜県
白川村
三方崩山
2059m
シナノキ平避難小屋
通年（無人）
白山スーパー林道
ゴマ平避難小屋
通年（無人）
湯谷ノ頭
1549m
中宮温泉へ
滝ヶ岳
1774m
中宮道
新岩間温泉へ
荒廃
薬師山
2024m
岩間噴泉塔群へ
岩間道
楽々新道
三俣峠
間名古ノ頭
2124m
大白川ダム 1240m
JR高山駅近くの高山濃飛バスセンターから白川郷・金沢線のバスで約1時間20分、平瀬温泉下車、タクシーで約40分
白水湖畔ロッジ
休業中
小桜平避難小屋
通年（無人）
清浄ヶ原
白山
北弥陀ヶ原
四塚山
2530m
七倉山
2557m
大汝峰
2684m
お花松原
大汝神社
剣ヶ峰
2677m
御前峰
2702m
七倉ノ辻
白山一里野温泉へ
翠ヶ池
白山比咩神社奥宮
加賀禅定道
北竜ヶ馬場
千蛇ヶ池
青石
高天原
大倉山避難小屋
通年（無人）
大倉山
2039m
室堂平
平瀬へ
白山室堂
5月上旬～10月中旬
平瀬道
2488m
2109m
白山室堂診療所（金沢大学白山診療班）
7月中旬～8月下旬
エコーライン
弥陀ヶ原
トンボ池コース
展望歩道
白山南竜山荘
7月上旬～10月中旬
白水湖
黒ボコ岩
千仞ヶ滝
2345m
白山釈迦岳
2053m
南竜ヶ馬場
2244m
南竜ヶ馬場野営場
7月上旬～9月下旬
釈迦岳前峰
真砂坂
南竜分岐
2086m
2256m
油坂ノ頭
殿ヶ池避難小屋
通年（無人）
甚之助避難小屋
通年（無人）
天池
大屏風
2342m
御舎利山
別当覗き
不動滝
岩室
別山
2399m
別山神社
釈迦新道
観光新道
砂防新道
別当谷
大平壁
中飯場
御手洗池
湯ノ谷
柳谷
1932m
チブリ尾根避難小屋
通年（無人）
2208m
別山平
白山禅定道
別当出合
千振尾根
別当出合 1250m
金沢駅から白山登山バスで約2時間15分、終点下車（運行日注意）
指尾山
1418m
険路
二ノ峰
2128m
鳩ヶ湯、石徹白へ
六万山
1260m
別山・市ノ瀬道
別山谷
石川県
手取川
市ノ瀬
白峰温泉、金沢へ
市ノ瀬 830m
金沢駅から白山登山バス（季節運行）で約1時間50分、市ノ瀬下車。
毎週末および夏季、市ノ瀬～別当出合間でマイカー規制あり
市ノ瀬ビジターセンター
白山温泉永井旅館
4月下旬～11月上旬
市ノ瀬野営場
6月上旬～11月上旬
白山市
※図は南西からの鳥瞰
登山口情報は主要なもののみ

砂防新道と観光新道の分岐点にある黒ボコ岩は、白山の噴火によって火山岩が露出したもの。黒ボコ岩は金沢方面から登る場合の目印といわれ、登拝者たちは神域に近づいたことを実感する。室堂平から御前峰に向かう途中の高天原は神の遊び場といわれる場所。近くの巨大な岩石「青石」は天上界と地上界の境とされている。白水湖は大白川ダムの建設によって生まれたダム湖だが、湖面はときにコバルトブルーに、ときにエメラルドグリーンになる。

宿泊施設（数字は収容人数）　キャンプ場　水場　トイレ　危険箇所　診療所　ロープウェイ　リフト　おもなバス停　温泉　紅葉の名所　花の名所　好展望　観光ポイント　駐車場

荒島岳

ブナの原生林と大展望が魅力な奥越の秀峰

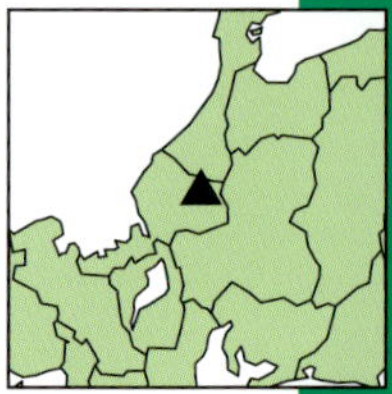

あらしまだけ
1523m
中級者向け
日帰り

見どころ：眺望、花、紅葉、樹林帯
1/25000 地形図：荒島岳

大野市内から見た荒島岳全景

巨大な火山の一部

荒島岳は福井県大野盆地の南東にそびえる独立峰である。その秀麗な姿から「大野富士《おおのふじ》」ともよばれ、奥越《おくえつ》地方の山々の盟主とされる。

かつてはコニーデ型の火山であるとされてきた。しかし、現在では約2000万年前に活動した巨大なカルデラ火山が九頭《くず》竜《りゅう》川の侵食を受けて変化し、残ったものが荒島岳と考えられている。

標高は1500mを少し超える程度だが、南側の斜面が急峻で、深い谷を形成している。また冬には降雪が多く、強い季節風が吹き、雪崩も起きやすい。

泰澄によって開山

荒島岳は白山《はくさん》と同じく、越前の僧侶である泰澄《たいちょう》によって開山されたと伝えられる。古くからの信仰の山であり、明治時代には登拝が盛んだったという。山頂には荒島大権現奥ノ院の祠《ほこら》があり、「首題五萬部」「南無阿弥陀仏」と刻まれた石碑が立つ。

見事なブナの原生林

荒島岳には4本の登山道があるが、荒廃しているものもある。ふつう、登山者によく利用されるのは勝原《かどはら》コースと中出《なかんで》コースの2つだ。勝原道の山腹は、ブナの原生林に覆われている。幾多の大木が並び、季節にはこれらのブナの緑の葉が見事に輝く。中出道の登山口には慈水観音《じすいかんのん》と名づけられた水場がある。

登山道の合流地点であるシャクナゲ平を中心に、初夏はシャクナゲが咲き誇り、秋は紅葉に全山が染まる。

一等三角点のある山頂

山頂には一等三角点があり、すばらしい展望が広がる。乗鞍《のりくら》岳や槍《やり》・穂高《ほたか》連峰など北アルプスの峰々、御《おん》嶽山《たけさん》などが見渡せる。とくにここから望む白山の姿は一級品である。

1年を通して楽しむことができる山でもある。

勝原コース

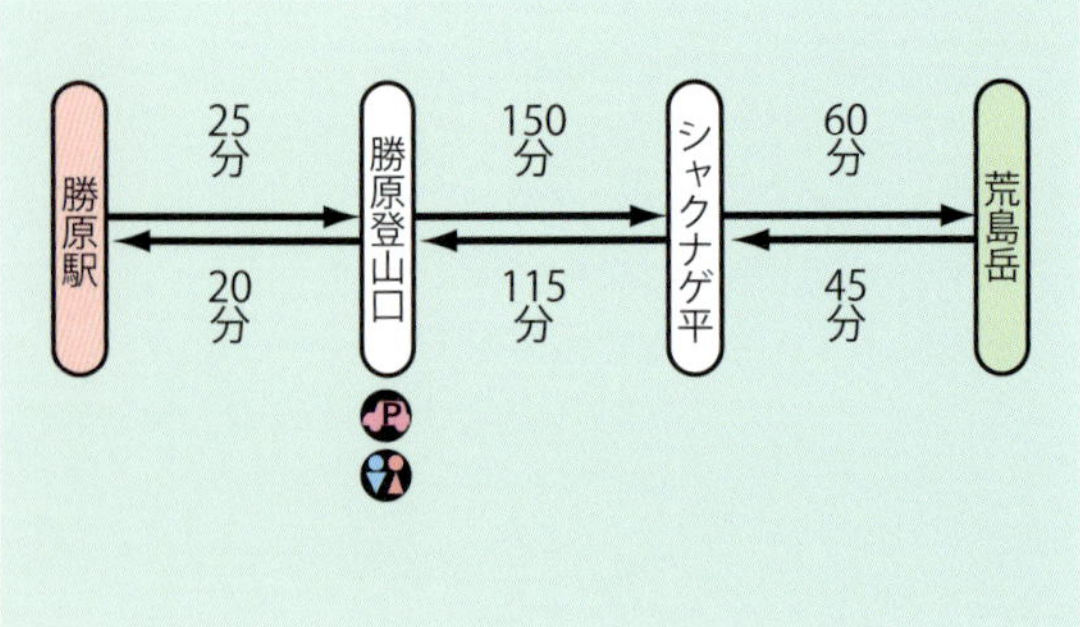
勝原駅
25分
20分
勝原登山口
150分
115分
シャクナゲ平
60分
45分
荒島岳

data

●アクセス
起点は勝原駅（JR越美北線）もしくは越前大野駅（JR越美北線）、下唯野《しもゆいの》駅（JR越美北線）
越前大野駅→中休《なかやすみ》（大野市営バス約10分、季節運行）
越前大野駅→荒島養魚場（タクシー約40分）
●山小屋
勝原キャンプ場　0779-66-1111
●問い合わせ
大野市営バス（大野観光自動車）
0779-66-2552
大野タクシー　0779-66-2225
大野市役所　0779-66-1111
大野市観光協会　0779-65-5521

※図は北西からの鳥瞰
荒島岳
1523m
山頂は360度の大展望。白山、北アルプスなどの山岳や、大野盆地、日本海まで望める
山頂部にはお花畑がある
荒島大権現奥ノ院
ダケカンバなどの疎林や笹原、草原
モチが壁
鎖やロープのある急登
シャクナゲ平
1204m
小荒島岳
1186m
大野盆地の眺めがよい
美しいブナ林
1015m
1040m
佐開登山口 350m
越前大野駅から荒島養魚場までタクシーで約40分、登山口まで徒歩で約1時間40分。全行程の半分は林道歩きになるが、4WDであれば林道終点まで入れる
九頭竜湖、白鳥へ
仏御前の滝
仏原ダム
ブナ林が現れる
しばらく急登が続く
824m
九頭竜峡
福井県
大野市
勝原スキー場跡
杉の植林
勝原登山口 330m
勝原駅から徒歩約25分。交通の便がよく、もっともポピュラーなコース
勝原
158
勝原キャンプ場
通年
飲料水は駅の水を利用
569m
中出登山口 400m
越前大野駅から大野市営バスで約10分（季節運行）、中休で下車して徒歩約40分。距離はあるが、急登個所は少ない
佐開、麻那姫湖へ
柿ヶ島
下唯野
158
越前大野、福井へ
九頭竜川
JR越美北線
越前大野へ

九頭竜峡《くずりゅうきょう》は荒島岳山麓の閃緑岩が激流によって侵食されてつくられた峡谷である。狭い川幅を勢いよく水が流れ、多くの奇岩が変化にとんだ光景を見せてくれる。とくに紅葉の時期がすばらしい。仏御前《ほとけごぜん》の滝は荒島岳に発する水が落差100mを3段に渡って豪快に落下する。麓《ふもと》を走る越美北線は、福井市の越前《えちぜん》花堂《はなんどう》駅から福井県大野市の九頭竜湖駅までを結び、九頭竜線の愛称がある。列車は勝原駅を出ると、終点の九頭竜湖駅までのほとんどの間、荒島岳の下を貫いて造られた2つのトンネルの中を走る。

宿泊施設（数字は収容人数） キャンプ場 水場 トイレ 危険箇所 ロープウェイ リフト おもなバス停 温泉 紅葉の名所 花の名所 好展望 観光ポイント 駐車場

伊吹山

山頂部に広大なお花畑が広がる近江の霊峰

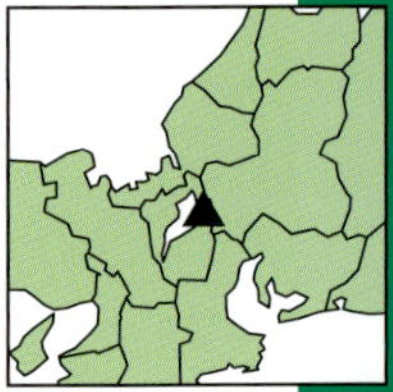

いぶきやま
1377m
中級者向け
日帰り

見どころ：眺望、花、紅葉
1/25000 地形図：関ヶ原、美東

頂上直下のお花畑（撮影：川井靖元）

伊吹山地の主峰

伊吹山地は滋賀県と岐阜県にまたがって峰を連ねる山塊である。その主峰が伊吹山で、堂々とした山容を誇る。とくに頂上部に雪を冠した姿は美しい。頂上は滋賀県側にあり、同県の最高峰である。

山体の大部分は石灰岩でできており、水はけがよく表土が乾燥しやすいため3合目以上には高い樹林はなく、ほとんど草地となっている。

古来からの修験の山

伊吹山は京都に近いこともあって古くから都の人々に知られてきた山である。『日本書紀』や『古事記』にもその名が記され、日本武尊《やまとたけるのみこと》の伝説の舞台ともなった。

一説によれば伊吹山という山名は神が霊気を含んだ息を吹くことに由来しているといい、かつては修験の山であった。

天然記念物の植物群落

伊吹山は高山植物の宝庫として知られ、イブキコゴメグサ、イブキアザミなどの固有種も多い。8合目以上はお花畑に彩られ、山頂付近は「伊吹山頂草原植物群落」として国の天然記念物に指定されている。その植物の種類は600種あまりという。

薬草が多いことでも知られるほか、昆虫や野鳥の宝庫としても知られている。

霊場である頂上

伊吹山の頂上は広く、北側には伊吹山ドライブウェイのバス停がある。山頂は広々としていて、伊吹山寺の建物や山小屋、売店などが建つ。日本武尊の石像もある。伊吹山寺は日本七高山霊場のひとつである。ほかにも山頂部には弥勒菩薩《みろくぼさつ》を祀《まつ》っており、この山が信仰の山であることを物語っている。また8合目には伊吹山金輪堂がある。

頂上からの展望はたいへんよく、富士山《ふじさん》や御嶽山《おんたけさん》、乗鞍《のりくら》岳などの高峰や奥美濃などの山も望める。眼下には琵琶湖が広がる。

イブキジャコウソウ（撮影：飯田信義）

南尾根コース

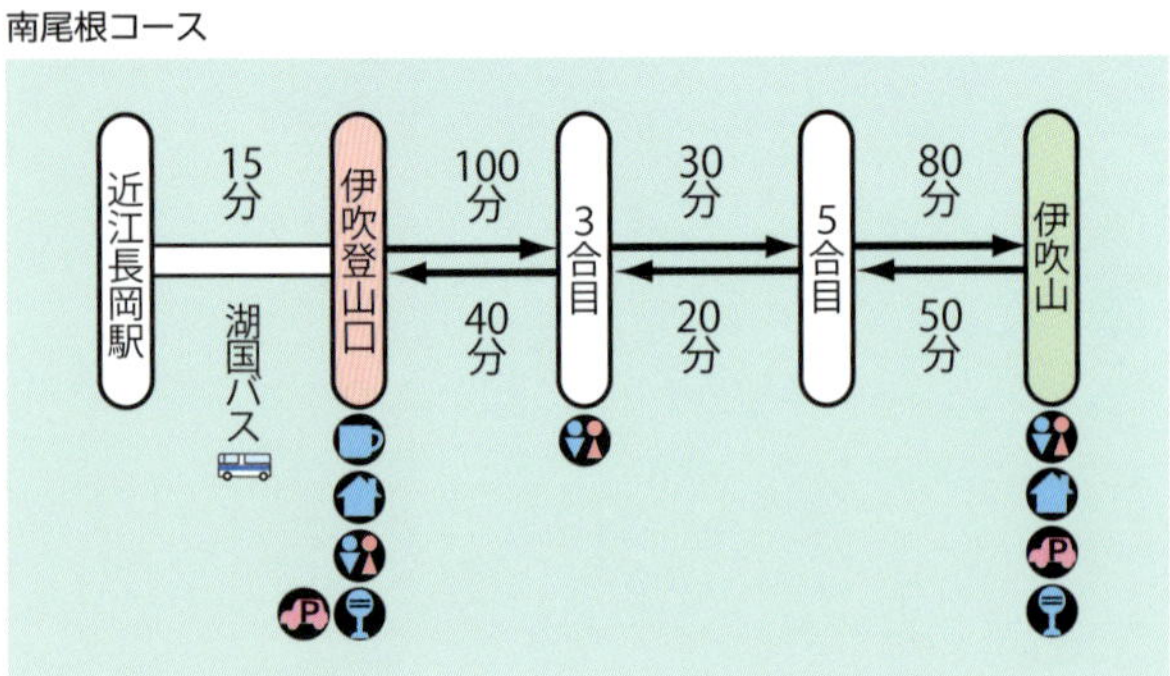
近江長岡駅
15分
湖国バス
伊吹登山口
100分
40分
3合目
30分
20分
5合目
80分
50分
伊吹山

data

●アクセス
起点は近江長岡駅（JR 東海道本線）
近江長岡駅→伊吹登山口（湖国バス約15分）
●山小屋
対山館　090-7117-6283
えびす屋　090-3717-2399
松仙館　080-1493-8536
宮崎屋　0749-58-0172
●問い合わせ
湖国バス長浜営業所　0749-62-3201
近江タクシー長浜営業所　0749-62-0106
米原市伊吹庁舎　0749-58-1121

※図は南東からの鳥瞰

日本海
敦賀半島
琵琶湖
山頂駐車場 1250m
関ヶ原駅（一部大垣駅発）から伊吹山行きバスで約50分、終点下車（夏季のみ）
伊吹山
敦賀へ
大津、京都へ
JR北陸本線
北陸自動車道
滋賀県
長浜市
山頂お花畑
8合目 伊吹山金輪堂
花の豊富な草原の道
1377m
1345m
北尾根コース
983m
国見峠へ
山頂の山小屋
4月下旬～11月中旬
水場はないので注意
長浜市街へ
5合目
米原市
伊吹登山口（上野）220m
近江長岡駅から伊吹登山口行きバスで約15分、または長浜駅から伊吹登山口行きバスで約45分。
宿泊施設多数
773m
3合目
伊吹高原ホテル跡
899m
754m
笹又（さざれ石公園）
揖斐川町からタクシーで約30分。
付近は薬草の名所として知られる
醒井へ
姉川
三之宮神社
このあたりから草原。
山頂までほぼ
日陰はない
906m
673m
781m
揖斐川町
春日へ
岩手峠
659m
中山道へ
関ヶ原鍾乳洞
伊吹山ドライブウェイ
玉倉部の清水
エコミュージアム関ヶ原
旧関ヶ原ビジターセンター
藤古川
北国街道
岐阜県
関ヶ原町
石田三成
大谷吉継
池寺池
梨木川
米原へ
宇喜多秀家
小西行長
島津義弘
関ヶ原合戦開戦地
関ヶ原合戦最後決戦地
不破関資料館
不破関跡
中山道
関ヶ原
徳川家康最終陣地
歴史民俗資料館
史跡めぐりの拠点に
岡山烽火場
福島正則
西首塚
東首塚
垂井町
松尾山、小早川秀秋陣地へ
関ヶ原駅
井伊直政・松平忠吉
本多忠勝
相川
名神高速道路
JR東海道本線（下り専用）
関ヶ原IC
十九女池
東海道新幹線
東海自然歩道
JR東海道本線
徳川家康最初陣地
四日市へ
大垣へ
大垣へ
岐阜羽島へ
大垣市
養老へ
名古屋へ
（関ヶ原合戦関連）
西軍武将陣地
東軍武将陣地

天下分け目の戦いとして名高い「関ヶ原の戦い」は、伊吹山の南東側の麓《ふもと》で繰り広げられた。現在、関ヶ原には東西の名だたる武将たちの陣地跡がある。西首塚と東首塚はこの戦いの戦死者を葬った場所。こうした史跡のうち、西首塚や東首塚、徳川家康最初陣地など９カ所が「関ヶ原古戦場」として国の指定史跡となっている。関ヶ原鍾乳洞ではさまざまな奇岩が見られ、古生代の化石も多い。洞内の清水ではニジマスが泳ぐ。揖斐川町《いびがわ》のさざれ石公園には石灰質角礫岩《かくれきがん》がある。これは「君が代」にあるさざれ石であり、岐阜県の天然記念物に指定されている。

宿泊施設（数字は収容人数） キャンプ場 水場 トイレ 危険箇所 ロープウェイ リフト おもなバス停 温泉 紅葉の名所 花の名所 好展望 観光ポイント 駐車場

大台ヶ原山

大自然のパノラマが展開する台高山脈の中心

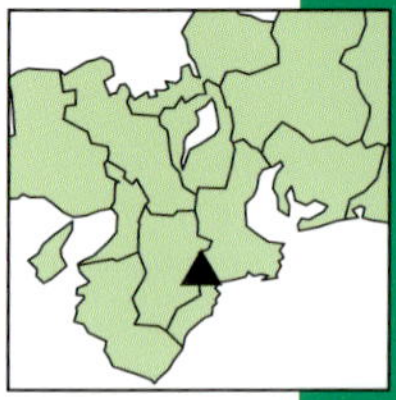

おおだいがはらさん
日出ヶ岳　1695m
中級者向け
日帰り

見どころ：眺望、花、紅葉、樹林帯、岩稜、渓谷
1/25000地形図：大台ヶ原山

枯木の山頂（撮影：鈴木菊雄）

紀伊半島の脊梁

台高《だいこう》山脈と大峰《おおみね》山脈は紀《き》伊《い》半島を平行して南北に連なる。この2つの紀伊半島の脊梁《せきりょう》のうち、奈良県と三重県の県境に連なる台高山脈の中心をなすのが大台ヶ原山である。大台ヶ原山は台高山脈の南部に位置し、最高峰の日出《ひで》ヶ岳、逆峠《さかさま》、三津河落山《さんずのこうちやま》、経《きょう》ヶ峰などからなる広大な山塊である。一般に日出ヶ岳から南西に広がる一帯を東大台、さらにその西の地域を西大台とよぶ（西大台地区は利用調整地区に指定され、立入りには事前申請、手数料などが必要である）。

大台ヶ原山周辺は年間降水量が5000㎜を超える日本有数の多雨地帯である。長年にわたる大量の雨は山を侵食している。また植生にも大きな影響を与え、トウヒやシラビソなど豊かな樹林を育てている。

「魔の山」とよばれた

大台ヶ原山は、かつて「魔の山」とよばれた。これは同じような地形が続き、迷いやすいためである。『古事記』や『日本書紀』の記述によれば、神武《じんむ》天皇が熊《くま》野《の》から大和《やまと》に向かう途中、大台ヶ原で迷ったとき、八《や》咫烏《たがらす》に案内されたという。牛石《うしいし》ヶ原に立つ神武天皇像はこの記紀の記述にちなんでいる。ほかにも「魔の山」にまつわるさまざまな伝説がある。

こうした大台ヶ原山も現在は、上部まで大台ヶ原ドライブウェイが通じている。

絶景の展望台

日出ヶ岳の山頂からは隔てるものが何もないすばらしい光景が広がる。台高山脈や大峰山脈の峰々、熊野《くまの》灘《なだ》や尾鷲《おわせ》湾の光る海面が一望できる。

日出ヶ岳の南方に位置する大蛇嵓《だいじゃぐら》は、岩稜《がんりょう》の絶壁である。この展望台から見る光景は絶景といってよい。目前に蒸籠嵓《せいろぐら》の大障壁、その向こうに落差の大きい西ノ滝、中ノ滝を望む。

日出ヶ岳直下の草原（撮影：川井靖元）

大台ヶ原周遊コース

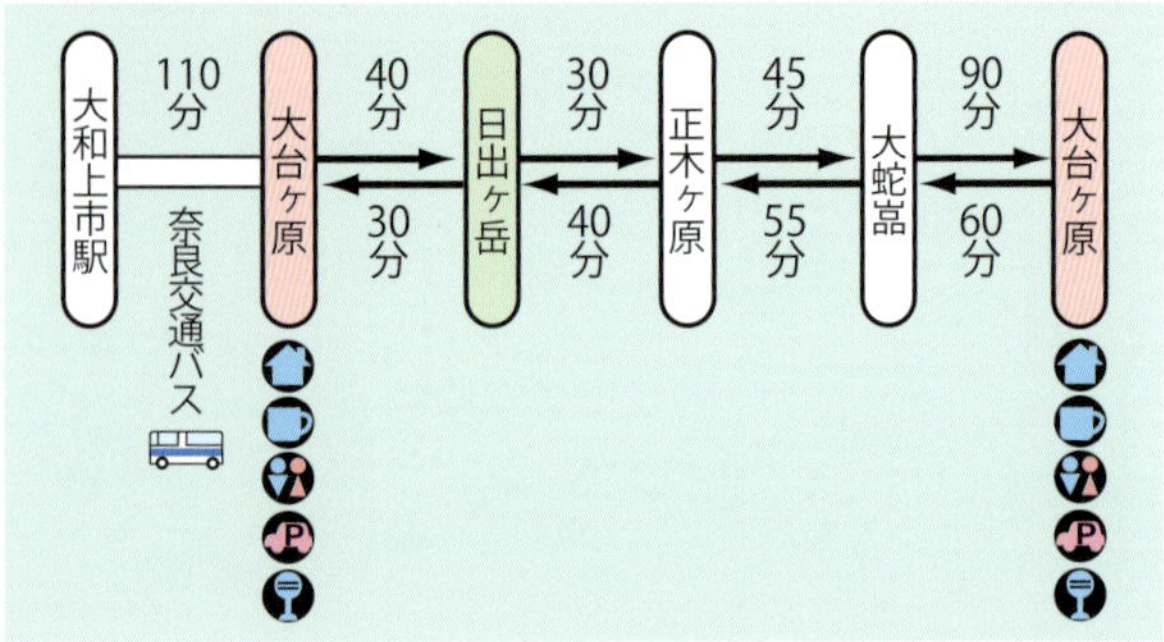
大和上市駅
110分
奈良交通バス
大台ヶ原
40分
30分
日出ヶ岳
30分
40分
正木ヶ原
45分
55分
大蛇嵓
90分
60分
大台ヶ原

data

●アクセス
起点は大和上市駅（近鉄吉野線）
大和上市駅→大台ヶ原（奈良交通バス約1時間50分）
●山小屋
心・湯治館　大台ヶ原　07468-2-0120
粟谷小屋　090-1567-0010
堂倉避難小屋　0598-78-3338
桃の木山の家　0597-32-2052
●問い合わせ
奈良交通吉野支社　0747-52-4101
エス・パール交通（登山バス）
090-6398-8901
奈良近鉄タクシー吉野営業所
0746-32-2961
上北山村役場　07468-2-0001
大台ヶ原ビジターセンター　07468-3-0312
環境省近畿地方環境事務所　06-4792-0700
大杉谷登山センター　0598-78-3338

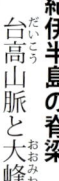

宮川は日本有数の清流として名高い。かつては豊受大神《とようけだいじん》宮《くう》（伊勢神宮外宮）の禊川《みそぎがわ》であり、略して「宮川」とよばれるようになったという。宮川の流れる大杉谷渓谷は日本三大渓谷のひとつとされ、落差 135m の千尋滝《せんぴろたき》など見どころが多く、幽谷を実感する。

宿泊施設（数字は収容人数） キャンプ場 水場 トイレ 危険箇所 ロープウェイ リフト おもなバス停 温泉 紅葉の名所 花の名所 好展望 観光ポイント 駐車場

大峰山

天女花が咲く修験道の名峰

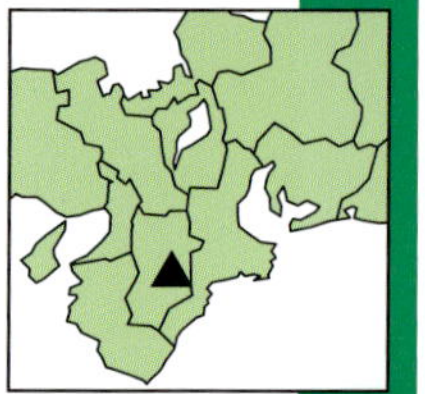

おおみねさん
八経ヶ岳　1915m
中級者向け
1泊2日

見どころ：眺望、花、紅葉、樹林帯、渓谷
1/25000 地形図：南日裏、弥山

近畿の屋根

大峰《おおみね》山脈は台高《だいこう》山脈とともに「近畿の屋根」とよばれ、紀伊《きい》半島の南部を南北に連なる。紀伊半島の脊《せき》梁《りょう》といわれるほど長大で、雨量が多く、深い谷を刻み、美しい渓谷を形づくっている。

大峰山とは広義には大峰山脈全体をさす。しかしときに大峰信仰の中心地である山上《さんじょう》ヶ岳のことを意味する場合もある。ふつう、大峰山登山とは最高峰八《はっ》経《きょう》ヶ岳や弥山《みせん》一帯の峰々の頂を踏むことである。八経ヶ岳は近畿の最高峰でもある。

西の覗より望む（写真：JCB フォト）

修験道が栄えた霊山

大峰山は修験の山として知られるが、開山は役小角《えんのおづぬ》によると伝えられる。山上ヶ岳にある大峯《おおみね》山寺山上蔵王堂は修験道の根本道場であり、現在も女人禁制である。

八経ヶ岳という名前は役小角が「法華経」8巻をこの山に埋めたとの伝説にちなんでいる。弥山は仏教界の須弥山《しゅみせん》にちなんで名づけられた山名であり、山頂には天河《てんかわ》神社の奥宮に当たる弥山神社がある。

2つの天然記念物

八経ヶ岳や弥山の山頂部はトウヒやシラビソの原生林に覆われ、「仏経嶽《ぶっきょうがたけ》原始林」として国の天然記念物に指定されている（「仏経嶽」は八経ヶ岳の別名）。また周辺はオオヤマレンゲの自生地であり、同じく国の天然記念物に指定されている。この花は天女花という別名をもち、この名の通り気品が漂う。

山頂に錫杖が立つ

八経ヶ岳山頂には錫杖《しゃくじょう》が立ち、信仰の山であることを示している。展望もよく大台《おおだい》ヶ原《はら》山や熊野の峰々の大パノラマが広がる。

稲村ヶ岳は山上ヶ岳の隣にあり女性信者が修行を行うため、女人大峰ともよばれる。シャクナゲなど亜高山植物が豊富で、NHK「花の百名山」に選ばれている。

稲村ヶ岳から山上ヶ岳を望む

天川川合コース

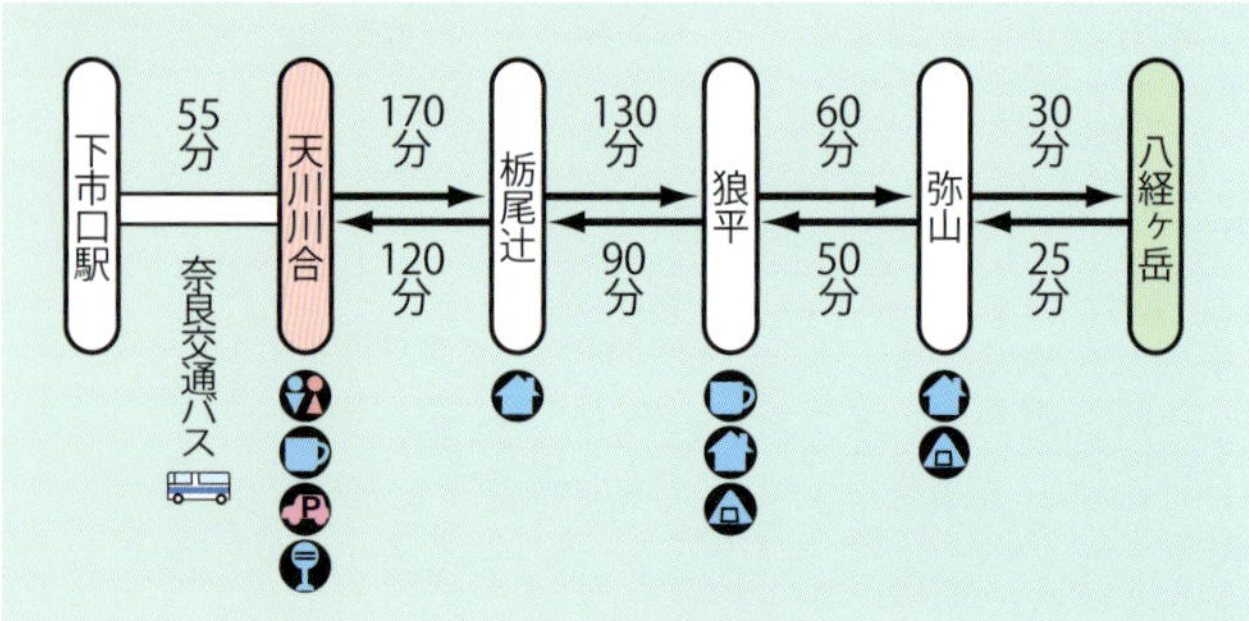

data

●アクセス
起点は下市口駅（近鉄吉野線）
下市口駅→天川川合（奈良交通バス約55分）→行者還トンネル西口（タクシー約30分）
●山小屋
狼平避難小屋　0747-63-0999
弥山小屋　0747-52-1332
小笹ノ宿避難小屋　0747-63-0321
行者還避難小屋　0747-63-0999
栃尾辻避難小屋　0747-63-0999
深仙小屋　072-834-1074
和佐又山ヒュッテ　07468-3-0027
稲村ヶ岳山荘　0747-64-0138
●問い合わせ
奈良交通吉野支社　0747-52-4101
天川タクシー　0747-63-0015
千石タクシー　0747-52-2555
天川村役場　0747-63-0321

和佐又山ヒュッテ 1150m
大和上市駅から大台ヶ原行きバスで約1時間（季節運行）、和佐又山登山口下車徒歩約1時間
和佐又山ヒュッテ 65
通年（火曜定休）
深仙小屋 5
緊急避難小屋、宿泊不可
大日岳
1800m 釈迦ヶ岳
1805m 仏生ヶ岳
七面山 1624m
十津川村
下北山村
熊野へ
行者還避難小屋 30
通年（無人）
八経ヶ岳 1915m
国見八方睨
明星ヶ岳
1600m
1895m
1819m
オオヤマレンゲの花が見られる
天ヶ瀬へ
一ノ垰
聖宝ノ宿跡
弥山
狼平
狼平避難小屋 20
通年（無人）
頂仙岳 1717m
田辺市
上北山村
吉野宮滝へ
和佐又山 1344m
大普賢岳 1780m
国見岳 1655m
七曜岳 1584m
1546m
行者還岳
200 弥山小屋
4月下旬～11月中旬
大黒岩
弥山神社
行者還トンネル西口
和佐又口へ
脇ノ宿跡
柏木へ
竜ヶ岳
大峰山
稲村ヶ岳 1726m
バリゴヤノ頭 1580m
双門の滝
1518m
栃尾辻避難小屋 10
通年（無人）
5 小笹ノ宿避難小屋
通年（無人）
山上ヶ岳 1719m
大峯山寺
レンゲ辻
山上辻
稲村ヶ岳山荘 30
4月下旬～11月下旬の土・祝日、年末年始、盆
弥山川
トサカ尾山 1119m
栃尾辻
天ノ川温泉、坪内へ
不明瞭
阿古滝
鐘掛岩
西の覗き
川迫川
柏木へ
山上ヶ岳宿坊（5軒） 600
5月上旬～9月下旬
※山上ヶ岳は現在も女人禁制
天川村
観音峰 1347m
洞辻茶屋
309
1448m
お助け水
女人結界門
法力峠 1217m
大峰大橋（清浄大橋）
ゴロゴロ水
洞川温泉 820m
下市口駅から洞川温泉行きバスで約1時間20分
みたらい渓谷
天河大弁財天社へ
天川川合
母公堂
千本谷出合
五代松鍾乳洞
山上川
一本松茶屋
大天井ヶ岳 1439m
1211m
五番関
洞川温泉
龍泉寺
天川川合 600m
下市口駅から洞川温泉または中庵住行きバスで約55分、天川川合下車
下市へ
蟷螂ノ窟
洞川温泉
川上村
百町茶屋跡
1083m
吉野古道
奈良県
川上村へ
1236m
四寸岩山
新茶屋跡
柏原山 943m
赤石渓谷
足摺茶屋跡
1102m
百貝岳
黒滝村
下市、天川へ
842m
旧女人結界 吉野古道入口
西行庵
青根ヶ峰 858m
愛染ノ宿跡
苔清水
地蔵峠 553m
金峯神社
吉野山奥千本（金峯神社）700m
竹林院前バス停から奥千本口行きバスで約15分
下市町
水分神社
下市温泉へ
吉野町
吉野山
竹林院前
竹林院
吉野駅へ
金峯山寺へ
※図は北からの鳥瞰
登山口情報は主要なもののみ

天川《てんかわ》村一帯は谷が深く刻まれ高い山がそびえることから聖域と考えられていたという。村名の由来となった天河大弁財天社は、日本三大弁財天のひとつとされる。弥山《みせん》川にある双門の滝は「日本の滝百選」にも選ばれた名瀑。４つの滝の総称で、なかでも大滝は落差70ｍに及び、絶壁の間を水が流れ落ちる様は圧巻である。みたらい渓谷は大小さまざまな滝があり、見事な渓谷美を見せている。エメラルドグリーンの水流が神秘的だ。

宿泊施設（数字は収容人数）　キャンプ場　水場　トイレ　危険箇所　ロープウェイ　リフト　おもなバス停　温泉　紅葉の名所　花の名所　好展望　観光ポイント　駐車場

大山

神話にも登場する中国地方の最高峰

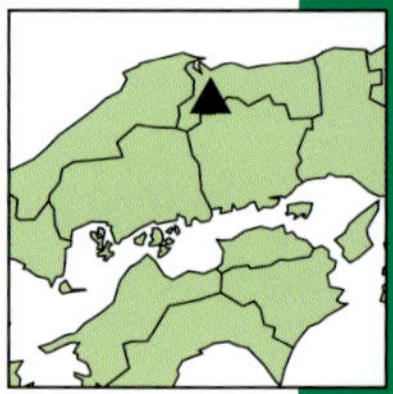

だいせん
剣ヶ峰　1729m
弥山　1709m
中級者向け
日帰り

見どころ：眺望、花、紅葉、岩壁
1/25000 地形図：伯耆大山

「出雲富士」とよばれる

　大山は鳥取県西部にそびえる中国地方の最高峰である。複式火山で、剣《けん》ケ峰、弥山《みせん》、天狗《てんぐ》ケ峰、三鈷峰《さんこほう》などの峰々が連なる。大山はこれらの峰々の総称である。

　日本海に面した独立峰で、冬には寒気の影響を強く受け、積雪量も多い。南面、北面、東面は上部から鋭く切れ落ちている「壁」であり、豪快な姿を見せる。しかし、西側から見ると、端正な円錐形の姿をしており、「出雲富士《いずもふじ》」あるいは「伯耆富士《ほうきふじ》」とも呼ばれる。

元谷の道から見る大山（撮影：長田健三）

山岳宗教の聖地

　大山は古くから修験者の道場であり、山岳宗教が栄え、霊山として敬われた。かつて登頂が許されたのは、年に一度、選ばれた僧が「弥山禅定《みせんぜんじょう》」という仏教行事を行うときだけだったという。

　夏山登山道の5合目には山ノ神を祀《まつ》る祠《ほこら》がある。ここに登山の無事を祈って上部を目指す登山者も多い。

　大山に関係する伝説は多い。なかでも『出雲国風土記《いずものくにふどき》』にある国引き神話は有名である。ほかにもさまざまな歴史的場面に大山は登場する。

桝水《ますみず》高原から見る大山（撮影：長田健三）

豊かな植生

　大山は植生も豊かだ。山《さん》麓《ろく》は、西日本最大規模という豊かなブナ林がある。

　8合目から弥山頂上部にかけては、低木のダイセンキャラボクが群生する。これは国の特別天然記念物に指定され、秋には真っ赤な実をつける。

優れた展望の弥山山頂

　弥山頂上直下の梵字《ぼんじ》ケ池は小さな池だが、かつてはここで弥山禅定の行事が行われた。

　弥山頂上からは剣ケ峰はもちろん、大山の峰々、中国山地の山々、日本海が望める。剣ケ峰へは「ラクダの背」とよばれる稜線が続くが、崩壊が激しく、立入り禁止となっている。

夏山登山道コース

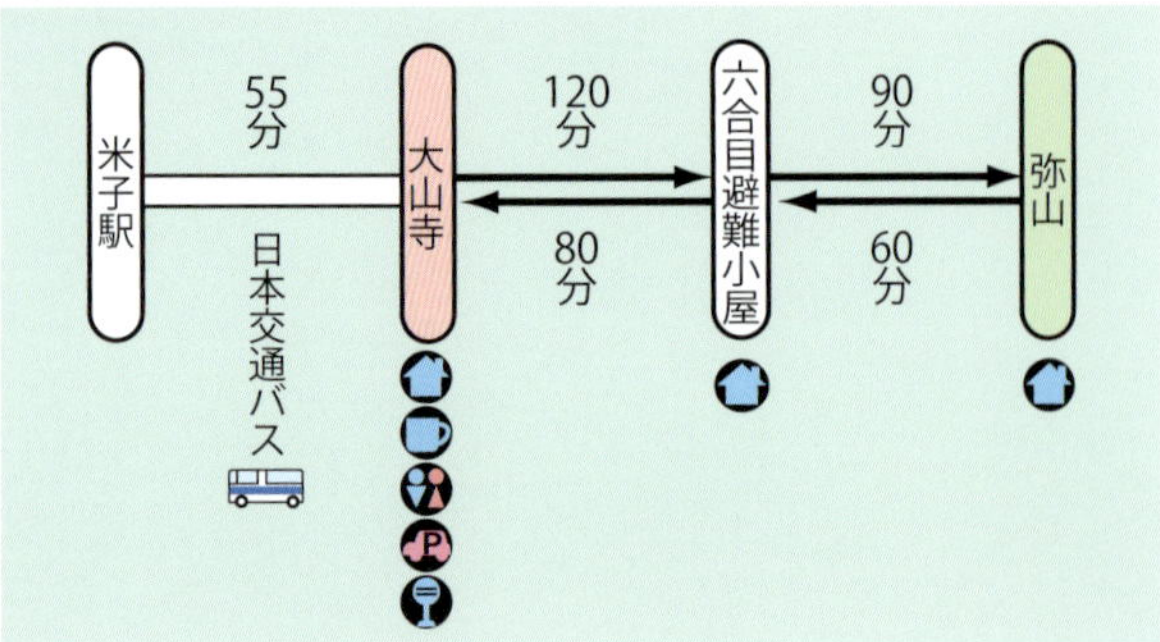
米子駅
55分
日本交通バス
大山寺
120分
80分
六合目避難小屋
90分
60分
弥山

data

●アクセス
起点は米子駅（JR 山陰本線・伯備線）
米子駅→大山寺（日本交通バス約 55 分）
●山小屋
元谷避難小屋　0859-31-9320
六合目避難小屋　0859-31-9320
大山頂上避難小屋　0859-31-9320
ユートピア避難小屋　0859-31-9320
大休峠避難小屋　0859-31-9320
駒鳥避難小屋　0858-23-3276
休暇村奥大山　0859-75-2300
下山キャンプ場　0859-52-2165
豪円山キャンプ場　0859-52-2165
●問い合わせ
日本交通米子営業所　0859-33-9116
日本交通ハイヤーセンター　0859-22-3131
つばめタクシー　0859-22-5103
大山町役場　0859-54-3111
大山町観光案内所　0859-52-2502

※図は北西からの鳥瞰

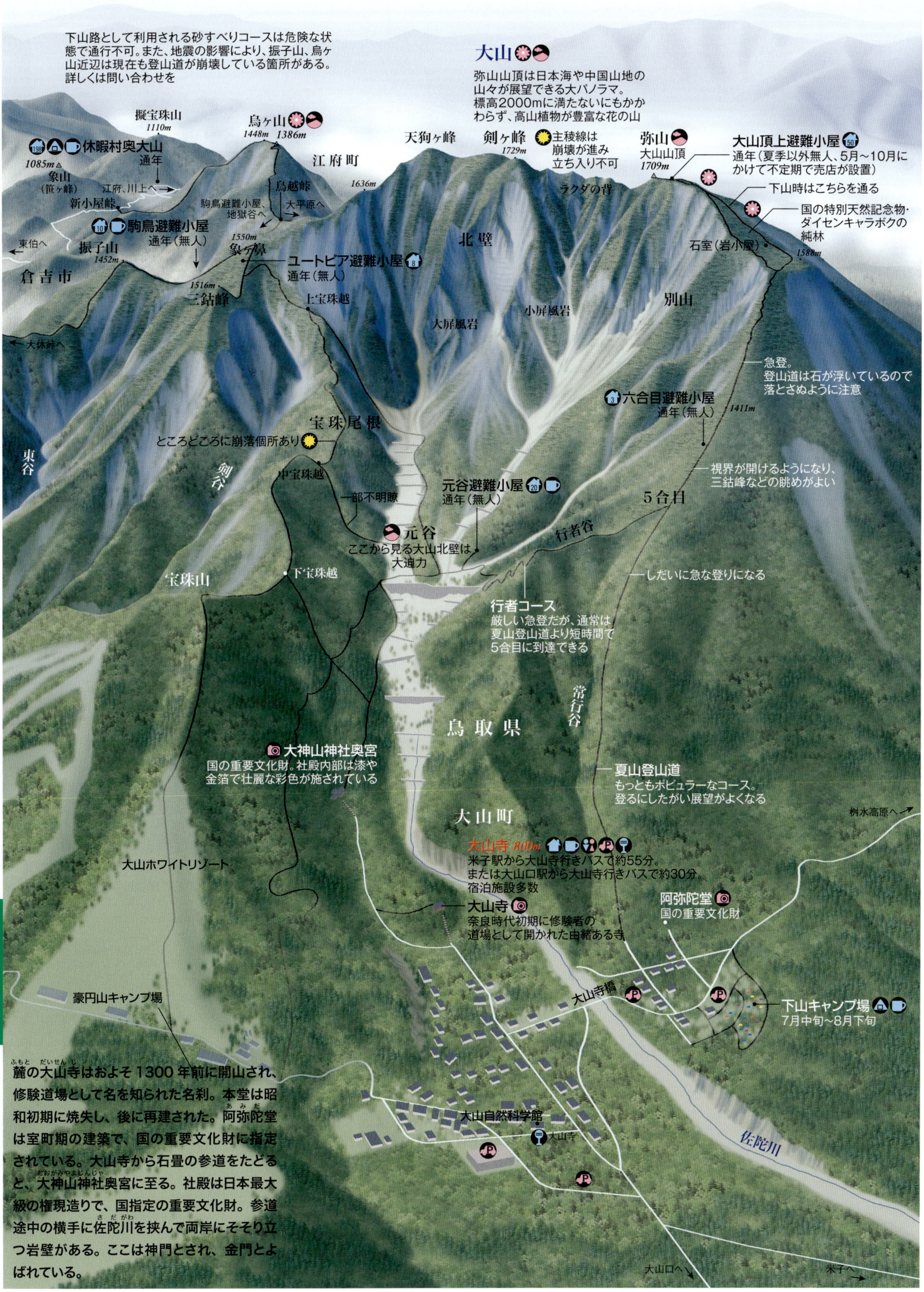

下山路として利用される砂すべりコースは危険な状態で通行不可。また、地震の影響により、振子山、烏ヶ山近辺は現在も登山道が崩壊している箇所がある。詳しくは問い合わせを
大山
弥山山頂は日本海や中国山地の山々が展望できる大パノラマ。標高2000mに満たないにもかかわらず、高山植物が豊富な花の山
擬宝珠山
1110m
烏ヶ山
1448m
1386m
天狗ヶ峰
剣ヶ峰
1729m
主稜線は崩壊が進み立ち入り不可
弥山
大山山頂
1709m
大山頂上避難小屋
通年（夏季以外無人、5月〜10月にかけて不定期で売店が設置）
下山時はこちらを通る
国の特別天然記念物・ダイセンキャラボクの純林
休暇村奥大山
通年
1085m
象山
（笹ヶ峠）
江府、川上へ
新小屋峠
江府町
烏越峠
大平原へ
1636m
駒鳥避難小屋、地獄谷へ
ラクダの背
駒鳥避難小屋
通年（無人）
東伯へ
振子山
1452m
1550m
象ヶ鼻
北壁
石室（岩小屋）
1588m
倉吉市
ユートピア避難小屋
通年（無人）
1516m
三鈷峰
上宝珠越
別山
大屏風岩
小屏風岩
大休峠へ
急登。
登山道は石が浮いているので落とさぬように注意
六合目避難小屋
通年（無人）
1411m
宝珠尾根
ところどころに崩落個所あり
東谷
剣谷
中宝珠越
一部不明瞭
元谷避難小屋
通年（無人）
視界が開けるようになり、三鈷峰などの眺めがよい
5合目
元谷
ここから見る大山北壁は大迫力
行者谷
下宝珠越
宝珠山
しだいに急な登りになる
行者コース
厳しい急登だが、通常は夏山登山道より短時間で5合目に到達できる
常行谷
鳥取県
大神山神社奥宮
国の重要文化財。社殿内部は漆や金箔で壮麗な彩色が施されている
夏山登山道
もっともポピュラーなコース。登るにしたがい展望がよくなる
大山町
桝水高原へ
大山寺 800m
米子駅から大山寺行きバスで約55分。または大山口駅から大山寺行きバスで約30分。宿泊施設多数
大山ホワイトリゾート
大山寺
奈良時代初期に修験者の道場として開かれた由緒ある寺
阿弥陀堂
国の重要文化財
大山寺橋
豪円山キャンプ場
下山キャンプ場
7月中旬〜8月下旬
大山自然科学館
大山寺
佐陀川
大山口へ
米子へ

麓《ふもと》の大山寺《だいせんじ》はおよそ1300年前に開山され、修験道場として名を知られた名刹。本堂は昭和初期に焼失し、後に再建された。阿弥陀《あみだ》堂は室町期の建築で、国の重要文化財に指定されている。大山寺から石畳の参道をたどると、大神山神社《おおがみやまじんじゃ》奥宮に至る。社殿は日本最大級の権現造りで、国指定の重要文化財。参道途中の横手に佐陀川《さだがわ》を挟んで両岸にそそり立つ岩壁がある。ここは神門とされ、金門とよばれている。

宿泊施設（数字は収容人数） キャンプ場 水場 トイレ 危険箇所 ロープウェイ リフト おもなバス停 温泉 紅葉の名所 花の名所 好展望 観光ポイント 駐車場

剣山

信仰の山として知られる西日本第二の高峰

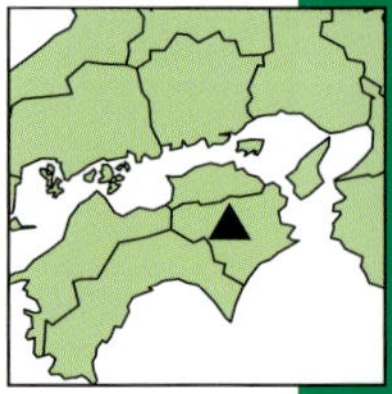

つるぎさん
1955m
中級者向け
日帰り

見どころ：眺望、花、紅葉、岩塔
1/25000地形図：剣山、谷口、北川

次郎笈から見た剣山（撮影：山口千恵子）

剣山地の主峰

剣山は四国東部に峰を連ねる剣山地の主峰であり、石鎚山《いしづちさん》に続く西日本第二の高峰である。一帯は降水量が多く、日本有数の多雨地域となっている。そのため多くの谷を刻み、植生も豊かだ。

山中に多くの神社

剣山という山名の由来については2つの説がある。ひとつは山中の社に安徳《あんとく》天皇の剣を奉納したとするものである。

もうひとつの説は、山腹にある御塔石《おとういし》が剣の形に似ているからとするものである。この御塔石に背後から見守られるように大剣《おおつるぎ》神社がある。御塔石の基部からは名水百選にも選ばれた御神水の水場がある。

ほかにも剣山が信仰の山であることを示すものは多い。登山口には剣《つるぎ》神社があり、山中には西島神社がある。さらに上部には古剣《こつるぎ》神社、両剣《りょうけん》神社もある。両剣神社近くには、行者たちが修行する行場がある。

気持ちのよい平家ノ馬場

剣山は花にも恵まれている。とくに行場付近のキレンゲショウマは見事である。ほかにもシコクフウロやタカネオトギリなどの花も見られる。頂上部は「平家ノ馬場」とよばれるミヤマクマザサに覆われた気持ちのよい場所である。

眺望に優れた山頂

剣山頂上直下には剣山本宮宝蔵石《ほうぞうせき》神社があり、巨岩の上に小さな祠《ほこら》が祀《まつ》られている。

頂上にある一等三角点は石で囲まれ、注連縄《しめなわ》が巻かれた立派なものである。眺めもすばらしく、次郎笈《じろうぎゅう》が秀麗な姿を見せている。晴れた日には石鎚山や太平洋を望む。

剣山山頂（撮影：山口千恵子）

見ノ越コース／西島コース

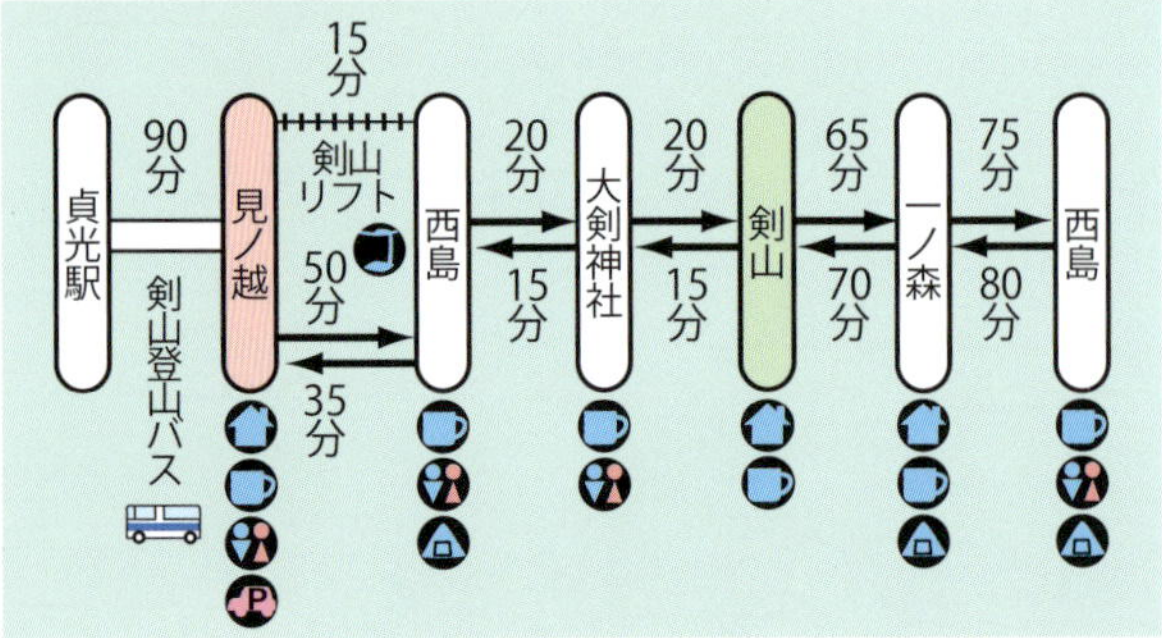

data

●アクセス
起点は貞光《さだみつ》駅、穴吹《あなぶき》駅（JR徳島線）
貞光駅→見《み》ノ越《こし》（つるぎ町コミュニティーバス約1時間30分、季節運行）
穴吹駅→見ノ越（美馬市営バス、約2時間30分、乗換あり、季節運行）
●山小屋
ラ・フォーレつるぎ山 0883-67-5555
丸石避難小屋 0883-88-2211
市営一の森ヒュッテ 0883-68-2113
剣山頂上ヒュッテ 080-2997-8482
●問い合わせ
美馬市営バス 0883-68-2112
剣山登山バス（つるぎ町役場） 0883-62-3111
三好市東祖谷支所（三好市営バス） 0883-88-2212
四国交通 0883-72-2171
貞光タクシー 0883-62-3166
剣山観光登山リフト 0883-62-2772
美馬市役所 0883-52-1212
三好市役所 0883-72-7600
那賀町役場商工地籍課 0884-62-1198

※図は西からの鳥瞰
平家平
1603m
天神丸
1632m
市営一の森ヒュッテ
4月下旬~11月上旬
見ノ越 1400m
貞光駅から剣山登山バスで約1時間30分、運行日注意。タクシーは約1時間20分。見ノ越からは標高1710mの西島までリフトでも登れる。
宿泊施設数軒
1452m
日奈田峠
美馬市
中尾山へ
1611m
赤帽子山
一ノ森
1879m
二ノ森
三ノ森
古剣神社
両剣神社
平家ノ馬場
キレンゲショウマ自生地
行場
刀掛ノ松
1955m
剣山
剣山頂上ヒュッテ
4月下旬~11月下旬
上記営業期間外は水場まで徒歩約15分
剣山本宮宝蔵石神社
大剣神社
御塔石
西島
西島神社
剣山リフト
丸笹山
1712m
1619m
徳島へ
438
1586m
次郎笈
1929m
ホラ貝ノ滝へ
1791m
リフト終点西島から剣山山頂までは遊歩道
次郎笈峠
つるぎ町
剣神社
見ノ越
夫婦池
1767m
一ノ森~剣山~次郎笈~丸石の尾根は長いササ原。展望がすばらしい
剣山スーパー林道、国道193号へ
剣山林道
葛籠お堂へ
ラ・フォーレつるぎ山
通年
葛籠お堂
貞光へ
国道195号へ
1582m
徳島県
丸石
1684m
那賀町
三好市
1682m
三嶺へ
丸石避難小屋
通年(無人)
塔ノ丸
1713m
祖谷川
国体のコースとして整備された歩きやすい道
丸石谷川
奥祖谷二重かずら橋
日本三奇橋のひとつ「祖谷のかずら橋」は多くの観光客でにぎわうが、こちらはわりと静か。男橋と女橋があり、「野猿」とよばれる人力のロープウエイもかかっている
奥祖谷二重かずら橋 1000m
阿波池田駅から久保行きバスで約1時間50分、終点で下車して剣山行き三好市営バスに乗り換えて約30分(運行日注意)
439
名頃ダム
名頃
大歩危、阿波池田へ

深田久弥は『日本百名山』の中で同じ四国の名峰石鎚山を「厳父的」とし、剣山を「慈母的」と形容している。確かに剣山はその名に反して、穏やかで頂上も広々としている。しかしながら、剣山地は無数の谷を刻み、多くの峰が連なる複雑な地形を形成している。この山地には剣山を中心に 100 以上ものピークがあるという。剣山には白骨林が多く、青空を背景にした姿は美しい。また白骨林越しに見る雲海は神秘的な光景である。一《いち》ノ森《もり》山頂付近はブロッケン現象が見られる確率が高い。

宿泊施設(数字は収容人数) キャンプ場 水場 トイレ 危険箇所 ロープウェイ リフト おもなバス停 温泉 紅葉の名所 花の名所 好展望 観光ポイント 駐車場

石鎚山

修験の山として知られる西日本の最高峰

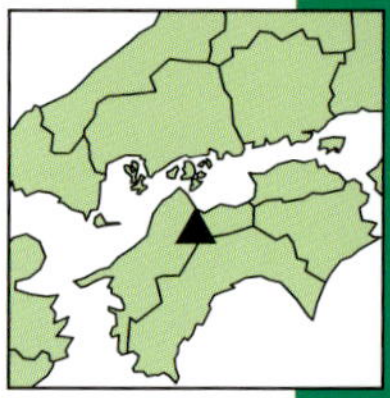

いしづちさん
天狗岳　1982m
中級者向け
日帰り

見どころ：眺望、花、紅葉、樹林帯、岩塔
1/25000 地形図：石鎚山、瓶ヶ森、面河渓、筒上山

弥山から天狗岳を見る

石鎚連峰の主峰

石鎚連峰は愛媛県と四国の中央部を東西に走る巨大な山塊である。石鎚山はこの石鎚連峰の主峰であり、西日本最高の標高を誇る。

山体は主に安山岩からなる。頂上部は鋭く切り立った岩稜で、弥山《みせん》と天狗《てんぐ》岳、南尖鋒《なんせんぽう》の3つの峰から構成される。

日本七霊山のひとつ

石鎚山には石鎚毘古命《いしづちひこのみこと》（伊邪那岐命《いざなぎのみこと》と伊邪那美命《いざなみのみこと》の子）が古くから祀《まつ》られ、これが山名となったという。また、頂上の岩峰に「石之霊《いしづち》」が宿るとされたことにちなむとする説もある。

役小角《えんのおづぬ》によって開山されたと伝えられ、修験の山として崇拝の対象となり、日本七霊山のひとつとされる。弥山頂上の頂上社、中腹の成就《じょうじゅ》社、土小屋遥拝《つちごやようはい》殿《でん》、麓《ふもと》の本社の4社を合わせて石鎚神社とよばれる。

山腹にある天柱石《あめのみはしらいし》は先が尖った岩塔であり、基部には地蔵が祀られている。

石鎚山は現在も山岳信仰の山であり、7月1日から10日までの「山開き」をはじめ、多くの信者で賑わっている。

切り立つ岩峰からの絶景

成就コースも土小屋コースもブナをはじめ、さまざまな樹林に覆われた登山道だ。2つの登山道は、二ノ鎖小屋で合流する。ここから弥山に至るコースには鎖場が連続する。

最高点の天狗岳は中空に突き出た岩峰であり、弥山から見ると圧倒的な迫力がある。弥山から天狗岳に至るナイフブリッジの岩稜にはミヤマダイコンソウやイワカガミなどが可憐な花を咲かせる。

天狗岳の頂上はきわめて狭いが、小さな祠《ほこら》が岩頭に建っている。

弥山と天狗岳、いずれの山頂からも絶景が広がる。快晴の日には、南には土佐湾、北には瀬戸内海から中国山地の山々まで望むことができる。また、天狗岳は、ロッククライミングでも人気のスポットだ。

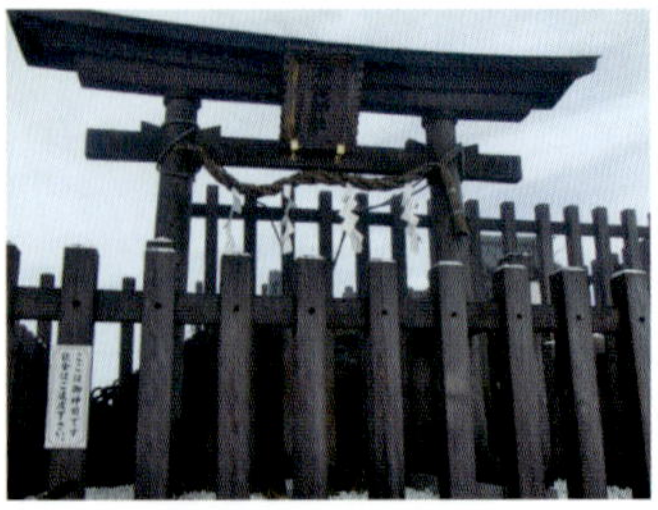

石鎚山山頂の石鎚神社の鳥居
（撮影：紺野研一）

成就コース／土小屋コース

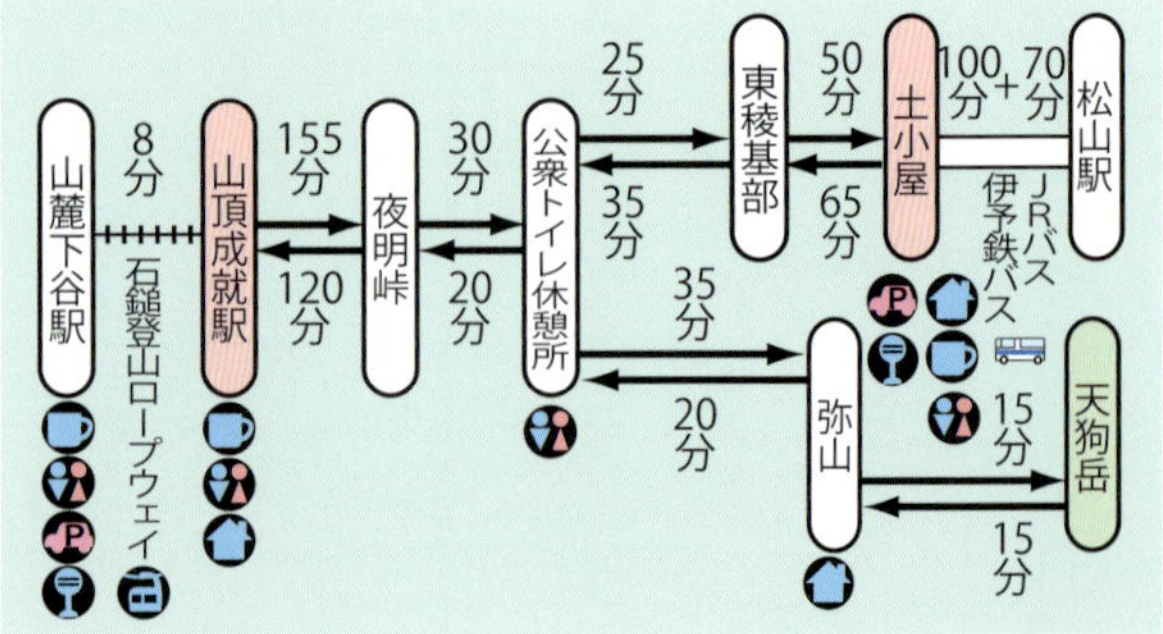
山麓下谷駅
8分
石鎚登山ロープウェイ
山頂成就駅
155分
120分
夜明峠
30分
20分
公衆トイレ休憩所
25分
35分
東稜基部
50分
65分
土小屋
100分＋70分
JRバス
伊予鉄バス
松山駅
35分
20分
弥山
15分
15分
天狗岳

data

●アクセス
起点は伊予西条駅（JR 予讃線）もしくは松山駅（JR 予讃線）
伊予西条駅→石鎚登山ロープウェイ前（せとうちバス約 55 分）
松山駅→久万中学校前（JR バス約 1 時間 10 分）・久万営業所→石鎚土小屋（伊予鉄バス約 1 時間 40 分）

●山小屋
愛大石鎚小屋　080-8919-2272
土小屋白石ロッジ 0897-53-0007
国民宿舎石鎚　0897-53-0005
石鎚神社頂上山荘　0897-55-4168
堂ヶ森愛大小屋　080-8919-2272

●問い合わせ
せとうちバス　0898-23-3450
JR 四国バス松山支店 089-943-5015
伊予鉄バス　089-948-3172
石鎚交通　0897-56-0809
渡部タクシー　0897-56-0222
石鎚登山ロープウェイ 0897-59-0331
西条市役所　0897-56-5151

面河渓 630m
松山駅から久万高原行きJRバスで約1時間10分、久万中学校前バス停下車。近くの伊予鉄バスの久万営業所バス停から石鎚土小屋行きに乗り換え約1時間、面河下車
土小屋 1500m
松山駅から久万中学校前で乗り換え（面河渓を参照）。面河の次のバス停が石鎚土小屋
土小屋白石ロッジ 100
4月下旬～11月下旬
石鎚神社頂上山荘 50
5月上旬～11月上旬
石鎚神社頂上社
南尖鋒
二ノ森 1929m
1889m
堂ヶ森 1689m
堂ヶ森愛大小屋
保井野へ
1599m
10 愛大石鎚小屋
通年（無人）
石鎚山
天狗岳 1982m
弥山 1974m
1866m
西ノ冠岳 1894m
高瀑渓への分岐
1921m
三ノ鎖
三ノ鎖小屋
二ノ鎖
公衆トイレ休憩所
荷物の大きい人や初心者は一ノ鎖～三ノ鎖は利用せず迂回路を利用するほうが無難
一ノ鎖
一ノ鎖小屋
夜明峠 1652m
剣山
前社ヶ森 1592m
前社ヶ森小屋
試しの鎖
松山へ
久万高原町
面河山 1525m
面河渓へ
面河コース
1846m
矢筈岩
東稜基部
筒上山へ
石鎚スカイライン
1637m
鶴ノ子ノ頭
1677m
土小屋コース
瓶ヶ森へ
1524m
石鎚神社 土小屋遥拝殿
国民宿舎石鎚 100
4月上旬～11月下旬
1323m
天柱石
成就・土小屋・面河の3コースが代表的な登山道。ほかの道は利用者が少なく、踏み跡が不明瞭な部分などもあり、やや上級者向き
成就コース
八丁小屋
八丁坂
石鎚神社成就社
成就
1414m
展望台
石鎚スキー&スノーボードリゾート
黒川、三碧峡へ
奥前神寺
山頂成就駅
今宮、三碧峡へ
ロープウェイ山頂成就駅 1280m
伊予西条駅から西之川行きバスで約55分、ロープウェイ前下車。そこでロープウェイに乗り換え、山頂成就駅までは所要時間約8分。
成就社に宿泊施設あり
1284m
大森山 1399m
ツナノ平
1035m
1363m
栃由木谷
1102m
刀掛
愛媛県
岩原
御塔谷
小森 934m
瓶ヶ森へ
西条市
石鎚登山ロープウェイ
山麓下谷駅
ロープウェイ前
西之川
432m
加茂川
西条市街へ
※図は北東からの鳥瞰

石鎚山は見る方向によって山容が違う。南から見ると頂上が剣先のように尖がり、北アルプスの槍ヶ岳のようだ。西から見ると頂上部は鋸の歯のように岩峰が連なっている。東から眺めると、この地域の主のように堂々と構えた山容を見せる。石鎚神社頂上社では、神像を参拝者の背中に直接当てる「御神像拝戴」が行われる。全国の神社の中で、神像に直接触れることができるのは、ここだけである。中宮にあたる石鎚神社成就社は、開山者役小角が「吾が願い成就せり」と石鎚山を振り返った場所と伝えられ、文字通り願い事の成就を祈る所とされる。

宿泊施設（数字は収容人数） キャンプ場 水場 トイレ 危険箇所 ロープウェイ リフト おもなバス停 温泉 紅葉の名所 花の名所 好展望 観光ポイント 駐車場

九州

神々の舞台として、伝説の地として、いにしえの昔から存在してきた九州の山々。標高こそ高くはないが、物語を紡ぐにふさわしい個性豊かな名峰が君臨する。火の阿蘇山、草の九重山、石の祖母山、水の霧島山、木の屋久島、そして美の開聞岳。わたしたちを古代へと誘う。

阿蘇山（写真：PPS）

九重山

魅力に富む高峰が連なる九州の屋根

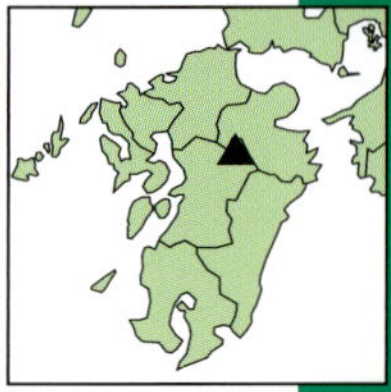

くじゅうさん
中岳　1791m
久住山　1787m
中級者向け
日帰り /1 泊 2 日

見どころ：眺望、花、紅葉、樹林帯、火山地形
1/25000 地形図：湯坪、久住山、久住、大船山

牧ノ戸峠付近から望む九重山（撮影：川嶋新太郎）

峰が連なる火山群

阿蘇くじゅう国立公園の北東部に峰を連ねているのが九重連山である。1000m以上の峰が連なり、1700mを超える高峰も10座を数え、九州の屋根と称される。活動は落ち着いているが火山が多く、「九重火山群」とも呼ばれる。

「九重山」というのはこの山域全体の呼称である。山域でもっとも標高が高いのは中《なか》岳であるが、近年までは久住《くじゅう》山が最高峰とされ、久住高原から立ち上がる姿は、盟主の貫禄である。

信仰と深いかかわり

九重山、あるいは久住山という呼び名は、1470（文明2）年創建の「九重山法華院《ほっけいん》白水寺」と、804（延暦23）年創建と伝えられる「久住山猪鹿狼《いから》寺《じ》」の2つの寺院名に由来するという。山小屋を営む法華院温泉は法華院白水寺に由来し、十一面観《じゅういちめんかん》音《のん》、不動明王《ふどうみょうおう》、毘沙門天《びしゃもんてん》を祀《まつ》る。猪鹿狼寺もその跡が残る。

また一説によれば「クシフ」が転じたものであるという。天孫降臨伝説にちなむとする説もある。

ミヤマキリシマの群落

九重山は季節ごとにさまざまな花に彩られる。とくに初夏に大船山《たいせんざん》や平治《ひいじ》岳の山頂部に咲くミヤマキリシマの大群落は見事である。またこの山域はコケモモの南限であり、その群落は天然記念物に指定されている。

ミヤマキリシマが咲く九重山
（撮影：川井靖元）

主峰久住山と最高峰中岳

池塘《ちとう》が点在する西千里《にしせんり》ヶ浜から見ると、久住山はピラミッドのようにそびえ、印象的である。山頂からの眺望はすばらしい。阿蘇《あそ》山、祖母《そぼ》山、雲仙《うんぜん》岳など九州の主だった山を望む。

久住山と火口湖の御池《みいけ》を挟んで対峙《たいじ》するようにそびえるのが中岳である。かつて中岳は神体山とされ、御池の湖畔には法華院白水寺と猪鹿狼寺の上宮があったという。中岳山頂から見る九重連山の姿も見事だ。

長者原コース／牧ノ戸峠コース

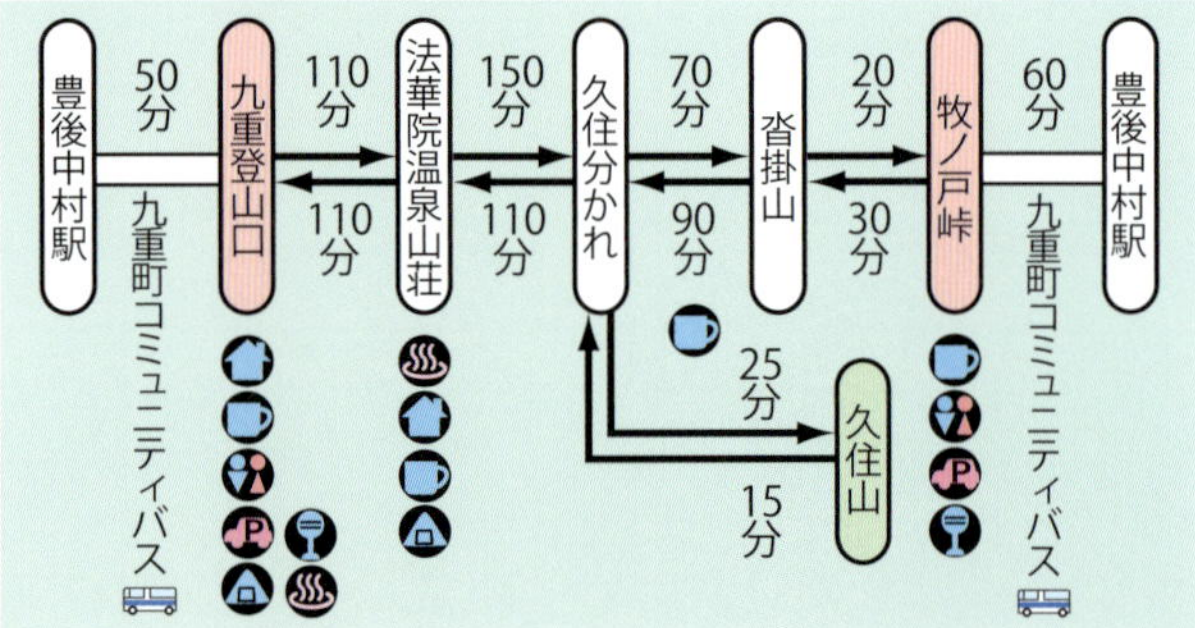
豊後中村駅
50分
九重町コミュニティバス
九重登山口
110分
110分
法華院温泉山荘
150分
110分
久住分かれ
70分
90分
沓掛山
20分
30分
牧ノ戸峠
60分
九重町コミュニティバス
豊後中村駅
25分
15分
久住山

data

●アクセス
起点は豊後中村駅（JR 久大本線）もしくは豊後竹田駅（JR 豊肥本線）
豊後中村駅→九重登山口（九重町コミュニティバス約 50 分）
豊後中村駅→牧ノ戸峠（九重町コミュニティバス約 1 時間）
豊後竹田駅→赤川登山口（タクシー約 30 分）
●山小屋
法華院温泉山荘　090-4980-2810
あせび小屋　090-4980-2810
九重ヒュッテ　0973-79-3721
坊ガツル避難小屋　0974-76-1111
赤川荘　0974-76-0081
●問い合わせ
九重町コミュニティバス（危機管理情報推進課）
0973-76-3801
九州産交バス　096-354-4845
久住観光タクシー　0974-76-1101
竹田合同タクシー　0974-63-4141
竹田市役所久住支所　0974-76-1111
九重町役場　0973-76-2111
長者原ビジターセンター　0973-79-2154
九重町観光協会　0973-73-5505

大分、別府へ
大分へ
有氏
七里田温泉へ
前岳
1334m
白水鉱泉
1357m
黒岳
天狗
1587m
高塚山
由布市
岳麓寺
大船山
1786m
1615m
米窪
段原
1527m
1706m
北大船山
男池
平治岳
1643m
湯布院、牧ノ戸峠へ
宇土山
1345m
あせび小屋 20
通年（会員制）
坊ガツル避難小屋 35
使用不可
佐渡窪
白口岳
鍋割峠
1643m
くたみ分かれへ
九州自然歩道
高柳へ
法華院温泉山荘 240
通年
鉾立峠
三俣山
1744m
坊ガツル
雨ヶ池越
道迷いの多発地点
雨ヶ池
中岳
1791m
稲星山
1774m
登山道崩壊で通行不可。
要確認
天狗ヶ城
御池
1678m
すがもり小屋跡
（休憩所）
九重山
展望台、
沢水へ
九州自然歩道
諏蛾守越
北千里ヶ浜
1787m
久住山
硫黄山
1762m
星生崎
久住分かれ
星生山
猪鹿狼寺
本堂跡
西千里ヶ浜
湯布院へ
九重登山口
寒ノ地獄温泉
畜産試験場へ
赤川荘 22
通年
豊後中村駅へ
長者原
奥郷川
下泉水山へ
星生温泉
九重ヒュッテ
牧ノ戸温泉
牧ノ戸温泉
1698m
扇ヶ鼻
赤川温泉
1512m
国道442号へ
杏掛山
1503m
黒岩山
1503m
竹田市
長者原 1030m
豊後中村駅から牧ノ戸峠行きバスで約50分。
または別府駅から牧ノ戸峠行きバスで約1時間45分。
ほかにも湯布院駅や熊本駅からも九州横断バスが出ている。
いずれも九重登山口下車。
登山口から牧ノ戸温泉にかけて宿泊施設多数
牧ノ戸峠 1330m
豊後中村駅から牧ノ戸峠行きバスで約1時間。
または別府駅から牧ノ戸峠行きバスで約1時間55分。
ほかにも湯布院駅や熊本駅からも九州横断バスが出ている。
いずれも牧ノ戸峠下車
牧ノ戸峠
久住高原ロードパーク
竹田へ
長者原ビジターセンター
大分県
九重町
合頭山
1383m
やまなみハイウェイ
442
小国へ
筋湯温泉
筋湯温泉入口
豊後中村駅へ
小松地獄
八丁原地熱発電所
日本最大規模の地熱発電所。
事前に予約すれば見学もできる
猟師山
1423m
一目山
1287m
夫婦越、涌蓋山へ
熊本県
南小国町
※図は西からの鳥瞰
登山口情報は主要なもののみ

星生崎《ほっしょうざき》近辺は、奇岩が立ち並ぶ独特の光景が見られる。天狗ヶ城は、時を忘れてしまうほどの展望抜群の場所。近くの御池湖畔には、かつて猪鹿狼寺と法華院白水寺の上宮が祀られていたという。「坊がつる讃歌」で知られる坊ガツルは「九州の尾瀬」とよばれ、湿原が広がる。

九州

宿泊施設（数字は収容人数） キャンプ場 水場 トイレ 危険箇所 ロープウェイ リフト おもなバス停 温泉 紅葉の名所 花の名所 好展望 観光ポイント 駐車場

祖母山

そぼさん
1756m
中級者向け
日帰り

見どころ：眺望、花、紅葉、樹林帯、岩峰、渓谷
1/25000 地形図：豊後柏原、祖母山、見立、小原

九州屈指の豪快な山容を誇る名峰

祖母山の北面（撮影：松本莞爾）

祖母・傾山群の主峰

祖母山は大分県と宮崎県の県境を東西に走り、一部熊本県を含む祖母・傾《かたむき》山群の主峰である。九州の山には珍しく岩峰が連なり、切り立つ岩壁も迫力がある。とくに東側の尾平《おびら》から見る祖母山は岩山の風貌をきわだたせている。

また山腹はツガやモミ、アカマツなど豊かな原生林に覆われ、深い谷が刻まれていることも、草原状の山が多い九州では特異である。

祖母山から南に伸びる稜線は障子《しょうじ》岳を越え、古祖《ふるそ》母山《ぼさん》で東に方向を変えて傾山に至る。この稜線は奥祖母新道とよばれ、18㎞あまりに及ぶ長大な縦走路である。

雄大な展望が広がる山頂

祖母山は古くからの神の山であり、人々の信仰を集め登拝が行われてきた。

現在もうっそうとした原生林と岩峰、そして奥岳川や神原《こうばる》川の清流があいまって、豊かな自然をつくり出し、この山の神々しさを醸し出している。

祖母山の山頂には健男霜《たけおしも》凝日子《ごりひこ》神社上宮の祠《ほこら》がある。健男霜凝日子神社は、神武《じんむ》天皇の祖母である豊玉《とよたま》姫命《ひめのみこと》を祀《まつ》り、山名の由来という説があるが、竜蛇身の男の神である健男霜凝日子を表したという説もある。

山頂からの眺めは雄大そのもの。祖母・傾山群の山々、九重《くじゅう》連山、阿蘇《あそ》山などが一望できる。

見事なアケボノツツジ

頂上部はアケボノツツジの名所である。5月初旬になるとそのピンクの花が、木々の緑のなかに見事に映える。またオオヤマレンゲの白い花が優雅にたたずむ。岩場に生えるウバタケニンジンはこの山の固有種である。

高千穂「三秀台」から見た祖母山（撮影：松本莞爾）

尾平登山口コース

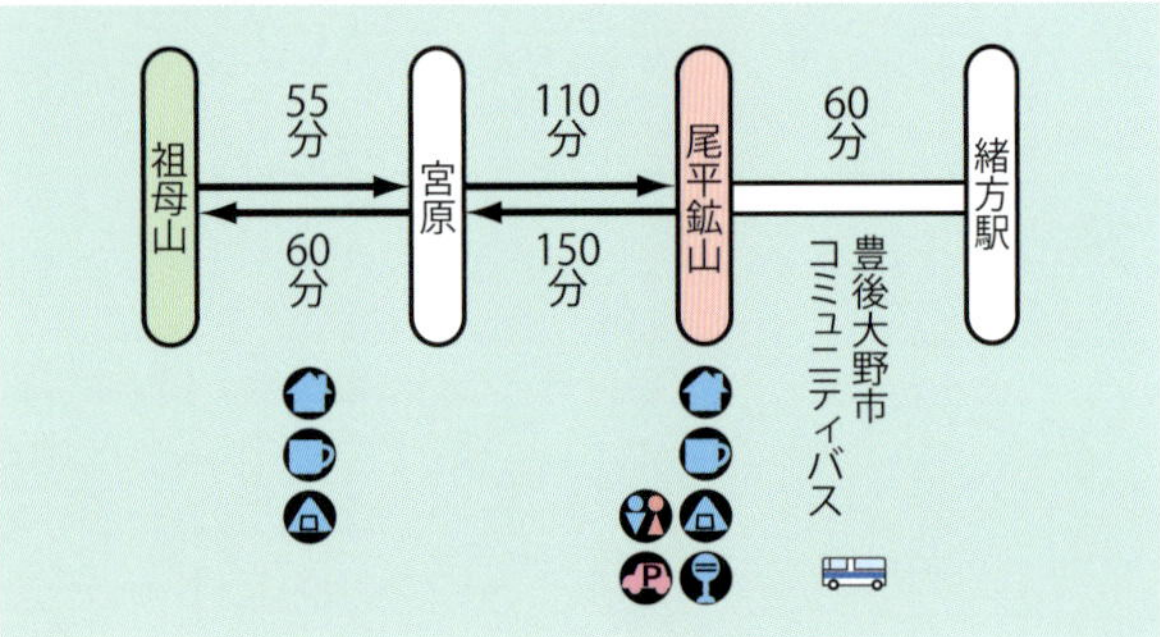

祖母山
55分
60分
宮原
110分
150分
尾平鉱山
60分
緒方駅
豊後大野市コミュニティバス

data

●アクセス
起点は緒方駅もしくは豊後竹田駅（いずれもJR豊肥本線）
緒方駅→尾平鉱山（豊後大野市コミュニティバス約1時間）
豊後竹田駅→神原（タクシー約40分）
●山小屋
祖母山九合目小屋　0974-22-1001
祖母山五合目小屋　0974-63-4807
ゲストハウスLAMP豊後大野　0974-47-2080
●問い合わせ
豊後大野市コミュニティバス　0974-42-2111
日坂タクシー　0974-42-2145
竹田合同タクシー　0974-63-4141
豊後大野市役所　0974-22-1001
竹田市役所　0974-63-1111

※図は東からの鳥瞰
健男霜凝日子神社上宮の祠
北谷 1100m
高千穂町の中心部から車で約1時間
神原 450m
豊後竹田駅からタクシーで約40分。
車は標高750m地点（一合目ノ滝）まで入れる
祖母山
1756m
鉄バシゴや切り立った岩場
障子岳
1703m
親父山
天狗ノ分かれ
烏帽子岩
天狗岩
古祖母山
1633m
千間平
国観峠
1486m
津留、尾村へ
祖母山九合目小屋
（避難小屋）
40
1573m
屏風岩
馬ノ背
祖母山五合目小屋
20
通年
急坂
天狗ノ岩屋
天狗ノ水場
1426m
宮原
1402m
宮崎県
高千穂町
黒金山尾根
急坂が続く
池の原
1433m
竹田市
奥祖母新道
1214m
三枚谷
急坂
ウルシワ谷
1026m
高千穂町市街へ
サマン谷
尾平越トンネル
九折越、傾山へ
林道
大障子岩
1451m
八丁越
上畑へ
川上渓谷
旧尾平鉱山
杉の植林の中の急坂
尾平 600m
緒方駅からバスで約1時間。タクシーで約50分
尾平鉱山
60
ゲストハウスLAMP豊後大野
通年
大分県
豊後大野市
奥岳川
緒方駅へ

祖母山から障子岳に続く稜線に、天狗岩の岩峰がある。その下部にある巨石の基部からは冷たい水が湧き出ており、「天狗ノ水場」とよばれている。川上渓谷は「森林浴の森日本百選」にも選ばれた名渓。この渓谷にかかった吊橋から見上げる天狗岩は迫力がある。山域には錫を中心とした様々な鉱床があり、麓《ふもと》にはかつて多くの鉱山があった。尾平《おびら》鉱山はその１つで江戸時代の初めに開鉱された錫鉱山である。日本有数の錫鉱山と言われたが、1954（昭和 29）年に閉山。尾平鉱山という名称は現在、地名として残っている。

70 宿泊施設（数字は収容人数） キャンプ場 水場 トイレ 危険箇所 ロープウェイ リフト おもなバス停 温泉 紅葉の名所 花の名所 好展望 観光ポイント 駐車場

阿蘇山

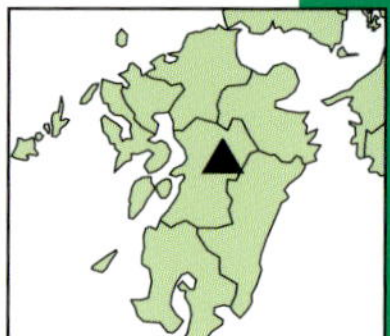

あそさん
高岳　1592m
中岳　1506m
根子岳　1433m
烏帽子岳　1337m
杵島岳　1326m
中級者向け
日帰り

見どころ：眺望、花、紅葉、火山地形、岩峰
1/25000 地形図：阿蘇山、根子岳

世界最大級のカルデラをもつ「火の山」

噴煙を上げる阿蘇中岳（撮影：川井靖元）

中心をなす阿蘇五岳

阿蘇山は典型的な複式火山であり、カルデラは世界最大級の規模をもつ。その中心をなすのは、阿蘇五岳《ごがく》とよばれる中央火口丘群である。阿蘇五岳とは根《ね》子《こ》岳、高《たか》岳、中《なか》岳、杵島《きしま》岳、烏《え》帽《ぼ》子《し》岳の５つの峰をさすよび名である。

畏怖と信仰の対象

一説によれば、阿蘇山という名称は「火の山」を意味するアイヌ語の「アソ」に由来するという。古くから神が宿る場所として畏敬の対象となり、修験の場でもあった。かつては古坊《ふるぼう》中《ちゅう》には多くの坊舎があり、「三十六坊五十二庵」ともよばれたという。

現在、阿蘇山ロープウェー阿蘇山西駅近くには、麓《ふもと》の阿蘇神社の奥宮として阿蘇山上神社がある。

高岳と中岳

阿蘇登山はふつう、中岳と高岳に登ることをさす。

中岳は今も火山として活動しており、山頂部にはいくつもの火口があり、阿蘇山のシンボルである。かつて火口は神霊池とされ、神と見なされた。火口展望台に立つと、火山地形独特の光景が展開する。

高岳は阿蘇五岳の最高峰で、円錐形の山容を見せる。仙酔《せんすい》峡から山頂部にかけてはミヤマキリシマの名所である。山頂部の天狗の舞台とよばれる巨岩がミヤマキリシマのピンクの花々から浮き出るような光景は見事である。

いずれの山頂からも、雄大な展望が得られる。

それぞれに特色ある風貌

烏帽子岳の北側斜面は「草千里《くさせんり》ヶ浜」とよばれる火口跡で、牧歌的風景が広がる草原である。

根子岳の頂上部は鋸《のこぎり》の歯のように岩峰が連なり、天狗峰はその象徴である。

五岳の西端に位置する杵島岳の頂上部には、東側に３つ旧火口がある。火口縁北側のイワカガミの群落はすばらしい。

紅葉の阿蘇根子岳（撮影：川井靖元）

仙酔峡・尾根コース（※）

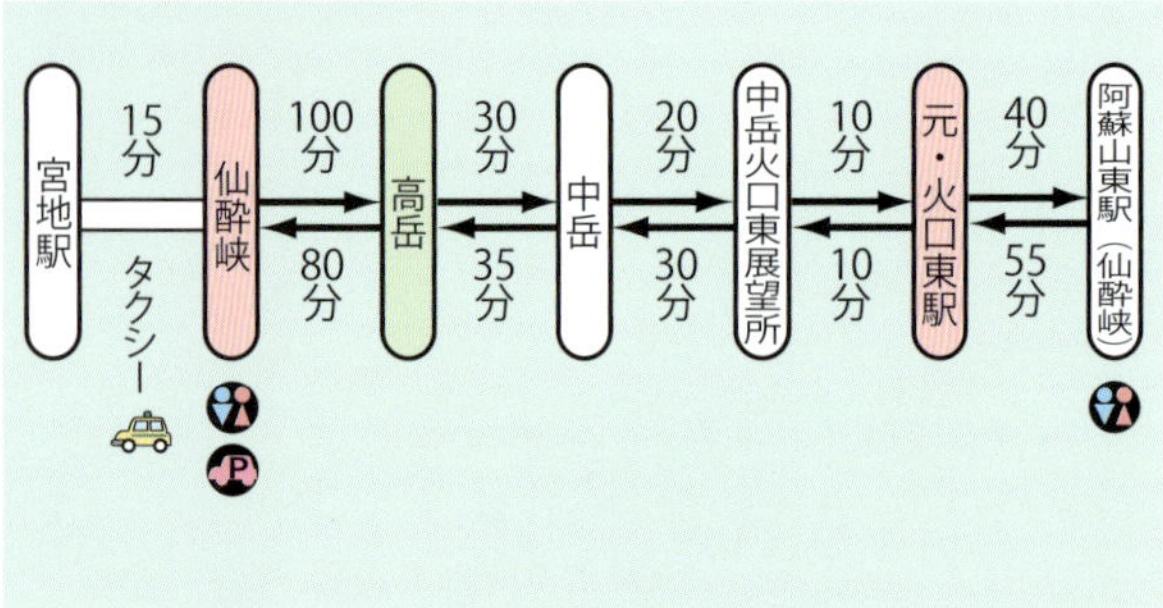

宮地駅
15分
タクシー
仙酔峡
100分
80分
高岳
30分
35分
中岳
20分
30分
中岳火口東展望所
10分
10分
元・火口東駅
40分
55分
阿蘇山東駅（仙酔峡）

※＝歩くにあたっては、火口規制情報を確認のこと。

data

●アクセス
起点は宮地駅もしくは阿蘇駅（いずれもJR 豊肥本線）
宮地駅→仙酔峡（タクシー約 15 分）
阿蘇駅→阿蘇山西駅（九州産交バス約 35 分）
●山小屋
根子岳地獄谷避難所　09676-2-0385
●問い合わせ
九州産交バス阿蘇営業所　0967-34-0211
一の宮タクシー　0967-22-0161
大阿蘇タクシー　0967-22-0825
阿蘇山ループシャトル　0967-34-0411
阿蘇市役所観光課　0967-22-3174
阿蘇市阿蘇山上事務所（火口中央監視所）
0967-34-1668

阿蘇山の噴火警報は2019年4月30日時点で噴火警戒レベル2、火口周辺規制。1キロ以内の立入禁止
根子岳
東峰 1408m
天狗峰 1433m
1394m
西峰
竹田、熊本へ
265
根子岳地獄谷避難所 5
通年
阿蘇外輪山
高森、蘇陽へ
阿蘇白川駅へ
九州自然歩道
高森町
天狗の舞台
高岳避難小屋(月見小屋)
宿泊不可
日ノ尾峠 990m
1564m
大鍋
高岳 1592m
九州自然歩道
宮地駅へ
阿蘇山
鷲ヶ峰
中岳 1506m
1496m
丸山 1186m
高森、阿蘇白川駅へ
利用者は少ない
行儀松
854m
仙酔尾根
964m
仙酔峡
中岳火口東展望所
火口東駅
宮地駅へ
仙酔峡駅
1331m
1369m
砂千里ヶ浜
阿蘇白川駅へ
ロープウェイは休止中
楢尾岳
中岳火口
火口東駅(仙酔峡)1280m
火口西駅
1261m
阿蘇山ロープウェー
火口西駅 1260m
阿蘇山ロープウェーは休止中。代わりにループシャトルが運行されている。
阿蘇駅から阿蘇山西駅行きバスで約35分、終点下車、ループシャトルに乗り換え約10分。ただし、ループシャトルは2019年4月30日時点では噴火警戒レベル2のため運休中
中岳火口周辺では火山性ガスや噴石による事故が起きている。風向きの変化で火山性ガスの濃度が突然上がるため、火口西駅付近ではとくに北からの風に注意。高岳・中岳登山の際は事前に火山情報を確認すること
京大火山観測所
阿蘇山上神社
阿蘇山西駅
烏帽子岳 1337m
御竈門山
阿蘇登山道路(パノラマライン)吉田線
往生岳 1238m
阿蘇駅へ
1101m
1224m
展望台
1326m
草千里ヶ浜
1157m
駒立て
阿蘇白川駅へ
杵島岳
草千里
阿蘇火山博物館前
1147m
阿蘇駅へ
阿蘇市
975m
垂玉温泉へ
草千里ヶ浜 1140m
阿蘇駅から阿蘇山西駅行きバスで約30分、草千里阿蘇火山博物館前下車
阿蘇登山道路(パノラマライン)坊中線
米塚(登山禁止)
954m
阿蘇火山博物館
阿蘇山の自然や歴史、文化について展示。火口に設置されたライブカメラの映像もある
阿蘇登山道路(パノラマライン)赤水線
阿蘇山上ビジターセンター
阿蘇火山博物館1階
南阿蘇村
オルゴール響和国
742m
熊本県
立野へ
立野へ
※図は西からの鳥瞰

阿蘇山は活動中の火山である。これまで約27万年前、約14万年前、約12万年前、約9万年前の4回の大噴火があったと考えられている。特に4回目の大噴火は規模が大きく、その火砕流の堆積物は山口県秋吉台で確認されている。また火山灰は北海道東部でも確認された。世界最大級とされるカルデラは1周およそ130kmに及び、その中に約4万7000人の人々が暮らしている。阿蘇五岳は、釈迦が横たわっているように見えることから阿蘇《あそ》涅槃像《ねはんぞう》と呼ばれる。阿蘇涅槃像が雲海に浮かぶ様子は幻想的で、神々しい。

九州

宿泊施設(数字は収容人数) キャンプ場 水場 トイレ 危険箇所 ロープウェイ リフト おもなバス停 温泉 紅葉の名所 花の名所 好展望 観光ポイント 駐車場

霧島山

伝説と神話に彩られた秀峰が連なる火山群

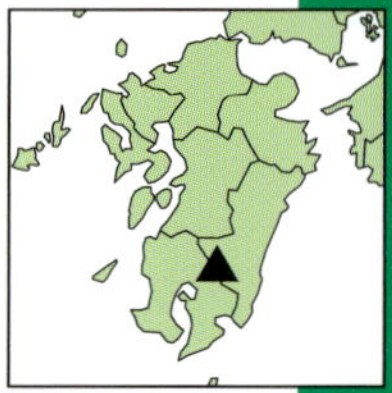

きりしまやま
韓国岳　1700m
新燃岳　1421m
中級者向け
日帰り

見どころ：眺望、花、紅葉、樹林帯、火山地形
1/25000 地形図：日向小林、高千穂峰、韓国岳、霧島温泉

多くの峰と火山湖

霧島山は鹿児島県と宮崎県の県境に広がる火山群の総称であり、霧島連峰ともよばれる。霧島錦江湾国立公園の中にあり、韓国岳《からくに》や高千穂峰《たかちほのみね》など、20以上の峰が連なり、多くの火山湖がある。こうした地形は「火山の博物館」ともよばれる。硫黄山《いおう》、新燃岳《しんもえ》、高千穂峰御鉢《おはち》は現在も火山として活動中である。

２０１０年にはジオパークとして認定された。

ミヤマキリシマと韓国岳（撮影：川井靖元）

霧に浮かぶ島

霧島山という名は、一帯が霧が深い地域であることに由来するという。また宮崎県の都城《みやこのじょう》市から見ると、霧の中に島が浮かんでいるように見えるからとする説もある。

霧島山は多くの伝説と神話に彩られている。とくに高千穂峰の天孫降臨の神話はよく知られている。この神話に基づき、山頂には天逆鉾《あめのさかほこ》（※1）が立っている。

霧島山は古来からの信仰の山であり、修験場であった。ここで修験の修行を行った性空《しょうくう》が開いた霧島六社権現は有名である。

一級品の展望

韓国岳は霧島山の最高峰であり、主峰である。山麓《さんろく》は、原生林で覆われ、新緑や紅葉が美しい。山名は、山頂から「韓の国」まで見えるという見晴らしのよさにちなんでいるという。韓国はさすがに見えないが、霧島山一帯を見渡せる展望は一級品である。

火口湖の大浪池《おおなみのいけ》付近はミヤマキリシマの群生地でもあり、湖面の青とピンクの花のコントラストが美しい。黄色い花が咲くキリシマミズキは、この山域の固有種である。

新燃岳の山頂から見る火口湖はエメラルドグリーンに輝き、高千穂峰は神話の山らしく神々しい山容を見せる。

新燃岳のカルデラ湖（撮影：川井靖元）

韓国岳登山コース

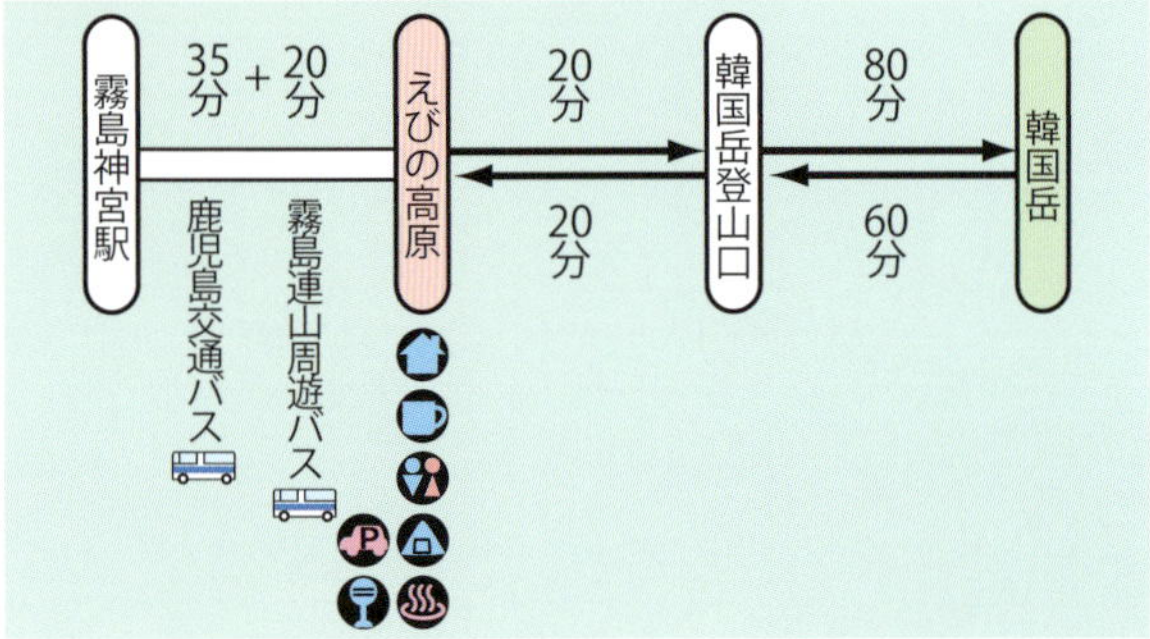
霧島神宮駅
35分 + 20分
鹿児島交通バス
霧島連山周遊バス
えびの高原
20分
20分
韓国岳登山口
80分
60分
韓国岳

※1＝天逆鉾は「あめのさかほこ」のほか「あまのさかほこ」ともよばれる。
※2＝丸尾や丸尾温泉でも乗り換えられる。霧島連山周遊バスの始発バス停は丸尾。

data

●アクセス
起点は霧島神宮駅（JR 日豊本線）
霧島神宮駅→霧島いわさきホテル（鹿児島交通バス約 35 分）→えびの高原（霧島連山周遊バス約 20 分）（※ 2）
霧島神宮駅→霧島いわさきホテル（鹿児島交通バス約 35 分）→高千穂河原（霧島連山周遊バス約 50 分）（※ 2）
●山小屋
韓国岳南避難小屋　099-286-3005
白鳥山荘温泉　0984-33-5117
国民宿舎えびの高原荘　0984-33-0161
●問い合わせ
霧島連山周遊バス（鹿児島交通バス国分営業所）　0995-45-6733
第一交通霧島神宮営業所　0995-57-0061
有村タクシー霧島　0995-57-1119
こばやし交通えびのタクシー 0984-33-0154
えびの市役所　0984-35-1111
霧島市役所霧島総合支所　0995-45-5111
霧島市観光案内所　0995-57-1588
高原町役場　0984-42-2111
えびのエコミュージアムセンター
0984-33-3002
高千穂河原ビジターセンター
0995-57-2505

えびの高原 1200m
霧島神宮駅から霧島いわさきホテル行きバスで約35分、終点で霧島連山周遊バスに乗り換えて約20分。便数が少ないのでタクシーが便利、約45分。花から紅葉、樹氷まで四季折々に楽しめる高原。「えびの」の名は、硫黄山から噴出する火山性ガスの影響でえび色に染まったススキ原の色から
国民宿舎えびの高原荘 130
通年
えびのエコミュージアムセンター
白鳥山荘温泉 55
通年
えびの市街へ
栗野駅へ
栗野岳 1094m
栗野岳温泉
栗野駅へ
白鳥山 1363m
白鳥温泉
えびの市
白紫池
六観音展望台
1208m
1305m
六観音御池
甑岳 1301m
えびの高原
不動池
鹿児島県
硫黄山
2019年4月30日時点で、噴火警戒レベル1。硫黄山周辺1km以内は入山が規制されている。
新床展望台
韓国岳登山口
1700m
1421m
韓国岳
落石・浮石による事故に注意
大浪登山口
1298m
大浪池
韓国岳南避難小屋 20
通年
霧島山
1411m
霧島温泉郷
隼人、鹿児島へ
新湯展望台
琵琶池
小林市
1398m
小林市街へ
新燃岳周辺2km以内は入山が規制されている。
獅子戸岳 1429m
夷守岳 1344m
新湯温泉
小林市街へ
1395m
霧島川
大幡山
1327m
霧島市
1421m
大幡池
1353m
ミヤマキリシマがすばらしい
新燃岳
湯之野登山口
中岳
1332m
霧島神宮古宮跡
火口内立入禁止
馬ノ背
強風時転落注意
高千穂河原
宮崎県
高千穂峰
矢岳 1132m
御鉢
1574m
天逆鉾
霧島神宮、都城へ
1206m
1408m
731m
高原、小林へ
高千穂峰山頂山小屋
使用不可
ひなもり台県民ふれあいの森オートキャンプ場
通年
1321m
高千穂河原 960m
霧島神宮駅から霧島いわさきホテル行きバスで約35分、終点で霧島連山周遊バスに乗り換えて約50分。便数が少ないのでタクシーが便利（約20分）
二子石
高原町
655m
高崎川
高千穂河原ビジターセンター
九州自然歩道
皇子原公園キャンプ場
バンガローがありテントの設営は禁止
通年
都城市
699m
霧島東神社
488m
霧島神宮などとともに霧島六社権現のひとつ
高原、宮崎へ
390m 小池
御池野鳥の森
御池キャンプ村
通年
御池
高原へ
霧島神宮、霧島温泉郷、隼人へ
御池少年自然の家
都城市街へ
※図は南東からの鳥瞰

御池は周囲約4kmに及ぶ霧島連峰最大の火口湖。深さは約103m、日本で最も深い火口湖である。神武天皇が幼いころ、この湖のほとりで遊んだという伝説がある。御池を見下ろす高台に、霧島東神社がある。えびの高原にある六音観音池も霧島連峰の火口湖のひとつで、湖面がコバルトブルーに輝く。2011年、52年ぶりに新燃岳が爆発的噴火。噴煙は火口から3000m近くにまで達した。2018年には韓国岳の北にある硫黄山が約250年ぶりに噴火。2019年4月現在、新燃岳および硫黄山周辺、御鉢周辺はいずれも噴火警戒レベル1だが、一部規制は継続中である。

宿泊施設（数字は収容人数） キャンプ場 水場 トイレ 危険箇所 ロープウェイ リフト おもなバス停 温泉 紅葉の名所 花の名所 好展望 観光ポイント 駐車場

開聞岳

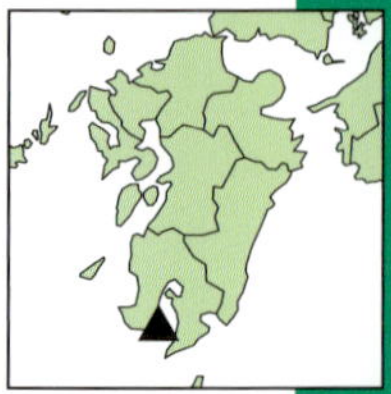

かいもんだけ
924m
初級者向け
日帰り

見どころ：眺望、樹林帯
1/25000 地形図：開聞岳

海に突き出てそびえる南薩摩の独立峰

長崎鼻《ながさきばな》から見た開聞岳（撮影：川嶋新太郎）

端正な「薩摩富士」

開聞岳は薩摩《さつま》半島の南端に位置し、海に突き出てそびえる秀峰である。どの方向からも整った円錐形の姿を見せ、地元では「薩摩富士」ともよばれて、南薩摩のシンボルとなっている。

開聞岳は、基部はコニーデ型火山、その上にトロイデ形火山が重なるトロコニーデ型と呼ばれる二重式火山である。

山腹は広葉樹林に覆われ、ウバメガシ、ナギラン、オバヤドリギ、キリシマシャクジョウソウなど亜熱帯性の植物も多い。

神が宿る神体山

開聞岳には多くの別名がある。そのひとつ「海門岳《かいもん》」は錦江《きんこう》湾の海門に当たる場所に位置していることにちなんでいるという。また枚《ひら》聞《きき》大神《のおおかみ》が宿る神体山とされ、古くは「枚聞岳《ひらきき》」とよばれたようだ。開聞岳という山名は、これらの呼称が後に転じたものであろう。

池田湖畔から見た開聞岳

らせん状の登山道

山頂までの登山道はらせん状に山を半周するように刻まれている。7合目あたりまでは火山礫《れき》が続くが、さらに登ると硬い安山岩に変わる。3合目付近までは広葉樹林に覆われているが、高度を上げるにつれて展望も開け、7合目を過ぎると太平洋に浮かぶ屋久《やく》島《しま》も見える。

7合目と8合目の中間付近にある仙人洞は、かつて修験者たちの修行の場だったと伝えられる洞穴である。

海を見下ろす最高の展望

開聞岳の頂上は巨石に覆われ、ゴツゴツしている。その巨石の間に、枚聞《ひらきき》神社奥宮に当たる御嶽神社の鳥居と祠《ほこら》がある。

巨石の上に立つと、じつに雄大な展望が開ける。錦江湾の海岸線、佐多《さた》岬、桜《さくら》島、池田《いけだ》湖などが一望でき、見事である。

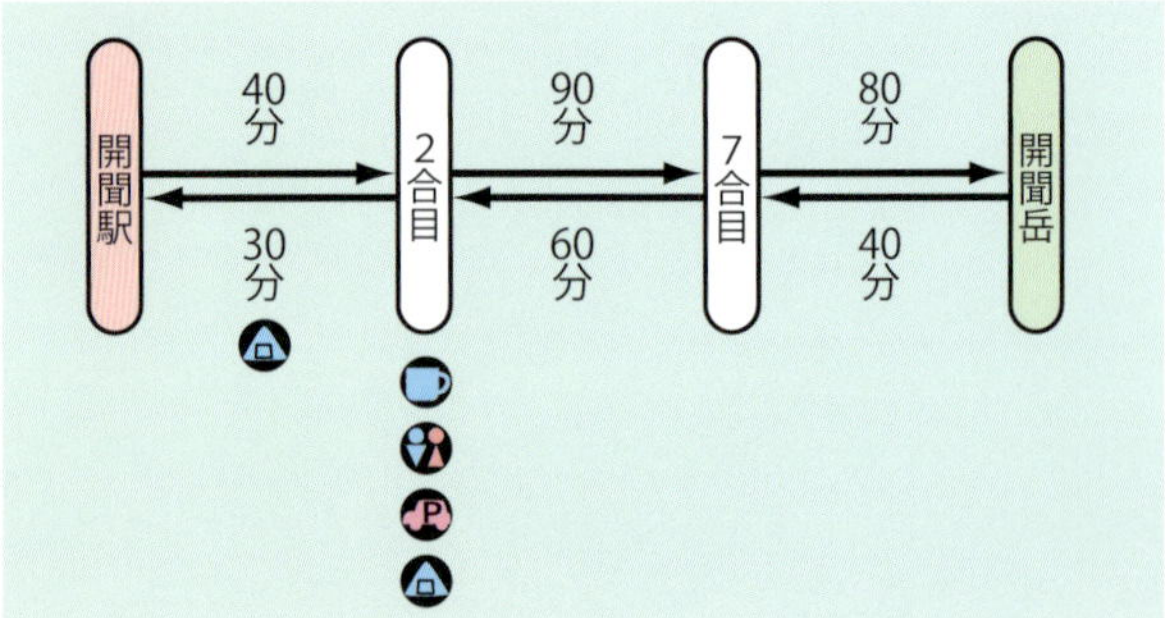

※＝登山口に最も近いバス停は開聞中学校前だが、開聞登山口からの方が一本道で無難。

data

●アクセス
起点は開聞駅もしくは指宿《いぶすき》駅、山川駅（いずれもJR指宿枕崎線）
開聞駅→2合目登山口（徒歩約40分）
指宿駅→開聞駅（鹿児島交通バス約50分）
山川駅→開聞登山口（鹿児島交通バス約35分）（※）
●山小屋
かいもん山麓ふれあい公園（キャンプ場）
0993-32-5566
●問い合わせ
鹿児島交通路線・時刻案内
099-254-8970
指宿タクシー　0993-22-4181
指宿観光タクシー　0993-22-2251
指宿市役所　0993-22-2111
指宿市観光協会　0993-22-3252

屋久島
宮之浦岳
種子島
馬毛島
佐多岬
大隅半島
東シナ海
鹿児島湾
（錦江湾）
長崎鼻
赤水鼻
・パーキングガーデン
フラワーパーク
かごしま
九州自然歩道
JR日本最南端の駅
西大山駅
山川、指宿へ
JR指宿枕崎線
226
薩摩川尻駅
川尻
開聞岳
924m
御嶽神社
8合目
仙人洞
7合目
大きなゴロ岩が多い
急登
9合目
5合目
視界がひらけ始める
開聞山麓自然公園
県の天然記念物・トカラ馬が放し飼い
2合目
2合目登山口 200m
開聞駅から徒歩約40分
田ノ崎
開聞山麓香料園・
かいもん山麓ふれあい公園・
鰻温泉へ
鍋島岳
256m
開聞中学校前
東開聞駅
鏡池
開聞登山口
開聞駅
開聞駅前
指宿市
・花瀬望比公園
花瀬崎
入野駅
枚聞神社
元々開聞岳を神体としていたらしく、入口は北向き。
背に開聞岳がある。航海神としても崇められていた
玉乃井
唐船峡公園・
・荷辛地峠
矢筈岳
359m
九州自然歩道
1～2月にかけて、
枚聞神社から池田湖に続く
道沿いが菜の花畑になる
瀬平公園
池田湖
番所鼻へ
頴娃駅
烏帽子岳
363m
指宿へ
枕崎へ
226
鹿児島県
大野岳
466m
南九州市
知覧へ
※図は北西からの鳥瞰

枚聞《ひらきき》神社は朱塗りの社殿が背後の開聞岳に映えて見事。境内にはクスノキの巨木が多く茂る。玉乃井は神代から伝わる日本最古の井戸といわれる。池田湖は九州最大の湖で、藍色の湖水と開聞岳のコントラストは美しい。長崎鼻には浦島太郎伝説があり、近くに竜宮神社がある。ここから見る開聞岳は海に浮かんでいるかのようだ。

宿泊施設（数字は収容人数）　キャンプ場　水場　トイレ　危険箇所　ロープウェイ　リフト　おもなバス停　温泉　紅葉の名所　花の名所　好展望　観光ポイント　駐車場

宮之浦岳

洋上にそびえる九州の最高峰

みやのうらだけ
1935m
上級者向け
1泊2日/2泊3日/3泊4日
※コースによって日程はさまざま。

見どころ：眺望、花、樹林帯、岩峰、岩壁、奇岩
1/25000地形図：宮之浦岳、栗生、尾之間、永田岳、一湊

「洋上のアルプス」屋久島

宮之浦岳は屋久島《やくしま》のほぼ中央にそびえる九州の最高峰である。

屋久島は標高1000m以上の峰が多く連なり、1500m以上の高峰も10座を超え、「洋上のアルプス」と形容される。宮之浦岳、永田《ながた》岳、栗生《くりお》岳を屋久島三岳という。山域一帯は世界遺産にも登録されている。

屋久島は日本有数の多雨地帯であり、多くの渓谷をつくっている。宮之浦岳にも宮之浦川《みやのうらごう》、安房川《あんぼうごう》、小楊《こよう》子川《じごう》の源流がある。これらの河川は海岸線まで一気に下る日本有数の急流である。

岳参りの対象

屋久島には岳参《たけまい》りとよばれる信仰登山の風習がある。岳参りの対象となる山は御岳とよばれ、宮之浦岳のほか、永田岳、栗生岳、黒味《くろみ》岳などがそうであった。

ヤクスギに出合う登山道

屋久島は植物相が豊かで、ヤクシマシャクナゲをはじめ固有種も多い。大株歩道と名づけられた登山道では夫婦杉や縄文杉などが見られる。ウィルソン株は空洞になった切り株で、内部には祠《ほこら》が祀《まつ》られ、神水とよばれる清水が湧き出ている。

太忠《たちゅう》岳の頂上には天柱石がある。高さが50mもあり、名前の通り天を支えている柱のようだ。

淀川《よどごう》登山口から登り、しばらくすると高盤《こうばん》岳山頂の奇岩、豆腐《とうふ》岩が見えてくる。

展望抜群の山頂

宮之浦岳山頂からは、屋久島のほぼ全島が見渡せ、申し分がない展望が広がる。山頂の西側には巨石の割れ目の間に益救《やく》神社の奥社である一品宝珠大権現《いっぽんほうじゅだいごんげん》の祠がある。

永田岳山頂の展望もすばらしく、障子《しょうじ》岳の岩壁が迫力ある姿を見せる。

花が咲く山頂付近（撮影：鈴木菊雄）

縄文杉（撮影：鈴木菊雄）

楠川コース／ヤクスギランドコース

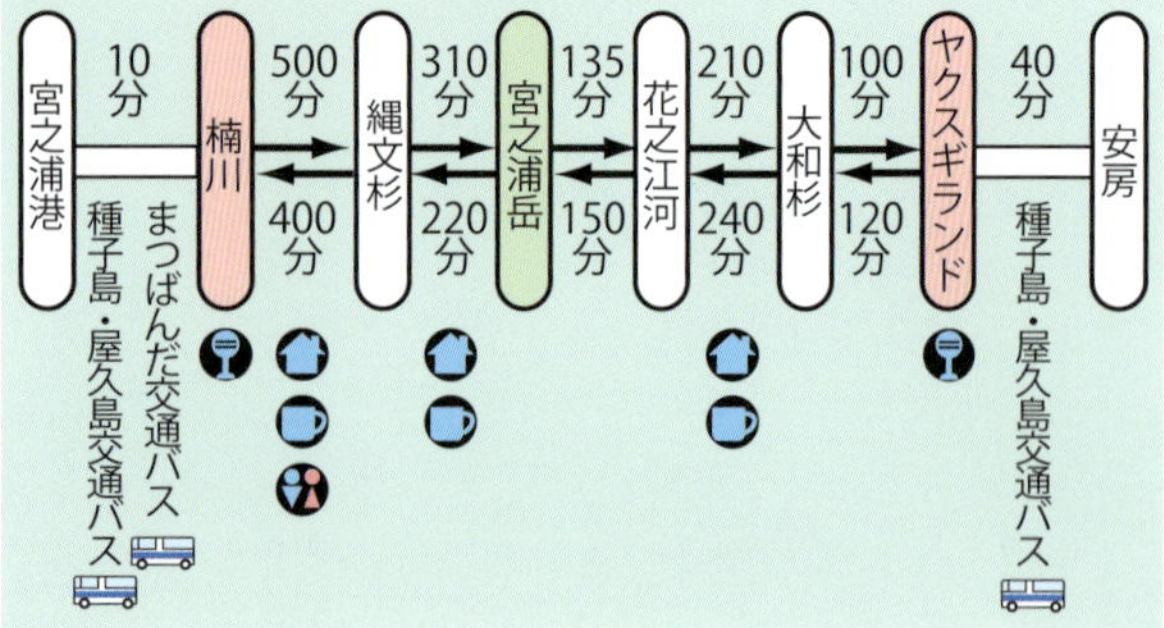

宮之浦港
10分
種子島・屋久島交通バス
まつばんだ交通バス
楠川
500分
400分
縄文杉
310分
220分
宮之浦岳
135分
150分
花之江河
210分
240分
大和杉
100分
120分
ヤクスギランド
40分
種子島・屋久島交通バス
安房

data

●アクセス
起点は宮之浦港もしくは屋久島空港
宮之浦港→楠川（種子島・屋久島交通バス・まつばんだ交通バス約10分）
屋久島空港→楠川（種子島・屋久島交通バス・まつばんだ交通バス約10分）
安房→ヤクスギランド（種子島・屋久島交通バス約40分）

●山小屋
白谷小屋，高塚小屋，新高塚小屋，鹿之沢小屋，淀川小屋，石塚小屋　0997-43-5900

●問い合わせ
日本航空 国内線　0570-025-071
種子屋久高速船予約センター　099-226-0128
折田汽船予約センター　099-226-0731
鹿商海運　099-261-7000
まつばんだ交通　0997-43-5000
種子島・屋久島交通バス　0997-46-2221
荒川登山バス　0997-46-3317
屋久島交通タクシー　0997-42-0611
屋久島町役場　0997-43-5900
屋久島観光協会　0997-49-4010